U0145823

海上突发事件应急方案智能辅助决策方法

杨克巍　杨清清　郭　玙
姜　江　熊伟涛　毛嘉慧　著

科 学 出 版 社

北　京

内 容 简 介

本书面向海上突发事件应急事件管理，重点围绕溢油、危化品、搜救等典型应急方案中的场景建模、风险分析、资源调配、任务规划、临机优化以及方案评估等几个方面，运用运筹学、系统工程、风险管理等理论方法，将智能优化、机器学习、强化学习等人工智能技术方法融入路径规划、任务分配、资源调度中，特别是依托体系工程思想和方法，采用多视图建模方法，面向海上突发事件进行全景建模，为海上突发事件的科学化应急管理提供了智能辅助支撑手段，部分成果已经部署并实现在线业务化运行，且多次在海上搜救、溢油、危化品应急事件处置中发挥了重要作用，为保护人民生命财产，维护海上安全做出了应有的贡献。

本书可作为海洋工程、管理科学与工程、交通运输工程等相关专业的教学参考书，同时可为海洋领域、海上交通运输、应急管理等部门开展业务工作提供参考。

图书在版编目（CIP）数据

海上突发事件应急方案智能辅助决策方法 / 杨克巍等著. -- 北京 : 科学出版社, 2024.6. -- ISBN 978-7-03-078987-7

Ⅰ. U676.8

中国国家版本馆 CIP 数据核字第 20243KM377 号

责任编辑：陈 静 高慧元 / 责任校对：胡小洁
责任印制：师艳茹 / 封面设计：迷底书装

科学出版社 出版
北京东黄城根北街 16 号
邮政编码：100717
http://www.sciencep.com

北京九州迅驰传媒文化有限公司印刷
科学出版社发行 各地新华书店经销
*
2024 年 6 月第 一 版 开本：720×1000 1/16
2024 年 6 月第一次印刷 印张：21 插页：4
字数：450 000

定价：188.00 元

（如有印装质量问题，我社负责调换）

前　言

海洋之光课题组走过了整整7年的时间，回首2017年开始国家重点研发计划“海上突发事件应急处置与搜救决策支持系统研发与应用”研究，我们承担了“海上突发事件应急处置预案智能生成及辅助决策分析关键技术研究”课题研究，启动会上诸位业内专家对课题组提出的期望——“希望能够为海上突发事件应急管理方面的研究提出具有中国特色、时代特点的解决途径”。伴随着课题研究，本书从2020年开始动笔到成稿，经历了2年多的风风雨雨，但始终坚守着专家对我们的嘱托，以此信念指引我们不断前行。

面向广阔的大海，无论狂风大浪、暗流涌动还是风平浪静、海天一色，人类在和平利用海洋的过程中，无时无刻不面临着高度不确定的动态场景，如何能够快速、准确、有效地应对海上突发事件，使得人类这一漂泊的小舟，能够在大海中安全地畅游，科学、完善的应急处置管理必不可少。特别地，海上突发事件的处置中一个核心的关键字——“快”，能够大幅度减少溢油、危化品对于海洋环境的污染，能够在海上搜救黄金48小时内抢回更多鲜活的生命，而智能决策成为提高处置效率的推进剂。

本书从全局体系的视角构建海上突发事件决策场景，重点面向决策方案的生成过程开展一系列的场景建模、风险分析、资源调配、任务规划、临机优化以及方案评估等研究，强调管理科学、运筹学、系统工程等学科知识在海上应急管理领域的落地，突出实用性与前沿性相结合的原则，将经典理论与智能化方法有机结合，体现了适用性与先进性的有机融合。

首先感谢乔冰、张洪亮两位责任专家对于重点研发计划全程的认真指导，感谢国家海洋局北海预报中心黄娟、高松，山东科技大学艾波，以及项目组的各位课题负责人的相互协作，特别是对我们研究的毫无保留的指导与帮助。在本书的撰写过程中，李博、高盈盈、朱国海、乔铭、梁笑天、龚常、李自拓、王叶琛、廖宇翔、许婧等直接参与了相关理论方法的研究。本研究过程中，所属“复杂系统与体系工程”团队获得2020年湖南省科技创新团队(编号：2020RC4046)的资助，本书涉及的研究工作得到了国家自然科学基金面上项目“海上重特大事故应急响应多阶段任务协同与优化方法研究”(72374209)的资助。

本书的一些内容是探索性的研究成果，由于作者水平有限，书中难免会有疏漏之处，恳请广大读者批评指正。

作　者

2024年6月

目　录

第 1 章　绪　　论

近年来，伴随着我国海上经济活动的日益活跃、海洋资源开发的全面加速以及海洋地缘政治环境的日趋严峻，海上突发事件发生频率有所提升，对应急处置救援的需求和能力要求更强更高。应急决策是海上突发事件应急管理的重要环节。自 2003 年以来，我国确定了以“一案三制”为核心的突发事件应急管理体系，其中“一案”指应急预案。由于传统应急预案缺乏对海上突发事件实时信息资料的参考融合，在实际应急处置决策过程中为决策者提供的辅助决策作用有限。受益于大数据、云计算、物联网和人工智能(Artificial Intelligence，AI)等技术的深入研究和快速发展，人们尝试通过智慧技术及平台整合海上突发事件中的各要素关键信息，从而对各项需求做出智能响应，并在此基础上综合出切实可行的应急决策方案或预案，在一定程度上弥补了传统应急决策的不足，提升了海上突发事件应急决策效率。

本章首先对海上突发事件的概念、主要类型、分级标准以及特点进行了梳理和总结，较为全面地展现了现有海上突发事件应急管理体系的面貌；其次对比分析了传统决策与应急决策的区别，阐述了海上突发事件应急指挥与决策程序，分析了所面临的挑战；最后分析了海上突发事件应急决策从传统应急决策到智慧赋能应急决策的范式转变，为后续章节的研究奠定了基础。

1.1　海上突发事件

1.1.1　海上突发事件的概念

海上突发事件是指因自然灾害、意外事故或人为过失等原因，造成或可能造成海上人员伤亡并需及时采取救援行动的突发事件(包括船舶碰撞、搁浅、触礁、沉没、火灾或爆炸、航空器海上迫降或坠毁、船舶保安事件等)，以及由船舶引发的威胁海上人命、海洋环境和社会公共安全并需及时采取救援行动的突发事件[1]。海上突发事件发生时，国家有关部门、机构需根据法律法规明确的职责和划分的责任海域组织实施应急任务。我国是海洋大国，海岸线长、海域面积广，国家有关部门、机构肩负的使命责任十分沉重。公开资料显示，我国现有海上搜救责任区范围为 124°E 以西的渤海和黄海海域；126°E 以西的东海海域；120°E 以西，12°N 以北的南海海域[2]。

1.1.2 海上突发事件的主要类型

根据海上突发事件的概念、中国海事局事故调查报告统计[3]以及《水上交通事故统计办法》[4]等文献资料整理总结可知，我国海上突发事件的主要类型包括船舶碰撞、搁浅、触礁、沉没、火灾(爆炸)、航空器海上迫降或坠毁、操作性污染、触碰、浪损、风灾以及其他事件。

碰撞事件是指两艘以上船舶之间发生撞击造成损害的灾害事件。例如，2021 年 7 月 13 日下午 1 时 20 分，南京汇通船务有限公司所属干货船“汇通 0688”轮，在福鼎七星岛以东约 2 海里(n mile)(1n mile=1.852km)附近水域与无名乡镇船舶发生碰撞。

搁浅事件是指船舶搁置在浅滩上，造成停航或者损害的灾害事件。例如，2016 年 11 月 14 日上午 11 时 7 分许，兴化市安太运输有限公司所属“X”轮，在长江白茆沙北水道 B#11 黑浮下游搁浅，并倾覆沉没，构成一般等级水上交通事故。

触礁事件是指船舶触碰礁石，或者搁置在礁石上，造成损害的灾害事件。例如，2018 年 9 月 22 日约 15 时 51 分，巴拿马籍集装箱船“APL LOS ANGELES”轮触碰福州港江阴港区“兴化 11 号浮”附近航道外侧礁石，造成该轮船体受损，约 $15m^3$ 500CST HFO 燃油外泄，对附近海域造成污染，无人员伤亡。

沉没事件是指船舶因超载、积载或者装载不当、操作不当、船体进水等原因或者不明原因造成船舶沉没、倾覆、全损的灾害事件。例如，2020 年 7 月 25 日晚，“宏翔 819”轮在台湾浅滩附近水域吸砂作业过程中翻沉，船上 9 人遇险，其中 1 人获救，4 人死亡，4 人失踪。

火灾(爆炸)事件指因自然或者人为因素致使船舶失火或者爆炸造成损害的灾害事件。例如，2020 年 7 月 22 日约 0 时 38 分，福州市百洋恒丰船舶服务有限公司所属“闽福州油 0010”轮在马尾造船厂(船政路旧址)舾装码头水域接收东莞市丰海海运有限公司所属“丰海 16”轮洗舱含油污水过程中发生船舶火灾事故，导致“闽福州油 0010”轮失火，船上 1 人死亡，构成一般等级水上交通事故。

航空器海上迫降或坠毁事件是指航空器因故不能以符合运行标准(含常规或授权偏离)的方式实施的降落或摔落在海上的灾害事件。

操作性污染事件是指船舶因发生碰撞、搁浅、触礁、触碰、浪损、火灾(爆炸)、风灾及沉没事件造成水域环境污染的灾害事件。例如，2020 年 8 月 10 日 22 时 49 分，舟山市 A 有限公司所属的油船“Z”轮在盘锦港荣兴港区油品 2#泊位发生操作性溢油事故，溢出燃料油入海量约 1.28t，事故无人员伤亡情况，直接经济损失约 55 万元。

触碰事件(也称触损事件)是指船舶触碰岸壁、码头、航标、桥墩、浮动设施、钻井平台等水上水下建筑物或者沉船、沉物、木桩、鱼栅等碍航物并造成损害的灾害事件。例如，2021 年 7 月 13 日约早上 6 时 5 分，广州粤港澳国际航运有限公司所属的“新谷 333”轮触碰北斗大桥南岸非通航孔桥墩，造成北斗大桥 31#桥墩多个部位受损，“新谷 333”轮船艏球鼻艏左舷外板变形撕裂、左舷船艏舷墙及下方外板凹陷变形，事故直接经济损失初步统计为 990 万元。

浪损事件是指船舶因其他船舶兴波冲击造成损害的灾害事件。例如，2009 年 9 月 2 日 10 时 20 分，“浙青田货 0436”轮装在黄沙从瓯江梅岙大桥上游驶往对岸稍上游处的砂场途中，由于超载等原因，在一群下行经过的渔船余浪影响下，“浙青田货 0436”轮货舱进水，随后，船舶倾斜并翻沉。事故造成一名船员落水死亡，“浙青田货 0436”轮翻沉，直接经济损失约 3 万元。

风灾事件是指船舶遭受较强风暴袭击造成损失的灾害事件。例如，2017 年 8 月 23 日，受强风及风暴潮增水的影响，在磨刀门水道竹排沙尾及联石湾水闸对开水域锚泊的“顺宏海 1188”轮、“水平 7”轮、“泰华航 8668”轮、“华海 368”轮、“顺宏海 298”轮等船舶发生走锚、锚链断裂、失控漂移和船舶碰撞，其中四艘船舶失控、相互压碰勾连在一起，漂移至上游约 2km 处的西部沿海高速公路磨刀门特大桥，与磨刀门大桥非通航孔桥墩发生触碰，致使磨刀门大桥部分墩柱及梁板受损，四艘船都有不同程度的损坏，“顺宏海 1188”轮倾覆沉没。

此外，还包括其他引起人员伤亡、直接经济损失或者水域环境污染的海上突发事件，例如，珠海“7·22”“粤顺德工 1001”轮工伤事件、宁波“11·20”“华正集运”轮船员坠舱死亡事件、广州“6·5”小艇人员落水死亡事件等。

1.1.3　海上突发事件分级标准

《国家海上搜救应急预案》(简称《预案》)将海上突发事件险情信息分为四级[5]——特大险情(Ⅰ级)、重大险情(Ⅱ级)、较大险情(Ⅲ级)和一般险情(Ⅳ级)。《国家海上搜救手册》进一步明确了不同级别海上险情的事故特征，见表 1-1。《预案》明确规定，海上突发事件相关信息通常由中国海上搜救中心及时、主动、客观、准确地向社会发布。信息发布一般以新闻发布会、电视、广播、报刊、杂志等为媒介，邀请记者进行现场报道。必要时，也可由中国海上搜救中心授权下级海上搜救应急指挥机构向社会发布相应责任海域的海上突发事件信息。

各级海上搜救中心将根据海上事故灾难具体现状，对照相应的等级标准，按照各级机关规定上报的信息内容和程序逐级上报。中国海上搜救中心按照有关规定，立即向国务院报告，同时通报国务院有关部门。

表 1-1 海上事故灾难级别

海上事故灾难级别	特征
特大险情（Ⅰ级）	·造成 30 人（含）以上死亡（含失踪）的海上突发事件； ·危及 30 人（含）以上生命安全的海上突发事件； ·客船、化学品船发生严重危及船舶或人员生命安全的海上突发事件； ·载员 30 人（含）以上的民用航空器在海上发生突发事件； ·10000t（含）以上船舶发生碰撞、触礁、火灾等对船舶及人员生命安全造成威胁的海上突发事件； ·急需国务院协调有关地区、部门或军队共同组织救援的海上突发公共事件； ·其他可能造成特别重大危害、社会影响的海上突发事件
重大险情（Ⅱ级）	·造成 10 人（含）以上、30 人以下死亡（失踪）的海上突发公共事件； ·危及 10 人（含）以上、30 人以下生命安全的海上突发公共事件； ·载员 30 人以下的民用航空器在海上发生突发事件； ·3000（含）～10000t（不含）非客船、非危险化学品船发生碰撞、触礁、火灾等对船舶及人员生命安全造成威胁的海上突发事件； ·其他可能造成严重危害、社会影响和国际影响的海上突发事件
较大险情（Ⅲ级）	·造成 3 人（含）以上，10 人以下死亡（失踪）的海上突发公共事件； ·危及 3 人（含）以上，10 人以下生命安全的海上突发公共事件； ·500（含）～3000t（不含）非客船、非危险化学品船发生碰撞、触礁、火灾等对船舶及人员生命安全造成威胁的海上突发事件； ·中国籍海船或有中国籍船员的外轮失踪； ·其他造成或可能造成较大社会影响的险情
一般险情（Ⅳ级）	·造成 3 人以下死亡（含失踪）的海上突发公共事件； ·危及 3 人以下生命安全的海上突发公共事件； ·500t（不含）非客船、非危险化学品船发生碰撞、触礁、火灾等对船舶及人员生命安全造成威胁的海上突发事件； ·其他造成或可能造成一般危害后果的其他海上突发公共事件

资料来源：《国家海上搜救手册》。

1.1.4 海上突发事件的特点

1. 复杂性

与陆路环境相比，海洋气候环境复杂多变，海上突发事件后续发展路径难以准确预测，决策者需要根据获取的实时反馈信息不断调整应急策略，以提升应急处置救援的针对性和有效性。此外，海上突发事件的发生还呈现出偶发、并发的态势，在多事件之间的相互作用影响下，险情有可能进一步加速恶化，致灾机理也可能变得更为复杂，应急行动实施难度也就随之提升。2018 年 1 月 6 日，巴拿马籍油船“桑吉”轮与香港籍散货船“长峰水晶”轮在长江口以东约 160n mile（约 296.3km）处发生碰撞，此次碰撞导致“桑吉”轮全船失火，并于 1 月 14 日发生爆炸后沉没。这次突发事件由船舶碰撞引起，而后引发了火灾、爆炸和沉船事件的连锁发生，是典型的海上突发事件偶发并发事故案例。

2. 时效性

救援界认为，灾难发生后存在一个“黄金72小时(h)”救援时间，在此时间段内，灾民的存活率极高。海上黄金救援时间仅为陆上的1/6(12h)，应急行动响应窗口期短，时效性强[6]。2020年7月25日21时至24时，“宏翔819”轮在台湾浅滩附近水域吸砂作业过程中翻沉，广东海事局于次日凌晨2时41分依警情启动水上应急Ⅱ级响应，迅速组织力量到“宏翔819”轮事故现场开展应急搜救工作，但遇险的9人中仅1人成功获救。

3. 广域性

海上突发事件有时会影响较大面积海域，甚至跨域。2010年4月20日，美国墨西哥湾发生原油泄漏事故，大量原油泄漏，加之后期海风和暖流加速了海面油污的扩散，此次事故造成了近1500km的海滩受到污染，至少2500km^{2}的海水被石油覆盖，多种物种灭绝，严重破坏了墨西哥湾的生态平衡；2011年3月11日，日本东北部太平洋海域发生强烈地震，地震引发了最高4.2m的大海啸，由此导致发生了日本福岛核事故，事故中泄漏的放射性元素铯-137随洋流逐步扩散，北至北冰洋，东至美国西海岸。

4. 局限性

海上突发事件的避险条件、搜救手段等都不能等同于陆上。一方面，无论人命还是财物，一旦落入海中，其生还可能性及可搜寻性大幅降低；另一方面，应对海上突发事件的救援手段与陆上存在显著差异，受制于特殊的海上环境，海上应急行动实施难度更大，应急行动可能受事故现场海洋环境影响而失败。例如，2020年11月18日，秦皇岛欣瑞海运有限责任公司所属的“程瑞8”轮在丹东港1号油轮锚地锚泊时受狂风巨浪影响发生走锚，漂移至丹东獐岛东北方向约1.3n mile(约2.4km)处发生搁浅，多种脱浅方案均因潮水不够而失败。

5. 涉外性

由于存在“争议海域”，中国在处置海上突发事件时有可能会与存在海上争议的周边国家爆发冲突。近年来，中国海上军事、经济活动愈发频繁，发生海上突发事件的可能性显著增加，一旦涉及两国海洋主权利益，会立即挑拨到各方的敏感神经。

1.2 海上突发事件应急决策

1.2.1 突发事件应急决策

1. 基本定义

(1)应急方案。

应急方案是指突发事件刚刚发生或出现某些征兆时，所采取的一系列应对措施和方法的结合。应急方案的正确选择和有效实施，对于降低突发事件造成的损失具有重要作用。

(2)突发事件应急决策。

突发事件应急决策是指事件发生时的决策，在事件发生时第一时间收集整理相关信息，制定应对方案，立即组织实施并随时调整方案的动态决策过程。

2. 突发事件应急决策的主要特征

(1)条件限制。突发事件应急决策问题需要考虑应急行动的时间紧迫性和资源约束性。突发事件的发生具有突然性，往往没有充分的前兆，其一旦发生通常在短时间内造成大量的人员伤亡和财产损失，因此需要考虑应急行动的时间紧迫性，在尽可能短的时间内实施有效的应急方案，以最大限度降低突发事件造成的损失。

(2)情景演变多样。突发事件发展过程中可能出现多种情景演变，通常具有复杂的演变机理和高度的不确定性，随着突发事件情景的发展演变，应急方案选择的决策信息也将发生动态变化。因此在应急决策中，需要考虑突发事件情景演变特征及决策信息的动态变化特征，以确保应急方案的实施能够取得预期效果。应急方案的实施可能对突发事件发展演变产生影响。在突发事件发生初期所实施的应急方案，将对突发事件的进一步恶化或扩大起到干预控制作用，进而对突发事件的情景发展路径和出现概率产生影响。因此，突发事件应急决策需要考虑应急化实施对突发事件情景演变产生的影响。

(3)决策准则多元。应急决策需要考虑应急方案的调整时间、切换成本及调整方案的处置效果等因素，而应急方案的选择通常在突发事件发生初期，根据对突发事件演变的预期信息做出的初始决策，随着突发事件的情景及决策信息的动态变化，可能出现最初实施的应急方案无法完全应对突发事件的情况。因此，需要根据不断完善和清晰的决策信息生成或调整应急方案，如考虑处置效果以及调整成本等因素，从而更好地应对突发事件。

(4)决策目标变化。突发事件以及决策的过程可能涉及多个阶段。各阶段可能具有不同的应急响应目标和任务。因此需要针对各个阶段的具体目标任务，选择有效的决策方案来满足突发事件应急响应不同阶段的实际需求。

(5)决策信息模糊。突发事件应急决策中所涉及的决策信息通常具有不确定性。由于突发事件发展演变具有高度的不确定性，并且相应事件信息往往难以准确获取，因此突发事件信息化决策中所涉及的方案、评估信息、事件情节和描述信息具有模糊性、随机性和不确定性。

(6)决策者行为影响。应急决策需要考虑决策者在不同环境下的行为因素，在突发事件中，由于突发事件发展演变的不确定性，突发事件在未来可能出现多种不同情节，因此突发事件应急决策通常是一类风险决策问题。突发事件应急决策中考虑突发事件可能造成的最大损失以及突发事件发生的复杂性，决策者将面临巨大的心理压力，决策者风险规避、参照依据、损失规避、概率扭曲、后悔规避等心理行为特征将对应急方案选择结果产生重要影响，例如，以斯坦福学派为代表的“认知心理-理性行为”突发事件应急指挥决策分析框架把决策中的认知模型与个体压力模型融入决策过程，侧重于关注人对决策问题的认知过程，以及如何影响应急指挥决策的质量与速度。

3. 突发事件应急决策与传统决策问题的对比

依照以上提到的应急决策的特征，可以很明显地看出突发事件应急决策与以往研究的传统决策问题相比，在多个方面有明显区别，其部分特征对比见表 1-2。

表 1-2 应急决策问题与传统决策问题特征对比

维度	特征	
	传统决策问题	应急决策问题
决策信息	多为确定性信息	动态变化，具有不确定性
阶段划分	大多只考虑单一阶段	突发事件应急响应通常涉及多个阶段
决策环境变化	大多不考虑多种情景	突发事件可能出现多种情景
应急方案对决策环境的影响	没有考虑决策方案对情景演变的影响	应急方案对情景演变有影响
决策者行为特征	大多没有考虑决策者的行为因素	需要考虑决策者在不确定环境下的行为因素

1.2.2 海上突发事件应急指挥与决策程序

1. 常规决策

经典决策理论认为，决策是指决策者根据客观条件做出符合主观要求的决定。传统决策模型分为两类，即确定型决策与不确定型决策。确定型决策是指决策者可以根据完全确定的情况，从决策集合中评估、挑选出使收益最大化的策略并予以实施。不确定型决策是根据客观条件和不确定性，在可能的行动方案中，选择使决策者最大或损失最小的决策方案。可以看到，不确定型决策因环境条件导致其决策过程更为复杂，其难点在于对已获数据和信息可利用性的不明确，决策者难以对不确定未来事件的发生给出一定的概率，从而影响决策判断[7]。但无论确定型决策还是不确定型决策，其最终都是为了选择令人满意的策略并有效实施。其主要流程见图 1-1，展示了其内在关系。

(1) 问题界定与建模。定量描述与决策相关的决策变量，形式化定义决策偏好，项目对接阶段需要进行一系列工作，包括明确问题目标、列出准则方案不确定因素等，而后根据概率与风险建立可求解的决策模型。

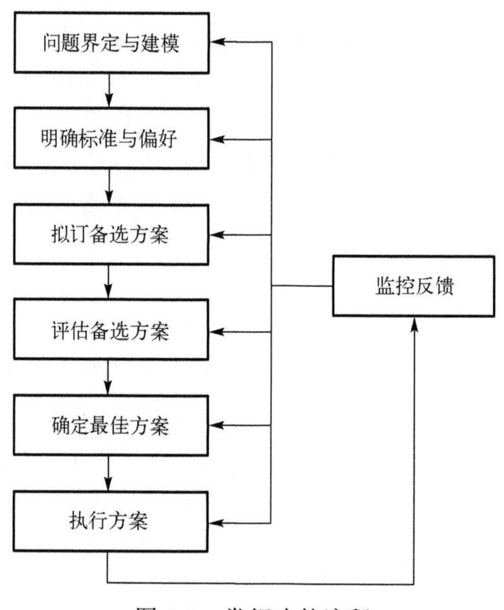

图 1-1　常规决策流程

(2)明确标准与偏好。确定方案评估的标准以及决策者的偏好决策标准，对某个特定的目标进行更详细的说明，包括评价一个目标需要几个评价标准，应急处置中决策者可能追求的工作目标等，因此方案需要选择多个目标结合进行评估。

(3)拟订备选方案。根据目标和标准，确定至少 2 个可行方案，剔除劣解缩小决策范围。

(4)评估备选方案。评估方案执行的可能结果及意义，反馈修改方案，或重启决策分析过程。

(5)确定最佳方案。根据决策模型和条件标准，推荐最佳决策方案。

(6)执行方案。将方案化为行动，明确具体执行细节。

(7)监控反馈。追踪、检查评估方案效果，若出现偏差，则采取干预措施，暂停当前方案或重新制定方案。

2. 海上突发事件应急决策准则

海上突发事件的处置是一个涉及多部门多力量协作的复杂组织体系，我国海上突发事件处置主要依托中国海上搜救中心(与交通运输部应急办公室合署办公)及相关各省的搜救中心、分中心，具体承担了海上搜救的组织、指挥、预警、培训等各项职能。由各搜救中心构成的海上搜救网络，现已全面建立“险情报告制度”，进一步完善了搜救工作程序，成为海上搜救的组织体系保证。

海上突发事件应急决策的目标可能根据具体事件有不同的评价准则和重点需要收集的决策信息，但总体上看大多数海上突发事件应急决策准则比较一致。

1) 最大限度地降低决策风险

决策风险，是指在决策活动中，主、客体等多种不确定因素的存在导致决策活动不能达到预期目的的可能性及其后果[8]。海上突发事件中，由于存在的不确定性高，海上突发事件的应急决策相比于一般应急决策都存在更大的风险和不稳定因素，决策者辅助决策是要深思熟虑的，尤其是人员伤亡、财产损失和环境污染等指标所面临的不确定性风险，应作为重点的决策准则。另外，对于协调搜救力量进行海上救助行动时，也要充分考虑救助力量自身面临的风险，把各种危险的可能性都要想到，才能做出最佳的决策。

2) 快速高效地做出决策

海上突发事件应急决策是一项高难度的复杂的系统工程，虽然决策过程中我们追求的是最优解，但实际情况中，面对发生的海上突发事件，应急救援机构只能对已获取到的信息进行科学研判、综合分析，在短时间内做出行之有效的应急决策，尽快组织应急行动有序开展。

3) 及时监控反馈决策效果

海上突发事件各项决策信息不完整，现场和岸基指挥掌握的决策信息可能不一致，决策方案更多的情况是边执行边调整。所以海上突发事件处置中决策主体还要根据后续获取到的信息，动态地了解掌握事件发生现场实况，并对正在实施的应急决策方案进行不断的优化调整。这要求只要条件允许，决策主体的抉择不一定非要非此即彼，除非已经获取足够的信息来否决其中一个方案，否则，决不能随意放弃。

3. 海上突发事件应急决策程序

相比于陆上突发事件，海上突发事件的应急指挥与决策程序内容主要由现场应急指挥与决策程序和岸基应急指挥与决策程序两部分组成。

现场应急指挥与决策(现场指挥)内容包括：现场应急指挥部的设立程序；现场应急总指挥与部门指挥的协调程序；现场应急指挥系统横向(海上附近资源)与纵向(上级部门)联络程序(谁指挥谁、谁配合谁、谁向谁报告)；请求外部应急资源协助程序；事态评估与应急决策程序；现场应急指挥人员的接替程序；对岸基应急指挥部下达的应急指令和行动方案的可行性研判和执行程序等。

岸基应急指挥与决策(后方指挥)内容包括：启动岸基应急预案程序；岸基应急指挥部设立程序；跟踪并及时获得现场最新事态程序；专家组讨论并选取最优方案程序；应急方案和应急指令下达及效果信息反馈程序；向属地政府或主管部门通报事态进展程序；协调外部应急资源程序；宣布结束或解除应急行动程序等。如图 1-2 所示。

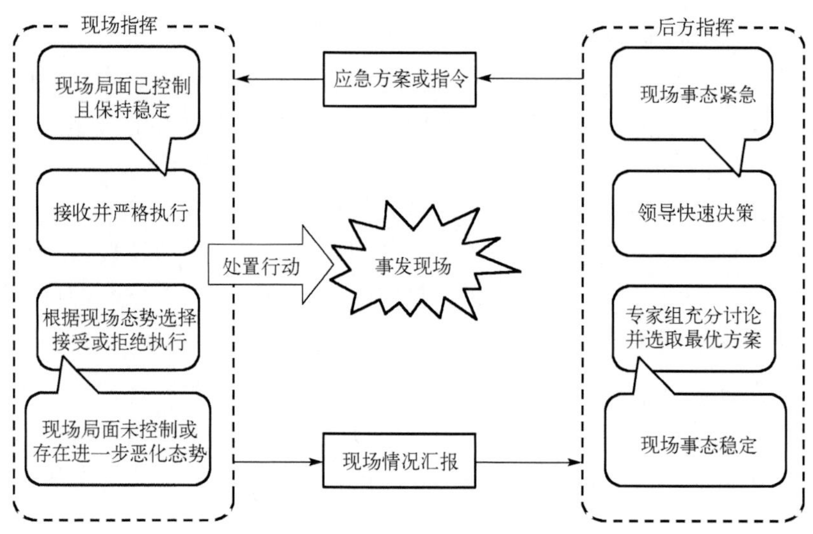

图 1-2　现场和岸基指挥决策程序[9]

1.2.3　海上突发事件应急决策的挑战

海上突发事件因其自身具有的特殊性，其应急决策过程自然将面临比一般突发事件更多、更棘手的挑战。

(1) 缺乏统一的建模工具。

现实中海上突发事件应急决策方法众多，针对不同类型的突发事件都有一套信息获取方法和信息表达形式，决策模型种类繁多，既有不同尺度的模型，也包括多学科、多目标模型。但是这些模型源高度分散，缺乏统一的元模型将这些模型统一起来快速生成及运用。

(2) 缺乏风险评估方法。

海上救援机构在接警时往往不能获取到海上突发事件现场的所有信息，无法获取所需信息就无法掌握事件发生现场的全貌，决策者只能通过有限的信息做出应急决策(即应急预案匹配)，其针对性、有效性均无法预估，对决策风险的评价较为缺乏。

(3) 缺乏多部门组织协同。

突发事件应急处置中，基于动态配置、多组织的应急网络，信息与资源具有跨行业、跨部门和多层次的特征，对于海量、异构的信息与资源实现实时收集、快速处理、精确分析和有效共享，依然是突发事件应急处置过程中急需解决的难题。

(4) 缺乏动态调整的范式。

海上突发事件事发环境特殊，事态发展瞬息万变，刚拿到手上的信息或许就已经失效，而决策者只能筛选分析和综合评估所获信息，不断调整应急决策方案以适应应急行动需要；另外，在应急决策过程中，一旦发现应急预案无法匹配或不可行，就需要立刻人工介入调整应急预案，而人工干预必然存在一些问题，如人工处理速度的影响、决策者能力素质等的影响都对海上突发事件应急决策提出了新的挑战。

1.3　智慧赋能海上突发事件应急决策创新

1.3.1　智慧驱动海上突发事件应急决策范式的转变

传统海上突发事件应急决策，往往基于过往突发事件中表现的因果关系寻找诱发因素，通过建立假设命题、构建理论模型、收集与分析突发事件相关信息等一系列程序，推断出具体的突发事件进程及相应的决策方案等，具有一定的滞后性与局限性。海上突发事件应急方案智能辅助决策，使用本书所提供的新的场景建模、风险分析、智能优化等方法，依托智能辅助决策中的传感器、无人机等智能设备的强大的存储、计算、推理、归纳、总结能力，重新刻画全样本信息与混乱性数据。可以不再受限于各种假想和特定领域隐含的固有假设，而是直接立足于模糊近似的相关关系，扩充决策信息广度，完善各指标的相互关系。

海上突发事件智能决策体系通常包括三个要素[10]：决策主体、决策对象和决策结果。决策主体可以通过应急方案的选择、应急响应指挥协调、方案评估等系统模块，提高应急决策结果的质量，从而降低突发事件带来的损失。决策对象包括可选方案或预案，可供调配的资源等。三者的关系如图 1-3 所示。

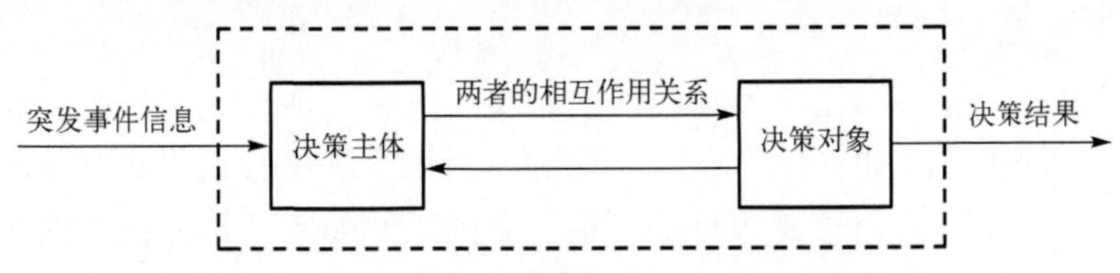

图 1-3　决策主体、决策对象、决策结果的关系

1. 决策主体从政治精英到多元主体

在海上突发事件应急决策中，决策主体是个人到组织、个体到群体、决策者到多元决策主体的转变。传统的海上突发事件应急决策中，无论一线指挥员还是以党委为代表的组织，无一例外都主要由政治精英组成。而随着智慧驱动的海上突发事件应急决策逐渐融入实践中，决策主体发生了关键性转变——由政治精英转化为多元主体。智能设备在突发事件信息系统中的影响得到放大，智能设备不再仅仅局限于一个数据收集和输出设备，而是被拓展到一个计算分析系统，人机交互也将渗透于应急决策全过程。

2. 决策对象从经验判断到多要素支撑

传统突发事件应急决策通常遵循信息获取、方案制定、方案选择与确认、方案评估与反馈的线性流程，并依据经验判断形成最终决策。虽然经验判断能为应急决策提供宝贵的经验和智慧，但是经验有限险情无限，当突发事件超出经验判断的范畴时，经验判断的适用性和有效性将明显降低。智慧赋能海上突发事件应急决策突破了经验判断的局限，以数据为中心，基于数据收集、数据分析对海上突发事件应急决策进行优化、补充。通过智能辅助平台实现人机交互的智能决策，推动海上突发事件应急决策从“经验判断”转向“数据和经验共同支撑”。

3. 决策结果从机械执行到动态调整

海上突发事件相比于一般突发事件存在着后方支援弱、环境干扰大、现场空间(船体和设备)有限、弃船等紧急撤离时缺少疏散场地等因素，注定了其特殊性。由于海上黄金救援时间仅为陆上的 1/6(12h)，海上突发事件的各情景演变快，黄金救援时间短(见 1.1.4 节)，所以决策信息变化时要及时调整。智慧赋能的海上突发事件应急决策建立在数据支撑上，可以跟进现场情况动态调整决策方案。

1.3.2 智慧赋能：海上突发事件应急决策的效率提升

智慧嵌入应急决策全过程，通过智慧技术及平台实现有效信息的快速获取与精准把握，可以在最大限度上保障应急决策的价值实现，促进应急决策效率的整体提升。

1. 全程参与

智慧赋能可以参与海上突发事件应急决策全过程。通过智能感知、智能分析、智能总结，从海上突发事件的事前、事中和事后三个阶段分别提供智能辅助决策所需方案和信息。①在海上突发事件的事前，智能感知系统通过系统实时采集动态信息，在突发事件爆发前生成基础信息，并根据设定阈值判断突发事件发生风险和前夕情况，通过智慧技术助力决策者预判突发事件发展趋势。②在海上突发事件的事中，智能分析系统将根据已有的案例库、预案库、资源库等，分析实时情况，提供参考方案。③在海上突发事件的事后，智能总结系统将对事件处置情况进行分析总结，分析是否满足实际需求，根据分析结果进行改进优化，并将此反馈给智能决策知识库，实现迭代优化，从而为科学决策的全过程提供支撑。

2. 快速响应

海上突发事件相比于一般突发事件，其所处环境更为复杂，岸基支援更弱，海上突发事件各情景的演变更加快速。这对快速决策提出了更高的要求。海上突发事件智能辅助决策系统，拥有比传统应急决策更快速高效的数据收集和处理能力。一方面在数据收集环节，智能感知系统，充分整合视频监控传感器等设备和基础设施网络，利用大数据统计分析、大数据关联分析，根据设定阈值产生了有关突发事件应急决策信息的基本描述，从而实现了快速抓取。另一方面在处理能力上，智慧赋能决策还可以对信息和资源进行整合，根据智能分析评估数据、建模推演和走势预测，自动识别与分析事件发展规律，给出参考方案，为人机交互的快速发展提供了便利。

3. 优化决策

海上突发事件是海上各系统的非常态，而海上应急决策的目的就是推动其从非常态回归到常态，是一种兼具常态与非常态的应急管理形态，因此，传统海上突发事件应急决策需要决策者拥有丰富的海上应急管理经验，能在众多数据中分析提取有效信息，在短时间内拿出合理的应急决策方案。但是智慧赋能的海上应急决策可依托多渠道的信息来源和全方位的信息挖掘，提升决策流程的可靠性，其通过多维剖析关联信息，挖掘信息与海上突发事件的相关关系，自动生成多样化的应急决策方案。另外，智慧赋能的海上应急决策，让海上突发事件在同一决策标准和体系下，自动得到并优化应急方案，降低了对决策者信息收集、分析、处理能力的要求，尤其降低了其他因素对一线决策者的干扰，让决策行为处于理性的高效状态。

1.3.3 海上突发事件智慧应急决策的使能创新

海上突发事件应急决策的智能化趋势，不仅要求其给出参考方案，还必须包含可监测隐患和迭代优化应急处置流程的功能，如图1-4和图1-5所示。

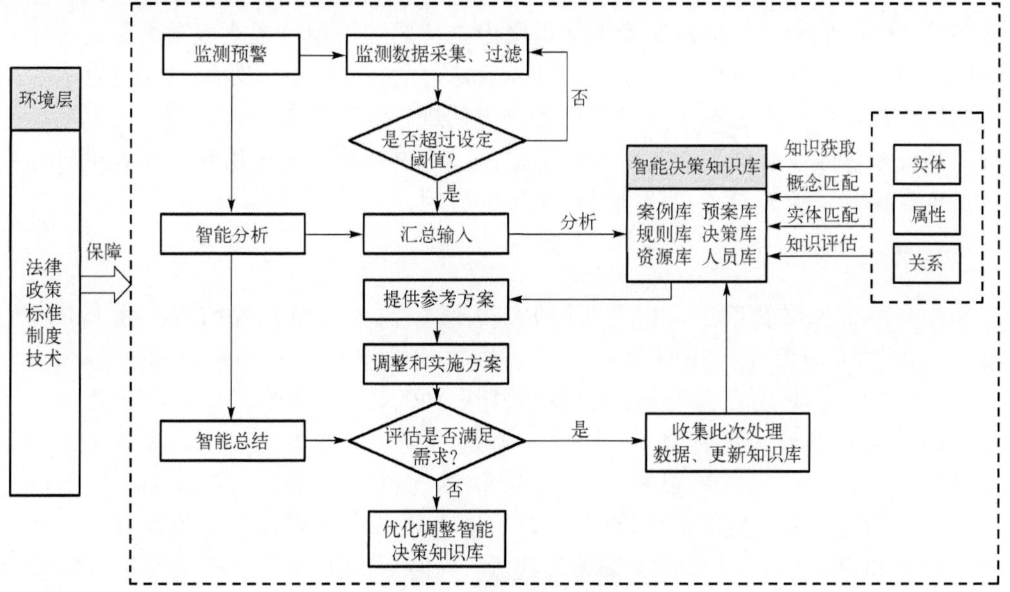

图1-4　智能决策流程图

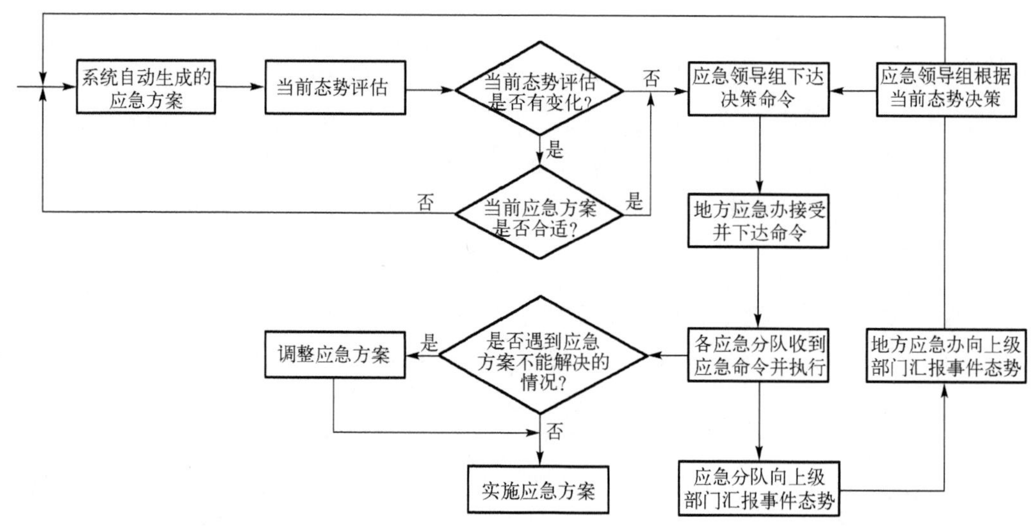

图 1-5　各部门工作流程[11]

智能决策包括智能感知(监测预警)、智能分析和智能总结三大方面的功能，其中的智能决策知识库的建设是智能决策的核心问题，其涉及多平台、不同数据结构的融合问题。同时，智能决策可以通过知识库的完善和丰富实现迭代优化，为各部分提供有效的应急方案。

1. 智能感知(监测预警)

智能决策技术需要智能感知，在突发事件萌芽期提供预警信息，在前期就能降低突发事件的影响。智能决策模型数据层中态势感知模型可以实现重大突发事件的监控与检测，根据收集到的信息以及预先设定好的预警阈值，发挥重大突发事件萌芽期的预警功能。通过重大突发事件态势评估进行综合分析，再结合重大突发事件智能决策知识库，以便采取有效的应急措施。本书通过单无人机和多无人机目标规划，重点探索了无人设备在智能感知领域的应用。

2. 智能分析

在突发事件爆发期中，由于时间紧，各项信息汇总难，现场往往处于混乱状态，智能决策需要在情报收集模型、态势感知模型和智能决策知识库(案例库)的综合支持下，对超预警阈值的突发事件快速响应，在最恰当的实际行程，以最合适的决策方案为决策者服务，防止事态进一步扩散蔓延。因此，智能决策在突发事件的爆发阶段需态势感知、信息收集、决策知识库等，为突发事件提供决策服务和可参考方案，这也是智能决策中的核心环节和重点问题。在本书中分别基于多视图和元模型进行智能决策场景建模，同时对海上突发事件进行风险因素分析和综合风险分析，并基于资源调度提供了多目标优化和智能优化算法。同时按照初始阶段和干扰阶段对海上突发事件应急方案进行动态调整，最大限度地发挥智能辅助决策的适用性。

3. 智能总结

在突发事件的后期，主要危险已经排除，应对突发事件的主要工作变成恢复和总结。通过智能决策系统，可以收集突发事件中各项信息和数据，梳理总结机制缺陷、机构缺失，进一步更新知识库和案例库，优化策略库，进一步优化智能决策效果。本书第8章通过指标、流程和体系的构建，确定各指标权重的确定方法，重点基于扩展 VIKOR 方法对应急方案进行综合评估与鲁棒性评估，构建起完整的海上突发事件智能辅助决策的总结评估体系。

第 2 章　海上突发事件应急方案智能辅助决策框架

海上突发事件应急方案智能辅助决策是一项复杂的系统工程，其决策框架研究对于制定高效率、标准化的海上突发事件应急方案具有重大意义。海上突发事件应急方案制定过程具有明显的阶段特征，根据阶段特征进一步划分海上突发事件应急方案的智能辅助决策过程，再依据各阶段的问题特征选取相应技术方法实施求解，建立起海上突发事件应急方案智能辅助决策框架。本章通过建立完整的海上突发事件应急方案智能辅助决策框架，为后续各阶段的问题建模及技术方法应用整理出清晰的逻辑结构。

本章首先从管理决策和决策支持系统(decision-making support system，DSS)出发，介绍了智能辅助决策的基本概念和特点，并结合决策支持系统和人工智能的相关理论和方法，牵引出智能辅助决策的相关理论和方法；然后概述了海上突发事件应急方案智能辅助决策的基本流程和框架，将海上突发事件应急方案智能辅助决策过程细分为场景建模、风险分析、资源调配、任务规划、临机优化和方案评估六个决策过程，并在此基础上结合海上突发事件应急响应过程和智能辅助决策相关技术方法，从三个维度搭建起海上突发事件应急方案智能辅助决策的基本框架，为后续章节的展开梳理出脉络；最后，从多目标规划(multiple objective programming，MOP)、智能优化、多属性决策(multi-attribute decision making，MADM)、相似案例分析、神经网络(neural network，NN)、深度强化学习六个方面，详细介绍了海上突发事件应急方案智能辅助决策的相关通用技术与方法。

2.1　智能辅助决策

2.1.1　智能辅助决策概念

1. 从管理决策到智能决策

伴随着人类和人类社会的产生和发展，管理理论逐步产生并完善。从人类早期的群居生活和原始社会的分工协作，再到国家的出现和阶级的产生，随着生产力的发展和经济的繁荣，管理也从无意识进入有意识的阶段，人类在征服自然和发展自我的实践活动中，不断地总结经验、汲取教训，形成了一套日趋完备的管理思想和原则。在管理过程中，管理者提出问题、确立目标、设计和选择方案的过程，是广义上的决策，而如果只关注于多个备选行动方案的选择，则是狭义上的决策。

决策在管理过程中占有重要地位，以至于赫伯特·亚历山大·西蒙(Herbert Alexander Simon)认为，管理就是决策，并将管理决策归纳为通过搜索组织外部信息和内部经验来获得答案的过程。而在当今各种信息爆炸的决策环境下，搜寻信息变得不再困难，但是信息过滤、加工处理却显得日益重要。

如图 2-1 所示，我们可以将管理决策分解为以下四个阶段。

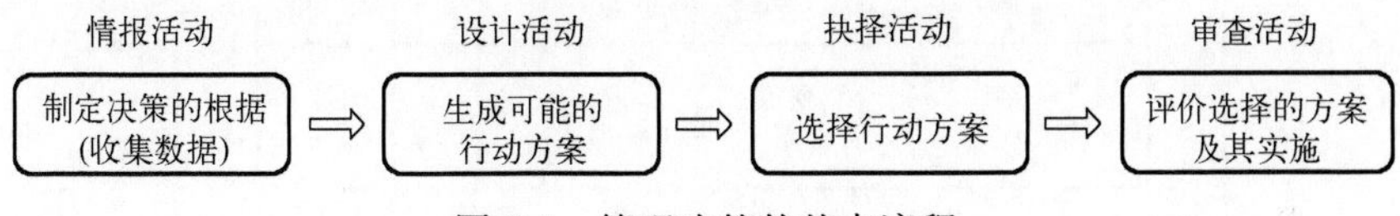

图 2-1　管理决策的基本流程

首先是情报活动，从外界和组织内部广泛搜集与决策相关的数据，并对搜集来的数据加以分析，作为后续拟定和选择计划的根据；其次是设计活动，在情报活动的基础上设计、制定和分析可能采取的若干行动方案，供后续选定实施；然后是抉择活动，以组织管理目标为选择标准，从上一阶段设计制定的可行方案中选择一个满足管理目标的行动方案，交付给组织相关部门予以实施；最后是审查活动，对抉择阶段选出的行动方案及其实施进行评估，生成对行动方案实施效果的整体评价。

而在管理决策过程中引入人工智能后，就形成了智能决策的概念。智能决策是指利用以往对于问题的认知和经验，以计算机作为工具，通过人工智能的方法来解决复杂的决策问题。理想状态下的智能决策流程是整个管理决策过程的自动化，包括自动搜集信息、行动方案的自动生成、方案自动化评估和选择、方案实施效果自动评估，人工智能技术在整个智能决策流程中占主导作用。

然而，当前人工智能还未达到通用智能的水平，在应急管理等具有一定复杂度的决策问题上，仍旧难以完全取代人类对于问题的认知，特别是对于非结构化、非完整信息的处理，人工智能在整个决策过程中发挥着辅助决策的作用。因此，当前人工智能在决策中的应用处于智能辅助决策阶段。

2. 从决策支持系统到智能辅助决策支持系统

随着计算机技术的发展，其在数据存储、数值处理等方面的突出能力受到了各个领域的青睐，计算机技术在管理领域的成功应用衍生了管理信息系统，而 DSS 则是在管理信息系统的基础上，出于决策支持应用需求发展起来的。DSS 建立的目的是辅助高层完成非结构化问题的决策，可以将其定义为辅助决策者通过数据、模型和知识，以人机交互的方式进行半结构化或非结构化决策的管理信息系统。

决策支持系统的概念自 20 世纪 70 年代被提出，已经获得了极大的发展，传统的 DSS 的基本框架如图 2-2 所示，一般由交互语言系统、问题处理系统，以及四库(数据库、模型库、知识库、方法库)或三库(数据库、模型库、方法库)组成。

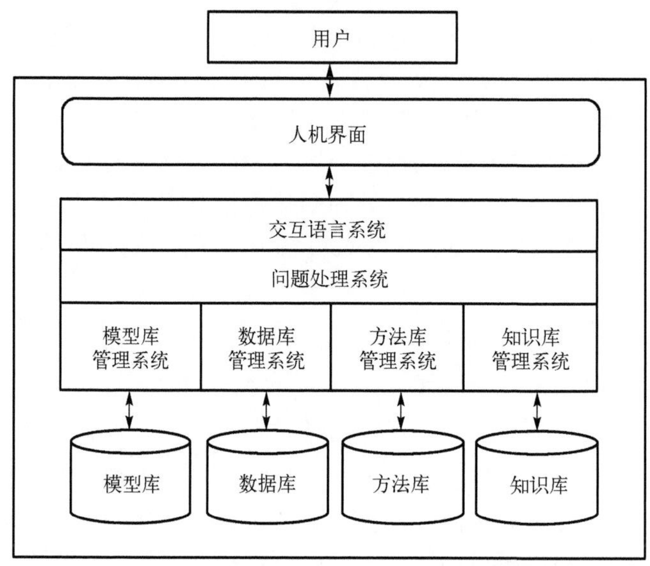

图 2-2　传统决策支持系统基本框架

决策支持系统的运行流程为用户通过人机界面把问题的描述和要求输入决策支持系统；交互语言系统对此进行识别和解释；问题处理系统通过知识库系统和数据库系统收集与该问题有关的各种数据、信息和知识，据此对该问题进行识别、判定问题的性质，并对问题加以求解；通过模型库系统集成构造求解所需的规则模型或数学模型，对该模型进行分析鉴定；在方法库中识别进行模型求解所需算法并进行模型求解，对所得结果进行分析评价；最后，通过语言系统对结果进行解释，输出具有实际含义、用户可以理解的形式。

相比于传统的决策支持系统，人工智能等现代化技术的引入使整个系统具备了解决部分复杂问题的能力(尤其是需要较强的运算能力时)，使其能够更好地辅助于决策主体的最终决策，由此产生了智能辅助决策支持系统的概念。

2.1.2　智能辅助决策特点

智能辅助决策的实现依托于智能辅助决策支持系统的构建。智能辅助决策支持系统将人工智能与决策支持系统相结合，应用专家系统(expert system，ES)技术，将关于决策问题的描述性知识、决策过程中的过程性知识和求解问题的推理性知识，也加入传统的决策支持系统中，并通过逻辑推理来帮助解决复杂的决策问题。如图 2-3 所示为智能辅助决策支持系统的基本框架。

容易看出，相比传统的决策支持系统，智能辅助决策支持系统增设了推理机(若认为传统决策支持系统只含模型库、数据库、方法库三库，则增设了知识库与推理机)，并在人机对话子系统中加入了自然语言处理系统，这使得决策问题及目标可以

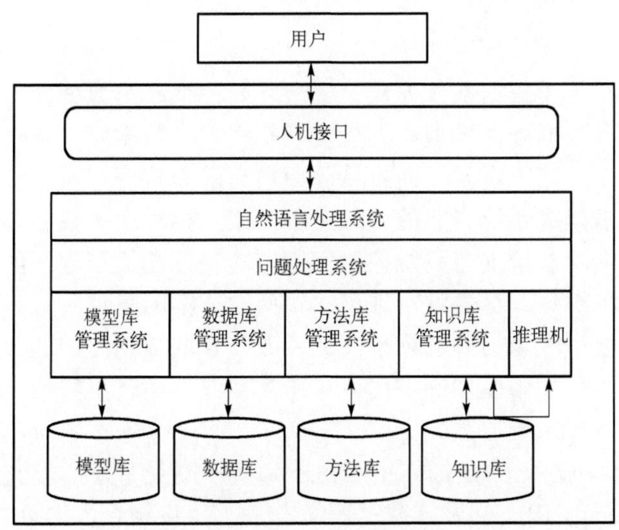

图 2-3　智能辅助决策支持系统基本框架

用自然语言或者近乎自然语言的方式表达，之后通过人机接口被计算机所理解。而在知识库子系统中新增设的推理机的任务则是基于系统中的已有规则，从已知事实推出结论。

智能辅助决策支持系统具有一定的自主学习能力，允许决策者修改和扩充知识库中的知识，且能够模拟决策者的思维过程，具有推理能力；将模型作为一种知识结构进行管理，具有智能的模型管理功能；所建立的决策支持系统具有更加通用的结构，使系统对环境的变化和决策方式的变化具有一定的适应性。

当前，智能辅助决策支持系统正朝着智能决策，即决策的完全自动化方向发展。智能化技术在决策过程的各个阶段都有着诸多应用。

1. 信息搜集及预处理

信息获取有很多途径，外部环境与内部状态每时每刻都在产生着海量的数据，因此该阶段的难点并不在于信息的获取，而在于对各种渠道获取到的低维信息的统一预处理，深度学习能够胜任从海量的低维数据中抽象出高维特征的任务。深度学习是一种有监督的学习方法，其核心是深度神经网络，神经网络可看作非线性模型，其基本组成单位是具有非线性激活函数的神经元(neuron)，通过大量神经元的连接，神经网络成为非线性的模型。使用神经网络对原始数据特征进行多步特征转换，不断对原始数据中的特征进行表征，最终得到可以表示数据本质特征的高维抽象特征。数据挖掘(data mining，DM)则能够从数据中提取出人们感兴趣的部分，数据挖掘的输入是海量数据，而输出则是提取的知识，常常表现为概念、规则、规律、模式等形式。

2. 行动方案的自动生成

把所有模型和各类数据都作为决策资源存入模型库与数据库中，即模型库中既有数学模型，也有数据处理模型和人机交互模型等，数据库中既有公用数据也有私有数据，它们都作为决策资源。而决策问题被理解为将模型资源和数据资源作为积木块进行组合，搭建成系统方案的处理过程，用总控程序来描述。然后利用计算机自动生成符合要求的决策支持系统控制程序，实现控制模型程序的运行，数据库中数据的存取及人机对话，这样就实现了决策问题方案的自动生成。当某个决策方案需要将其中某个模型改为另外的模型，或者改变存取数据库中的数据时，只需修改决策支持系统控制程序中模型的调用或数据的存取，通过方案的自动生成就能够快速生成新的决策支持系统方案。

优化算法是行动方案自动生成的关键技术，经典优化算法(如动态规划、整数规划(integer programming，IP)、启发式搜索等算法)在多维度组合优化问题上计算效率显著降低，在优化问题日趋模糊化、复杂化的背景下，智能优化算法应运而生。常见的智能优化算法有遗传算法(genetic algorithm，GA)、蚁群优化(ant colony optimization，ACO)算法、模拟退火算法、误差逆传播(back propagation，BP)算法。遗传算法是一种源于自然选择进化过程和遗传学理论，借助于计算机编程仿真形成的随机搜索与优化算法，该方法鲁棒性强、效率较高，在全局寻优的速度和解决问题的多样性等方面的表现较大部分算法优秀。蚁群优化算法模拟了自然界蚂蚁群体的觅食行为，是群智能的经典应用，具有鲁棒性好、自适应性强、分布式计算等优秀特点，但是仍旧存在易陷入局部最优解的缺陷。模拟退火算法基于固态退火原理，具有较强的局部搜索能力，该算法会以一定的概率接受次优解，从而跳出局部最小值，最后获得全局最优解。BP神经网络根据输入数据的正向运算来计算最终的网络误差，在相反的方向上传输误差，通过大量数据样本训练各层的权重和阈值，以此构建非线性映射的算法模型。

而在智能方案生成方面，基于案例的推理(case-based reasoning，CBR)方案生成技术应用广泛。CBR主要基于两个假设，一是类似问题具有类似的解决方案，二是类似问题会重复出现，通过重用案例库中具有相似问题描述的案例的解决方案来解决当前问题。在选择了类似的情况后，历史案例的解决方案便认为是适于当前问题的。而当前问题被成功解决时，会产生新的源案例，存储在案例库中以增强其能力，从而实现学习行为。

3. 方案自动化评估

方案的自动化评估大致可以分为四个步骤：构建评估指标体系、确定评估指标权重、对备选方案进行优劣性综合评估、考虑不确定因素下方案的鲁棒性评估。

构建评估指标体系，依据评估指标体系构建原则，确定科学合理、具有针对性的评估指标；确定评估指标权重，关于属性权重的确定方法很多，根据原始数据的来源可以分为主观赋权法、客观赋权法、组合赋权法三大类；对备选方案进行优劣性综合评估，结合评估指标体系与已计算出的评估指标权重，采用科学方法(扩展多准则妥协解排序(visekriterijumska optimizacija i kompromisno resenje，VIKOR)方法、支持向量机(support vector machine，SVM)等方法)对备选方案进行优劣性综合评估，确定所有备选方案的优劣排序；考虑不确定因素下方案的鲁棒性评估，针对多种不确定因素，给出方案鲁棒性的定义，提出方案的鲁棒性评估模型，采用科学方法(网络关键路径)对方案的鲁棒性进行评估，结合前述步骤中得出的备选方案优劣排序，选出较优的方案，为决策主体提供参考。

也有许多学者基于相关领域的问题背景，将各类人工智能技术运用于决策支持系统，构建起了相关领域的智能辅助决策支持系统。环境监测领域，莫欣岳[12]基于人工智能技术建立了一套完整的空气质量决策支持系统，其中包括空气质量预报、空气质量评价和大气环境影响评估三个模型子系统；军事领域，张晓海等[13]介绍了深度学习在军事智能辅助决策支持系统中的应用，应用场景包括雷达识别、无人机目标识别、智能火控等；应急管理领域，郭召松从事故应急管理体系的研究与建立、事故动态演化模型的研究、应急行动理论模型三个方面研究了蚁群优化算法、元胞自动机等智能化技术在火电厂应急行动中的应用，并进行了仿真验证。人工智能技术已经广泛地应用在了环境治理、军事理论、应急管理、企业管理等领域的决策支持系统中，为这些行业的智能化发展提供了助力。

2.1.3　智能辅助决策相关理论方法

1. 决策支持系统的基础理论

决策支持系统(DSS)是以管理科学、运筹学、控制论和行为科学为基础，以计算机技术、人工智能技术和信息技术为手段，智能化地支持决策活动的计算机系统。决策支持系统通过人机对话分析识别问题，建立模型，帮助决策者明确决策目标，并制定各种方案供决策者选择，并对方案进行选择和后续评估。决策支持系统能够帮助决策主体在半结构化或者非结构化的任务中做出决策，但需要注意的是，决策支持系统在决策过程中仅起到辅助作用，并不是代替用户做出决策。

当前，决策支持系统的发展方向有群体决策支持系统(group decision support system，GDSS)、分布式决策支持系统(distributed decision support system，DDSS)和智能决策支持系统(intelligent decision support system，IDSS)。GDSS 不受时间与空间限制，能让决策者之间便捷地共享交流信息，按照一定的规则共同解决问题。DDSS 是在管理决策活动涉及许多不同责任的决策人，且决策所需的信息分散各处的情况下，由 DSS 发展而来的信息系统。IDSS 是在人工智能(AI)逐渐发展后，AI

与 DSS 结合产生的概念，主要手段是应用专家系统，使 DSS 能够更加充分地应用人类知识来辅助决策。

2. 人工智能技术的基础理论

在 1943 年，逻辑学家 Pitts 和神经科学家 McCulloch 创造了神经网络的数学模型，并合著了《神经活动中固有的思维的逻辑运算》一书，书中提出将数学和算法相结合，用以模仿人类思维活动。之后，在 1955 年的一次学习机器研讨会上，由著名科学家艾伦·纽厄尔和奥利弗·塞弗里奇分别提出了下棋与计算机模式识别的研究，产生了人工智能的雏形。而“人工智能”这个词语的真正提出，则是在次年的达特茅斯会议上，该会议还讨论确定了人工智能最初的发展路线和发展目标。接着，阿瑟·塞缪尔提出了机器学习理论。在这期间仿生学派逐渐压过符号学派，神经网络在 BP 算法获得青睐的情况下高速发展。在工业界，专家系统的广泛运用显著降低了成本，人们开始着手研究通用人工智能。近些年，算力的增加打破了人工智能发展的瓶颈，基于大数据的深度学习与增强学习得到发展。人工智能的发展历程如图 2-4 所示。

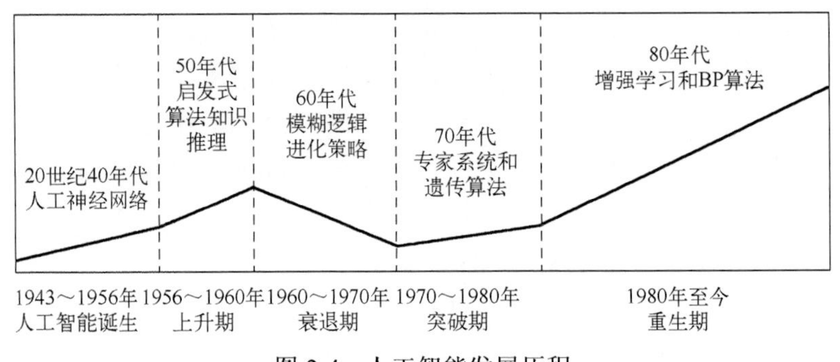

图 2-4　人工智能发展历程

人工智能的核心技术大致可以分为计算机视觉、机器学习、自然语言处理(natural language processing，NLP)、语音识别四个部分。下面分别对这四个部分进行简要介绍。

1) 计算机视觉

计算机视觉通过算法对图像进行识别分析，又可以分为图像分类、目标跟踪、语义分割等子领域。图像分类主要分为特征提取和训练分类器两个步骤，从 2015 年将深度学习引入图像处理领域后，图像分类的效果和效率得到显著提高[14]。目标跟踪主要有 3 类算法、相关滤波(correlation filter，CF)算法、检测与跟踪相结合的算法和基于深度学习的算法[15]。相关滤波最初用于信号领域，相关算法有误差最小平方和滤波器(minimum output sum of squared error，MOSSE)、码位移键控(code shift keying，CSK)、核相关滤波(kernal correlation filter，KCF)算法、基于自适应颜色属性的实时视觉跟踪(adaptive color attributes for real-time visual tracking)算法、判别式尺度空间跟踪(discriminative scale space tracking，DSST)算法和可扩展回归判别式相关滤波器(scalable regression discriminative correlation filter，SRDCF)等；检测与跟踪相结合的算法就是目标跟踪的判别式算法，其理念是先找出目标的位置，然后对目标进行跟踪；基于深度学习的目标跟踪算法主要分为分类和回归两类。语义分割的意义是理解图片中像素的含义，需要对密集的像素进行含义判别，最基础的方法是通过滑动的窗口进行分类预测，卷积神经网络(convolutional neural network，CNN)的出现推动了语义分割算法的发展，全卷积神经网络(fully convolutional neural network，FCN)、空洞卷积(dilated/atrous convolution)、条件随机场(conditional random field，CRF)是另外几种进一步提高分割效果的算法[16]。

2)机器学习

机器学习是通过计算机对数据自身规律的学习提升性能的算法。在机器学习的过程中，最需要解决的四类问题是预测、聚类、分类和降维。按照学习方法分类，机器学习可以分为监督学习、无监督学习、半监督学习、强化学习四大类。监督学习要做的工作主要是使用预先贴好标签的数据去训练预测新的数据的类型或取值，如果预测结果是对数据进行分类，即输出一个离散值，那么典型的方法有支持向量机；如果所涉及的是一个回归问题，则典型的方法是线性判别。无监督学习则是在数据无标签的情况下做数据挖掘，所针对的主要是聚类问题，无监督学习方法主要有 *k*-均值聚类以及主成分分析等。半监督学习则是混合了监督学习和无监督学习，学习所基于的数据也是混合了含标签数据和无标签数据，常见的半监督学习算法有自训练(self-training)算法、基于图的半监督(graph-based semi-supervised learning)算法和半监督支持向量机(semi-supervised support vector machine，S3VM)。强化学习则是当下最为热门的研究领域之一，其原理是通过与环境的交互获得奖励，并通过奖励的高低来判断动作的好坏，进而训练模型，常用的强化学习算法有使用表格学习的 *Q*-learning、Sarsa，使用神经网络学习的深度 *Q* 网络(deep *q*-network，DQN)，直接输出行为的 Policy Gradients 和 Actor Critic 等[17]。

3)自然语言处理

自然语言处理是计算机科学和人类语言学的交叉学科，其目的是让计算机拥有识别理解人类文本语言的能力。自然语言处理主要有 5 类技术，分别是分类、匹配、翻译、结构预测及序列决策过程。自然语言处理分为语法语义分析、信息抽取、文本挖掘、信息检索、机器翻译、问答系统和对话系统 7 个方向。具体来说，语法语义分析，是对于给定的语言提取词进行词性和词义分析，然后分析句子的句法、语义角色，并进行多词义选取；信息抽取，是指从给定的一段文字中抽取时间、地点和人物等主要信息，以及因果关系等句子关系；文本挖掘，对大量的文档提供自动索引，通过关键词或其他有用信息的输入自动检索出需要的文档信息；机器翻译，输入源文字并自动将源文字翻译为另一种语言，根据媒介的不同可以分为很多的细类，如文本翻译、图形翻译及手语翻译等；问答系统，是提出一个文字表达的问题，计算机可以给出准确的答案，过程中需要对问题进行语义分析，然后在资料库中寻出对应答案；对话系统，指计算机可以联系上下文和用户进行聊天及交流等，针对不同的用户采用不同的回复方式等功能。

4) 语音识别

语音识别是将人类语音作为输入，转换为机器可以理解的语言或者自然语言的过程。语音识别的难点在于噪声处理、鲁棒性和语音模型。在语音输入时总是难免出现噪声，对噪声的合理处理有利于提高语音识别的准确率；现有的语音识别系统对环境的依赖性较高，不同的环境识别准确率差异较大，不具有较好的鲁棒性；语音模型的优化需要大量数据支撑，考虑语音的语义、情绪以及语速可能会对语音真实含义产生的影响。

3. 智能辅助决策支持系统的基础理论

当前人工智能技术发展如火如荼，将其运用于传统决策支持系统后，传统决策支持系统产生了极大变化，开始向智能辅助决策支持系统演进。相比于传统决策支持系统，智能辅助决策支持系统借助知识表示、知识存储、知识推理等知识管理理论的发展，形成了更加完备、高效的专家知识系统。得益于深度学习等人工智能方法的发展，智能辅助决策支持系统对于外部环境和内部状态所产生的数据信息的理解更加敏捷、更具深度，这一特点在当下信息爆炸的背景下意义重大。同时，机器学习、运筹优化等关键技术的进步也增强了决策支持系统应对突发状况的实时应变能力，并使处置方案更加智能。以下将从复杂系统建模、知识管理、智能辅助决策三个方面对智能辅助决策支持系统的主要技术及理论进行简要介绍。

1) 基于复杂系统建模的一体化建模技术

随着社会、经济、军事等领域问题的日趋复杂化，传统的简单系统建模理论难以对现有问题进行描述和建模。现有对复杂系统进行建模的方法主要为多视图建模和元模型建模。多视图建模方法常用于体系建模，相较传统系统，体系具有复杂性、不确定性和涌现行为等特征，基于多视图的体系建模方法侧重于从不同利益相关者的视角描述体系，最终聚合得到所需的体系。而元模型则是一种描述模型的语言，它强调了元模型是在一个比模型语言本身更高的抽象层次去描述一个建模语言。元模型必须能够捕捉建模模型的基本特征和属性，且应该是元模型架构的一部分。

2) 人工智能技术在经验知识表述方面的应用

在如今信息爆炸的大环境中，数据呈现出复杂性、多元性和数量庞大的特征，导致知识管理过程中的相关数据规模大、类型多，并且呈现出实时变化的特点。传统的知识管理方法无法有效实现对这些海量知识、信息和数据的精确、高效和一体化的利用，为了适应信息特征的变化进行的知识管理，可以分为知识获取与创造、碎片化知识整合及知识体系构建两个方面。

(1) 在知识获取与创造阶段，为了对具体环境中产生的大量数据中的异常值进行更加准确的监测，可以构建不相关性检验模型，找出其中不相关的数据特征，实现隐性知识外显化。而后，基于深度学习算法、语义依存分析树等人工智能方法对文本类数据进行快速分类，并从中提取知识；然后用混合抽取神经网络模型，对之前获取到的知识进行反馈和修正。基于混合抽取神经网络模型的框架由共享模块(共享模块由输入层、前置长短期记忆网络(long short-term memory，LSTM)、后置 LSTM、融合层组成)、知识识别模块、知识关系抽取模块构成，如图 2-5 所示。在知识识别模块提取知识信息后，知识识别结果将进一步辅助完成知识关系抽取；在知识关系抽取模块中，根据知识标签计算知识特征，并将计算后的特征输入到知识关系抽取模块，完成知识关系抽取任务；然后依据知识识别模块和知识关系抽取模块损失值调整共享模块参数，完成联合抽取模型的反馈过程，实现智能制造知识提取的实时反馈校验机制。

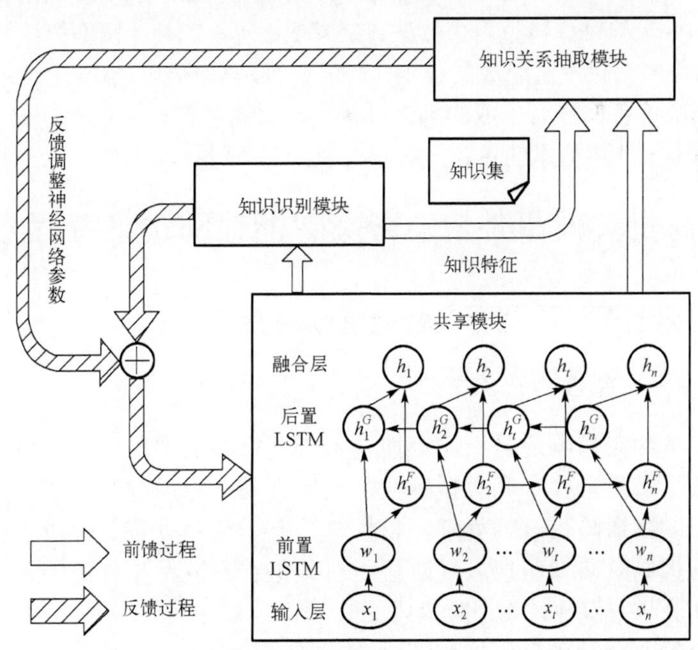

图 2-5　基于混合抽取神经网络模型的智能制造知识反馈修正框架

(2) 在碎片化知识整合及知识体系构建阶段，主要分为核心知识图谱构建、知识精炼、生成知识服务三个步骤。核心知识图谱构建有自顶向下和自下向上两种主要方式，前者专家参与度较高，而后者处理多源异构数据的工作量较大；对于知识图谱的持续更新需要依赖合理的知识精练手段，通过特定验证(如专家验证)的高质量知识被定期整合到核心知识图谱中，不断充实核心知识图谱，并成为新一轮丰富过程的起点；当终端用户访问支持工业知识图谱的系统以获取知识时，知识服务过程被触发，系统分析用户需求，并通过存储在核心知识图谱中的知识向用户提供知识推荐服务(如多跳推理，其原理是通过遍历知识图谱中的多个节点和边，得出用户查询的合理答案)。

3)系统化的智能辅助决策

系统化的智能辅助决策流程首先从各渠道搜集多样化信息开始，以此作为决策的输入条件，并从中梳理构建出优化模型，其中包括明晰决策目标和约束条件等优化模型基本元素。当优化问题只有单个目标时，问题的求解相对简单，且往往只存在一个最优解；而当出现多个目标时，这些目标之间往往是相互冲突的，这时就需要用到多目标规划问题的求解算法，具体来说有转化法和智能化启发式算法两种求解方法。

转化法原理简单且操作求解方便，但存在主观性强、对问题特征敏感等问题，而智能化启发式算法则是人们通过揭示并模拟某些自然界的现象和过程或生物群体的智能行为，发展起来的一系列可用于多目标问题求解的算法，如遗传算法、差分进化(differential evolution，DE)算法、免疫算法、蚁群优化算法、粒子群优化(particle swarm optimization，PSO)算法、模拟退火算法、禁忌搜索算法、神经网络算法等。经过求解，最终得到一组由多个折中解组成的解集，解集中的元素被称为帕累托(Pareto)解或非劣解，然后依据决策者偏好对生成的解进行排序，将排序靠前的解对应的方案纳入考量范围。后续再根据外界信息的更新，对方案或方案集进行动态调整。

2.2 海上突发事件应急方案智能辅助决策流程与框架

2.2.1 海上突发事件应急方案智能辅助决策流程

1. 海上突发事件应急响应流程

海上突发事件应急响应是指海上搜救中心获得海上遇险信息后协调、组织和指挥相关的搜救力量进行搜寻和救援等应急反应行动。它由预警、遇险报警、遇险信息的分析与核实、遇险信息的处置、指挥与控制、紧急处置等阶段组成，其中重点流程在指挥与控制阶段和紧急处置阶段。对某些特殊突发事件可能并不要求执行每一个阶段。对于一些事件，某个阶段内的行动可能就包含了其他阶段的行动。因此，两个以上阶段的部分行动有可能会同时或交叉进行。

海上突发事件应急响应的 6 个阶段[18]如下所述。

(1)预警阶段：此阶段是预防海上突发事故发生，缩短突发事件响应时间，保障应急处置工作高效完成的重要阶段。

(2)遇险报警阶段：此阶段是获取海上险情信息的阶段。清晰、快速的遇险报警是海上应急响应工作顺利完成的一个重要前提。

(3) 遇险信息的分析与核实阶段：当各级海上突发事件应急响应中心获得遇险报警信息后，应采取一切有效、可行的手段对信息进行确认与核实，排除误报警并获取更为详细的遇险信息。

(4) 应急响应阶段：此阶段包含遇险信息的处置和指挥控制，即按照各级应急预案，快速地对险情进行响应。包括通知相关单位或救助设施，保证保障资源、队伍和救助力量的快速到位，为海上突发事件应急响应争取宝贵的时间。同时也为救助后期的交通、医疗、治安、通信以及信息发布做好安排，保证整个过程的有序。

(5) 应急行动阶段：此阶段是在紧急处置中根据响应方案开展相关行动，即在现场指挥人(船)的指挥协调下，按照海上突发事件应急响应计划进行搜寻和救助。

(6) 应急行动结束阶段：此阶段是在紧急处置中开展应急方案结果评估，即进行应急方案效果评估后，认为险情解除或者进一步搜寻不再有效，通知所有参与行动的救助力量结束行动，并进行现场清理、核实损失情况、恢复正常秩序等工作。

2. 海上突发事件应急方案智能辅助决策流程

针对海上突发事件应急方案智能辅助决策这一实际问题，考虑到海上突发事件具有复杂性、时效性、广域性、局限性和涉外性等特点，结合海上突发事件应急响应的 6 个阶段，本书进一步将海上突发事件应急方案智能辅助决策过程分为场景建模、风险分析、资源调配、任务规划、临机优化和方案评估 6 个阶段，具体如下所述。

(1) 场景建模：此阶段主要是对海上突发事件应急决策场景中的海洋环境、事故状况、处置资源等多种信息进行综合、标准、规范、结构的描述，实现海上突发事件应急过程中的协同一致可追溯性。

(2) 风险分析：此阶段是对海上突发事件应急处置涉及的技术风险、组织风险以及外部风险等各方面的风险因素进行定性或定量分析，并给出风险发生可能性和后果的评价结论，找到关键风险，为重点应对这些风险提供科学依据。

(3) 资源调配：此阶段是针对不同的海上突发事件场景以及任务需求，从众多可用的资源中选择合适的资源组成应急响应资源方案。

(4) 任务规划：此阶段是依据地形信息和执行任务环境条件信息，综合考虑无人智能设备的性能、到达时间、耗能、威胁以及飞行区域等约束条件，为无人智能设备规划出一条从起始点到终点的可行路径，辅助专业人员开展搜寻、搜救等工作。

(5) 临机优化：此阶段是在海上突发事件发生后，根据相关人员执行初始应急方案时实时反馈的信息，对初始方案进行调整，生成动态场景下的海上突发事件应急方案。

(6) 方案评估：此阶段是针对此次突发事件编制多个备选方案，并且在将应急方案实施之前，需要对所有的备选方案进行优劣性评估，确定较优的应急方案。

2.2.2 海上突发事件应急方案智能辅助决策框架

前面内容介绍了海上突发事件应急响应与海上突发事件应急方案智能辅助决策

的具体流程，针对海上突发事件应急方案智能辅助决策过程中的各个阶段，本书采用了多种智能辅助决策技术与方法，分析并求解各个决策阶段所面临的难题，生成相应的海上突发事件应急方案。

为了使读者能够更加清晰地把握本书的脉络，从海上突发事件应急响应过程、智能辅助决策过程以及相关技术方法三个维度，搭建了海上突发事件应急方案智能辅助决策框架，如图 2-6 所示。

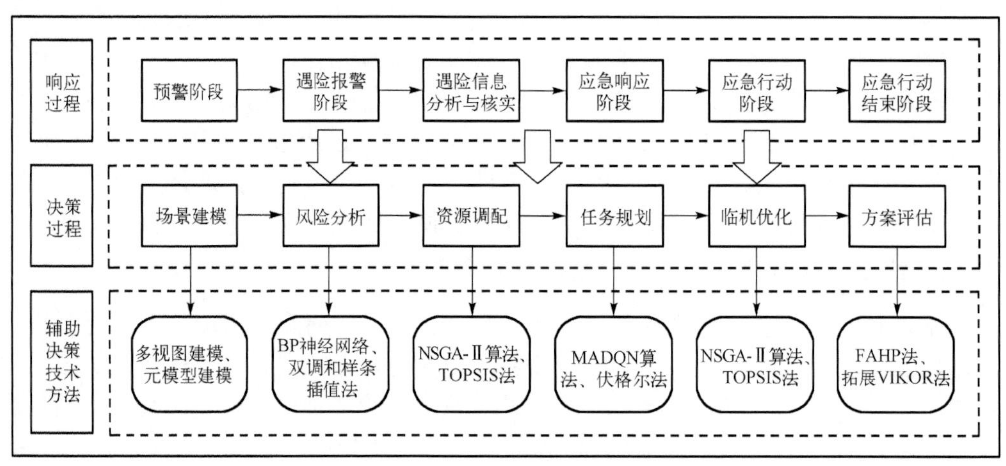

图 2-6　海上突发事件应急方案智能辅助决策框架

2.3　海上突发事件应急方案智能辅助决策技术与方法

为积极应对海上突发事件，决策者需要快速、有序、高效地组织开展海上突发事件应急处置工作，救助遇险人员，最大限度地减少人员伤亡和财产损失，保护海洋环境，维护社会公共利益。因此为高效地生成科学、精准的海上突发事件应急方案，应用一些智能辅助决策方法辅助决策者开展分析十分必要。根据前面提到的海上突发事件应急方案智能辅助决策的一般过程，本节将介绍针对海上突发事件应急方案智能辅助决策的相关通用技术与方法，为提高我国海上突发事件应急处置提供科学技术支撑。海上突发事件应急方案智能辅助决策过程与相关通用技术方法映射关系矩阵如表 2-1 所示。

表 2-1　方法映射矩阵

方法		章节				
		第 4 章	第 5 章	第 6 章	第 7 章	第 8 章
		风险分析	资源调配	任务规划	临机优化	方案评估
多目标规划	多目标规划建模		√	√	√	
	转化法求解					
	进化算法求解		√		√	

续表

方法		章节				
		第 4 章	第 5 章	第 6 章	第 7 章	第 8 章
		风险分析	资源调配	任务规划	临机优化	方案评估
智能优化	遗传算法					
	蚁群优化算法					
	粒子群优化算法					
	带精英策略的非支配排序遗传算法(non-dominated sorting genetic algorithm，NSGA-Ⅱ)		√		√	
多属性决策	层次分析（analytic hierarchy process，AHP)法					√
	模糊综合评价（fuzzy comprehensive evaluation，FCE)法					√
	双基点法也称为优劣解距离(technique for order preference by similarity to ideal solution，TOPSIS)法		√		√	
	多准则妥协解排序法					√
相似案例分析	基于案例的推理					
	基于案例的决策					
神经网络	前馈神经网络(feedforward neural network，FNN)	√				
	循环神经网络(recurrent neural network，RNN)					
	卷积神经网络					
深度强化学习	基于值函数的强化学习			√		
	基于策略梯度的强化学习					

2.3.1　多目标规划方法

生活中存在的很多问题都是由相互冲突的多个目标组成的，如何衡量这些目标从而做出最优决策是多目标规划问题。而海上搜救决策中的许多问题实际也是多目标的问题，例如，最优搜救资源方案应该同时满足最大化搜救效率、最小化资源浪费、最大响应速度等目标。因此掌握多目标规划方法对于科学解决海上搜救的相关决策问题十分有利。目前我国业务部门在面临实际海上搜救决策问题时，大都采用定性的决策方法，如专家经验法等，存在着一定的局限性，往往难以保证应急决策方案是最优的。因此必要时需要利用到最优规划方法对海上搜救予以辅助决策。当一个优化问题存在的优化目标超过一个并需要对这些目标进行同时处理时，就成为求解多目标规划问题(MOP)。

多目标规划问题的决策方案个数是无限的，决策变量是连续的，该问题的解决多用于优化设计的决策过程，其变量包含于约束条件所决定的区域内，是方案无限的一种多目标决策。在海上搜救行动的应急决策过程中，针对当前场景生成最优资源方案就是一个多目标规划问题，即根据已知场景信息和约束信息，对所有组合方案的目标函数值进行计算，进而选择最优的方案。因此，多目标规划问题涉及数学模型的构建。

用规范化的方法求解一个多目标决策问题全过程包括如图 2-7 所示的五个步骤。第一步是起始，主要是要提出问题；第二步是构造问题，这时要使目标具体化、要确定衡量各目标达到程度的标准即属性以及属性值的可获得性，并且要清楚地说明问题的边界与环境；第三步是系统建模，要选择决策模型的形式，确定关键变量以及这些变量之间的逻辑关系，估计各种参数，并在上述工作的基础上产生各种备选方案的属性值，并根据决策规则进行排序或优化；第四步是进行分析评价；第五步是根据上述评价结果，选择实施。这只是一个理想化的多目标决策过程，有时到第三步可能就要返回进行调整。而且由于解空间的爆炸，普通算法已不能解决多目标冲突问题，因此必须对其进行优化求解。

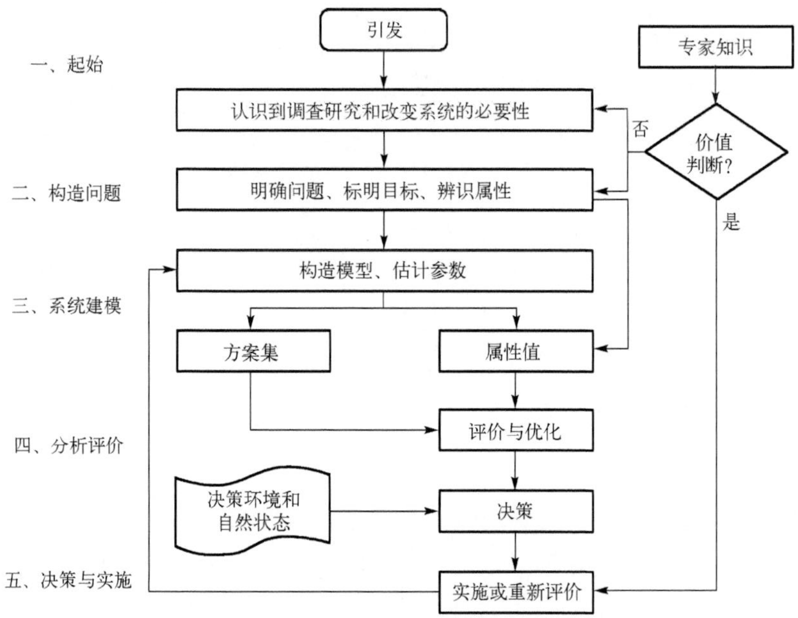

图 2-7　典型多目标决策的求解过程

任何一个多目标决策问题都包含决策单元(decision-making unit)、目标集(set of objective)或称指标体系、属性集(set of attribute)、决策形式(decision situation)和决策规则(decision rule)五个要素[19]。

在多目标决策过程中，所涉及的价值元素和需要进行的价值判断主要有以下几点。

(1)在构造问题的时候，决策人的需要、企图等主观因素对所辨识问题的界限和决策问题环境、对确定决策问题的目标及相应属性有着重要影响。

(2)在系统建模这一步，选择决策模型的形式、确定模型的关键变量也不可避免地涉及决策人的价值判断。

(3)在进行分析评价时，要选择适当的决策规则，而决策人的偏好对最终结果的影响最为关键。

1. 多目标规划问题的基本数学模型

多目标规划问题的数学模型一般用如下形式表示：

$$\begin{cases} \min\limits_{x\in\Omega} \quad F(x)=(f_1(x),f_2(x),\cdots,f_M(x)) \\ \text{s.t.}\begin{cases} c_i(x)=0, & \forall i\in\varepsilon \\ c_j(x)\leqslant 0, & \forall j\in\tau \end{cases} \end{cases} \tag{2-1}$$

其中，$f_i(x)$是函数变量；$c_i(x)=0$和$c_j(x)\leqslant 0$为约束方程；x是决策变量，作为一组能在优化过程中处理的向量变量形式进行表示：

$$x=\begin{bmatrix} x_1 \\ x_2 \\ \vdots \\ x_L \end{bmatrix} \tag{2-2}$$

由上述数学模型可知，多目标规划问题要求各子目标都达到最优，但是这显然是很困难的，尤其是当每个子目标互相矛盾时更加困难。对于一个多目标规划问题而言，任意两种优化求解方案的优劣是难以判别的。因此在单目标优化问题中能求得最优解，而在多目标规划问题中能够得到的只是非劣解，并且非劣解存在多个。

所谓非劣解(或称有效解)，是指若有M个目标，当要求$M-1$个目标不变时，找不到一个x，使得另一个目标函数值$f(x)$比$f(x^*)$更好，则此x^*作为非劣解。显然，多目标规划问题只有当求得的是非劣解时才有意义，劣解是没有意义的，而绝对最优解的可能性很小。

2. 多目标规划问题的帕累托前沿

帕累托前沿的概念是从 Edgeworth 和 Pareto 的工作中总结得来的，并且通常被称为帕累托最优。帕累托最优性认为，只有当它在所有目标上都优于其他目标，或者在所有目标中都处于较低水平时，它才会优于另一种解决方案。多目标规划问题中的权衡取决于在某些目标上优于其他目标的解决方案，这些对于某些目标而言是优越的解决方案被称为非主导的。其实帕累托最优的概念是由帕累托支配关系定义的。图 2-8 显示了一个例子，帕累托最优解集和帕累托前沿，以及两者之间的映射。帕累托最优解集定义了决策变量(在图中用Variable_1, Variable_2, Variable_3进行表示)，而帕累托前沿通过帕累托最优性来对多个目标(在图中用$f_1(x), f_2(x)$来表示)进行权衡。考虑到目标之间的矛盾性，无法求解出一个最优解，因此多目标规划问题的求解结果是一组最优解集，即帕累托前沿，即帕累托最优解对应的目标函数值就是帕累托前沿。在得到帕累托前沿的基础上，还需决策者在此基础上进行进一步的决策，进而决策出最优方案。

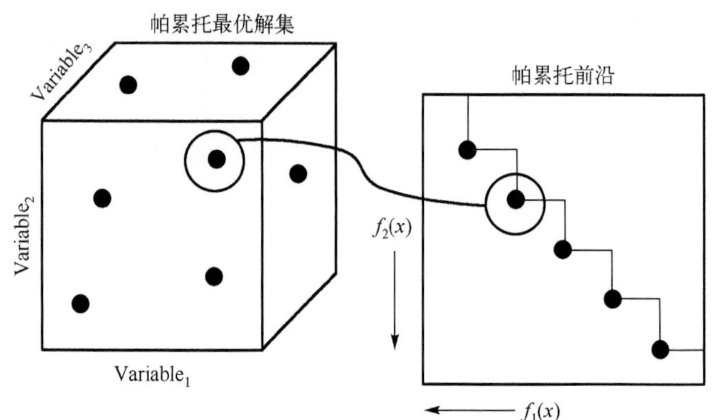

图 2-8　帕累托最优解集和帕累托前沿映射图

3. 多目标规划问题的求解算法

多目标规划问题并不存在唯一的全局最优解，而是生成一组帕累托解集，并根据决策者的偏好生成最终解。而多目标规划问题的求解算法可以分为两类，一是转化法，根据决策者的偏好或者目标的重要性赋予目标不同的重要性权重，将多目标问题转化为单目标问题，然后通过求解单目标问题得到最终解。二是进化算法，进化算法是一类启发式的随机搜索算法，通过模拟自然界中优胜劣汰的准则选择出相对最优的非劣解，然后根据决策者的偏好在非劣解集中选出最终解。第二种求解过程会导致经典的 NP-hard 问题，因此需要优化算法解决多目标冲突问题，从而也成为多目标优化问题。优化是指在一组备选方案中识别最佳解的过程。而单目标优化采用单个准则来识别一组备选方案中的最佳方案，而多目标优化采用两个或更多个准则。多个目标可能相互冲突，因此改进一个目标会导致另一个目标的恶化。一般来说，多目标问题没有单一的最优解。

转化法的优点在于其原理简单、易于操作且求解方便，但是该方法有以下缺点：一是赋权有很大的主观性，很多情况下，我们对问题并不是很了解，目标之间的相对重要性也只能凭借主观猜测，因此赋予的权重也有很强的主观性，并不能完全反映实际情况；二是单目标求解算法对于问题的解空间的形状以及连续性比较敏感，随着目标的个数的增加，转化而成的单目标问题也就越复杂，这个缺点也就越明显；三是在多目标规划问题中，不同目标的单位往往是不同的，于是这些目标是无法放在一起进行比较的。

随着实际中多目标优化问题的日益复杂，也为了使优化更符合实际情况，许多对多目标综合模型的优化开始转向运用智能化启发式算法。智能化启发式算法模拟了自然界的生物进化机制，通过代与代之间的不断迭代维持一组由较优解组成的种群来实现全局搜索，有较强的适应性，适用于求解多目标优化算法。智能化启发式算法的基本原理如图 2-9 所示，从一组随机生成的初始种群出发，通过选择、交叉和变异等运算进化操作，不断迭代使得新种群中的个体的适应度评价越来越高，直至满足终止条件。

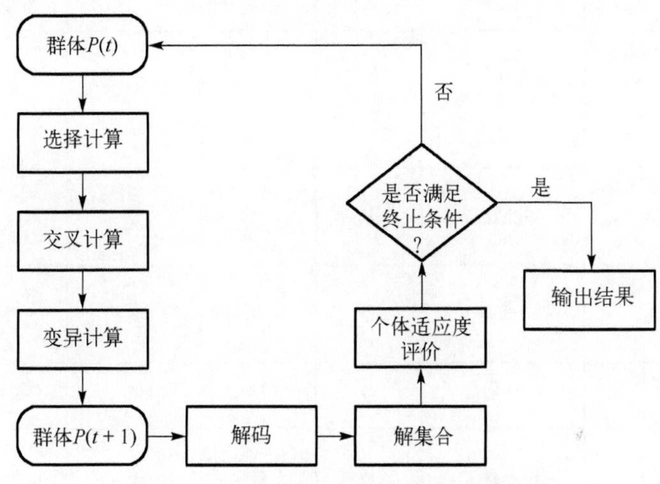

图 2-9　智能化启发式算法的基本流程图

目前最流行的智能化启发式算法是 NSGA-Ⅱ，这种算法在一系列问题上表现出很强的性能，因此在实践中经常被使用，被研究者广泛研究。然而，智能化启发式算法并不局限于这些算法，广泛流行的还有粒子群优化算法、遗传算法、差分进化算法等，表 2-2 对不同优化算法的性能进行了对比分析，针对如何运行不同的算法，如何选择参数运行算法提供了借鉴与指导意义。

表 2-2　不同多目标优化算法适用问题对比

算法	算法类型	实数编码 (real)	二进制编码 (binary)	排列算法 (permutation)	子集生成 (subset)	约束 (constraints)
CMA-ES (covariance matrix adaptive evolution strategy)	进化策略	是	否	否	否	是
eMOEA (enhanced multi-objective evolutionary algorithm)	ε -dominance	是	是	是	是	是
eNSGA-Ⅱ (enhanced non-dominated sorting genetic algorithm-Ⅱ)	ε -dominance	是	是	是	是	是

续表

算法	算法类型	实数编码(real)	二进制编码(binary)	排列算法(permutation)	子集生成(subset)	约束(constraints)
GDE-Ⅲ（general differential evolution-Ⅲ）	差分进化	是	否	否	否	是
IBEA（indicator based evolutionary algorithm for multiobjective optimization）	基于指标	是	是	是	是	否
MOEA/D（multi-objective evolutionary algorithm based on decomposition）	分解式	是	否	否	否	是
NSGA-Ⅱ	遗传算法	是	是	是	是	是
NSGA-Ⅲ（non-dominated sorting genetic algorithms-Ⅲ）	基准点	是	是	是	是	是
MOPSO (multi-objective particle swarm optimization)	粒子群优化	是	否	否	否	是
PAES（Pareto archived evolution strategy）	进化策略	是	是	是	是	是
PESA-Ⅱ（Pareto envelope-based selection algorithm-Ⅱ）	遗传算法	是	是	是	是	是
Random	随机搜索	是	是	是	是	是
SMPSO (speed-constrained multi-objective particle swarm optimization)	粒子群优化	是	否	否	否	是
SMS-EMOA (S-metric selection evolutionary multi-objective optimization algorithm)	基于超体积指标	是	是	是	是	是
SPEA-Ⅱ (strength Pareto evolutionary algorithm-Ⅱ)	遗传算法	是	是	是	是	是
VEGA (vector-evaluated genetic algorithm)	遗传算法	是	是	是	是	否

海上突发事件的应急决策必须在较短的时间内做出，尤其突发事件刚刚发生的时候。应急决策主体所能利用的决策支持信息往往是不足的或存在缺失的，而且决策方案是应急决策主体对当前多个决策目标和决策信息的综合集成与权衡。但是由于人的思维局限性，无法在短时间内处理复杂的决策信息，为了在短时间内做出高效的决策，可以利用多目标规划方法对决策方案进行选择决策，可根据具体事故情况选择合适的决策方法辅助决策者展开决策，提高搜救效率。

2.3.2 智能优化方法

优化技术是一种以数学为基础，用于求解各种工程问题优化解的应用技术。作为一个重要的科学分支，它一直受到人们的广泛重视，并在诸多工程领域得到迅速推广和应用，如系统控制、模式识别、生产调度、系统建模、超大规模集成电路(very large scale integration circuit，VLSI)并行技术等。鉴于包括海上突发事件应急方案生成等问题在内的许多实际问题的复杂性、约束性、非线性、多极值、建模困难等特点，传统的数学优化方法基本无法解决此类问题，寻求一种适合于大规模并行且具有智能特征的算法已成为有关学科的一个主要研究目标和引人注目的研究方向。

20 世纪 80 年代以来，一些新颖的优化算法通过模拟揭示某些自然现象的过程而得到发展，其思想和内容涉及数学、物理学、生物进化、人工智能、神经科学和统计力学等方面，为解决复杂问题提供了新的思路和手段。这些算法独特的优点和机制，引起了国内外学者的广泛重视并掀起了该领域的研究热潮，且在诸多领域得到了成功应用。在优化领域，由于这些算法构造的直观性与自然机理，通常被称为智能优化方法。随着人工智能学科的发展，这类算法到目前为止衍生出了许多种，比较典型的算法有进化计算(遗传算法、遗传规划、进化策略和进化规划)、群体算法、模拟退火算法、免疫算法等。本节选取了几种目前较为主流的优化算法进行介绍。

1. 遗传算法

遗传算法(GA)由密歇根大学教授 Holland 于 1975 年提出，是目前应用最为广泛和最为成功的智能优化方法[20,21]。遗传算法模拟了自然选择和遗传中发生的复制、交叉和变异等现象，从任一初始种群(population)出发，通过随机选择、交叉和变异操作，产生一群更适应环境的个体，使群体进化到搜索空间中越来越好的区域，这样一代一代地不断繁衍进化，最后收敛到一群最适应环境的个体(individual)，求得问题的最优解。由于采用种群的方式组织搜索，它可以同时搜索解空间内的多个域，而且用种群组织搜索的方式使得它特别适合大规模并行。因此，它能够解决许多常规方法尚无法处理的复杂优化问题。

遗传算法的运算流程包括编码、初始化种群、评价、选择、交叉、变异六部分，下面分别做简要的介绍。

(1)编码：遗传算法在进行搜索之前先将解空间的解数据表示成遗传空间的基因型串结构数据，这些串结构数据的不同组合就构成了不同的点。常用编码方式有二进制编码、浮点数编码、格雷码编码等。

(2)初始化种群：随机生成 N 个串结构数据，每个串结构数据称为一个个体，N

个个体构成一个群体。遗传算法以这 N 个串结构作为初始点开始迭代。设置进化代数计数器 $t=0$；设置最大进化代数 T；随机生成 N 个个体作为初始群体 $P(0)$。

(3)评价：根据适应度函数评价个体或解的优劣性。适应度函数是选择操作的依据，该函数的选取会直接影响到遗传算法的收敛速度及是否能找到最优解。对于不同的问题，适应度函数定义的方式不同。根据具体的问题，计算群体 $P(t)$ 中各个个体的适应度。

(4)选择：选择的目的是从当前的群体中选出优良的个体，使它们有机会作为父代为下一代繁衍子孙。根据个体的适应度函数值，按照一定的规则或方法从上一代群体中选择出一些优良的个体遗传到下一代群体中。

(5)交叉：将交叉算子作用于群体，交叉操作以交叉概率 P_c 随机选取群体中的个体在随机生成的位置进行交叉。通过交叉操作可以得到新一代个体，新个体组合了父辈个体的特征。

(6)变异：对群体中的每一个个体以变异概率(mutation rate) P_m，改变某一个或某一些基因座上的基因值为其他的等位基因，得到新的个体。最常用的是基本位变异，即只改变编码串中的个别位的基因值。

标准遗传算法，也称为基本遗传算法或简单遗传算法(simple genetic algorithm, SGA)，是一种群体型操作，该操作以群体中的所有个体为对象，只使用基本的遗传算子：选择算子、交叉算子和变异算子。其遗传进化操作过程简单，容易理解，是其他遗传算法的基础。

下面描述 SGA 的数学模型。

SGA 可表示为

$$\mathrm{SGA}=(C,E,P_0,N,\Phi,\Gamma,\Psi,T) \tag{2-3}$$

其中，C 为个体的编码方法；E 为个体适应度评价函数；P_0 为初始种群；N 为种群大小；Φ 为选择算子；Γ 为交叉算子；Ψ 为变异算子；T 为遗传算法迭代终止条件。

图 2-10 为 SGA 的流程图。

2. 蚁群优化算法

意大利学者 Dorigo 等于 20 世纪 90 年代初提出了一种新型的智能优化算法——蚂蚁算法[22]。随后，又将蚂蚁算法进一步发展成一种通用的优化技术——蚁群优化(ACO)算法，并将所有符合 ACO 框架的蚂蚁算法称为蚁群优化算法，从而为 ACO 的理论研究和算法设计提供了一个统一的框架。目前该算法已在求解组合优化、函数优化、系统辨识、机器人路径规划、数据挖掘、网络路由等问题时取得了很好的效果。蚁群优化算法最初被用于求解著名的旅行商问题(traveling salesman problem, TSP)，所以，以 TSP 为例来阐述蚁群优化算法的模型与流程。

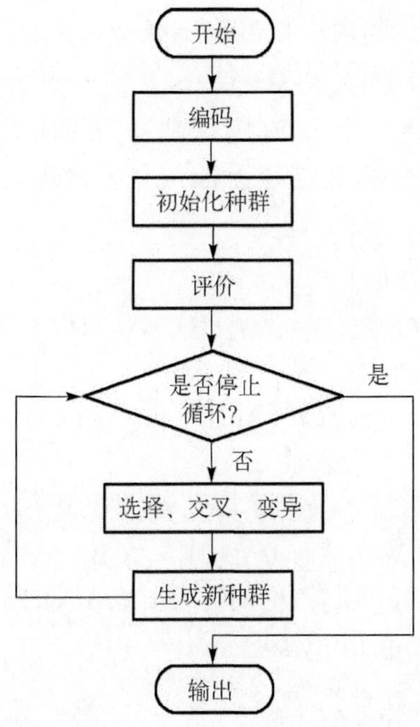

图 2-10　SGA 基本流程图

TSP 问题描述如下：设 $V=\{V_1,V_2,\cdots,V_n\}$ 为 n 个城市的集合，$L=\{l_{ij}:V_j,V_j\in V\}$ 是 V 中元素两两连接的集合，$G=\{V,L\}$ 是一个图，TSP 问题的目的是从 G 中找出长度最短的 Hamiltonian 圈，即找出对 $V=\{V_1,V_2,\cdots,V_n\}$ 中 n 城市访问且只访问一次的最短的一条封闭曲线。

蚁群优化算法描述如下。

设 m 是蚂蚁的数量；n 是节点的数量；$d_{i,j}$ 表示节点 i 和节点 j 之间的距离；$b_i(t)$ 表示时刻 t 位于节点 i 的蚂蚁的个数，有 $m=\sum_i b_i(t)$；用 $p_{i,j}^k(t)$ 表示第 k 只蚂蚁在 t 时刻从节点 i 到节点 j 的转移概率，那么有

$$p_{i,j}^k(t)=\begin{cases}\dfrac{[\tau_{i,j}(t)]^\alpha[\eta_{i,j}]^\beta}{\sum\limits_{j\in \mathrm{allowed}_k}[\tau_{i,j}(t)]^\alpha[\eta_{i,j}]^\beta}, & j\in \mathrm{allowed}_k\\ 0, & 其他\end{cases} \tag{2-4}$$

其中，$\tau_{i,j}$ 表示边 (i,j) 上的信息素浓度；$\eta_{i,j}=\dfrac{1}{C_{i,j}}$，$C_{i,j}(1\leqslant i\leqslant n,1\leqslant j\leqslant n,i\neq j)$ 表示经过路径 (i,j) 时的花费；α 表示信息素浓度在蚂蚁选择过程中的相对重要性；β 表示 $\eta_{i,j}$ 的相对重要性；$\mathrm{allowed}_k=\{0,1,2,\cdots,n-1\}-\mathrm{tabu}_k$ 表示蚂蚁 k 下一步允许选择的节点集。与实际蚂蚁不同的是，人工蚂蚁具有记忆功能，可用集合 tabu_k 来记录蚂蚁

k 当前所走过的节点，tabu_k 随着进化过程不断做动态调整。

在每一次迭代过程中，蚂蚁每移动一步，需要采用局部信息素更新规则来更新相应路径上的信息素浓度；当所有蚂蚁都遍历完所有 n 个节点后，还可以采用全局信息素更新规则来更新相应路径上的信息素浓度。对应的信息素更新规则如下所述。

(1) 局部更新规则：

$$\tau_{i,j}(t+1)=\rho\cdot\tau_{i,j}(t)+\Delta\tau_{i,j}(t,t+1) \tag{2-5}$$

$$\Delta\tau_{i,j}(t,t+1)=\sum_{k=1}^{m}\Delta\tau_{i,j}^{k}(t,t+1) \tag{2-6}$$

其中，ρ 表示信息素的持久性，是一个取值范围在 0～1 的常系数；$1-\rho$ 表示在时间 t 到 $t+1$ 之间信息素的挥发；$\Delta\tau_{i,j}(t,t+1)$ 表示第 k 只蚂蚁在边 (i,j) 上留下的信息素增量。Dorigo 曾给出两种确定该值的方法，分别称为 Ant-quantity system 以及 Ant-density system。在 Ant-quantity system 中，有

$$\Delta\tau_{i,j}(t,t+1)=\begin{cases}\dfrac{Q_1}{d_{i,j}}, & \text{蚂蚁 } k \text{ 在 } t \text{ 到 } t+1 \text{ 时刻由 } i \text{ 移动到 } j\\ 0, & \text{否则}\end{cases} \tag{2-7}$$

在 Ant-density system 中，有

$$\Delta\tau_{i,j}(t,t+1)=\begin{cases}Q_2, & \text{蚂蚁 } k \text{ 在 } t \text{ 到 } t+1 \text{ 时刻由 } i \text{ 移动到 } j\\ 0, & \text{否则}\end{cases} \tag{2-8}$$

其中，Q_1 和 Q_2 是常数。

(2) 全局更新规则：

$$\tau_{i,j}(t+n)=\rho\cdot\tau_{i,j}(t)+\Delta\tau_{i,j}(t,t+n) \tag{2-9}$$

$$\Delta\tau_{i,j}(t,t+n)=\sum_{k=1}^{m}\Delta\tau_{i,j}^{k}(t,t+n) \tag{2-10}$$

对于 $\Delta\tau_{i,j}^{k}(t,t+n)$，Dorigo 也给出了相应的确定方法，称为 Ant-cycle system 模型，有：

$$\Delta\tau_{i,j}(t,t+1)=\begin{cases}\dfrac{Q_3}{L_k}, & \text{边}(i,j)\text{在蚂蚁 } k \text{ 的路径上}\\ 0, & \text{否则}\end{cases} \tag{2-11}$$

其中，Q_3 是常数；L_k 表示第 k 只蚂蚁的路径总花费，它等于第 k 个蚂蚁经过的各段路径上所需的花费 $C_{i,j}$ 的总和。由于 Ant-cycle system 模型中用到了全局信息，即蚂

蚁释放在路径上的信息素量就越多，而模型在搜索解时，只使用了局部信息，没有用到任何解的信息。所以 Ant-cycle system 模型的性能要优于 Ant-density system 和 Ant-quantity system 模型。蚁群优化算法流程图如图 2-11 所示。

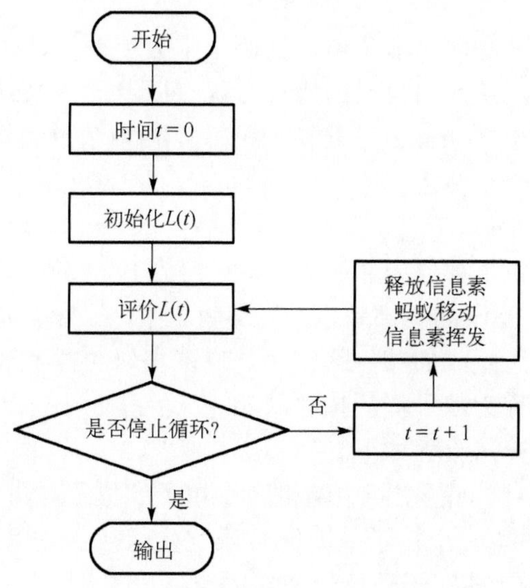

图 2-11　蚁群优化算法基本流程图

3. 粒子群优化算法

粒子群优化(PSO)算法是一种基于迭代模式的优化算法，最初被用于连续空间的优化[23,24]。在 PSO 算法中，许多简单实体——粒子都放在问题的搜索空间里，每一个粒子位置的目标函数值都被评价。每个粒子根据历史所处的最优位置和整个群体全优位置，带着一些随机扰动决定下一步的移动。最终，粒子群作为一个整体，像一个鸟群合作寻觅食物，很有可能靠向目标函数最优点移动。在连续空间坐标系中，粒子群算法的数学描述如下。

一个由 m 个粒子(particle)组成的群体在 D 维搜索空间中以一定速度飞行，每个粒子在搜索时，考虑到了自己搜索到的历史最好点和群体内(或邻域内)其他粒子的历史最好点，在此基础上变化位置(位置也就是解)。粒子群的第 i 粒子是由三个 D 维向量组成的，其三部分分别为目标位置 $x_i=\{x_{i1},x_{i2},\cdots,x_{iD}\}$、历史最优位置 $p_i=\{p_{i1},p_{i2},\cdots,p_{iD}\}$ 和速度 $v_i=\{v_{i1},v_{i2},\cdots,v_{iD}\}$。这里 $i=1,2,\cdots,n$。

目前位置被看作描述空间点的一套坐标，在算法每一次迭代中，目前位置 x_i 作为问题解被评价。如果目前位置好于历史最优位置 p_i，那么目标位置的坐标就存在第二个向量 p_i。另外，整个粒子群中迄今为止搜索到的最好位置记为 $P_g=\{P_{g1},P_{g2},\cdots,P_{gD}\}$。

对于每一个粒子，其第 d 维（$1 \leqslant d \leqslant D$）根据如下等式变化：

$$v_{id} = v_{id} + c_1 \cdot \text{rand}() \cdot (p_{id} - x_{id}) + c_2 \cdot \text{rand}() \cdot (p_{id} - x_{id}) \tag{2-12}$$

$$x_{id} = x_{id} + v_{id} \tag{2-13}$$

其中，加速常数 c_1 和 c_2 是两个非负值，这两个常数使粒子具有自我总结和向群体中优秀个体学习的能力，从而向自己的历史最优点以及群体内或邻域内的全局最优点靠近，c_1 和 c_2 通常等于 2；rand( ) 是在范围[0, 1]内取值的随机函数，由用户设定。粒子的速度被限制在一个范围 $[-V_{\max}, V_{\max}]$ 内（$V_{\max}$ 是常数），即在速度更新公式执行后，如果 $v_{id} > V_{\max}$，则 $v_{id} = V_{\max}$；如果 $v_{id} < -V_{\max}$，则 $v_{id} = -V_{\max}$。

当把群体内所有粒子都作为邻域成员时，得到 PSO 的全局版本；当群体内部分成员组成邻域时得到 PSO 的局部版本。局部版本中，一般有两种方式组成邻域，一种是索引号相邻的粒子组成邻域，另一种是位置相邻的粒子组成邻域。粒子群优化算法的邻域定义策略称为粒子群的拓扑结构。

基本粒子群优化算法流程如下。

(1) 初始化，在 D 维问题空间中随机产生粒子的位置与速度。

(2) 评价粒子，对每一个粒子，评价 D 维优化函数的适用值。

(3) 更新最优：①比较粒子适用值与它的个体最优值 p_{best}，如果优于 p_{best}，则将其 p_{best} 位置设置为当前粒子位置；②比较粒子适用值与群体全体最优值 g_{best}，如果目前值好于 g_{best}，则将其 g_{best} 位置设置为当前粒子位置。

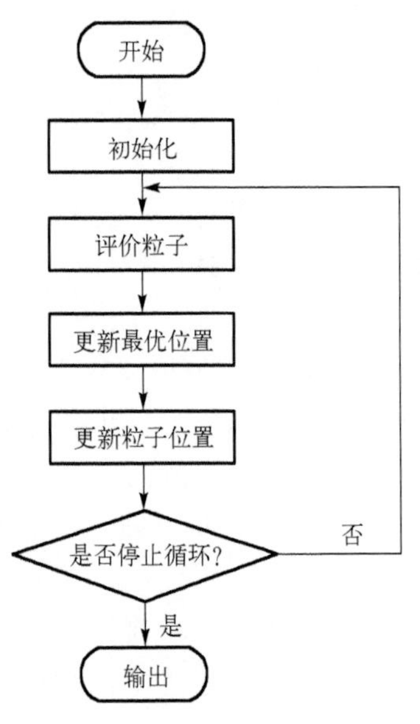

图 2-12　粒子群优化算法基本流程图

(4) 更新粒子，按照式 (2-12) 和式 (2-13) 改变粒子的速度和位置。

(5) 停止条件，循环回到步骤 (2)，直到终止条件满足，通常是满足适用值和最大的迭代代数。

对应以上的算法流程，其粒子群优化算法的基本框架如图 2-12 所示。

4. NSGA-Ⅱ算法

NSGA-Ⅱ采用快速非支配排序机制使得非支配排序的计算复杂度下降，将精英机制引入算法中，提高了算法的性能[25,26]。为了保持种群的多样性，采用拥挤距离 (crowding distance) 对同一个非支配序列中的个体进行排序。NSGA-Ⅱ算法中两个重要的机制是快速非支配排序机制和拥挤距离分配机制。NSGA-Ⅱ的总体过程可以描述如下：首先，随机产生种群规模大小为 N 的父代种群 P_t；然后由父代种

群 P_t 产生子代种群 Q_t，其种群规模大小同样为 N，将两个种群混合在一起，形成了种群规模大小为 $2N$ 的种群 R_t；其次，将合并产生的新种群 R_t 进行快速非支配排序，与此同时，还要对处在每个非支配层的个体进行拥挤度计算，依据个体之间的非支配关系和个体拥挤度的大小，选择合适的个体来组成新的父代种群 P_{t+1}；最后，通过传统的遗传算法的基本操作，如交叉、变异等，产生新的子代种群 Q_{t+1}，再将 P_{t+1} 和 Q_{t+1} 混合形成新的种群 R_t，重复上述操作，直到满足优化问题结束的条件。相应的流程图如图 2-13 所示。

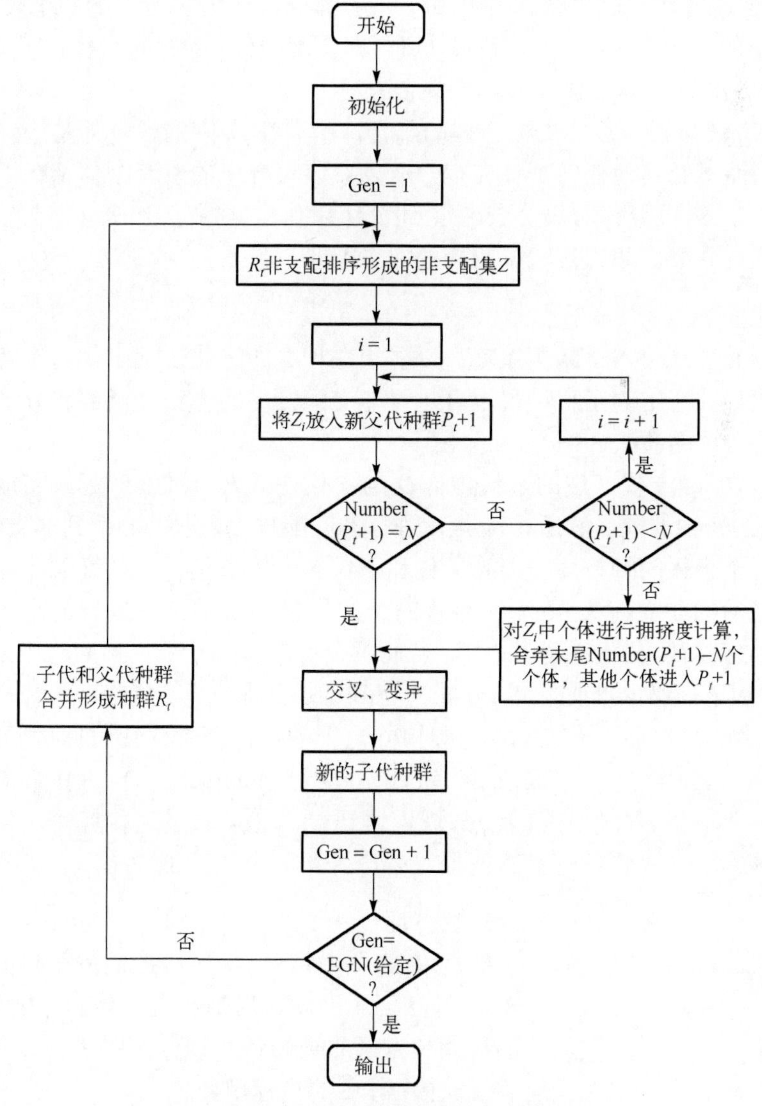

图 2-13　NSGA-Ⅱ算法的流程图

1) 快速非支配排序

NSGA-Ⅱ算法提出了快速非支配排序，降低了计算非支配排序的复杂度，使得优化算法的复杂度由原来的 mN^3 降为 mN^2，加快了算法的收敛速度。其具体的执行过程如下所述。

(1) 对于种群中每一个个体 i，都设有两个参数 n_i 和 S_i，n_i 是种群中支配个体 i 的解的个体数量，S_i 是被个体 i 支配的解的个体的集合。

(2) 找出种群中所有 $n_i = 0$ 的个体，将它们存入当前非支配集合 Z_1 中。

(3) 对于当前非支配集合 Z_1 中的每一个个体 j，遍历它所支配的个体集合 S_j，将集合 S_j 中的每一个个体 t 的 n_t 都减去 1，即支配个体 t 的解的个体数量减去 1，如果 $n_t - 1 = 0$，则将个体 t 存入另一个集合 H。

(4) 把 Z_1 作为第一级非支配个体的集合，所有在 Z_1 中的解个体是最优的。它只支配个体，而不受其他任何个体支配，所以对该集合中的所有个体都赋予相同的非支配序 rank_i，然后继续对集合 H 做上述分级操作，并赋予相应的非支配序，直至所有的个体被分级，即都被赋予相应的非支配序。

2) 精英策略

NSGA-Ⅱ算法引入了精英策略，以防止在种群的进化过程中优秀个体的流失，通过将父代与其产生的子代种群混合进行非支配排序的方法，能够较好地避免父代种群中优秀个体的流失。

首先，要将第 t 代产生的子代种群 Q_t 与父代种群 P_t 合并在一起，组成种群规模大小为 $2N$ 的新种群 R_t。然后将种群 R_t 进行非支配排序，求出一系列非支配集 front_t 并且计算每个个体的拥挤度。因为父代和子代的个体都包含在种群 R_t 中，所以经过非支配排序后的非支配集 front_1 所包含的个体是整个 R_t 种群中最好的个体集合，故先将 front_1 放到新的父代种群 P_{t+1} 中。若此时种群 P_{t+1} 的规模小于 N，那么需要继续向 P_{t+1} 中添加下一级的非支配集 front_2，直到添加到非支配集 front_n，种群的大小超出 N，则对 front_n 中的每一个个体使用拥挤度比较算子，取前 $\{\text{Number}(\text{front}_n) - (\text{Number}(P_{t+1}) - N)\}$ 个个体，使种群 P_{t+1} 的规模达到 N。然后通过遗传算子，如选择、交叉、变异，来产生新的子代种群 Q_{t+1}。

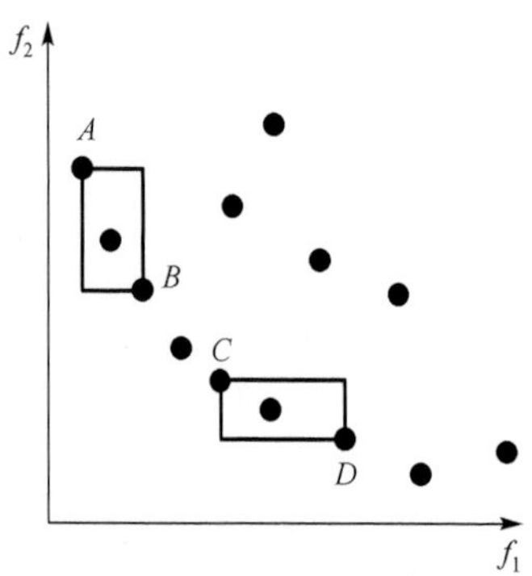

图 2-14　个体的拥挤度距离

3) 拥挤度

拥挤度表示在种群中给定点的周围个体的密度，用 i_d 表示，直观上用个体 i 周围包含个体 i 但不包含其余个体的最大长方形的长表示，具体如图 2-14 所示。其中，f_i 表示 i 个个体中的目标函数值。

在带精英策略的非支配排序遗传算法中，拥挤度的计算是确保种群多样性的一个重要因素，计算步骤如下。

(1)每个点的拥挤度 i_d 设置为 0。

(2)针对每个优先目标，对种群进行非支配排序，令边界上的两个个体的拥挤度为无穷大。

(3)对种群中其他个体的拥挤度进行计算：

$$i_d = i_d + (f_{i+1}(j) - f_{i-1}(j)) \tag{2-14}$$

其中，i_d 表示 i 点的拥挤度；$f_{i+1}(j)$ 表示 $i+1$ 点第 j 个目标函数的函数值；$f_{i-1}(j)$ 表示 $i-1$ 点的第 j 个目标函数的函数值。

如果种群规模为 N，当前的非支配解集大小为 M，并且有 $M > N$，那么需要从当前的非支配解集中去除 $M-N$ 个个体，这些去除的个体不是随机选取的，而是根据拥挤度距离升序排序，最后将 $M-N$ 个拥挤度距离最小的个体一次性去除，这样就保证了新父代种群规模大小保持不变。

2.3.3　多属性决策方法

海上突发事件应急方案的决策过程需要将海上突发事件应急行动的特点考虑进来，而海上突发事件作为一种突发事件在通常情况下具有如下五个特点：复杂性、时效性、广域性、局限性和涉外性。为了更加高效合理地开展应急决策和行动，海上突发事件应急行动需合理利用科学的多属性决策方法来辅助进行。基于多属性决策方法对海上突发事件应急方案进行评估，选择确定最优的行动方案开展搜救行动。

在决策理论中，这种类似的问题都被称为多准则决策(multi-criteria decision making，MCDM)，它是决策分析理论的一个重要内容，是指在具有相互矛盾冲突、不可共度的有限(无限)方案集中进行选择的决策。根据决策方案的个数是否有限的判断依据，多准则决策可以划分为多属性决策(MADM)和多目标规划(MOP)两大类。多属性决策是在有限个已有方案中决策一个最优的，而多目标规划是从所有可能方案中选择一个最优的。2.3.1 节已对多目标规划方法进行了介绍。在本节将对多属性决策方法进行介绍，多属性决策的决策方案是有限的，即是离散的多目标决策，它主要解决具有多个属性(指标)的有限决策方案的排序或优选问题。正是由于多属性决策的离散性特点，多属性决策问题广泛存在于社会、经济、管理等各个领域中，如投资决策、项目评估、质量评估、方案选优、工厂选址、资源分配、科研成果评价、人才考核、产业部门发展排序、经济效益综合评价等，因此多属性决策理论及方法有着广阔的应用前景。同样在海上突发事件应急决策支持领域也有着应用需求。

多属性决策理论与方法的研究主要包括了定性属性的定量化问题、决策矩阵的规范化处理、属性赋权问题、多属性决策方法(决策方案的综合排序问题)、多属性群决策方法、多属性群决策中的决策者心理及行为分析、模糊理论在多属性决策中的应用等问题。本节重点对多属性决策方法(决策方案的综合排序问题)，即与海上突发事件应急方案的评价排序问题相关的决策支持方法进行介绍。

多属性决策方法类型多样，本书只对目前常用的评价方法包括层次分析(AHP)法、模糊综合评价(FCE)法、双基点法/优劣解距离(TOPSIS)法和多准则妥协解排序(VIKOR)法进行简单介绍。

1. *层次分析法*

层次分析法是对定性问题进行定量分析的一种简便、灵活而又实用的多准则决策方法[27]。它的特点是把复杂问题中的各种因素通过划分为相互联系的有序层次，使之条理化，根据对一定客观现实的主观判断结构(主要是两两比较)把专家意见和分析者的客观判断结果直接而有效地结合起来，将每一层次元素两两比较的重要性进行定量描述。而后，利用数学方法计算反映每一层次元素的相对重要性次序的权重，通过所有层次之间的总排序计算所有元素的相对权重并进行排序。该方法自1982年被介绍到我国以来，以其定性分析与定量分析相结合处理各种决策因素的特点，以及其系统灵活简洁的优点，在我国社会经济各个领域内，如能源系统分析、城市规划、经济管理、科研评价等，得到了广泛的重视和应用。在海上突发事件应急行动中，也能作为一种重要的决策方法支持对不同的搜救方案进行选择。

例如，某人准备选购一台电冰箱，他对市场上的6种不同类型的电冰箱进行了解后，再决定买哪一款式时，往往不是直接进行比较，因为存在许多不可比的因素，而是选取一些中间指标进行考察。例如，电冰箱的容量、制冷级别、价格、型号、耗电量、外界信誉、售后服务等。然后考虑各种型号冰箱在上述各种标准下的优劣排序。借助这种排序，最终做出选购决策。在决策时，由于6种电冰箱对于每个中间标准的优劣排序一般是不一致的，因此，决策者首先要对这7个标准的重要度做一个估计，给出一种排序，然后把6种冰箱分别对每一个标准的排序权重找出来，最后把这些信息数据综合，得到针对总目标即购买电冰箱的排序权重。有了这个权重向量，决策就很容易了。

下面对AHP方法的基本过程进行介绍，基于研究问题的本质将所有相关元素分为目标层、准则层、子准则层、方案层等多个层次，从而形成一个层次结构模型。求解层次结构模型主要有根法、和法、幂法三种方法。

本书采用根法对海上突发事件应急方案的评价分析过程进行示例介绍，详细流程如下所述。

1)*建立层次结构模型*

层次模型典型结构如图2-15所述。

2)*重要性标记，建立判断矩阵*

采用1-9标度法比较因素 a 和因素 b 的重要性，具体取值情况如表2-3所示。通过专家对每个因素(准则)的评判打分，最终能得到每个专家的判断矩阵。

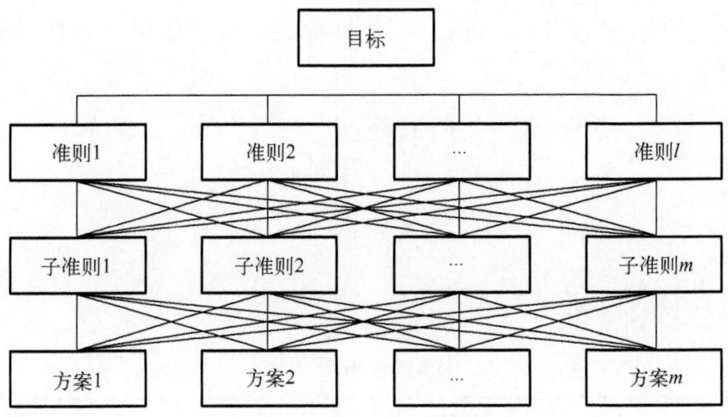

图 2-15　层次分析法结构图

表 2-3　1-9 标度方法

标度方法	含义
1	a 和 b 重要性相同
3	a 比 b 略重要
5	a 比 b 重要
7	a 比 b 重要得多
9	a 比 b 绝对重要
2、4、6、8	介于以上两种判断之间
倒数	若 b 与 a 比较，结果为 $c_{ji}=\dfrac{1}{c_{ij}}$

3) 采用根法求解判断矩阵近似解

具体求解过程如下。

(1) 判断矩阵 A 每行元素求乘积后开 m 方，得到向量，其中，$W^*=[w_1^*,w_2^*,\cdots,w_m^*]^{\mathrm{T}}$，$w_i^*=\sqrt[m]{\prod_{j=1}^{m}a_{ij}}$。

(2) 对向量 W^* 进行归一化处理，得到权重向量 $W=[w_1,w_2,\cdots,w_m]^{\mathrm{T}}$，其中，$w_1=\dfrac{w_i^*}{\sum_{i=1}^{m}w_i^*}$。

(3) 对判断矩阵 A 每列求和，得到向量 $S=[s_1,s_2,\cdots,s_m]$，其中 $s_j=\sum_{i=1}^{m}a_{ij}$。

(4) 计算最大特征值 $\lambda_{\max}$：

$$\lambda_{\max}=\sum_{i=1}^{m}s_iw_i=SW=\frac{1}{m}\sum_{i=1}^{m}\frac{(AW)_i}{w_i} \tag{2-15}$$

(5) 一致性检验，当 $CR < 0.1$ 时，一致性检验通过。如果一致性检验不通过，则修正原判断矩阵。

$$CI = \frac{\lambda_{max} - m}{m - 1} \tag{2-16}$$

$$CR = \frac{CI}{RI} \tag{2-17}$$

RI 的取值如表 2-4 所示。

表 2-4　RI 取值表

m	1	2	3	4	5	6	7	8	9
RI	0	0	0.58	0.90	1.12	1.24	1.32	1.41	1.45

利用层次分析法可以对多个海上突发事件应急方案进行排序评价，通过对专家打分数据的综合处理能够得到方案评价的结果，实现对决策者的辅助决策。

2. 模糊综合评价法

模糊综合评价法是一种基于模糊数学的综合评价方法[28,29]，可用于多个海上突发事件应急方案的评价以及资源选择等决策问题中，尤其针对决策者无法给出确定的判断时，这种决策方法十分适用。该综合评价法根据模糊数学的隶属度理论把定性评价转化为定量评价，即用模糊数学对受到多种因素制约的事物或对象做出一个总体的评价。它具有结果清晰、系统性强的特点，能较好地解决模糊的、难以量化的问题，适合各种非确定性问题的解决。

模糊综合评价法是将不完全信息、不确定信息根据隶属理论转化为模糊概念，使得定性问题定量化，以此为基础对评判对象的优劣进行评价。由于评价因素的复杂性、评价对象的层次性、评价标准中存在的模糊性以及评价影响因素的模糊性或不确定性、定性指标难以定量化等一系列问题，使得人们难以用绝对的“非此即彼”来准确地描述客观现实，经常存在着“亦此亦彼”的模糊现象，其描述也多用自然语言来表达，而自然语言最大的特点是它的模糊性，而这种模糊性很难用经典数学模型加以统一量度。因此，建立在模糊集合基础上的模糊综合评判方法，从多个指标对被评价事物隶属等级状况进行综合性评判，它把被评判事物的变化区间做出划分，一方面可以顾及对象的层次性，使得评价标准、影响因素的模糊性得以体现；另一方面在评价中又可以充分发挥人的经验，使评价结果更客观，符合实际情况。模糊综合评判可以做到定性和定量因素相结合，扩大信息量，使评价数度得以提高，评价结论可信。其基本步骤如图 2-16 所示。

为了便于描述，依据模糊数学的基本概念，对模糊综合评价法中的有关术语如下定义。

(1) 评价因素(F)：是指对海上突发事件应急方案评议的具体内容(如时间、各种指标、参数、规范、性能、状况等)。

为便于权重分配和评议，可以按评价因素的属性将评价因素分成若干类(如方案鲁棒性、响应速度、消耗、搜救效率等)，把每一类都视为单一评价因素，并称为第一级评价因素(F_1)。第一级评价因素可以设置下属的第二级评价因素(例如，第一级评价因素“搜救效率”可以有下属的第二级评价因素：搜救时间、发现目标能力和伤亡率等)。第二级评价因素可以设置下属的第三级评价因素(F_3)，以此类推。

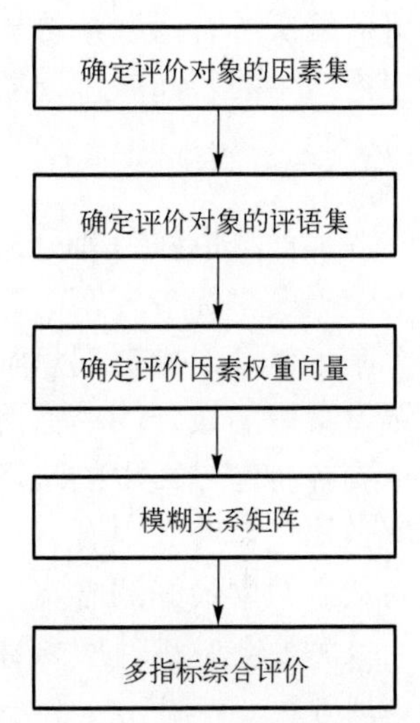

图 2-16　模糊综合评价法步骤

(2) 评价因素值(F_v)：是指评价因素的具体值。例如，某海上突发事件应急方案的某技术参数为 120，那么，该方案的该评价因素值为 120。

(3) 评价值(E)：是指评价因素的优劣程度。评价因素最优的评价值为 1(采用百分制时为 100 分)；欠优的评价因素，依据欠优的程度，其评价值大于或等于零、小于或等于 1，即 $0 \leqslant E \leqslant 1$ (采用百分制时 $0 \leqslant E \leqslant 100$)。

(4) 平均评价值(E_p)：是指评标委员会成员对某评价因素评价的平均值。

$$\text{平均评价值}(E_p)=\frac{\text{全体评标委员会成员的评价值之和}}{\text{评委数}}$$

(5) 权重(W)：是指评价因素的地位和重要程度。

第一级评价因素的权重之和为 1；每一个评价因素的下一级评价因素的权重之和为 1 。

(6) 加权平均评价值(E_{pw})：是指加权后的平均评价值。

$$\text{加权平均评价值}(E_{pw})=\text{平均评价值}(E_p)\times\text{权重}(W)$$

(7) 综合评价值(E_z)：是指同一级评价因素的加权平均评价值(E_{pw})之和。综合评价值也是对应的上一级评价。

为方便计算权重，按照因素集的属性将其进行分层分类；评语集为评价结果等级的集合，一般分为 3～5 个等级；权重即为各因素的重要程度，对评价结果影响较大，确定方法有专家估计法、德尔菲法等；逐个量化因素对评语集合的隶属程度，得到模糊关系矩阵，随后通过多指标综合评价方法对模糊关系矩阵进行求解，从而能得到一个确切的评估结果。

传统的综合评价方法很多，应用也较为广泛，但是没有一种方法能够适合各种场所，解决所有问题，每一种方法都有其侧重点和主要应用领域。如果要解决新的领域内产生的新问题，模糊综合法显然更为合适。

3. 双基点法

双基点法也称为 TOPSIS 法[30]，它可用来解决社会经济和工程技术领域经常遇到的一类多指标多方案的评价与排序问题。其中理想解和负理想解是 TOPSIS 法的两个基本概念。所谓理想解是一设想的最优的解(方案)，它的各个属性值都达到各备选方案中的最好的值；而负理想解是一设想的最劣的解(方案)，它的各个属性值都达到各备选方案中的最坏的值。方案排序的规则是把各备选方案与理想解和负理想解做比较，若其中有一个方案最接近理想解，而同时又远离负理想解，则该方案是备选方案中最好的方案。

以海上突发事件应急资源方案评估为例，简要介绍 TOPSIS 决策的流程，步骤如下所述。

(1) 假设海上突发事件应急资源方案评估问题的决策矩阵为 A，A 是各个备选方案相对于评价指标体系的属性值构成的矩阵。由 A 可构成规范化的决策矩阵 Z'，其元素为 Z'_{ij}。

$$Z'_{ij}=\frac{f_{ij}}{\sqrt{\sum_{i=1}^{n}f_{ij}^2}},\quad i=1,2,\cdots,n;j=1,2,\cdots,m \tag{2-18}$$

其中，f_{ij} 由决策矩阵给出，表示第 j 个备选方案的第 i 个评价指标的属性值。

(2) 构造规范化的加权决策矩阵 Z，其元素为 Z_{ij}。

$$Z_{ij}=W_iZ'_{ij},\quad i=1,2,\cdots,n;j=1,2,\cdots,m \tag{2-19}$$

其中，W_i 为对第 i 个评价指标的权重。

(3) 确定理想解和负理想解。

$$Z^*=(z_1^*,z_2^*,\cdots,z_m^*),\quad Z^-=(z_1^-,z_2^-,\cdots,z_m^-) \tag{2-20}$$

(4) 计算每个备选方案到理想点的距离 S_i^* 和负理想点的距离 S_i^-。

$$\begin{cases}S_i^*=\sqrt{\sum_{j=1}^{m}\left(Z_{ij}-Z_j^*\right)},\quad i=1,2,\cdots,n\\ S_i^-=\sqrt{\sum_{j=1}^{m}(Z_{ij}-Z_j^-)},\quad i=1,2,\cdots,n\end{cases} \tag{2-21}$$

(5) 计算每个方案接近理想点的相对接近度 C_i^*。

$$C_i^*=\frac{S_i^-}{S_i^-+S_i^*},\quad 0\leqslant C_i^*\leqslant 1;i=1,2,\cdots,n \tag{2-22}$$

(6) 按每个方案相对接近度 C_i^* 的大小对所有的应急资源备选方案进行排序。容易验证，若 x_i 是理想解，则相应的 $C_i^*=1$；若 x_i 是负理想解，则相应的 $C_i^*=0$。x_i 越靠近理想解，C_i^* 越接近数值 1。按照这一测度即可对所有的备选方案进行排序，从而确定最为满意的海上突发事件应急资源方案。

4. 多准则妥协解排序法

Opricovic 于 1998 年提出了 VIKOR 法[31]，它是一种折中排序方法，通过最大化群效用和最小化个体遗憾值对有限决策方案进行折中排序。VIKOR 法是多准则决策(MCDM)的有效工具，用于以下情形：①决策者不能或不知道如何准确表达其偏好；②评价准则间存在冲突和不可公度(测度单位不同)；③处理冲突问题的决策者能够接受妥协解方案。

VIKOR 法的基本思想是确定正理想解(positive ideal solution，PIS)与负理想解(negative ideal solution，NIS)，然后比较待选方案的评估值，根据其与理想指标值的距离大小择优。其中，正理想解是各评价准则中的最优值，而负理想解则是各评价准则中的最差值。通过最大化群体效益和最小化个体损失得到方案各属性互相让步的折中妥协解。

具体的方法步骤如下所述。

1) 模型构建

记 $M=\{1,2,\cdots,m\}$, $N=\{1,2,\cdots,n\}$；$A=\{A_1,A_2,\cdots,A_m\}$ 表示 m 个备选方案的集合，其中 A_i 表示第 i 个备选方案，$i\in M$；$C=\{C_1,C_2,\cdots,C_n\}$ 表示 n 个备选方案的集合，其中 C_j 表示第 j 个备选方案，$j\in N$；$w=\{w_1,w_2,\cdots,w_n\}$ 表示属性的权重向量，其中 w_j 为属性 C_j 的权重，满足 $w_j\geqslant 0$ 且 $\sum_{i=1}^{n}w_j=1$。

2) 决策指标标准化

标准化处理是为了消除量纲对最终结果的影响，使不同变量具有可比性。决策指标包含效益型指标和成本型指标。效益型指标是正向化指标，数值越大表示决策者对该项越满意；成本型指标属于负向化指标，其数值越大决策者对该指标的满意度越低。

令 x_{ij} 为决策指标，r_{ij} 为指标标准化后的结果，若 x_{ij} 为效益型指标，则有

$$r_{ij}=(x_{ij}-x_{ij}^-)/(x_{ij}^*-x_{ij}^-)$$

若 r_{ij} 为成本型指标，则有：

$$r_{ij}=(x_{ij}^*-x_{ij})/(x_{ij}^*-x_{ij}^-)$$

其中，$x_{ij}^*=\max\limits_{1\leqslant i\leqslant m}x_{ij}, x_{ij}^-=\min\limits_{1\leqslant i\leqslant m}x_{ij}$。

3）确定群体效用与个体遗憾

令 b_j^* 与 b_j^- 为标准化矩阵中每列的最大和最小值，有 $b_j^* = \max\limits_{1\leqslant i\leqslant m} b_{ij}$，$b_j^- = \min\limits_{1\leqslant i\leqslant m} b_{ij}$。计算群体效用值 S_i 和个体遗憾值 R_i：

$$S_i = \sum_{i=1}^{n} w_j (b_j^* - b_{ij}) / (b_j^* - b_j^-),\quad R_i = \max_{1\leqslant j\leqslant n}(w_j (b_j^* - b_{ij}) / (b_j^* - b_j^-))$$

4）计算折中决策指标值

根据群体效用值与个体遗憾值的结果，计算决策指标的值，指标值越小方案越优。

$$Q_i = \frac{v(S_i - S^*)}{S^- - S^*} + \frac{(1-v)(R_i - R^*)}{R^- - R^*} \tag{2-23}$$

其中，$S^* = \min\limits_{1\leqslant i\leqslant m} S_i$；$S^- = \max\limits_{1\leqslant i\leqslant m} S_i$；$R^* = \min\limits_{1\leqslant i\leqslant m} R_i$；$R^- = \max\limits_{1\leqslant i\leqslant m} R_i$；$v$ 表示决策机制系数。如果 $v>0.5$，则表示根据最大化群体效应决策机制决策；如果 $v<0.5$，则表示根据最小化个体遗憾值的决策机制决策；如果 $v = 0.5$，则表示根据协商达成最大群体效应和最小个体遗憾值同等重要的决策机制进行决策。

最终，可以得到各方案的指标值，而指标值越小越好，将指标进行升序排列得到各方案的排序结果。

对于多属性决策问题，TOPSIS 法更适用于风险规避型决策者，希望决策带来最大化的利润的同时，尽可能地规避风险；而 VIKOR 法更适用于决策者倾向于获取最大化利润的决策。除此之外，VIKOR 法较 TOPSIS 法有其独特的优势，它可以得到带有优先级的折中方案，并且不需要考虑方案是否应该距离正、负理想解最近和最远的问题，同时避免了逆序的产生。

2.3.4 相似案例分析方法

海上突发事件应急行动通常需要在尽可能短的时间内采取有效的应急方案，以减少突发事件造成的损失。但是，在突发事件发生后现场组织领域专家对备选应急方案进行评价并选择最佳应急方案的决策过程相对比较复杂，其决策指标的确定及决策信息的获取可能花费较多的时间，因此可能难以满足应急响应的时间要求。此外，突发事件具有类型多样、事发突然、不确定性高等特点，可能导致针对某次事故缺乏有效的备选应急方案的情形出现。因此，以往的历史案例在应急决策中具有重要的参考价值，是对海上突发事件及其处置措施的信息描述，是应急决策的重要依据。随着技术的日益进步，突发事件变得越来越复杂，对应急决策的要求也越来越高。

目前，基于相似案例分析的决策理论与方法，主要包括基于案例的推理(CBR)及基于案例的决策理论(case-based decision theory，CBDT)方法。下面进行简单介绍。

1. 基于案例的推理

基于案例的推理方法是模仿人类推理和思考过程的方法论，是通过模仿人类的推理和思考过程进而进行求解问题的一种案例推理方法。基于案例的推理方法兼顾了专家直觉、想象加经验求解问题的一面，具体做法是通过检索与新问题相似的问题进而求解，因此专家的思维过程能够很好地反映出来，此方法在工商业多个领域得到了广泛的应用。从本质上来说，基于案例的推理方法就是援引以前积累的经验和知识用于解决新出现的相似问题。其解决问题的基本思想是：当遇到一个新问题时，根据该问题的主要特征在已有案例库中进行检索，一个与当前问题相似的历史问题被查找出来，然后此历史问题的解决方案可用于当前面临的问题的解决处理。但是根据当时事故，当前解决方案都会面临不适用当前问题导致决策者不满意的问题，所以为了使其适用当前问题，需要对它进行修改调整，最后把调整过的实例形成一个新的案例保存到案例库中。

Aamodt 等提出了 CBR 求解问题的典型的 4R 循环流程[32]，各个环节的具体内容包括以下几个方面。

(1) 案例检索 (retrieve)。当遇到一个新问题时，通过当前问题所表现出的特征信息从案例库中检索出相似的历史案例。案例检索结果的优劣能够直接影响案例重用、案例修正环节以及基于案例的推理系统功能的好坏。在案例检索的过程中，为了提高案例检索的准确度，需要解决的主要问题是案例相似度计算方法的确定，从而使得当前目标案例与检索出的历史案例最为相似和接近。

(2) 案例重用 (reuse)。案例重用是将检索出来的相似历史案例的方案用于求解当前的问题。

(3) 案例修正 (revise)。在实际中，相似历史案例很难全部满足当前目标案例的需求，因此需要通过案例修正将相似历史案例与目标案例不符合的部分进行修改与调整。

(4) 案例保存 (retain)。案例保存是将经过修改与调整后，满足目标案例需求的新案例存入数据库中，以备下次检索。

这类基于案例库的应急方案生成技术相对成熟，技术路线如图 2-17 所示，核心问题是进行相似案例的检索、案例库方案数据的提取、基于规则推理 (rule based reasoning，RBR)、方案的评估和优化等。

该方法核心的部分在于相似案例的检索以及案例库方案数据的提取。案例的相似度计算和检索技术相对成熟，但需要注意的一点是，相似案例的检索除了要考虑事故和环境信息的相似性，还要考虑应急决策方案的相似性。在相似案例检索中，权重对场景相似度的计算结果有重要的影响，不同的场景中承灾体的权重是不同的，案例检索中需要先确定场景中承灾体的权重；在海上突发事件应急方案案例库的构建和应用过程中，一方面要考虑案例相似度计算问题，另一方面要考虑海上突发事件应急方案的提取技术。此外，由于突发事件的场景和搜救措施的复杂多样性，有时需要同时提取案例库中多个案例的搜救方案并进行方案的融合。为达到这一目的，

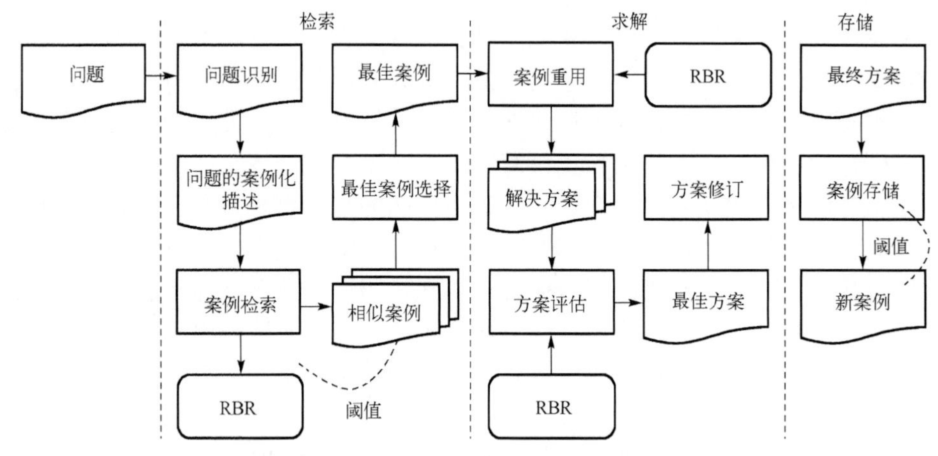

图 2-17　基于案例库的应急方案生成

需要为海上突发事件应急方案建立形式化的模型并研究相应的模型融合技术。同时，考虑到搜救过程中不同措施或者资源之间可能具有层次性、协同(并发)性、互斥选择性、时序性或者使用上的优先级特性，海上突发事件应急方案的模型需要具备这些关系的描述能力。

至于海上突发事件应急方案的形式化建模以及模型融合、模型相似度计算和模型评估的问题，业务流程管理领域的很多成果可以进行移植。

2. 基于案例的决策理论

Schmeidler[33]应用认知心理学和人工智能的成果，针对事件发生的自然状态难以确定，以及各状态发生的概率或结果难以确定等一类决策问题，结合决策理论和基于案例的推理提出了基于案例的决策理论(CBDT)。他认为在决策者面对新的决策问题时，可利用自己的或他人的记忆，搜寻与其正面对的决策问题相似的问题，并将搜寻到的相似问题的解决方案作为新的决策问题的解决方案。另外，CBDT 虽然寻求经验效用最优，但它是基于满意决策理论的，这种决策模式可以有效地帮助决策者在面对复杂问题时，尽量避免对问题的认知偏差或其他的不确定性因素，利用过往经验，帮助决策者降低做决策的时间和成本。Hullermeier 评价 Schmeidler 的研究成果时，认为“CBDT 是一个体现了 Simon 的‘满意决策’思想的关于有限理性的理论”。明显地，基于案例的决策理论 CBDT 是基于经验理性的决策理论，这样，决策者并不需要在面对新的决策问题时，去预测所有可能发生的状况以及方案在这些状况下的结果效用；而只需获取过往的案例，并判断过往案例中所解决的决策问题与新的决策问题之间的相似性和过往案例在实施关联方案之后的结果效用，这种基于有限理性且综合了主观和客观评价的决策理论十分适用于解决实际的决策问题。

CBDT 的基础是 CBR，二者之间的差异在于：CBR 仅根据案例的相似度进行选择，将最相似案例的被选方案作为目标问题的解决方案；而 CBDT 将选用相同或相似解决方案的案例归为一类，并根据案例相似度和结果效用综合评估不同解决方案的预期效用，最后根据综合评估值做出决策。可以看出，CBR 评价的是案例中已解决的问题与新问题之间的相似性，而 CBDT 评价的是案例中解决问题的方案。且 CBR 仅挑选出一个或少量几个相似案例供设计者参考，而 CBDT 挑选出选用相同或相似解决方案的一类案例供设计者参考。同时，CBDT 的决策过程既考虑了客观的相似性，又考虑了专家的主观评价，避免了选出实际效用较差的相似案例后，需要重新评估案例的情况。因此，相对于 CBR，采用 CBDT 既能直接关注解决方案，又能同时提供好的参考解决方案和较多的关联案例，还能有效地结合主观评价和客观评价。

CBDT 是不确定条件下决策理论的一个重大突破，它将传统的风险转化为概率，并将通过比较有限的几种可能状态及其效用值的加权平均值来进行决策的模式。为了利用“类推”方式，即通过判断当前要解决的问题与过去的哪些案例具有相似性，将相似案例的最终结果与其相似程度联合考虑的模式来进行决策。

CBDT 与已有的决策理论相比，最大的区别在于是从人的认知过程角度考虑过去案例与当前案例的相似程度，而不是对未来的结果做出概率判断。它将每种选择情形都视为一个案例，将决策案例分为“问题、方案、结果”三部分，并引进“相似程度、效用水平、期望水平”三个概念，分别用于度量目前与过去案例间问题的相似性、过去使用某方案的效用水平及目前采用该方案后的期望水平。其中，期望水平是相似度与效用的乘积之和，决策者最终会采用使得期望水平最大的方案。对某种行动在当前案例中的评估方式是考察该行动在各历史案例中所导致的结果，然后以各历史案例与当前案例相似程度对这些结果的效用值进行加权求和或计算加权值。

CBDT 将问题、方案以及结果三者的组合定义为案例，记为 $c(q,a,r)$，其中 q 是对决策问题的描述，a 表示问题中选择的行动方案，r 表示方案 a 在问题 q 中获得的结果，因此 r 也可表示为问题-方案对 (q,a) 的函数 $r(q,a)$。案例集则表示为 $C = Q \times A \times R$，其中 Q 表示问题的非空集合，A 表示方案的非空集合，R 表示结果的集合。任一案例 $c(q,a,r) \in C$ 都由问题 $q \in Q$、方案 $a \in A$ 和结果 $r \in R$ 组成。每个案例的结果都能用实数值表示，定义效用函数 $u: r \to [0,+\infty]$，案例的结果可表示为效用函数值 $u(r)$。

假设目标问题为 $q \in Q$，定义案例子集 $M \subseteq C$ 为决策者面对目标问题 q 时具有的记忆，记忆中的所有案例对于决策者来说都是已知的，为已解决了的决策问题及其结果。相似度表示为 $\sigma_q : Q \times Q \to [0,1]$，给定目标问题 q_0 和一个记忆中的问题 q_i，则两者之间的相似度记为 $\sigma_q(q_0,q_i)$。CBDT 通过所有已解决问题与目标问题之间的相似度以及各个已解决问题的方案结果效用来综合评价各类方案。评价过程中，决策者并不需要在面对新的决策问题时，去预测所有可能发生的状况以及方案在这些状况下的结果效用；只需获取过往的案例，并判断过往案例中所解决的决策问题与新的决策问题之间的相似性和过往案例在实施关联方案之后的结果效用。给定记忆

案例 $M \subseteq C$ 和目标问题 q_0，则每类方案的评价函数可表示为

$$U(a) = U_{q,M}(a) = \sum_{(q,a,r)\in M} \sigma_q^*(q_0, q_i) \cdot u(r) \tag{2-24}$$

$$\sigma_q^*(q_0, q_i) = \sigma_q(q_0, q_i)\left(\sum_{(q,a,r)\in M} \sigma_q(q_0, q)\right)^{-1} \tag{2-25}$$

根据评价函数(2-24)计算出来的值(即方案的综合效用值，结合了相似度评价和结果效用评价)最大的方案被选为初步解决方案。当问题较为复杂时，需要拆解成 t 个子问题，依次进行评估。每生成一个子问题的方案后，进行下一个子问题的求解，即 t=t+1，并将求解得到的方案和上一个子问题的方案进行聚合。当获取了 t 个子问题的满意方案并进行聚合后，生成最终的设计方案。基于案例的决策理论的决策问题求解流程如图 2-18 所示。

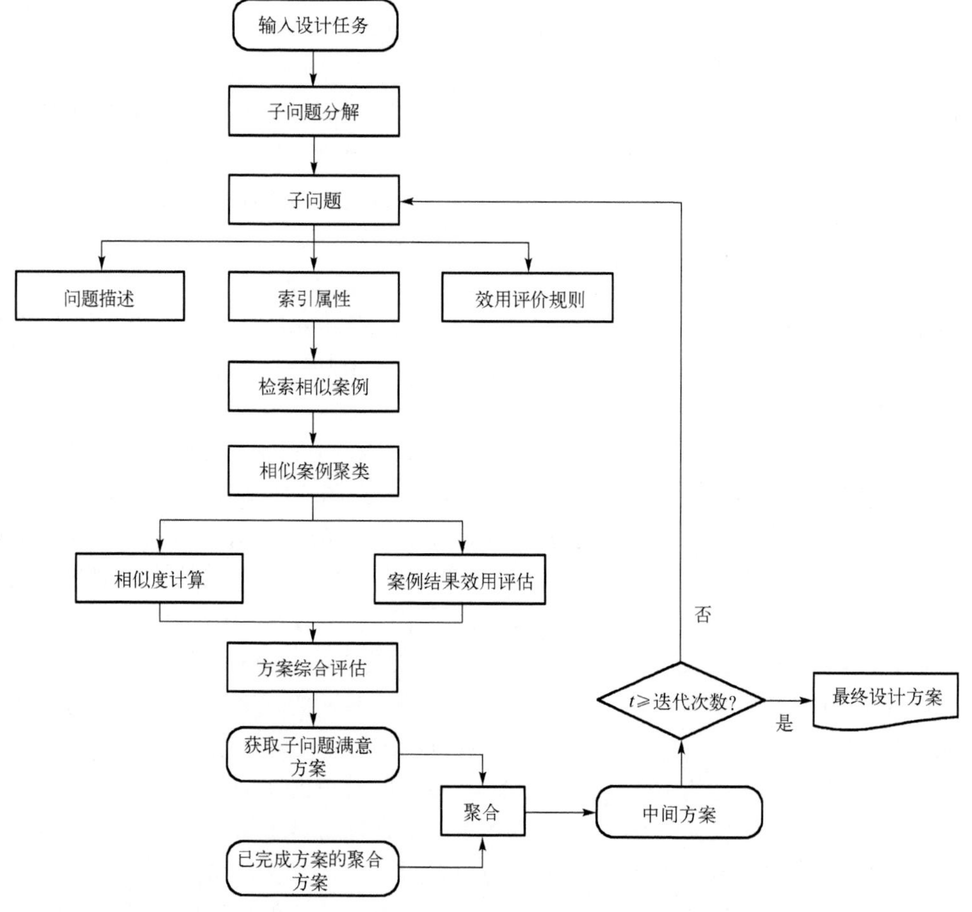

图 2-18　基于 CBDT 的决策问题求解流程

借鉴历史海上突发事件应急案例的经验和教训，基于案例库中已有的海上突发事件应急方案进行当前事故海上应急方案的推理和制定。通过对历史案例进行场景化的组织与存储，从而构建案例库。基于相似案例分析的突发事件应急方案选择问题，是指依据当前突发事件所涉及的应急响应问题的特征信息，在历史案例库中或预案库中进行检索，并通过应用检索结果所涉及的应急方案(预案)，来获得当前突发事件的应急方案。海上突发事件应急方案的设计同样也可采用此决策方法进行决策。

2.3.5　神经网络方法

随着神经科学、认知科学的发展，我们逐渐知道人类的智能行为都和大脑活动有关。人类大脑是一个可以产生意识、思想和情感的器官，由神经元、神经胶质细胞、神经干细胞和血管组成。其中，神经元，也称为神经细胞(nerve cell)，是携带和传输信息的细胞，是人脑神经系统中最基本的单元。人脑神经系统是一个非常复杂的组织，包含近 860 亿个神经元，每个神经元有上千个突触和其他神经元相连接。这些神经元和它们之间的连接形成巨大的复杂网络，其中神经连接的总长度可达数千公里。我们人造的复杂网络，如全球的计算机网络，和大脑神经网络相比要“简单”得多。

早在 1904 年，生物学家就已经发现了神经元的结构。典型的神经元结构大致可分为细胞体(soma)和细胞突起。

(1) 细胞体中的神经细胞膜上有各种受体和离子通道，胞膜的受体可与相应的化学物质神经递质结合，引起离子通透性及膜内外电位差发生改变，产生相应的生理活动：兴奋或抑制。

(2) 细胞突起是由细胞体延伸出来的细长部分，又可分为树突(dendrite)和轴突(axon)。树突可以接收刺激并将兴奋传入细胞体。每个神经元可以有一个或多个树突。轴突可以把自身的兴奋状态从胞体传送到另一个神经元或其他组织。每个神经元只有一个轴突。

神经元可以接收其他神经元的信息，也可以发送信息给其他神经元。神经元之间没有物理连接，两个“连接”的神经元之间留有 20nm 左右的缝隙，并靠突触(synapse)进行互连来传递信息，形成一个神经网络，即神经系统。突触可以理解为神经元之间的连接“接口”，将一个神经元的兴奋状态传到另一个神经元。一个神经元可被视为一种只有两种状态的细胞：兴奋和抑制。神经元的状态取决于从其他的神经细胞收到的输入信号量，以及突触的强度抑制或加强。当信号量总和超过了某个阈值时，细胞体就会兴奋，产生电脉冲。电脉冲沿着轴突并通过突触传递到其他神经元。图 2-19 给出了一种典型的神经元结构。

我们知道，一个人的智力不完全由遗传决定，大部分来自生活经验。也就是说人脑神经网络是一个具有学习能力的系统。那么人脑神经网络是如何学习的呢?在人

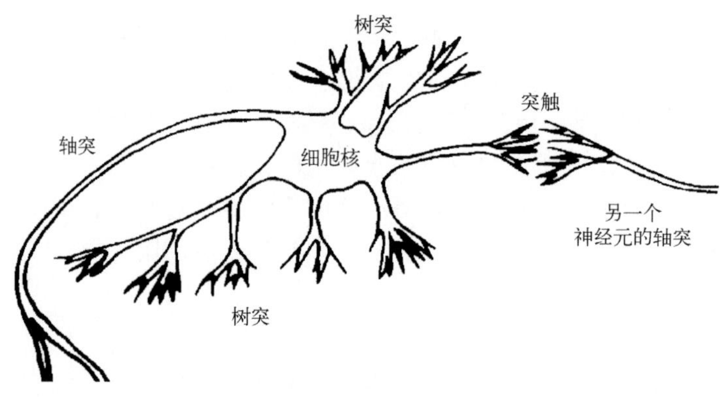

图 2-19　神经元结构

脑神经网络中，每个神经元本身并不重要，重要的是神经元如何组成网络。不同神经元之间的突触有强有弱，其强度是可以通过学习(训练)来不断改变的，具有一定的可塑性。不同的连接形成了不同的记忆印痕。

受到人脑神经系统的启发，早期的神经科学家构造了一种模仿大脑神经突触连接的结构进行信息处理的数学模型，称为人工神经网络(artificial neural network，ANN)，简称神经网络(NN)。它是由大量神经元有机组合而成的具有高度自适应的非线性系统，不需要任何先验公式，就能从已有数据中自动地归纳规则，获得这些数据的内在规律，具有很强的非线性映射能力，特别适合于因果关系复杂的非确定性推理、判断、识别和分类等问题。海上突发事件环境动态多变、未知复杂，收集的数据种类多样、量纲尺度各不相同。面对能够提供海量数据的局部不可观测环境，传统方法难以对这类复杂非线性问题进行建模、分析和预测。神经网络方法具有大规模并行处理、弹性拓扑、高度冗余和非线性运算等特点，能够依托海量多维数据，处理环境信息复杂、知识背景不清晰和推理规则不明确的问题。使用神经网络方法，可以对海上突发事件应急响应过程中的诸多问题进行分析求解，进而为海上突发事件应急方案的生成提供有力支撑。

目前主流的神经网络方法有前馈神经网络(FNN)、循环神经网络(RNN)以及卷积神经网络(CNN)等，在介绍三种神经网络之前，本节先介绍最为基础的人工神经网络模型。

1. 人工神经网络

人工神经网络是由大量的处理单元(神经元)互相连接而形成的网络[34]。为了模拟大脑的基本特性，在神经科学研究的基础上，研究人员提出了神经网络的模型。实际上，神经网络并没有完全反映大脑的功能，只是对生物神经网络进行了某种抽象、简化和模拟。神经网络的信息处理通过神经元的相互作用来实现，知识与信息的存储表现为网络元件互连分布式的物理联系。神经网络的学习和识别取决于各神经元连接权系数的动态演化过程。

人工神经元是对生物神经元的一种形式化描述，是神经网络操作的基本信息处理单元。人工神经元也被称为“节点”或“处理单元”，它一般表现为一个多输入、单输出的非线性器件。图 2-20 是一种通用的神经元结构模型。

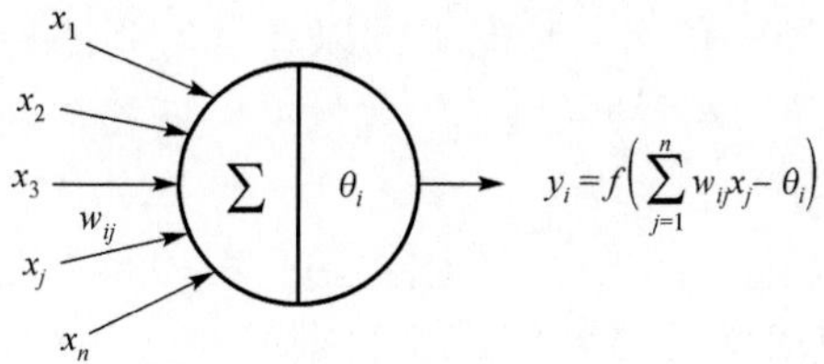

图 2-20　人工神经元基本模型图

其中，$x_1, x_2, \cdots, x_n$ 表示神经元 i 的输入信号；w_{ij} 表示第 j 个输入 x_j 与神经元 i 连接的权重；θ_i 表示神经元 i 的阈值；f 表示神经元输入-输出关系的函数，称为作用函数或激活函数；y_i 表示神经元 i 的输出。一般地，神经元的作用由数学表达式表示为

$$y_i = f\left(\sum_{j=1}^{n} w_{ij} x_j - \theta_i\right) \tag{2-26}$$

在生物神经网络中，生物神经元接收到的外部刺激或者来自生物体所在的外部环境，或者来自与该神经元相连接的其他神经元。对应到人工神经网络，一个神经元的输入可以来自外部环境，此时要根据待解决问题的特点确定输入向量的维数 n，也可以来自同一神经网络中其他神经元的输出；同样，一个神经元的输出既可以指向外部环境，也可以连接其他神经元成为其输入。对于不同的神经网络模型神经元的激活函数也可能不同，比较常用的有三种：阈值函数、分段线性函数以及 Sigmoid 函数。

一般情况下，神经网络中的所有神经元可以分成被称为层的若干不相交子集，每个神经元对应一个对激励（输入）产生反应的激活函数（也称为活化函数），在同一层中的神经元具有相同的激活函数。总的来说，网络分为三层，即输入层、隐藏层和输出层。

其中，输入层的神经元接收从外部环境到达的信号，即输入信号，并传递给各个位于隐藏层上的神经元；隐藏层的神经元是连接那些输入与输出都在系统中的单元，对于外界来说，它是看不见的。隐藏层是神经网络的内部信息处理层，负责将网络中的信息进行处理后传递给下一层，根据信息交换的需要，隐藏层可以是一层或多层的，最后一个隐藏层将处理后的信息传递到输出层；输出层的神经元将这些信息进一步处理后即完成了一次从输入到输出的信息处理，将其从系统输出，这些输出既可以直接影响系统，也可以只影响系统外的其他系统。

2. 前馈神经网络

前馈神经网络在计算输出值的过程中，输入值从输入层单元向前逐层传播，经过隐藏层最后到达输出层得到输出[35]。前馈神经网络第一层的单元与第二层所有的单元相连，第二层又与其上一层单元相连，同一层中的各单元之间没有连接。对于前馈神经网络，根据神经元传递函数的不同以及学习算法和网络结构上的区别，可以细分为感知器神经网络、BP 神经网络、线性神经网络以及径向基神经网络等，本节主要介绍 BP 神经网络。

BP 神经网络是由 Rumelhant 与 McClelland 于 1986 年提出的。它是根据误差反向传播算法训练的多层前馈神经网络，是目前使用最为广泛的一种神经网络。BP 神经网络在实际工程中存在大量样本数据，但在无法用具体数学模型来描述系统内在规律时，具有其他方法无可替代的优势。

BP 神经网络根据输入数据的正向运算来计算最终的网络误差，在相反的方向上传输误差，并在穿过不同层时根据某些规则机制调整相应层的权重和阈值，经过大量数据样本训练后，最终构建可以完成复杂非线性映射的算法模型。BP 神经网络的应用领域包括函数逼近、回归分析、数值预测以及分类和数据处理，BP 神经网络的结构如图 2-21 所示。

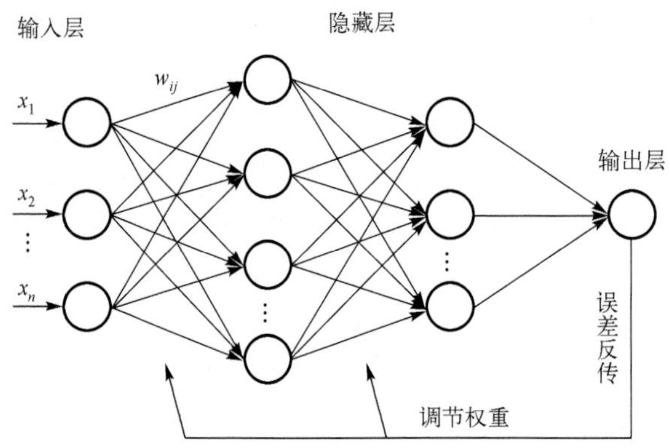

图 2-21　BP 神经网络拓扑结构示意图

BP 算法流程如下所述。

(1) 初始化权重和神经元阈值为[0,1]上分布的随机数。

(2) 输入样本，指定输出层各神经元的期望输出值。

$$d_j = \begin{cases} +1, & X \in w_j \\ -1, & X \notin w_j \end{cases}, \quad j = 1,2,\cdots,M \tag{2-27}$$

其中，$X = [x_1, x_2, \cdots, x_n]^{\mathrm{T}}$。

(3) 依次计算每层神经元的实际输出，直至输出层。

(4)从输出层开始修正每个权重，直到第一个隐藏层。

$$w_{ij}(t+1)=w_{ij}(t)+\eta\delta_j y_j,\quad 0<\eta<1 \tag{2-28}$$

若 j 是输出层神经元，则

$$\delta_j=y_j(1-y_j)(d_j-y_j) \tag{2-29}$$

若 j 是隐藏层神经元，则

$$\delta_j=y_j(1-y_j)\sum_k \delta_k w_{jk} \tag{2-30}$$

(5)转到步骤(2)，循环至权重稳定为止。

改进的权重修正：

$$w_{ij}(t+1)=w_{ij}(t)+\eta\delta_j y+a(w_{ij}(t)-w_{ij}(t-1)) \tag{2-31}$$

其中，a 为平滑因子，$0<a<1$。

3. 循环神经网络

不同于前馈神经网络，循环神经网络(RNN)的优势在于能够利用历史信息来辅助当前的决策[36]。它的主要思想是通过使用带自反馈的神经元对前面的信息进行记忆并应用于当前输出的计算中，隐藏层的输入不仅包括当前时刻输入层的输入，还包括上一时刻隐藏层的输出，即当前时刻的输出与前面时刻的输出有关。

如图 2-22 所示为 RNN 每个时间节点的网络结构，由图可知一个简单的 RNN 模型包括三层结构——输入层、隐藏层、输出层，层与层之间的连接均为全连接。其中，W_{IH} 表示输入层到隐藏层之间的连接权重矩阵，W_{HH} 表示上一时刻隐藏层到当前时刻隐藏层的连接权重矩阵，W_{HO} 表示隐藏层到输出层之间的连接权重矩阵。每一时刻节点的权重矩阵都是共享的。值得一提的是，参数共享在 RNN 中起到十分重要的作用，一方面参数共享使得 RNN 能够挖掘序列中的关键信息，而不受关键信息在序列中位置的影响；另一方面参数共享使得 RNN 可以处理任意长度的序列，只要序列中的元素按照顺序一个接一个地传入网络。

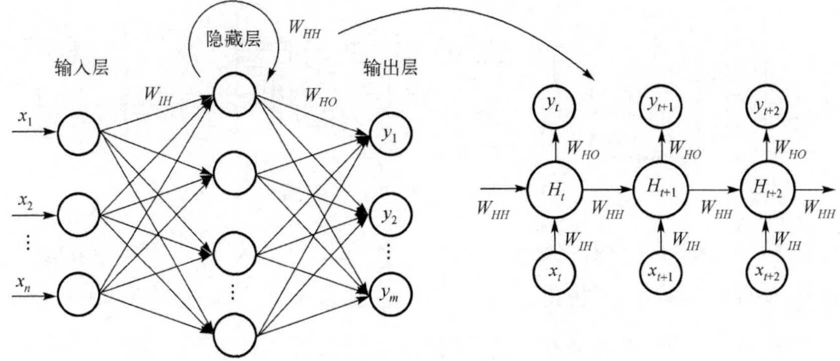

图 2-22　循环神经网络结构示意图

针对 RNN 的结构，设长度为 T 的输入序列 $X=\{X_1,\cdots,X_t,X_{t+1},X_{t+2},\cdots,X_T\}$，每个时刻输入数据 X_t 的维度为 N，即 $X_t=(x_1,x_2,\cdots,x_N)$；RNN 模型隐藏层节点数为 M，即 $H_t=(h_1,h_2,\cdots,h_M)$；输出层节点数为 P，即 $Y_t=(y_1,y_2,\cdots,y_P)$。则第 t 时刻隐藏层 H_t 可以通过式(2-32)和式(2-33)计算得到：

$$O_t=W_{IH}X_t+W_{HH}H_{t-1}+b_h \tag{2-32}$$

$$H_t=f_H(O_t) \tag{2-33}$$

其中，$f_H(\cdot)$ 为隐藏层激励函数；b_h 为隐藏层单元的偏置向量。第 t 时刻输出层可以通过下面公式计算得到：

$$Y_t=f_O(W_{HO}H_t+b_o) \tag{2-34}$$

其中，$f_O(\cdot)$ 为输出层激活函数；b_o 为输出层单元的偏置向量。模型的前馈过程从 $t=1$ 开始，随着 t 值增长，使用上述公式进行迭代计算。

4. 卷积神经网络

卷积神经网络(CNN)是包含卷积运算的深层神经网络模型[37]。与传统算法相比，它可以使用卷积层来提取图像特征，这一优势使其在计算机视觉领域的相关任务中表现出色，如图像分类、图像分割和目标检测。

CNN 具有多层网络结构，包括输入层、卷积层、池化层、全连接层和输出层。每层由多个二维向量组成，每个二维向量由多个神经元组成。输入图像后，不同大小的卷积核会在局部区域执行卷积运算，提取图像的局部特征，获得新的二维向量。激活函数非线性地映射从上一层输出的二维矢量，激活一些神经元，并将信息传输到网络的下一层。然后执行池化操作以保留图像的最显著的特征。通过多次卷积和池化，全连接层提取并整合这些显著特征，并输出相应的分类结果。其网络结构图如图 2-23 所示。

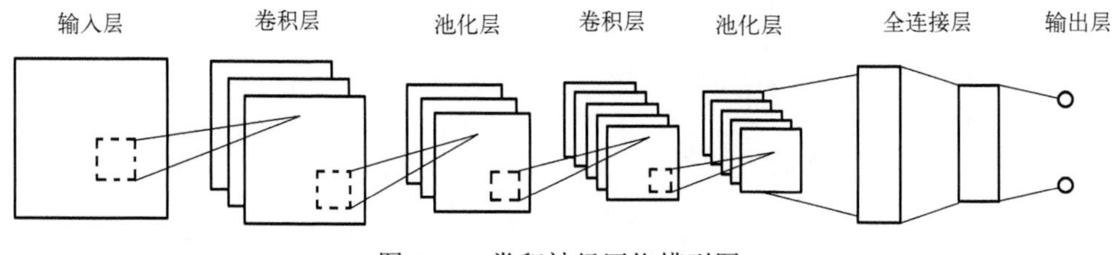

图 2-23　卷积神经网络模型图

卷积层是 CNN 的关键层，也称为特征提取层。它利用特定尺寸的卷积核对上一层的图像进行卷积操作，将结果输入特定的激活函数中，最终获得一个新的特征激活图，从而实现特征的提取。

所谓卷积核，是一个二维矩阵。矩阵中的每个元素表示单个像素与邻域像素之间的关系。卷积核从输入图像的坐标原点横向或纵向移动，卷积核移动一次，就得到一个对应的特征激活图。特征激活图上的每一个值都是卷积核在上一层输入图像中不同位置上的映射。

特征提取的效果与卷积核的数目、大小和步长(stride)密切相关。卷积核的个数越多，从上一层提取的特征图的数量就越多，网络学习到的特征就会越多，分类效果就会越好。但是随着卷积核个数的增加，卷积网络中需要训练的参数也会增多，这会导致训练过程中的计算量显著增加。卷积核的尺寸越大，对图像特征的提取能力会越强，但也意味着计算量会越大。卷积核的尺寸越小，图像中较为细小的特征就容易被提取，但是有可能无法表达某些其他的特征。卷积核的步长影响图像特征提取的个数，步长越大，提取的特征数量越少；步长越小，提取的特征数量越多。

图 2-24 展示了不同尺寸、步长下的卷积运算。例如，输入图片尺寸为 5×5，卷积核尺寸为 3×3，当 stride = 1 时，每次运算卷积核在纵向或者横向移动 1 像素，最终输出图片尺寸为 3×3。输出图片尺寸可以通过以式(2-35)得出：

$$y = \frac{x - k}{\text{stride}} + 1 \tag{2-35}$$

其中，y 为输出图片尺寸；x 为输入图片尺寸；k 为卷积核尺寸；stride 为步长。

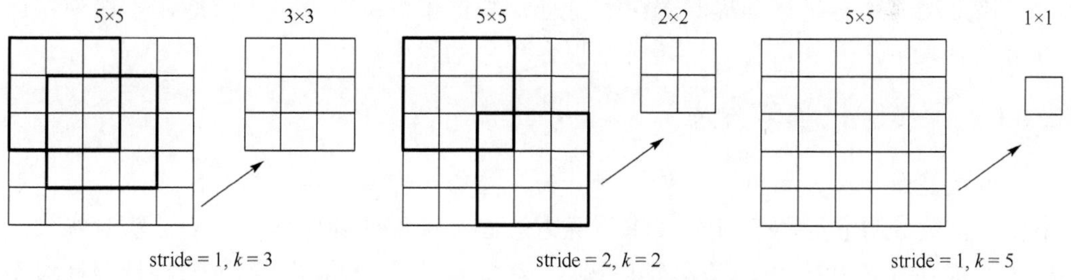

图 2-24　不同尺寸、步长下的卷积运算

图像中每个像素点与其邻域的像素点具有较强的相似性，因此卷积层输出中很多的信息都是多余的。通过计算图像一块区域内某种特征的最大值或平均值，并将这些特征重新拼凑起来形成新的特征图，该过程就是池化。常用的池化操作有平均池化和最大池化。

其中，平均池化是将输入的图像划分成若干个不重合的矩形区域，计算每个矩形区域的平均值，并将其作为输出，再将各个子区域的输出值重新拼凑成一个新的矩形区域。例如，输入图像的大小为 4×4，池化核大小为 2×2，如图 2-25 左侧灰色区域所示，步长为 2，将其划分为 4 个子区域，求得的结果如图 2-25 右侧灰色区域所示。

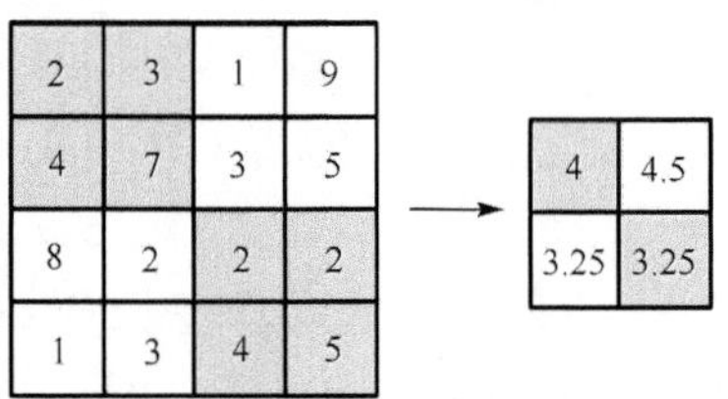

图 2-25　平均池化

而最大池化是将输入的图像划分成若干个不重合的矩形区域，计算每个矩形区域的最大值，并将其作为输出，再将各个子区域的最大值重新拼凑成一个新的矩形区域。例如，输入图像的大小为4×4，池化核大小为2×2，步长为2，将其划分为4个子区域，如图2-26所示。

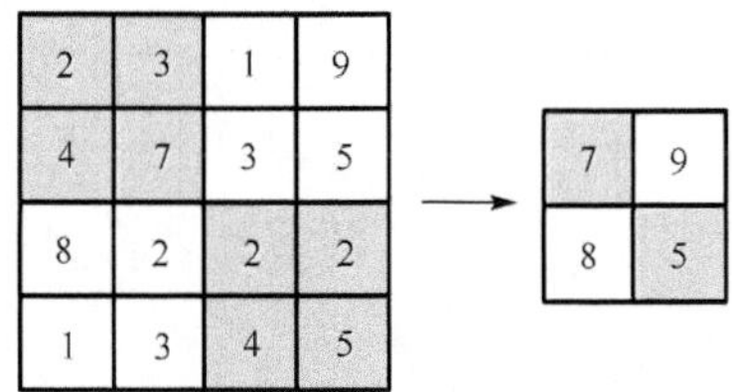

图 2-26　最大池化

该方法能够有选择地提取图像的特征，降低了维度，减少了参数，不仅使得计算量显著减少，而且也有助于缓解过拟合现象的发生。

2.3.6　深度强化学习方法

搜救是海上突发事件的一种应对行为，具有生存周期短、搜寻区域广、目击概率低、漂流轨迹复杂等特征，要求搜寻方法必须能够快速响应，且支持实时规划。传统的规划求解方法，如精确优化算法、启发式算法、元启发式算法等只能针对明确问题进行求解，而无法应对搜寻态势实时变化的情形。强化学习是一种不断与环境交互反馈，调整自身策略以应对环境变化的动态规划方法，适用于海上搜救目标搜寻路径规划问题的优化求解[38]。强化学习通过不断与环境交互，更新不同状态下的价值，以实现对最优策略的学习，然而当状态空间增大时，则面临存储要求指数级增长的问题。深度强化学习将深度学习与强化学习结合起来，令两种学习方法的优势和劣势互补，可以直接从大量冗杂的高维原始数据中学习控制策略，该模型可用于许多接近人脑思维的人工智能算法。

以应用驱动为契机，近年来将强化学习和深度学习相结合的深度强化学习算法发展迅速。根据优化方法不同，深度强化学习算法可以分为基于值函数和基于策略梯度的深度强化学习。本节首先介绍强化学习的基本原理，然后分别选取这两种深度强化学习方法中的某一种算法进行介绍。

1. 强化学习基本原理

强化学习就是智能体(agent)在一系列场景下，通过多步优化后的动作选择策略来完成一个指定的任务目标。因此强化学习的智能体交互需要在当前环境下进行切实的设计以及完成训练。这个强化学习定义下的环境是当前智能体所需要学习并且需要完成交互任务的一个周围状态设定。例如，一个具备强化学习模型设计的智能机器人需要完成一个在它所处的迷宫中顺利找到出口的任务。当前整个迷宫的布局以及机器人身边的各种场景就是这个强化学习的环境，机器人需要感知周围的环境情况以及路线情况，从而让自己顺利找到走出迷宫的路线，这个过程可以视作一个简单模型下的强化学习的运行过程。强化学习示意图如图 2-27 所述。

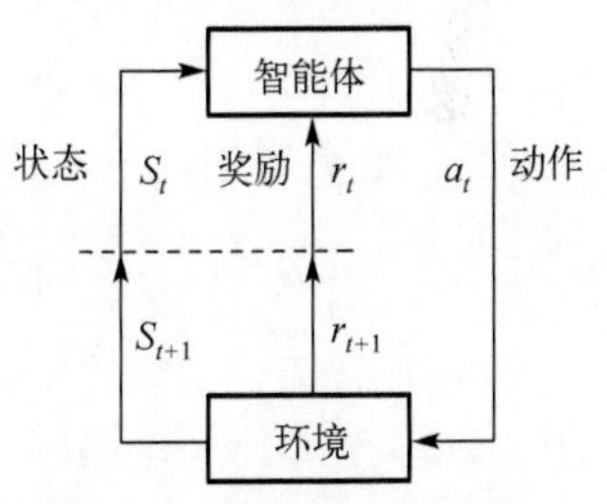

图 2-27　强化学习示意图

图中，S_t、a_t、r_t 分别表示为第 t 时刻智能体的状态(state)、动作(action)和奖励(reward)；S_{t+1}、r_{t+1} 分别表示为第 $t+1$ 时刻智能体的状态和奖励。

强化学习主要有三个非常重要的要素：动作、状态以及奖励。其中奖励是强化学习中的智能体用来判断当前的环境对于智能体完成任务好坏的一个标量。例如，当机器人在迷宫地图中走到了陷阱中，这个时候奖励值就会很小，环境会反馈一个小于 0 的奖励值；如果能走到正确走出迷宫的位置，这个时候奖励值会很大，环境会反馈一个大于 0 的奖励值。状态可以理解为环境的一部分，即环境的局部信息，因为智能体在当前它的位置下是无法“了解”整个环境全部信息的，智能体只能观察到它当前所处位置的附近环境信息；智能体可根据它观察到的这些局部信息与整个环境进行反馈，从而训练智能体达到最优策略。动作则是智能体自己根据自身信息做出的行为选择，例如，机器人在迷宫的一个房间中，它拥有上下左右四种动作选择，智能体会根据自己的判断选择一个动作继续进行探索，从而达到根据所处场景的变化来与整个迷宫环境进行反馈。

在强化学习所处环境下，智能体与环境不断地交互反馈，强化学习选择的动作若带来正面奖励，则这个动作被选择的概率将不断增加；强化学习选择的动作若带来负面奖励，则这个动作被选择的概率将不断减少。这种智能模型使智能体能够从不同的动作行为尝试中学习奖赏或惩罚，从而学习到任务目标的最佳行为轨迹。这是强化学习的核心机制：在给定的环境情况下使用不断试错的学习方法以及不断反馈来选择最佳动作行为。因此强化学习定义为通过反复试验学习最佳匹配状态和动作，以获取最大的回报。强化学习不仅直接模仿了生物学习的智能模型，而且还要求智能体自动学习所选择的动作。这与大多数机器学习方法不同，具备强化学习算法思想的智能体可以独立地尝试不同的操作动作，从而引导它去探索和发现最大回报所对应的动作。

若一个强化学习问题满足马尔可夫性质，则可以将该问题称为一个马尔可夫决策过程(Markov decision process，MDP)。MDP可用来对强化学习问题进行建模。通常MDP模型被描述成一个四元组$<X,U,\rho,f>$，其中：

(1) X是所有环境状态的集合，$x_t \in X$表示智能体在t时刻所处的状态；

(2) U是智能体可执行动作的集合，$u_t \in U$表示智能体在t时刻所采取的动作；

(3) $\rho: X \times U \to \mathbf{R}^n$为奖赏函数，$r_t \in \rho(x_t,u_t)$表示智能体在状态$x_t$下执行动作$u_t$获得的立即奖赏值$r_t$；

(4) $f: X \times U \times X \to [0,1]$为状态转移函数，表示智能体在$t$时刻位于状态$x_t$下执行动作$u_t$转移到下一状态$x_{t+1}$的概率，可以表示为$x_{t+1} \sim f(x_t,u_t)$。

在强化学习中，从t时刻开始到T时刻情节结束时所获得的累积折扣奖赏定义为

$$R_t = \sum_{t'=t}^{T} \gamma^{t'-t} r_{t'} \tag{2-36}$$

其中，$0 \leqslant \gamma \leqslant 1$是折扣因子，用来权衡未来奖赏对累积奖赏值的影响力度。策略$h(x,u) = \Pr(u_t = u \mid x_t = x)$表示从状态空间$X$到动作空间$U$的一个映射。状态值函数表示在智能体遵循策略$h$的情况下，从状态$x$开始到情节结束时获得的期望回报：

$$V^h(x) = \mathbb{E}_h[R_t \mid x_t = x] \tag{2-37}$$

状态动作值函数表示在当前状态x下执行动作u，并一直遵循策略h到情节结束这一过程中智能体所获得的累积回报值：

$$Q^h(x,u) = \mathbb{E}_h[R_t \mid x_t = x, u_t = u] \tag{2-38}$$

对于所有的状态动作对，如果一个策略h的期望回报大于或等于其他所有策略的期望回报，那么称该策略为最优策略h^*：

$$h^*(x,u) = \operatorname{argmax}_h Q^h(x,u) \tag{2-39}$$

最优策略可能不止一个，但它们共享一个最优状态动作值函数。该函数能够最大化每个状态动作对的值函数：

$$Q^*(x,u) = \max_h Q^h(x,u), \quad \forall x \in X; u \in U \tag{2-40}$$

最优状态动作值函数遵循贝尔曼最优方程：

$$Q^*(x,u) = \mathbb{E}_{x' \sim X}[r + \gamma \max_h Q(x',u') \mid x,u] \tag{2-41}$$

在传统的强化学习中，可通过贝尔曼方程的迭代求解最优状态动作值函数：

$$Q_{i+1}(x,u) = \mathbb{E}_{x' \sim X}[r + \gamma \max_{x'} Q_i(x',u') \mid x,u] \tag{2-42}$$

在式(2-24)中，当i趋向于正无穷时，Q_i趋向最优状态动作值函数Q^*。即

循环迭代式(2-42)会使得状态动作值函数最终收敛，从而得到最优策略：$\pi^* = \text{argmax}_{u\in U} Q^*(x,u)$。然而对于大规模状态动作空间的复杂决策问题，迭代贝尔曼方程求解最优 Q 值函数的计算代价太大。因此可以利用深度神经网络等非线性函数逼近器来近似表示值函数或策略，这也是深度强化学习方法的核心思想。

2. 基于值函数的强化学习方法

深度 Q 网络(DQN)[39]是深度强化学习中应用最广泛的一种算法，它是一种基于值函数的算法。DQN 算法对于策略的评估较为准确，同时不易收敛到局部最优解。作为深度强化学习的经典算法，被大量学者应用于各种领域，包括机器翻译、自动控制以及控制优化等。

Q 学习算法通常采用 Q 表来存储和表示值函数，但当处理大规模数据的时候，Q 表会变得巨大，不仅占用大量的计算机空间，数据的搜索和学习也会变得十分困难，因此当遇到此类问题时通常采用近似值函数的方法进行值函数的估计，如式(2-43)所示。

$$L(w_i) = \mathbb{E}[r + \gamma \max_{a'} Q(s', a', w_i^-)] \tag{2-43}$$

其中，w_i^- 为近似参数；s' 是因执行动作 a 而转移到的下一个状态；a' 表示下一个状态。

DQN 使用了神经网络来进行值函数的近似，与 Q 学习相比，二者结构相似，DQN 实际可以看作 Q 学习和神经网络的结合，将 Q 学习中的 Q 表变成了 Q 网络(Q-network)，而神经网络恰好可以进行大规模数据的处理，二者的结构对比如图 2-28 所示，其中图 2-28(a)表示 Q 学习，图 2-28(b)表示 DQN。

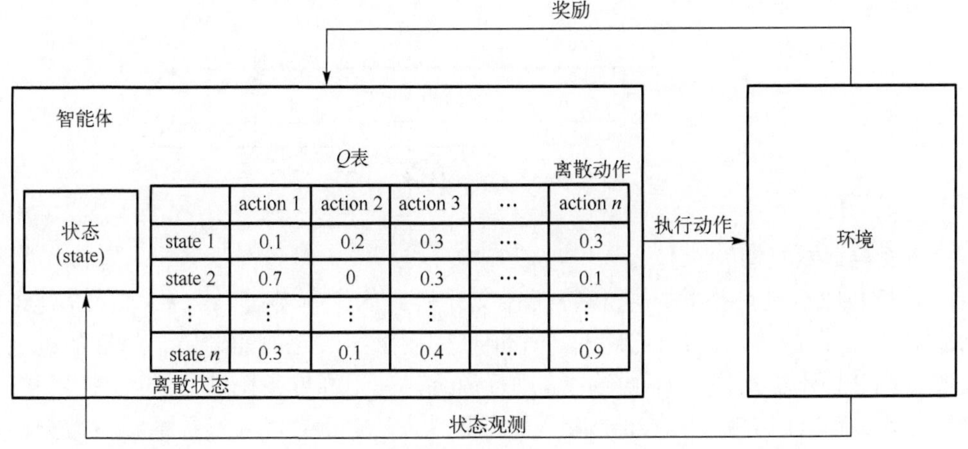

(a) Q学习算法结构

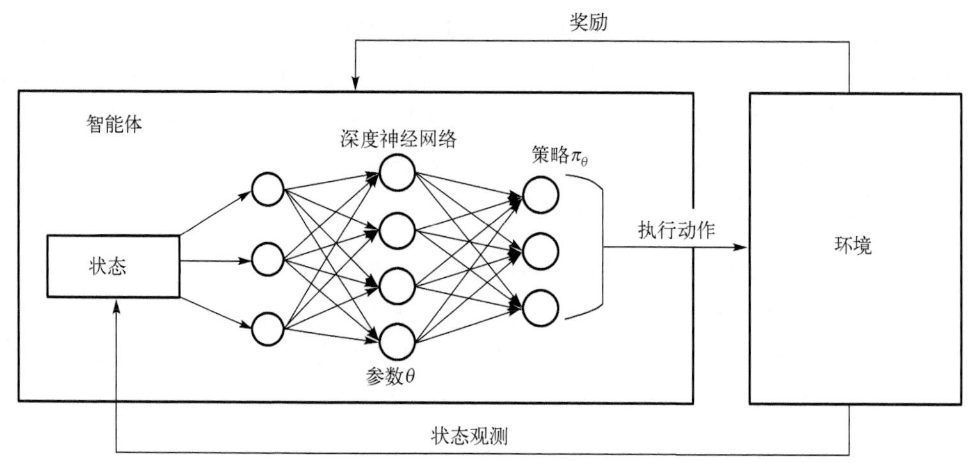

(b) DQN算法结构

图 2-28　Q 学习和 DQN 结构对比

DQN 相对于 Q 学习算法，除了用神经网络近似值函数，还采用了经验回放机制和目标值网络，如图 2-29 所示。

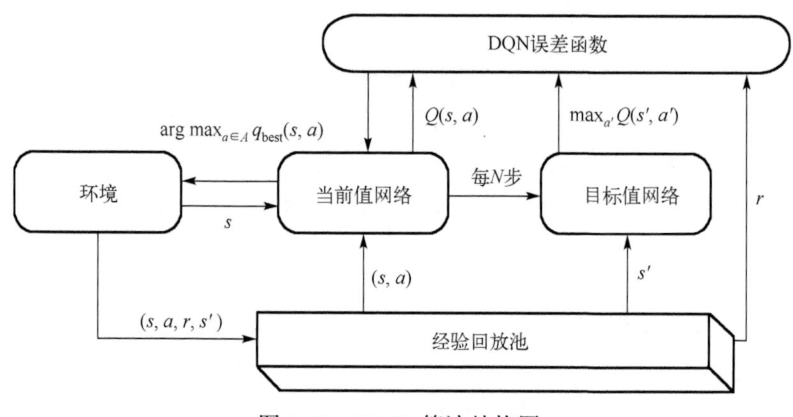

图 2-29　DQN 算法结构图

1) 经验回放机制

经验回放机制是指将环境和智能体交互得到的样本数据 (s,a,r,s') 存放到经验回放池 D 中，简单来说，DQN 有一个记忆库用于学习之前的经历，每次随机定量抽取一部分样本数据集，对神经网络进行训练，使用梯度下降法对神经网络的权重进行更新。DQN 作为一种 off-policy 离线学习法，它不仅能对当前的样本数据进行学习，还能学习过去的样本数据。所以每次在 DQN 更新的时候，都可以随机抽取一些之前的样本数据进行学习。随机抽取的做法打乱了样本的相关性，减少了参数更新的方差，也使得神经网络更新更有效率，同时能够重复利用数据。经验回放池存在容量上限，当样本数据数量超过经验回放池容量上限时，会使用新的样本数据取代旧的样本数据，这个机制提高了算法学习的时效性。经验回放机制流程如图 2-30 所示。

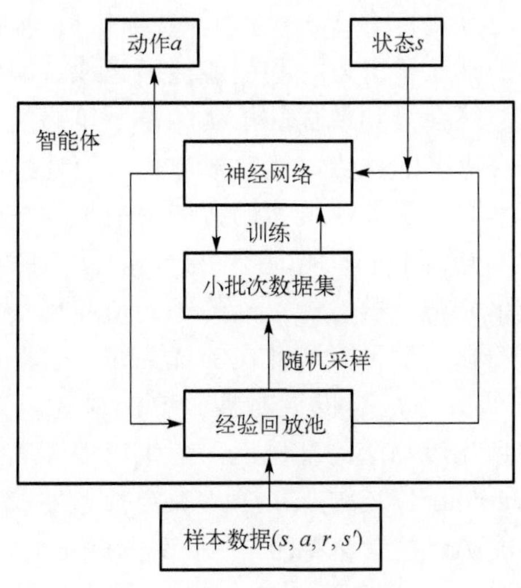

图 2-30　经验回放机制

2) 目标值网络

为了提高算法稳定性，DQN 算法引入了目标值网络。DQN 中存在两个结构完全相同但参数不同的神经网络，算法使用其中当前值网络，在行动的每一步都会进行参数更新，目标值网络通过固定目标值的方法，每经过特定的步数后才进行参数的更新。

DQN 算法的误差损失函数为

$$L(w_i) = \mathbb{E}[r + \gamma \max_{a'} Q(s', a', w_i^-) - Q(s, a, w_i)] \tag{2-44}$$

其中，w_i^- 为目标值网络参数；w_i 为当前值网络参数。

在算法更新时，需要计算当前值网络求得的 Q 估计值与目标值网络求得的 Q 现实值的均方误差，然后使用梯度下降法对参数 w_i 进行更新。单一的神经网络很容易发生振荡，呈现出不稳定的学习行为，每隔一段时间才对神经网络更新，降低了当前值网络得到的 Q 值与目标值网络得到的 Q 值之间的关联性。目标网络的引入使得算法在目标值网络的更新周期内保持相对稳定，一般地，目标网络更新间隔越大，算法就会越稳定，目标网络更新频率越慢，算法收敛速度会越慢。

3. 基于策略梯度的强化学习方法

前面介绍的基于值函数的强化学习方法，主要求取离散的动作值，然后来优化智能体的策略，在 DQN 中使用一个深度学习网络来感知环境并计算出一个合理的值去逼近值函数，通过这样的方法可以在一般简单的环境中得到较为理想的结果，然而在一些需要连续性控制或复杂的环境中，容易导致奖赏稀疏的情况，基于策略的强化学习方法[40]可以解决上面的问题。

基于策略的强化学习方法将策略 $\pi_\theta(s)$ 进行参数化后，根据策略的概率分布选择相应的动作。基于策略的强化学习方法利用线性函数或者非线性函数来表示策略，通过参数化的策略训练最终会得到最优的策略。基于策略的强化学习方法比基于值函数的强化学习方法拥有更多的优点，策略参数化具有连续的动作空间有限集映射和参数化简单的特点。然而基于策略搜索的方法目前也存在不足，例如，策略搜索容易收敛到局部最小值，评估单个策略时不充分。直接策略搜索算法经常采用随机策略，改变了原采样概率分布，虽然计算出的平均值和真实值较为接近但是方差较大。针对直接策略搜索的强化学习算法存在的优势和目前存在的问题，越来越多的学者加入到对该算法的研究中，随机策略搜索算法最先发展的是策略梯度（policy gradient，PG）算法，然后在该算法的基础上，衍生出很多其他的算法，如随机策略梯度（stochastic policy gradient，SPG）算法、确定性策略梯度（deterministic policy gradient，DPG）算法、深度确定性策略梯度（deep deterministic policy gradient，DDPG）算法等，后面内容将简要介绍 SPG 算法。

SPG 算法的主要思想是通过一个基于当前状态下可选行为的概率分布来表示当前的策略，根据这个概率分布选择动作，公式表示为 $\pi_\theta = P[a \mid s;\theta]$。对于随机策略，对于策略的评估就是其可获得的回报的期望，其梯度计算为

$$\begin{aligned}\nabla J(\pi_\theta) &= \int_S \rho^\pi(s)\int_A \nabla_\theta \pi_\theta(s,a) Q^\pi(s,a)\mathrm{d}a\mathrm{d}s \\ &= \mathbb{E}_{s\sim\rho^\pi, a\sim\pi_\theta}[\nabla_\theta \log \pi_\theta(a \mid s) Q^\pi(s,a)]\end{aligned} \tag{2-45}$$

通常会构造一个函数 $Q^w(s,a)$ 来近似表示真正的动作值函数 $Q^\pi(s,a)$，为了不引入偏差，这个新构造函数要满足下面两个条件：

（1）$\nabla Q^w(s,a) = \nabla_\theta \log \pi_\theta(a \mid s)^{\mathrm{T}} w$；

（2）参数 w 的选择要最小化误差 $\varepsilon^2(w) = \mathbb{E}_{s\sim p^\pi, a\sim\pi_\theta}[(Q^w(s,a) - Q^\pi(s,a))^2]$。

使用评论家网络对 $Q^w(s,a)$ 进行估计，使用行动者网络来表示 $\pi_\theta(s,a)$，并进行行为选择。

第3章　海上突发事件应急决策场景建模

海上突发事件应急决策场景是指当事故发生时在一定的时间、空间内，对海上环境、事故状况、处置资源等信息所构成的决策场景的一种系统性、综合性的描述，是后续开展应急决策的基础。现实中海上突发事件应急决策场景要素复杂，场景种类多样，且一般以单纯文本、无结构化的形式进行描述。为了科学地制定应急方案，需要对场景进行结构化的建模描述，从而帮助决策者更直观、系统地掌握事故场景信息。本章介绍海上突发事件应急决策场景建模方法，为提高我国海上突发事件应急决策效率提供科学技术支撑。

本章首先对海上突发事件应急决策场景建模问题进行了界定和体系特点分析，对场景建模的相关方法技术进行了综述总结，并对多视图建模方法和元模型建模方法进行了详细介绍；然后，对海上突发事件应急决策场景建模过程进行了阐述，包括海上突发事件应急决策场景框架设计、四类海上突发事件应急决策场景元模型构建和海上突发事件应急决策场景库设计；最后，对海上突发事件应急决策场景建模进行了示例展示。

3.1　海上突发事件应急决策场景建模概述

3.1.1　场景建模的内涵及特征

1. 场景建模的内涵

场景是应急决策的基础与依据，也是海上突发事件应急决策场景的形象直观的描述，对决策者正确地认识和把握场景的动态变化，及时地制定科学、有效的应急方案具有重要的意义。海上突发事件具有突发性、不确定性、破坏性、衍生性、扩散性等特点，其应急场景数据具有规模庞大、复杂多源等特点。为了对事故一致理解、提高数据利用效能、实现各组分系统的统筹规划等，需要从顶层等方面对场景建模进行规范和说明，便于对海上突发事件应急决策的进一步分析、评估与优化。

因此应急决策场景建模作为海上突发事件应急决策的一个十分重要的组成部分，不仅是海上突发事件应急决策的蓝图，同时也可对复杂事故体系进行抽象描述。通过对场景数据进行规范化与标准化，实现海上突发事件应急过程中的一致可追溯性，需要采取标准的方法对海上突发事件应急场景进行建模描述。

2. 应急决策场景建模的体系特征

海上突发事件应急决策数据的多源性与复杂性、行动参与的多主体性和应急活动的多能力需求等特点，也使得该问题具备了体系的特点，可以借鉴体系建模的思想对其开展研究和描述，下面简单介绍体系和体系建模的基本特点。

20 世纪 40 年代，在贝塔朗菲(Bertalanffy)、香农(Shannon)、维纳(Wiener)等的努力下，人们逐步将“系统”作为认识客观世界的一个基本载体。伴随一般系统论、运筹学、控制论、信息论、系统工程、自组织理论等基础理论的产生与发展，系统思想成为人们认识客观事物的基本指导思想之一，系统工程也逐步成为现代社会解决复杂问题的一种主要工程管理方法和技术手段，如阿波罗登月、南水北调等。因此，在军事、航天、交通、信息、能源和国家安全等领域，体系与体系工程逐渐成为研究热点。体系，英文中对应的是 System-of-Systems(SoS)，是指在不确定性环境下，为了完成特定使命或任务，由大量功能上相互独立、操作上具有较强交互性的系统，在一定约束条件下，按照某种模式或方式组成的全新的系统。一般的体系具有以下特点：

(1)体系的组成部分在运行上的独立性；

(2)体系的组成部分在管理上的自主性；

(3)体系的组成部分在地域上的分布性；

(4)体系的涌现性；

(5)体系的演化性。

可以看出，海上突发事件应急体系基本满足了体系特征，而海上突发事件应急决策场景建模是开展海上突发事件应急决策的基础。在建模时，需要考虑以下几方面的因素。

(1)抽象性特点。应急决策场景建模本身是一种抽象的概念，因此场景建模既要规范化地描述应急决策场景的内涵，使得参与应急的各相关单位对其能有共同的理解；同时要求场景建模描述的结果可以很好地支持后续的决策步骤。

(2)多用户、多视角特点。海上突发事件应急决策的多利益主体特点，海上突发事件应急决策涉及战略决策者、指挥部门、基本保障方、资源使用方、应急执行者等。在能力建模时，需要考虑不同主体对场景建模的关注点。

(3)关系复杂性。场景数据的关系复杂性不只体现在场景自身，即事故的不同要素之间会存在着不同关系，例如，事故类型与预警数据之间，同时事故类型与应急资源之间、应急活动与组织部门之间也存在复杂关系等。因此，在应急决策场景建模时有必要对这些复杂关系进行梳理和分析。

在军事领域，武器装备体系具备体系的典型特征。装备体系建模主要是围绕所研究的对象——体系，对其构成要素、关联关系、行为、属性等进行规范化的描述，为进一步开展面向不同用户、不同任务需求的体系评估与分析提供基础数据和规范的模型。海上突发事件应急决策实则也是一项复杂的系统工程，因此，海上突发事件应急决策场景建模可以借鉴武器装备体系建模的基本思路和方法。

3.1.2　场景建模方法

近年来，在武器装备体系建模领域，借鉴元模型原理进行规范化、标准化的体系建模方法受到了国内外研究者的广泛关注，而在应急管理领域相关建模描述方法有本体概念建模方法、元模型建模方法、随机 Petri 网建模方法等，如表 3-1 所示。

表 3-1　海上突发事件应急决策场景建模方法调研

应急决策场景建模方法	概述	构建方法
本体建模	本体是指一种形式化的，对于共享概念体系的明确而又详细的说明。本体提供的是一种共享词表，也就是特定领域之中那些存在着的对象类型或概念及其属性和相互关系	手工构建本体：七步法、Methontology 方法、IDEF-5 法、TOVE 法、骨架法；复用已有本体，自动构建本体
元模型建模	DoDAF 元模型（DoDAF meta-model，DM2）建模方法通过统一建模语言（unified modeling language，UML）构建逻辑数据模型、物理交换规范和概念数据模型，以收集的需求数据为牵引，开发与数据映射的产品模型，实现了体系结构数据的集成，并保证了描述体系内部之间信息的语义一致性	基于统一建模语言与系统建模语言（system modeling language，SysML）对活动（activity）、能力（capability）、信息（information）、资源流（resource）、执行者（performer）、规则（rule）和度量（measure）进行描述
随机 Petri 网建模	Petri 网是对离散并行系统的数学表示。由于 Petri 网能够表达并发的事件，被认为是自动化理论的一种。研究领域趋向认为 Petri 网是所有流程定义语言之母	利用有向图表示并发、同步、因果等关系，简洁、直观地模拟离散事件系统

除了这几种主要的建模方法，学者们也探索了其他方法对突发事件场景进行表示，主要包括知识元模型、状态图、系统动力学模型、事理图谱等方法。

下面内容主要针对元模型建模方法和多视图建模方法进行介绍。

1. 多视图建模方法

多视图建模方法最常见的应用领域是体系建模，体系建模主要是围绕所研究的对象-体系，对其构成要素、关联关系、行为、属性等进行规范化的描述，为进一步开展面向不同用户、不同任务需求体系评估与分析提供基础数据和规范的模型。体系结构最初用于建筑学，表示设计建筑物和其他物理结构的艺术和科学等。

20 世纪末，体系结构概念也逐渐应用到系统工程领域。相对传统系统而言，体系的发展建设是一个随时间演化迭代、逐步细化的开发过程，并受到如复杂性、不确定性和涌现行为等特征的影响，因而对其演化组分及功能之间的集成和互操作提出了更高需求，以满足整体实现预期效能。同时，体系也很难找到系统的、足够精确满足需要的数学模型或解析模型，无法建立输入和输出之间的显式关系用于解析地分析体系的行为或性能特征。由于体系建模的复杂性与多主体等特征，体系建模非常复杂，目前最行之有效的是基于多视图的体系建模方法。基于多视图的体系建模方法侧重于从不同的视角来描述体系，刻画出体系的各类特征，这种方法侧重于从细节描述体系，将体系的构成要素、行为、关系、操作等以图形化的方式表示和记录下来，符合人们对于复杂事物认识的过程：从不同角度刻画一个复杂体系，聚合得到最终所需的体系。

体系结构描述本质上是多视图的，不可能用一个视图涵盖体系的所有信息。基于视图的体系结构是指根据系统利益相关者的关注内容，从各种不同的视角描述体系结构，构成多视图的体系结构描述，以达到对体系结构全面的描述。

多视图建模方法的原理认为一个体系有多个利益相关者，不同的利益相关者所侧重的体系角度不同，因此对体系进行建模时应从多个视角考虑到体系的各个方面，分别对不同的关注点进行建模，产生不同的视图。利益相关者指对体系有利益关系或关注点的人员、团队或组织。系统的利益相关者包括投资者、用户、体系结构设计者、详细设计者、实现者、维护者等。关注点是那些与系统开发、运转及其他方面有关的利益，它们对系统的利益相关者是至关重要的。系统的关注点包括：系统的目标、使命、功能，开发风险、可行性，以及对系统的性能、可靠性、安全性、分布性和可演化性等方面。不同的利益相关者对系统的关注点有相同的地方，也有不同的地方。一个利益相关者可以有一个或多个关注点，多个利益相关者可能都对某一个关注点感兴趣。

视角与视图的关系类似于面向对象方法中类与对象(类的实例)的关系，如图 3-1 所示。视角是一个抽象的概念，它与各类利益相关者(stakeholder)及其关注点相关，而与具体系统无关；视图是针对特定系统的，它与某个视角相对应，是系统在该视角下的投影，是视角的实例化。图 3-1 中，三个不同的利益相关者各自拥有不同的视角，在这三个视角的投影下得到系统 A 的三个不同视图，其中，视图 1 与视图 2

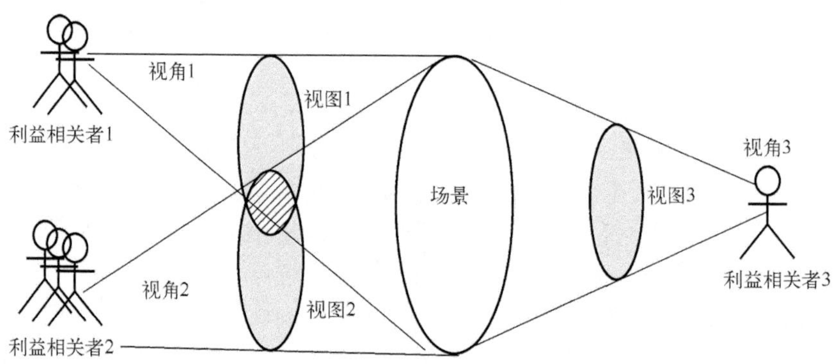

图 3-1　多视图建模核心理念

有重叠的部分，这说明利益相关者 1 和利益相关者 2 的关注点有一定的联系。与面向对象中的类相似，视角是可以重用的，体系结构设计者可以将其存入视角库中，供将来设计体系结构时使用。

多视图建模中的概念模型，如图 3-2 所示。系统存在于一定的环境中，环境会对这个系统造成影响。环境从开发、运行、政治等方面影响系统，并包括与该系统发生直接或间接交互的其他系统，此外，环境还确定了系统的范围和边界。

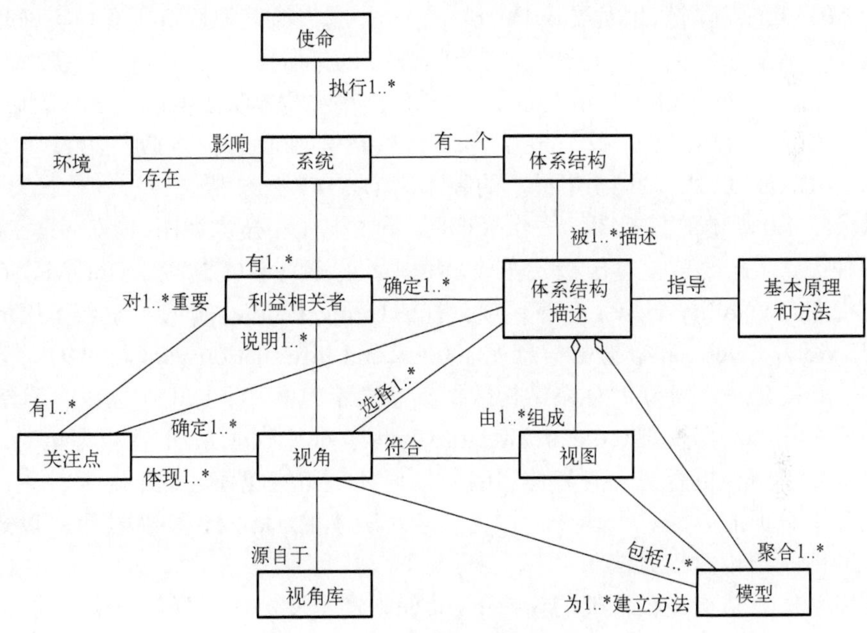

图 3-2　体系多视图建模概念模型

系统在一定环境中执行一个或多个使命。使命是一个或多个利益相关者为实现某些目标而对系统的预期使用或操作。系统的体系结构由体系结构描述记录下来，一个系统只有一个体系结构，但体系结构可以有一个或多个体系结构描述。体系结构描述是在有关的理论和方法指导下得到的。

体系结构描述包括一个或多个(体系结构)视图。视图是系统体系结构在某个特定视角的表示，回答利益相关者的一个或多个关注点。体系结构视图是根据视角开发得到的，视角是建立、描述和分析视图的模板和规范，它规定了用来描述视图的语言(包括概念、模型等)、建模方法以及对视图的分析技术。视角体现了利益相关者对系统的关注点。一种体系结构描述可以选择一个或多个视角，视角的选择应以体系结构描述支持的利益相关者及其关注点为依据。

一个体系结构视图包括一个或多个模型。模型是系统一些方面的抽象表示。体系结构模型按照视角定义的方法建立，一个体系结构模型可以用于描述一个或多个视图。

目前，比较流行的体系结构建模框架有 Zachman 框架、美国国防部(United States Department of Defense，DOD)体系结构框架 DoDAF(DoD Architecture Framework)和 C4ISR 体系结构框架以及英军国防部体系结构框架(Ministry of Defense Architecture Framework，MoDAF)等，国内也在综合电子信息系统(C4ISR 系统)领域开展了大量的研究，这些体系结构框架基本都是采用多视图的思想进行建模设计的。

DoDAF 源于 20 世纪 90 年代开发的美国国防部为规范军事信息系统研发提出的 C4ISR AF，后来逐渐演化发展成 DoDAF[41]，并成为约束和规范所有与美国国防部有关的武器、装备系统的采办和开发，保证这些系统间的互联、互通、互操作。自从美国国防部于 1996 年、1997 年发布了 C4ISR 体系结构框架 1.0 版和 2.0 版后，2004 年 2 月发布了 DoDAF 1.0 版，2007 年 4 月颁布了 DoDAF 1.5 版，2009 年 5 月正式推出 DoDAF 2.0 版，2015 年最新的版本为 DoDAF 2.02 版。

从最早 1.0 版本的三视图——作战视图、系统视图和技术视图，最新版本 DoDAF 在视图种类、产品数量上有了极大变化，相对于过渡版本(1.5 版)，DoDAF 2.0 新增了能力视图(capability view，CV)、项目视图(project view，PV)，更新了服务视图(service view，SvcV)和数据与信息视图(data and information view，DIV)。另外，DoDAF 2.0 提出了一种新的体系结构数据模型表示方法，即 DoDAF 元模型(DM2)，替代了原有核心数据模型(core architecture data model，CADM)的元模型机制。DM2 元模型提供了一种更容易理解和使用的，处理体系结构建模过程中需要收集、组织和存储各类数据的方法。上述变化体现了最新版本的 DoDAF 更加注重“以数据为中心”的体系结构建模方法。

在美军体系结构建模框架的影响下，其他国家也逐步认识到体系结构的重要性，也开始积极开展军事领域的体系结构建模框架研究。

1999 年，挪威陆军装备司令部在美军 C4ISR 体系结构框架的基础上，引入国际标准化组织(International Organization for Standardization，ISO)制定的开放分布处理系统参考模型(reference model for open distributed processing，RM-ODP)中的部分概念，提出了一个名为 MACCIS(minimal architecture for command，control and information system)的初步的体系结构框架。MACCIS 框架包括参考体系结构和维护过程两个部分，其中参考体系结构主要说明系统体系结构怎样被构建与描述，维护过程主要说明怎样处理参考体系结构的变化。MACCIS 认为体系结构由企业视图、信息视图、计算视图、工程视图和技术视图五类视图组成，一共定义了 28 种产品。和美军的 C4ISR 框架相比，MACCIS 框架增加了信息体系结构、分布体系结构、安全体系结构、需求模型、信息模型以及角色模型等内容。

2001 年，澳大利亚国防军以美军 C4ISR 体系结构框架和 Meta 公司的企业体系结构战略 (enterprise architecture strategies，EAS)为基础，制定了澳大利亚国防体系结构框架 DAF(defense architecture framework)。

英国国防部于 2005 年 8 月颁布了英国国防部体系结构框架(MoDAF)1.0 版[42]，该框架被视为实现“网络使能能力”的重要手段。MoDAF 1.0 在借鉴美军 DoDAF 1.0 主要成果的基础上，根据英国国防部业务流程和组织结构的特殊需求进行大量修改，从政策制定者、作战人员、系统设计人员、系统实现人员和能力管理与采办人员等视角对体系结构进行建模与描述，形成了战略视图、作战视图、系统视图、技术视图、采办视图和全视图等 6 类视图、38 种视图产品，以便严格规范复杂系统的采办，科学地分析现有作战系统。

本书考虑到海上联合搜救突发事故应急处置过程涉及的要素众多、参与的主体众多，结合其自身的特点，选择多视图的思想对海上突发事故应急处置过程进行建模。

2. *元模型建模方法*

元模型是描述模型的语言。在最宽泛的意义上，一个元模型是一个建模语言的模型，如 UML 或某个特定领域的建模语言的模型。元模型指以模型为对象进行建模而得到的模型，而相应建模技术称为元建模技术。元模型及元建模技术出现于 20 世纪 80 年代，虽然起步较晚但发展迅速。迈入信息化时代后，“以数据为中心”的体系结构建模思想成为主流，元建模技术也在不同行业领域得到了广泛运用。

元建模和元模型的概念最早来源于软件工程领域，是伴随着统一建模语言(UML)的出现和基于模型驱动的体系结构(model based driven architecture，MDA)的出现而提出的，以提供对 UML 和 MDA 的支持。UML 语言作为一种通用语言，由于具有较强的通用性，它不仅可以对软件进行建模，也可以对很多真实的系统进行建模，并且在很多领域都起到了很好的应用效果。为此，一些学者也曾提出用 UML 对体系结构进行建模。但是 UML 也有自身的缺陷：一是 UML 强大的通用性使 UML 非常复杂，增加了建模者和学习者的负担，特别是经过各种扩展后的 UML 包含的概念更加繁杂，一般的建模者难以完全掌握；二是 UML 所包含的大部分概念，如类、属性、关联和操作等，都来自于软件工程领域，准确地说来自于面向对象的编程语言，而不是来自于现实生活中真实的系统，UML 并不是万能的，很多真实的系统都无法通过其进行建模。所以人们往往需要根据特定的领域建立适合于该领域的建模语言，以便更好地对专业系统进行建模。这种特定领域的建模语言被称为领域建模语言。

然而，为不同的建模语言手工地开发建模工具的成本往往难以承受，需要某种技术来降低建模工具的开发成本。元建模技术就是可以较好地解决这个问题的方法之一，其核心思想是由领域专家按需要定制领域建模语言，然后生成支持该领域建模语言的建模工具。大量的实践表明，基于元建模的领域建模比基于 UML 的效率高出 10 倍。因为基于元建模的领域建模比基于 UML 的建模更加贴近领域实际，更加专业；而且领域建模语言限定于特定的领域，实现模型的自动生成也更加容易。

海上突发事件应急决策场景建模的目的是在数据与模型的基础上，当某种特定的海上突发事件发生时，根据决策者需求能准确地从已有数据模型内抽取出场景建立所需的数据要素，从而使海上突发事件决策场景得到快速的表征，实现场景模型生成，为决策者及时有效地生成应急方案提供了决策基础。元模型为目前复杂的海上监测数据提供标准的建模规范，利用元模型来组织知识构建场景，将海上突发事件所有场景的数据进行知识化存储，以支持数据分析和辅助决策的需要。

本书针对海上突发事件决策场景建模的挑战，基于国防科技大学复杂网络与体系工程团队专著《体系工程与体系结构建模方法与技术》[43]中的军事领域武器装备体系建模思路，将多视图和元模型的思维引入海上突发事件应急处置过程中，首先构建基于多视图的海上突发事件应急决策场景建模框架，然后利用元建模方法完成对海上突发事件应急决策场景进行规范化、结构化和模型化集成与管理，使得决策场景中的关键要素具备可追溯、可验证、可重用的特性，完成对海上突发事件应急决策数据和信息的提取。

3.2 海上突发事件应急决策场景建模过程

3.1 节介绍了多视图和元模型建模方法，本节基于多视图思想和元模型建模方法对四类主要突发事件决策场景进行建模描述，主要思路是首先基于多视图的思想对海上突发事件应急决策场景的框架进行设计，主要包括确定建模的视角和视图产品，即明确海上突发事件决策场景分别从哪些方面进行描述；然后，在明确建模框架之后，利用元模型对海上突发事件决策场景的建模要素进行抽象，构建四类主要海上突发事件的决策场景元模型，从而实现海上突发事件决策场景的规范化建模，下面对建模过程进行描述。

3.2.1 海上突发事件应急决策场景多视图框架设计

针对海上突发事件应急处置过程的特点，利用多视图的思想对海上突发事件应急处置过程进行梳理和描述，本书借鉴清华大学公共安全中心研究团队提出的“三角形模型”[44]，以及借鉴武器装备体系结构设计的建模框架设计过程，给出了基于多视图的海上突发事件应急决策场景建模框架。

1. 场景建模的理论依据

海上突发事件隶属于公共安全应急管理科学范畴，在公共安全体系中，突发事件、承灾载体以及应急管理三者构成了一个三角形的闭环框架，这个模型描述了应急管理中的最重要的三方，彼此之间相互影响和动态交互。突发事件是指短时间内灾害要素突破临界值而造成或可能造成严重危害的事件，该类信息主要描述突发事件的发生、发展与演化的基本概况信息；承灾载体是突发事件的作用对象，一般包括人、物、系统(人与物及其功能共同组成的社会经济运行系统)三方面；应急管理则是指可以预防或减少突发事件及其后果的各种人为干预手段，如图 3-3 所示。除此之外，有学者从灾害机理角度将情景的构成元素分为灾害体、受灾体和抗灾体三个维度[45]，从灾害动力学角度提出了情景的构成要素包括致灾因子、承灾体和孕灾环境。这些内容都作为进行场景建模的理论依据。

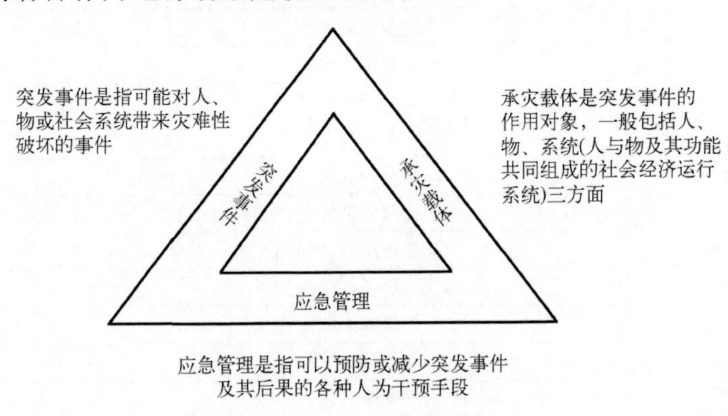

图 3-3　安全三角形模型

2. 视角与视图产品的确定

视角的选择依赖于体系要解决哪些利益相关者的哪些关注点。例如，美国国防部体系结构从系统的利益相关者进行选择，设计从作战人员、系统设计人员和实现人员这些利益相关者的视角出发进行建模。不同的利益相关者对系统的关注点有相同的地方，也有不同的地方。借助公共安全三角形模型以及海上突发事件的特性，梳理出了全视图、承灾体视图、致灾体视图、抗灾体视图以及应急管理视图五大类视图。根据视角定义视图产品，在五大建模视角下对不同的场景信息进行分析描述，表 3-2 是基于多视图的海上突发事件应急决策场景建模的框架。其中，全视图用于描述海上突发事件应急处置过程的顶层基本信息；承灾体视图用于描述突发事件所处的环境相关信息；致灾体视图描述突发事件本身发生以及演化等信息；抗灾体视图描述用于减少和抵消突发事件所带来的负面影响的应急资源以及应急处置方法等相关信息；应急管理视图则是描述应急处置过程中所涉及的组织机构以及与任务活动相关的信息。如表 3-3 所示，对各个视图进行详细介绍。

表 3-2　基于多视图的海上突发事件应急决策场景建模的框架

视图类型	视图产品	视图类型
全视图	概述和摘要信息	文本
	综合目录	文本

续表

视图类型	视图产品	视图类型
承灾体视图	高级概念图	概念图
	环境要素视图	IDEF0
	气象等级划分视图	表格
	社会环境划分视图	表格
致灾体视图	事故源主体视图	文本
	事故演化视图	概念图
	实体伤害视图	统计图
	虚拟伤害视图	统计图
	监测视图	概念图
抗灾体视图	资源列表视图	IDEF0
	资源功能视图	IDEF0
	资源使用规则视图	IDEF0
	功能与任务的映射视图	矩阵
	资源与组织的映射视图	矩阵
应急管理视图	组织结构图	IDEF0
	任务分解视图	IDEF0
	处置活动图	流程图
	任务与处置方法关系映射视图	矩阵

表 3-3　视图定义与核心组成

视图	定义	核心组成
全视图	全视图是从顶层决策者的角度出发，对海上突发事件应急处置的目的、背景、范围等基本信息进行明确	说明海上突发事件应急决策场景的基本信息，用于描述海上突发事件应急决策场景建模结构顶层的概貌，提供有关场景结构描述的总体信息，如上述的范围和背景
承灾体视图	承灾体视图脱身于公共安全三角形模型中的承灾载体，主要描述了突发事件的作用对象	承灾体视图主要描述海上突发事件的环境要素信息，事件所处的自然环境以及社会人文环境是突发事件的直接作用对象
致灾体视图	致灾体视图主要描述了短时间内灾害要素突破临界值而造成或可能造成严重危害的事件的发生、发展与演化的基本概况信息	致灾体视图的研究回答了应急处置事件源的相关信息，包括事件的发生、演化、造成的实体与虚拟伤害以及对事件的监测等信息
抗灾体视图	抗灾体视图是对海上突发事件应急处置过程中涉及的资源种类、资源型谱、关键技术等要素进行说明	抗灾体视图的研究回答了构成应急处置过程所需的资源结构、资源种类及子类、性能及战术技术指标等。抗灾体视图描述满足应急处置任务需求的资源构想、资源的功能要求、资源指标，描述了资源系统功能与应急处置活动、任务之间的映射关系等
应急管理视图	应急管理视图对海上突发事件应急处置过程所涉及的组织结构、应急处置任务和活动以及任务与处置方法的映射关系进行了说明	应急管理视图是从管理学的角度回答了应急处置过程中所涉及的组织机构及其隶属关系、应急处置任务有哪些以及任务划分和任务活动如何分解等问题。该视图很好地描述了应急处置过程中人的因素

3. 完善和提高

在视图类型和视图产品集定义完后，考虑到视图产品之间由于共用的某些核心数据实体而存在相关性，根据视图产品之间的相关性确定海上突发事件应急场景建模的开发顺序。按照上述场景建模过程，在明确海上突发事件应急处置背景、目的以及过程的前提下，进行建模视角的选择，并确定了本书的建模框架。根据不同海上突发事件应急决策场景特点，其承灾体、致灾体、抗灾体以及应急管理的核心要素会出现较大差异，通过相关业务单位包括国家海洋局北海预报中心、东海监测中心、北海监测中心等对知识库进行梳理和归纳，如表3-4所示。

表3-4　视图定义与核心组成

应急场景	承灾体	致灾体	抗灾体核心要素
海上溢油	船舶、石油开采平台、海洋生物与生态环境、沿岸居民	船舶碰撞、船舶搁浅、船舶起火、开采事故、管道断裂	限制扩散、溢油回收、溢油清除、敏感区保护；应急处置资源：物理类(围油栏、撇油器、吸油机、吸油材料)、化学类(现场焚烧、分散剂、凝油剂、集油剂)、生物类(微生物菌剂)
海上危化品泄漏	沿岸居民、海洋生物、生态环境、海洋经济区	运输事故(船舶碰撞、搁浅等)、自然灾害(海啸、台风等)、人为破坏、运输设备破损	应急处置资源：灭火器、防护设备、监测设备、空中设施(固定翼航空器)；应急艇应急方案：应急处置阶段(侦检、警戒、处置、洗消、输转)；手段：关阀断源、堵漏、稀释、回收、采样
海上放射性物质泄漏	核设施周边居民、海洋生物、生态环境	放射性物质入海途径：大气沉降、核电厂址直接排入海洋的液体释放和排放、其他(受污染土壤中放射性核素输运转移)	应急处置资源：防护设备、监测设备、控制设备。 应急方案：监测方案(放射性物质扩散预测模型，监测数据采集、上报、管理、分析)。 应急方法：去污洗消、医疗救治、出入通道和口岸控制、隐蔽、撤离、碘预防以及临时避迁、永久再定居、停止和替代食品与饮水等较长期防护行动
海上搜救	落水人员、搜救人员	飞行员落水、船只碰撞、船只触礁、船只火灾/爆炸	应急处置资源：海上设施(专业救助船、船舶、军舰、近岸救生艇、远洋拖船、海关艇和引航艇，以及其他可用于搜救行动的破冰船、商船、无人艇)、空中设施(固定翼航空器、运输直升机、侦察无人机)、救援人员(吊救人员、伞降专业人员、航空兵、医疗救助人员)、救助设备(医疗设备、救捞设备、导航定位设备)。 应急方案：漂流轨迹预测、评估方案、资源调配方案、任务分发方案

3.2.2　四类海上突发事件应急决策场景元模型构建

在海上突发事件应急决策场景多视图建模框架确定的基础上，根据海上突发事件应急决策场景建模过程中不同海上突发事件所涉及的场景要素不同，针对四大典型海上突发事件——海上搜救、海上溢油、海上危化品泄漏、海上放射性物质泄漏，基于元模型的方法对四类海上突发事件应急决策场景数据模型进行描述建模。

1. 基于元模型的海上突发事件应急决策场景建模方法

本书从四个维度对突发事件应急决策场景建模过程进行观察和分析，如图 3-4 所示，其中建模过程是突发事件应急决策场景建模的方法维，模型的底层数据是数据维，模型的验证与分析是逻辑维，模型的展示是表现维。应急决策场景元模型对突发事件应急决策场景建模的方法维、数据维、逻辑维与表现维都有着重要影响。

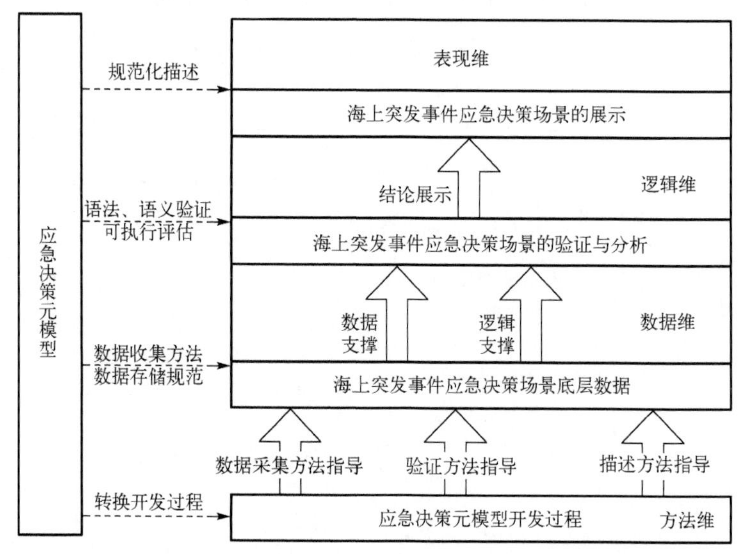

图 3-4　应急决策元模型对海上突发事件应急决策场景建模的作用

元建模方法核心思想是由领域专家按需定制领域建模语言(这里领域建模语言指的是不同结构模型的建模方法)，然后通过代码生成技术获得支持该体系结构模型的建模工具。元建模主要包含两个要素：建立元模型以刻画某种建模语言；提供(通过配置文件或直接生成)支持该建模语言(场景模型)的建模工具。元模型的内涵与要素可由图3-5表示。

从字面的意思上来看，元模型是描述模型的语言。在最宽泛的意义上，一个元模型是一个建模语言的模型。术语“元”意味着超越或者上面的意思，它强调了一个元模型在一个比模型语言本身更高的抽象层次描述一个建模语言。可以从两方面来理解元模型的概念。首先，从建模语言的角度看，元模型必须能够捕捉被建模的模型基本特征和属性。因此，一个元模型应该有能力描述建模语言的表面语法、抽象语法和语义。其次，从数据的角度看，元模型是由元数据组成的集合，它定义了元数据的抽象语法结构和语义。其中元数据是指用来描述数据的语法结构和语义的数据，元模型就是元数据的模型。从以上两个方面看，元模型既是建模语言的模型又是元数据的模型。

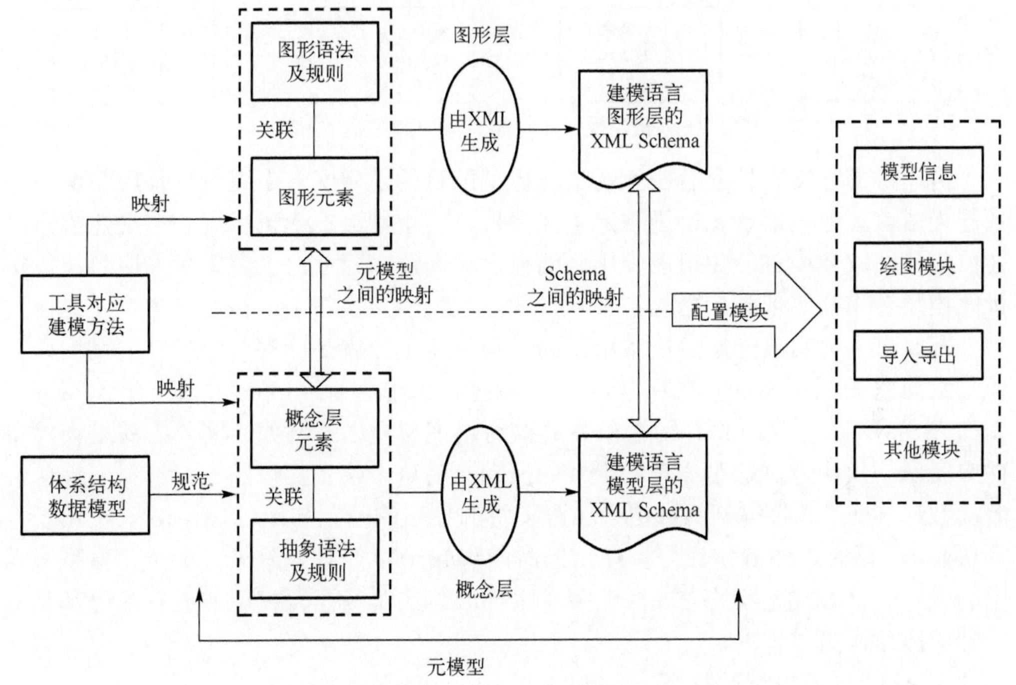

图 3-5　元模型内涵与要素

2. 核心定义

本书从建模语言和建模数据两个层面，将海上突发事件应急决策元模型相关的定义与分类描述如下。

定义 3-1　海上突发事件应急决策场景元模型。

海上突发事件应急决策场景元模型是定义海上突发事件应急决策场景建模语言的一种模型，它为海上突发事件应急决策场景建模语言提供了标准的术语，定义了海上突发事件应急决策场景建模语言的表面语法、抽象语法和语义；元模型定义了术语的底层数据存储规范，提供了海上突发事件应急决策场景数据的收集方法，为建立可执行、可验证、可重用的海上突发事件应急决策场景建模提供了底层的数据和逻辑基础。

定义 3-2　海上突发事件应急决策场景元建模。

海上突发事件应急决策场景元建模是建立海上突发事件应急决策场景元模型的过程，通过定义海上突发事件应急决策场景中的类、关联关系以及物理交换规范，建立完备的海上突发事件应急决策场景元模型体系。

海上突发事件应急决策场景元模型、建模语言、模型、元建模四者之间的关系如图 3-6 所示。

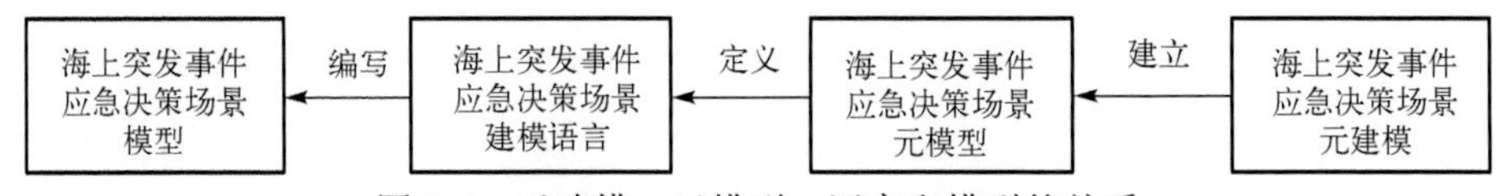

图 3-6　元建模、元模型、语言和模型的关系

构建海上突发事件应急决策场景元模型的目的是定义海上突发事件应急决策场景建模语言。建模语言相当于规定了在建模过程中什么概念可以用。定义建模语言之前应该获取建模过程中可能使用到的概念。因此，建立海上突发事件应急决策场景元模型首先需要依据应急决策实际过程，获取应急决策中的核心概念。

开发海上突发事件应急决策场景的一项重要工作就是回答一组标准的疑问词，即一组问题——谁(who)、什么(what)、何时(when)、何地(where)、为什么(why)，怎么办(how)，这些问题有助于相关数据的收集和使用。例如，需要为海上突发事件应急做一次决策，这是一项综合性的活动，为这个决策提供的支撑材料必须包含海况数据(what)，收集到的数据中包含了资源使用的范围和地域(where)，使用者是谁(who)，同时还要确定该资源使用的时间(when)以及预期效果。关于元模型数据组的具体定义参见定义 3-3。海上突发事件应急决策场景元模型的所有术语都是专门针对应急决策过程的。

定义 3-3　元模型数据组。

元模型数据组是一种特殊的元模型，是元模型中相关性较强的术语组成的具有一定功能的集合，目的是实现对某一对象的完备化的描述，并且为元模型的数据采集提供指导。

从上面的定义可以看出，元模型数据组中的术语有很强的相关性，具有明确的逻辑关系，并不是一堆术语的简单堆砌。因此，在应急决策场景元建模过程中，可以根据元模型中术语与核心要素之间的关联关系，将元模型划分为几类元模型数据组，如“资源类型元模型组”“组织元模型数据组”“事故属性元模型数据组”等，要素类元模型与关系类元模型如图 3-7 所示。

要素类	关系类
资源类型	资源类型与资源名称的从属关系
资源名称	处置方法类型与处置方法的从属关系
处置方法种类	资源名称与组织的从属关系
处置方法名称	资源名称与规则的映射关系
一级组织	任务与活动的分解关系
二级组织	方法与活动的支撑映射关系
三级组织	环境要素与活动的制约映射关系
任务	事故属性与任务的映射关系
规则名称	一级组织与二级组织的关系
环境要素	二级组织与三级组织的关系
环境要素测量值	环境要素与环境要素测量值的映射关系
事故属性	事故属性与事故属性值的映射关系
事故属性值	

图 3-7　应急决策场景建模中的元数据组

由此可见，应急决策场景元建模的本质就是要根据应急决策几个核心概念，建立几类元模型(元模型数据组的简称)，并且根据元模型中规定的术语和逻辑，为每类元模型采集数据，为应急决策场景元建模提供数据和逻辑支撑。

3. 四类海上突发事件应急决策场景元模型构建

1)海上溢油应急决策场景元模型

海上溢油事故应急决策场景复杂多变、要素规模庞大，环境的复杂性和应急资源多样等特点会给制定海上溢油事故应急方案带来很大的困难。根据元模型思想，利用本体建模的方式可以化繁为简，从本源上刻画特定领域具体涉及的实体、实体间的关系以及公理、规则等信息，并能在这些本源信息的基础上进行概念的实例化和智能推理。在海上溢油事故应急处置领域，使用元建模方法构建了由海上溢油事故本身、溢油事故所处的环境条件、应急处置资源、应急处置单位、应急方案等实体，不同实体的属性以及实体之间关系构成的海上溢油事故应急处置元模型的数据结构。如图 3-8 所示，描述具体的海上溢油应急决策场景，管理决策场景中的数据与信息，其中的中海油公司全称为中国海洋石油集团有限公司。

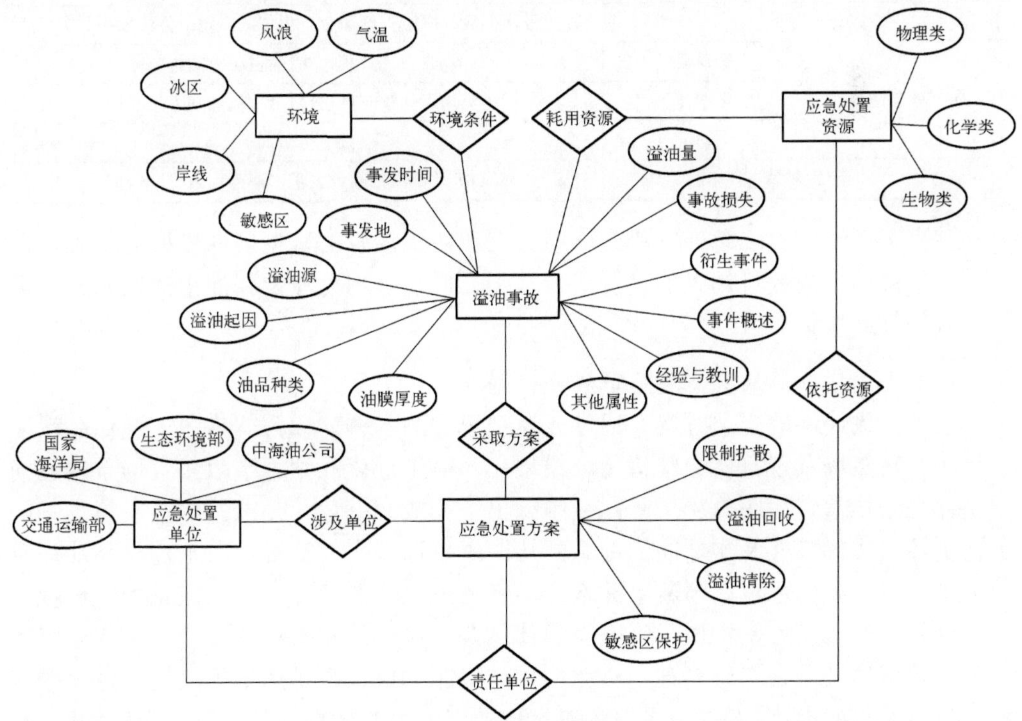

图 3-8　海上溢油决策场景元模型

通过本体建模方式构建完成海上溢油事故应急处置元模型后，需要对每一类实体所包含的一系列相关属性进行赋值才能刻画具体的海上溢油突发事件的应急决策场景。例如，在表 3-5 的溢油决策场景中，溢油事故属性实体包括溢油源、溢油起因、油品种类以及溢油规模等属性；溢油事故起因属性包含船舶碰撞、船舶搁浅、船舶起火、开采事故和管道断裂等具体内容。

表 3-5　海上溢油决策场景的元模型属性

场景要素		元模型数据属性				
事故属性	溢油源	船舶(非油轮)	石油开采平台	管线	油轮	其他
	溢油起因	船舶碰撞	船舶搁浅	船舶起火	开采事故	管道断裂
	油品种类	原油	重油	柴油	汽油	馏分油
	溢油规模(溢油量及扩散规模)	特大	重大	一般	较轻	
环境属性	海况	8～9 级	6～7 级	3～5 级	0～2 级	
	敏感性指数	红(特别敏感)	橙(较敏感)	黄(敏感)	蓝(敏感程度较轻)	
	地域特点	是否冰区	是否近岸	是否深海		
应急处置单位		溢油事故的严重程度和负责指挥的应急单位级别相关				
应急处置资源	物理类	围油栏、撇油器、吸油机、吸油材料				
	化学类	现场焚烧、化学制剂(分散剂、凝油剂、集油剂)				
	生物类	微生物菌剂				
应急方案		限制扩散、溢油回收、溢油清除、敏感区保护				

在海上溢油事故应急处置的元模型数据和决策场景的数据属性模板的基础上，可在特定溢油事故决策场景的设置下，基于元模型思想为海上溢油事故应急方案提供直接的辅助决策支持。

2) 海上危化品泄漏应急决策场景元模型

为了生成最终的应急方案，通过元模型思想的本体建模方式将海上危化品泄漏事故应急决策场景规范化、结构化、模型化。海上危化品泄漏事故决策场景的元模型实体与结构信息如图 3-9 所示，图中列出了构成海上危化品泄漏事故决策场景的关键实体、实体属性及实体间的关系；从图中可以看出，突发性海上危化品泄漏事故决策场景主要由危化品泄漏事故本身、事故发生时的环境信息、应急处置单位、应急处置资源以及方案构成；每一类实体包含一系列的相关属性，例如，应急资源实体包含资源类型、资源名称、资源型号、资源归属、资源用量等属性；每一个属性还包含具体的内容，例如，应急资源实体的资源名称属性包括化学安全防护眼镜、自吸式防毒面具、橡胶手套、监测船、直升机等具体的应急处置资源。

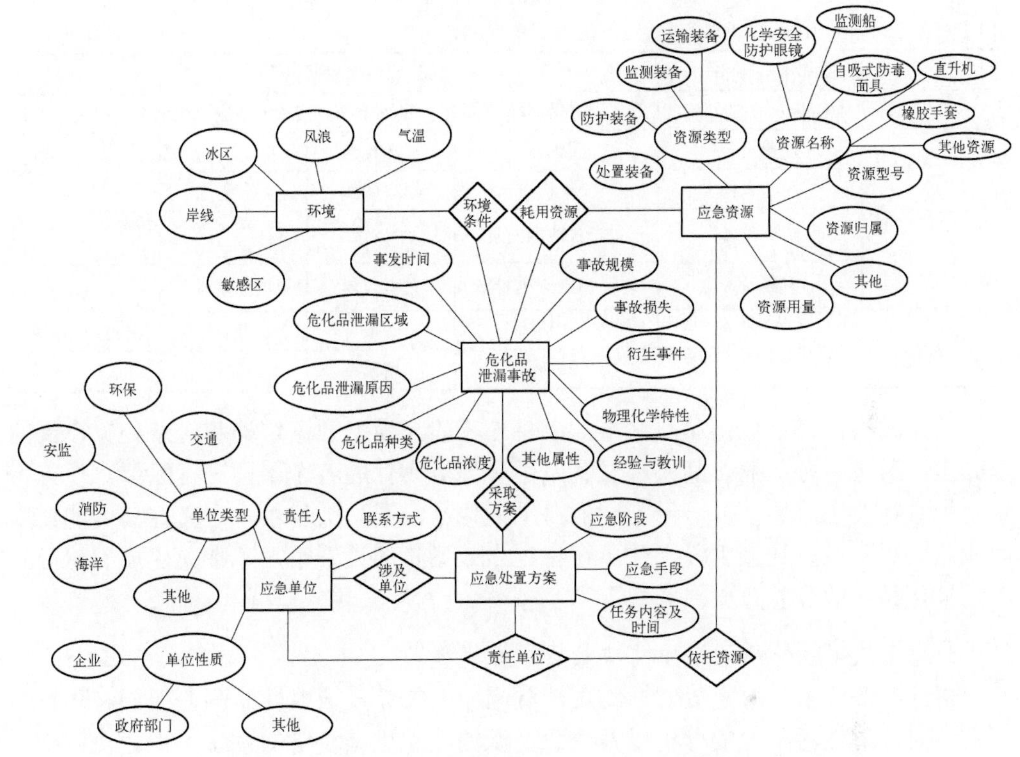

图 3-9　海上危化品泄漏决策场景元模型

为便于应急方案的生成，需要结合专家经验制订一些常见场景下不同粒度的海上危化品泄漏事故应急方案模板，图 3-9 为未涉及具体事故类型和属性的、通用的突发性海上危化品泄漏事故应急处置模板，表 3-6 是针对重大突发性海上危化品泄漏事故应急决策场景模板。

表 3-6　海上危化品泄漏决策场景的元模型属性

场景要素		元模型数据属性				
事故属性	危化品泄漏原因	运输事故(船舶碰撞、搁浅等)	自然灾害(海啸、台风等)	人为破坏	运输设备	
	危化品种类	爆炸性物品	易燃气溶胶	自反应物质或混合物	压力下气体	易燃固体
	危化品泄漏规模(泄漏量及扩散规模)	特大	重大	一般	较轻	
环境属性	海况	8～9 级	6～7 级	3～5 级	0～2 级	
	区域敏感性指数	红(特别敏感)	橙(较敏感)	黄(敏感)	蓝(敏感程度较轻)	
	地域特点	是否冰区	是否近岸	是否深海		

续表

场景要素		元模型数据属性				
应急处置单位		危化品泄漏事故的严重程度和负责指挥的应急单位级别相关				
应急处置资源	处置设备	灭火器	清污资源			
	运输设备	空中设施	海事船舶	海警船舶		
	防护设备	自吸式防毒面具	防腐整体隔离式工作服	化学安全防护眼镜	橡胶手套	
	监测设备	海洋调查监测船舶	监测仪器	卫星遥感设备		
应急方案	阶段	侦检	警戒	处置	洗消	输转
	手段	关阀断源	堵漏	稀释	回收	采样

在完成构建海上危化品泄漏事故应急处置的元模型数据结构和应急处置模板的基础上，通过对海上危化品事故及其发生环境等实体的各个属性进行赋值，便可得到一个具体的事故场景。对于不同的海上危化品泄漏事故场景，定义好其可能使用的应急处置资源、处置手段，便可在特定事故场景的设置下，基于元建模思想得到海上危化品事故应急方案。

3）海上放射性物质泄漏应急决策场景元模型

根据业务背景，海上放射性物质泄漏应急决策涉及放射性监测、控制和防护等行动。对放射性污染源的分析以及应急资源的调配也是复杂的系统工程。在复杂海洋环境下，决策场景要素规模庞大，涉及的责任单位众多。元建模方法运用于场景建模和数据管理中则可以化繁为简，能从本质上藐视特定领域具体涉及的实体、实体间的关系等信息，并能在这些信息的基础上进行概念的实例化和智能推理。具体到海上放射性的应急处置领域，放射性泄漏事故应急处置决策场景的数据信息主要包含放射性泄漏事故本身、事故所处的环境条件、应急处置资源、应急处置单位以及它们组合而成的具体应急方案，这些实体的属性、实体之间的关系也是明确的，由此可以通过本体建模方式对这些信息进行描述，构造出如图 3-10 所示的放射性物质泄漏事故场景元模型。

图 3-10 中放射性物质泄漏事故本身信息和数据包括事故类型、时间地点、状况、核素相关属性等，而采取的应急方案主要包括了预测核素扩散、监测方案、响应行动等级评定以及应急防护行动等内容，针对放射性污染事故的高度危险性特征以及事故演化全过程，从放射性物质的源头、扩散、响应和防护等角度对应急方案内容进行数据和信息的管理。应急方案涉及的应急处置单位是根据核应急组织体系对事故严重程度的判定划分的应急等级而设置的，分为国家级、省级、核设施级。应急方案依托应急资源来实现，防护设备用于人员对放射性的阻隔与削弱，监测设备是衡量放射性事故状态的重要工具，控制设备是防止放射性物质泄漏进一步扩大化的重要保障，海洋调查监测船是重要的综合应急处置平台。而作为事故承受主体之一

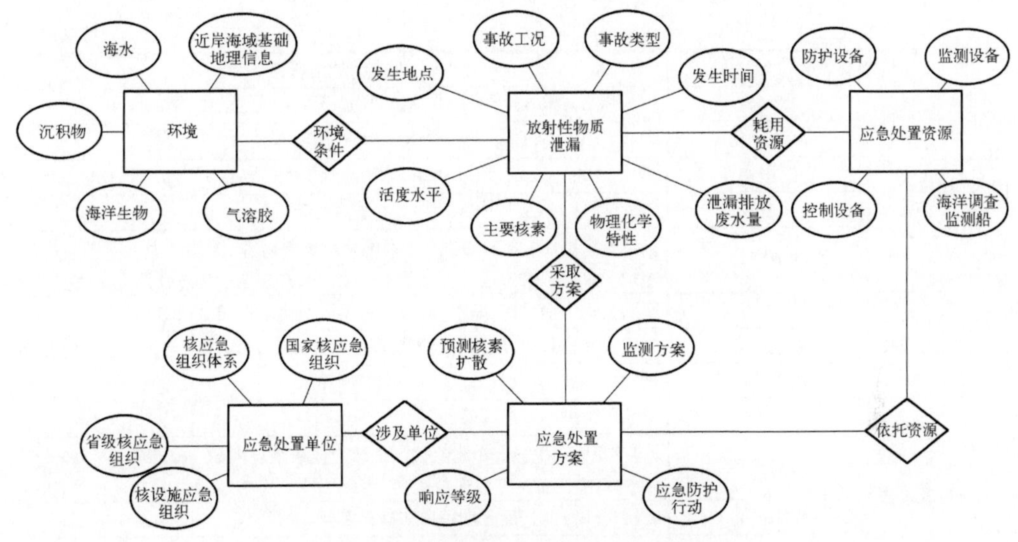

图 3-10 放射性物质泄漏决策场景元模型

的海洋环境，主要关注的指标属性是海水、沉积物、海洋生物、气溶胶以及近海岸线地理信息。

表 3-7 对元模型结构关系图中的每一类元模型实体、属性以及关系做出了详细解释。以环境属性为例，表中对海水、沉积物、气溶胶以及基础地理信息所关注的监测指标进行详细的解释，收集我国近岸海域海水、海洋生物和海洋沉积物的放射性监测数据，尽可能收集核电站运行前的本底调查数据。对元模型的梳理可以更规范、完整地管理信息和数据，使得未来应急处置更加高效合理，模型的重用性更高。

表 3-7 放射性物质泄漏决策场景的元模型数据属性

场景要素		元模型数据属性
事故属性	发生地点	沿海核电站基础信息：地址、核电厂机组数量、设计寿命、设计堆型、额定功率
	发生时间	以实际遇险告警时间为准
	事故工况	泄漏风险源分析
	事故类型	放射性物质入海途径：大气沉降、核电厂址直接排入海洋的液体释放和排放；其他：受污染土壤中放射性核素输运转移
	活度水平	指放射性元素或同位素每秒衰变的原子数
	物理化学特性	物理性质和化学性质，物理性质包括熔沸点、常温下的状态、颜色，化学性质包括酸碱度
	主要核素	碘-131（^{131}I）、铯-137（^{137}Cs），具有一定数目质子和一定数目中子的一种原子。同一种同位素的核性质不同的原子核，它们的质子数相同而中子数不同，结构方式不同，因而表现出不同的核性质
	废水量	应急补水估算

续表

<table>
<tr><th colspan="2">场景要素</th><th>元模型数据属性</th></tr>
<tr><td rowspan="5">环境属性</td><td>海水</td><td>^{3}H、^{58}Co、^{60}Co、^{90}Sr、^{110m}Ag、^{131}I、^{134}Cs、^{137}Cs 共 8 项</td></tr>
<tr><td>海洋生物</td><td>^{54}Mn、^{58}Co、^{60}Co、^{90}Sr、^{134}Cs、^{137}Cs 共 6 项</td></tr>
<tr><td>沉积物</td><td>总 β、^{54}Mn、^{58}Co、^{60}Co、^{90}Sr、^{110m}Ag、^{134}Cs、^{137}Cs、^{226}Ra、^{238}U 共 10 项</td></tr>
<tr><td>气溶胶</td><td>^{7}Be、^{131}I、^{134}Cs、^{137}Cs、^{210}Pb 共 5 项</td></tr>
<tr><td>基础地理信息</td><td>包括数字地图、遥感影像、主要路网航道等内容，包含自然地理信息中的地貌、水系、海岸线、等深线等要素，以及相关的描述性地理元数据</td></tr>
<tr><td rowspan="3">应急处置单位</td><td>国家级应急</td><td>军队支援力量、国家核事故应急协调委员会、委员会成员单位</td></tr>
<tr><td>省级应急</td><td>省经济和信息化委员会(省国防科学技术工业办公室)、地方海洋部门力量</td></tr>
<tr><td>核设施级</td><td>核电厂应急指挥部、办公室、应急专业组</td></tr>
<tr><td rowspan="4">应急处置资源</td><td>防护设备</td><td>甲状腺防护、实质性隐蔽</td></tr>
<tr><td>监测设备</td><td>γ 谱仪，低本底 γ、β 测量仪，全球定位系统(global positioning system，GPS)定位设备，无线通信设备，海水采样器，海流计，风向风速仪等</td></tr>
<tr><td>控制设备</td><td>贮罐、滞留池、反应堆厂房和核岛其他厂房</td></tr>
<tr><td>海洋调查监测船</td><td>装配高低量程 γ 剂量率监测仪、大气飘尘采样设备、水质采样器等，具备执行海上突发事件应急监测任务的能力</td></tr>
<tr><td rowspan="3">应急方案</td><td>监测方案</td><td>放射性物质扩散预测模型，监测数据采集、上报、管理、分析</td></tr>
<tr><td>响应分级</td><td>应急待命、厂房应急、场区应急、场外应急</td></tr>
<tr><td>应急方法</td><td>去污洗消和医疗救治、出入通道和口岸控制、隐蔽、撤离、碘预防、停止和替代食品与饮水等紧急防护行动，以及临时避迁、永久再定居、停止和替代食品与饮水等较长期防护行动</td></tr>
</table>

4)海上搜救应急决策场景元模型

海上搜救应急决策场景的突出特点是对人员的救助，受灾体是人，在决策场景构建时待搜救目标的状态是重要的关注点[46]。搜救资源的多样性以及搜救事故原因的复杂性导致经常与其他突发事件并发，例如，船只碰撞导致油箱被破坏溢油，或发生爆炸，船员跳水弃船逃生等。涉及的应急单位以及方案需要规范化、结构化的描述。元模型思想运用到搜救应急领域，主要就是海上搜救事故本身、搜救事故所处的环境条件、应急资源、应急单位、具体的应急处置措施及它们组合而成的应急方案，该实体的属性、实体之间的关系构造出如图 3-11 所示的海上搜救决策场景元模型。

如图 3-11 所示海上搜救本身的事故性质、等级、时间地点以及搜救对象的数目与状态基本刻画了搜救主体信息。采取的处置方案主要包括漂流轨迹预测、资源调配、评估以及任务分发过程。这些方案内容所涉及的单位可分为接警、指挥以及一线救助力量，这样建模使得对搜救的整体流程更加清晰。处置方案依托应急资源的支撑，如海上设施、空中设施、救援人员和救生设备。由于海上环境直接影响海上搜救最终的结果，因此元建模将海上环境信息进行了集成管理，例如，风速、浪高、海温、能见度以及综合海况。这些信息的录入与管理是海上搜救应急过程顺利推进的基础。

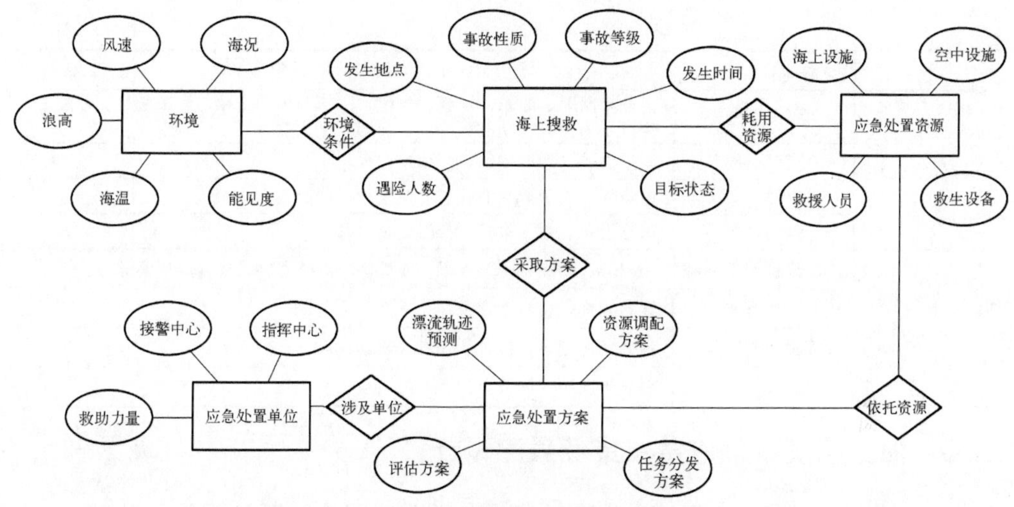

图 3-11　海上搜救决策场景元模型

表 3-8 对海上搜救决策场景的元模型数据属性进行了详细解释，可以让决策人员更好地理解元模型建模过程，也是对搜救数据和信息进行管理的必要步骤。以应急资源元模型为例，海上设施主要是各类搜救船舶，空中设备包含了运输机、固定翼飞机和无人机等，而执行一线搜救任务的救援人员掌握相关专业的救助设备展开对待救目标的救助，例如，运输机上伞降人员对昏迷或失能的落水目标进行救助，基本的医疗设备可以展开快速简单的现场救助。详细的元模型属性更好地为搜救决策支持提供了信息与数据保障。

表 3-8　海上搜救决策场景的元模型数据属性

场景要素		元模型数据属性			
事故属性	事故性质	飞行员落水	船只碰撞	船只触礁	船只火灾/爆炸
	事故等级	一般	较大	重大	特大
	遇险人数	1～3 人(含)	3～10 人(含)	10～30 人(含)	30 人以上
	目标状态	是否昏迷失能、是否穿戴救生设备、是否乘救生艇逃生			
	发生时间	接警时间、时间推进记录、是否在白天具备目视条件			
环境属性	海况	8～9 级	6～7 级	3～5 级	0～2 级
	风速/(m/s)	20.8～28.4	13.9～20.7	8.0～13.8	0～7.9
	浪高/m	>9.0	[4.0,9.0)	[0.5,4.0)	<0.5
	能见度/km	[0,1)	[1,4)	[4,20)	≥20
	水温/℃	<0.3	[0.3,10)	[10,15.6)	[15.6,21)
应急处置单位	接警中心	中国交通通信信息中心转发中国海上搜救中心、交通运输部救助打捞局			
	指挥中心	具体负责指挥和定制方案的部门，省市级搜救中心			
	救助力量	区域海事局、区域救助局、附近其他政府公务救助力量、军队救助力量、社会救助力量			

续表

场景要素		元模型数据属性
应急处置资源	海上设施	专业救助船、船舶、军舰、近岸救生艇、远洋拖船、海关艇、引航艇和其他可用于搜救行动的破冰船、商船、无人艇
	空中设施	固定翼航空器、运输机、侦察无人机
	救援人员	吊救人员、伞降专业人员、航空兵、医疗救助人员
	救助设备	医疗设备、救捞设备、导航定位设备
应急方案	漂流轨迹预测	NMEFCSAR、LEEWAY、SARMAP 多模型轨迹集合，概率分布
	评估方案	评估指标、指标聚合方法、方案排序方法
	资源调配方案	搜救区域划分、搜救船舶和飞机的调配
	任务分发方案	任务下发到各涉及单位、联席会议协商制度

3.2.3　海上突发事件应急决策场景库设计

元模型方法为海上突发事件应急决策支持系统场景库的设计提供了基础，从而切实为决策者提供辅助决策，利用决策支持系统能够帮助决策者快速掌握现场态势情况，开展科学的应急处置决策。通过分析几种常见的海上突发事件类型，将海上突发事件应急决策支持系统场景库分为海上溢油、海上危化品泄漏、海上放射性物质泄漏、海上搜救四个重点决策场景。系统场景库的设计由场景库的核心要素、参数设置以及主要属性构成，此节分别从系统场景库元模型与数据结构设计，海上突发事件决策场景建模 XML 格式两个内容进行阐述。

1. 场景库数据结构

海上突发事件应急决策支持系统场景库的元模型与数据结构主要用于存储与海上突发事件有关的信息如应用场景、事故属性、处置方案等。它的设计有利于应急决策场景信息的检索，更为处置场景的更新提供方便。首先，需要对输入的海洋环境场景信息数据进行规范建模，设计其数据的结构、单位以及其命名规则。海洋环境场景是所有海上突发事件应急决策场景的决策基础，也是重要的基础输入数据，是海上突发事件应急处置的主要依据之一，需要先完成。海洋环境场景信息数据如表 3-9 所示。

表 3-9　海洋环境场景信息数据

海洋动力环境数据	说明
维数	经向维数、纬向维数、垂向维数、三角形水平方向节点数、时间维数
起始时间	输入系统的数值预报产品的起始时刻，统一以北京时间的 08:00 为准，如 2013051508BJS 表示该文件的预报结果存储的第一个时刻为 2013 年 5 月 15 日 08 时
经纬度信息	经度（lon：long_name=“longitude”，单位：units=“degrees_east”），纬度（lat：long_name=“latitude”，单位：units=“degrees_north”）
垂向坐标	深度（dep：long_name=“depth from sea surface”，单位：units=“meters”，positive=“down”）

续表

海洋动力环境数据	说明
海面 10m 风场	经向风速(windU：long_name=“meridional wind velocity”，单位：units=“m/s”)，纬向风速(windV：long_name=“zonal wind velocity”，单位：units=“m/s”)
潮流场	经向流速(circU：long_name=“meridional circulation velocity”，单位：units=“m/s”)，纬向流速(circV：long_name=“zonal circulation velocity”，单位：units=“m/s”)
综合流场	经向流速(currU：long_name=“meridional current velocity”，单位：units=“m/s”)，纬向流速(currV：long_name=“zonal current velocity”，单位：units=“m/s”)
海温场	温度(Temp：long_name=“sea water temperature”，单位：units=“degC”)
海浪场	波高(waveH：long_name=“wave height”，单位：units=“m”)，波向(waveD：long_name=“wave direction”，单位：units=“degree”)，波周期(waveP：long_name=“wave period”，单位：units=“sec”)

在此基础上，将不同的海上突发事件应急决策场景的核心要素提炼梳理，如表 3-10 所示。通过事故属性、环境属性、应急处置单位、应急处置资源、应急方案关键信息数据的提取，完成对一个典型突发事件场景的刻画描述。

表 3-10　系统场景库

应用场景	事故属性	环境属性	应急处置单位	应急处置资源	应急方案
海上溢油	溢油源、溢油起因、油品种类、溢油规模(溢油量及扩散规模)	海况、敏感性指数、地域特点	单位类型、性质、责任人、联系方式	物理类、化学类、生物类	限制扩散、溢油回收、溢油清除、敏感区保护
海上危化品泄漏	危化品泄漏原因、危化品种类、危化品泄漏规模(泄漏量及扩散规模)	海况、敏感性指数、地域特点	海上突发事件的严重程度和负责指挥的应急单位级别相关	灭火器、防护设备、监测设备、空中设施(固定翼航空器)、应急艇	应急处置阶段：侦检、警戒、处置、洗消、输转；手段：关阀断源、堵漏、稀释、回收、采样
海上放射性物质泄漏	发生地点、发生时间、事故工况、事故类型、活度水平、物理化学特性、主要核素、废水量	海水、海洋生物、沉积物、气溶胶、基础地理信息	国家级应急、省级应急、核设施级的单位	防护设备、监测设备、控制设备、海洋调查监测船	监测方案、响应分级、应急方法
海上搜救	事故性质、事故等级、遇险人数、目标状态、发生时间	海况、风速、浪高、能见度、水温	接警中心、指挥中心、救助力量三大类	海上设施、空中设施、救援人员、救助设备	漂流轨迹预测、评估方案、资源调配方案、任务分发方案

以海上溢油场景为例，首先，不同的溢油源与起因是溢油场景建模的关键，是后续处置方案制定的重要依据，如因碰撞导致的船舶漏油、石油开采平台的事故、输油管道的断裂等，将这些典型溢油场景要素引入海上突发事件应急决策支持系统场景库，完善了系统场景样式。其次，对于应急处置单位参数，这是由海上突发事件的严重程度和事件主体涉及的责任单位决定的，海上突发事件的严重程度和负责指挥的应急单位级别相关。然后，对于应急处置资源参数，根据不同海上突发事件应急决策场景的特点，将各类场景的应急处置资源类别进行梳理，对处置资源的作

用机理进行简要描述并载入场景库中。最后，是根据应对不同海上突发事件的特征来分析应急方案参数，这也是系统场景库中的核心内容，需要熟悉相应处置任务的工作人员将典型处置阶段、处置手段、监测方法、预测以及评估方法等进行规范化整理。

综上所述，海上突发事件应急决策支持系统场景库设计的核心内容已经完成。

2. 场景模型 XML 格式

海上突发事件应急决策场景库中存储的各类场景模型一般采用规范标准化的数据格式，这里采用 XML 格式来对各类海上突发事件决策场景进行存储管理。

XML 即可扩展标记语言，XML 是互联网数据传输的重要工具，它可以跨越互联网的任何平台，不受编程语言和操作系统的限制，可以说它是一个拥有互联网最高级别通行证的数据携带者。XML 是当前处理结构化文档信息的给力的技术，有助于在服务器之间穿梭结构化数据，这使得开发人员更加得心应手地控制数据的存储和传输。

海上突发事件决策场景运用 XML 标记电子文件，使其具有结构性的标记语言，可以用来标记数据、定义数据类型，是一种允许用户对自己的标记语言进行定义的源语言，非常适合 Web 传输。XML 提供统一的方法来描述和交换独立于应用程序或供应商的结构化数据。如下所列的 XML 文档，将海上突发事件决策场景中的元素名称、属性等进行了定义。

```
<?xml version="1.0" standalone="yes"?>
<NewDataSet>
//不同视图
 <DiagramClass>
   <Id>19957940-3115-4dcf-b2a3-97080833e7c7</Id>
   <Name>任务分解视图 1</Name>
   <Code>task</Code>
   <Rank>0</Rank>
   <MetaDiagramId>158ffbfa-16e8-4b8d-8c64-0d6abd363966</MetaDiagramId>
   <Metadiagramtypeid>6211a57d-50c0-478d-9298-1eec4091c502
</Metadiagramtypeid>
  </DiagramClass>
  <DiagramClass>
   <Id>1b8661e6-0a5e-494f-b5af-ca48671b8684</Id>
   <Name>任务分解视图 2</Name>
   <Code>task</Code>
   <Rank>0</Rank>
   <MetaDiagramId>158ffbfa-16e8-4b8d-8c64-0d6abd363966</MetaDiagramId>
   <Metadiagramtypeid>6211a57d-50c0-478d-9298-1eec4091c502
```

```
</Metadiagramtypeid>
        </DiagramClass>
      //不同视图里面的元模型要素
        <ElementClass>
          <Id>b9acfc78-0b13-4a11-8483-633e6c2d4b56</Id>
          <Name>总任务</Name>
          <Inheritance>default</Inheritance>
          <Code>task0</Code>
          <Description/>
          <Visible>true</Visible>
          <ProjectName>Project</ProjectName>
          <ProjectId>964ea85d-712a-4afd-b334-ed0ce3f55275</ProjectId>
          <MetaElementId>4f31bf5a-050f-41e4-8f8d-46735bfa29eb</MetaElementId>
        </ElementClass>
        <ElementClass>
          <Id>9d80f269-de6b-4600-a9a9-761667f792a4</Id>
          <Name>应急处置任务</Name>
          <Inheritance>default</Inheritance>
          <Code>task1</Code>
          <Description/>
          <Visible>true</Visible>
          <ProjectName>Project</ProjectName>
          <ProjectId>964ea85d-712a-4afd-b334-ed0ce3f55275</ProjectId>
          <MetaElementId>54a45af0-29ca-41eb-aaf1-4e783d2b8556</MetaElementId>
        </ElementClass>
      //视图与要素之间的对应关系
        <ElementRefClass>
          <Id>7c00a91d-f4cb-443a-98df-5e073a4d28a6</Id>
          <DiagramId>19957940-3115-4dcf-b2a3-97080833e7c7</DiagramId>
          <ElementId>b9acfc78-0b13-4a11-8483-633e6c2d4b56</ElementId>
        </ElementRefClass>
        <ElementRefClass>
          <Id>0a418af4-f805-44b5-84c5-1b189c9bba27</Id>
          <DiagramId>19957940-3115-4dcf-b2a3-97080833e7c7</DiagramId>
          <ElementId>9d80f269-de6b-4600-a9a9-761667f792a4</ElementId>
        </ElementRefClass>
      //要素之间的映射关系描述
         <PortClass>
          <Id>9d02e9d9-58a7-4090-927c-48f6dc931b35</Id>
          <StartId>400ff2d5-e4f9-4356-bc31-9305b299a911</StartId>
          <StartText>二级组织</StartText>
```

```
    <StartVisiable>true</StartVisiable>
    <RelationId>f65021d6-d5a8-4e5b-a135-ef255bb1ee0d</RelationId>
    <RelationVisiable>true</RelationVisiable>
    <EndId>2c27dd19-9d11-4864-9820-6cfd1225d019</EndId>
    <EndText>二级资源</EndText>
    <EndVisiable>true</EndVisiable>
    <MetaPortId>0f83afe7-0932-4eac-8acc-36fe9ee958a3</MetaPortId>
  </PortClass>
  <PortClass>
    <Id>c87e99ac-2cbb-4476-a578-37b791848bab</Id>
    <StartId>ce43ba45-9d3c-4d0b-a45f-9ef00794e085</StartId>
    <StartText>一级资源</StartText>
    <StartVisiable>true</StartVisiable>
    <RelationId>6e257604-0e6e-4fe0-bb9e-d3cb1be66cea</RelationId>
    <RelationVisiable>true</RelationVisiable>
    <EndId>8d75b484-0256-4c48-98e2-532c1657f6a4</EndId>
    <EndText>二级资源</EndText>
    <EndVisiable>true</EndVisiable>
    <MetaPortId>c8a73b0c-60ee-4107-821f-c66680611001</MetaPortId>
  </PortClass>
</NewDataSet>
```


3.3　海上突发事件应急决策场景建模示例

本书利用团队自主研发的海上突发事件应急场景建模系统完成海上溢油事故的应急决策场景建模示例展示，最终形成 20 个视图产品，在这里对部分重要视图产品进行展示。通过对视图产品的建立以及视图间关系的建立，最终能形成海上突发事件应急决策场景的多维网络关系图，网络关系图能完整展示体系的各个要素，直观地描述各个要素间的关系，并且能实现模型的追溯，以此能辅助决策者对海上突发事件开展科学决策。在此基础上能对海上突发事件应急决策场景进行进一步的分析与优化。

3.3.1　场景建模工具简介

海上突发事件应急场景建模系统是针对海上溢油、危化品、放射性物质泄漏以及搜救各类事故展开场景建模的工具，并实现各类场景模型与数据的规范化、结构化存储。该工具辅助用户对海上突发事件应急决策场景的信息录入与建模，支持对海上突发事件应急决策场景的基本信息及数据可视化展示。工具基于多视图的思想对海上突发事故应急场景进行描述建模，其主要功能包括多视图场景建模、场景数据库管理与分析、多视图元模型关联关系分析、元模型数据管理与分析及其他管理功能，其中多视图场景建模功能提供包括全视图、承灾体视图、致灾体视图、抗灾体视图和应急管理视图五大类视图产品在内的十余种视图产品，为相关研究人员从不同方面描述、分析海上突发事件应急场景提供工具支撑，为海上突发事件应急决策工作提供技术支持。

基于元模型的海上突发事件应急场景建模系统遵循完善的多视图结构框架，通过图表、文字、UML 类图、IDEF0 等模型形式，实现对海上突发事件应急决策场景各层次内容的描述与建模，并产生出规范的规格文档。工具支持海上突发事件应急决策场景建模过程中包括决策人员在内的其他单位人员的全程参与，支持基于核心数据和元模型的场景模型描述；采用基于 XML 的数据规范，支持其他工具的数据集成。

3.3.2　应用示例描述

建模示例所采用的案例是某输油管道爆炸事件。2013 年 11 月 22 日 10 时 25 分，某公司的输油管道发生原油泄漏，溢油量超过 100t，进入市政排水暗渠，并发生爆炸，以致原油入海，海面过油面积约 3000km^2，并造成 62 人死亡、136 人受伤，此时海面上晴转多云，风向为南风，海上风力达 7～8 级，温度 8～12℃。依据所提出场景建模方法，从互联网、新闻和事故报告等处收集到有关该事故的详细资料，基于部分事故信息建立了如下的视图产品。

1. 承灾体视图

海上溢油应急决策场景的承灾体主要由遭受溢油影响的客观环境与承灾人群组成，例如，海洋环境受到污染，居民生命安全受到威胁，生产生活受到影响等。

1) 高级概念图

通过图形化的形式将海上突发事件应急决策场景的整个过程以及过程涉及的要素大致地描述了出来，具体的表现形式如图 3-12 所示。其中，溢油应急现场指挥部、国家海洋局北海监测中心、青岛市环保局、青岛市海市局等机构作为指挥与处置协调部门，清污船、清污工具等是应急处置行动的重要资源。

在海上突发事件应急决策场景建模框架中，环境要素信息对于决策者做出应急决策是十分重要的信息，需要着重加以考虑。承灾体视图对应急管理过程中涉及的环境要素进行了梳理，并且对气象环境要素和社会环境要素进行了等级划分。

2) 要素视图

气象环境视图可以从海上突发事件应急处综合决策支持系统平台上导入。

2. 抗灾体视图

海上溢油应急的抗灾体主要由各类应急处置方法、应急资源及其功能、性能、规则等组成。

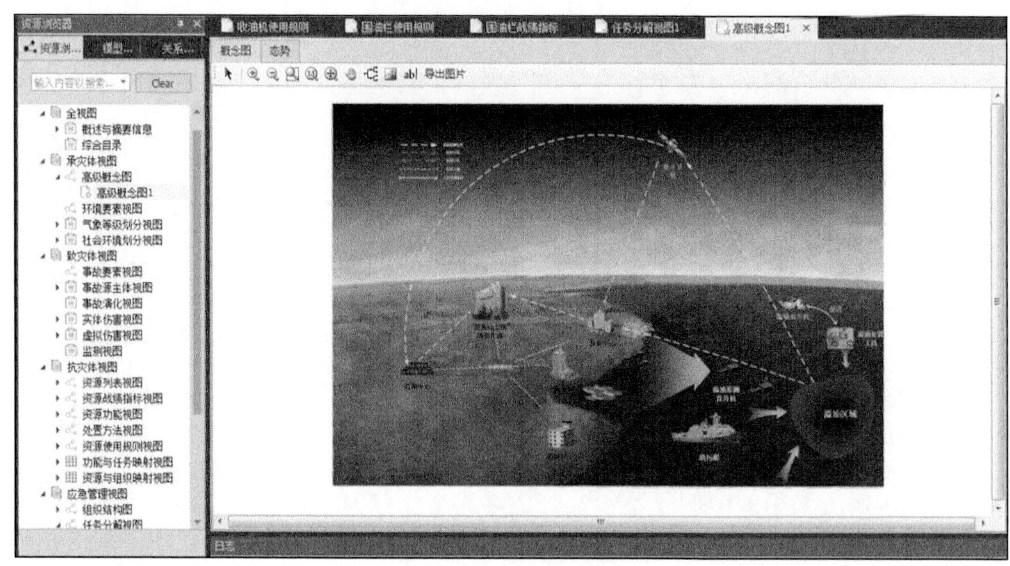

图 3-12　高级概念图

1) 资源列表视图

该视图主要展示海上突发事件应急处置过程中将会使用到的各种应急资源，图 3-13 为此次海上溢油处置过程中可使用的部分资源列表视图。

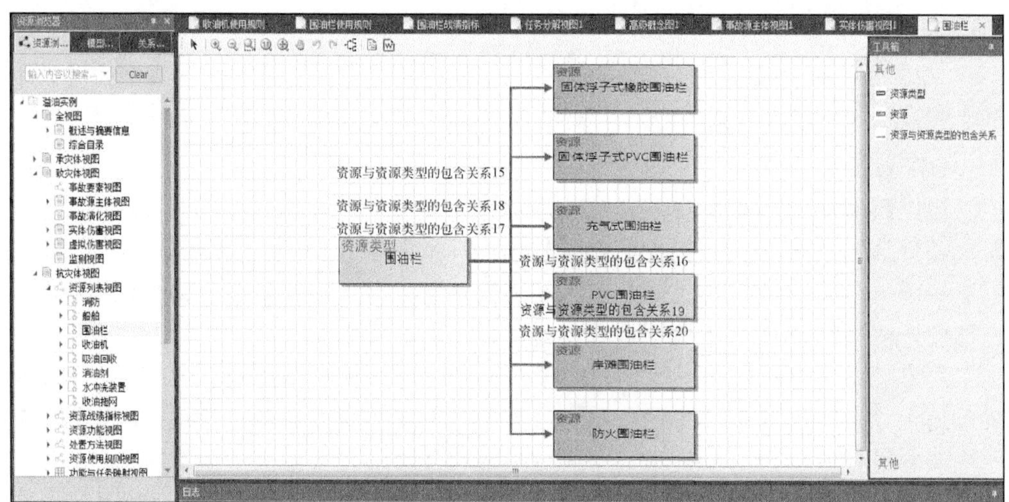

图 3-13　资源列表视图

2) 资源性能指标视图

每种海上溢油应急资源都有其属性，所以对资源的性能指标进行结构化的描述是有必要的，图 3-14 是对围油栏的性能指标描述视图。

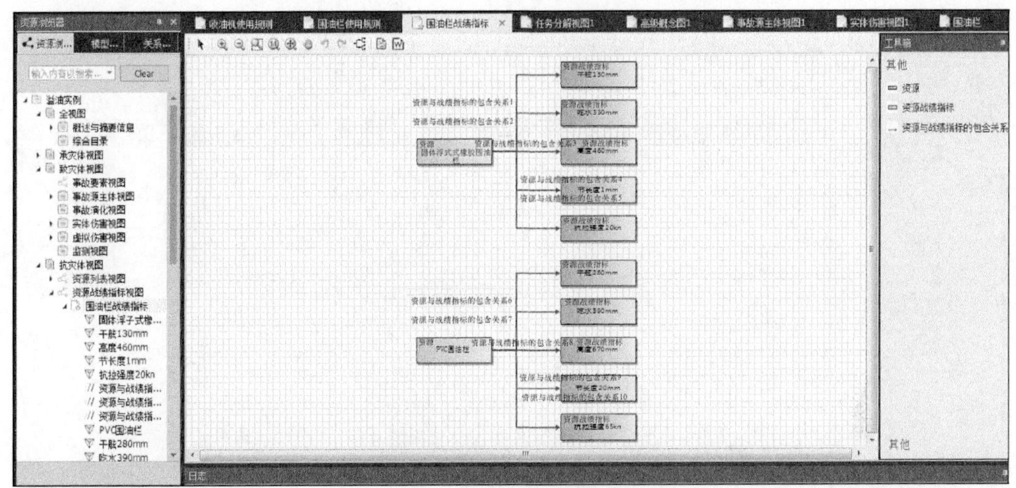

图 3-14　资源性能指标视图

3) 资源功能视图

每种海上溢油应急处置资源都有其特定功能，对资源功能的规范化整理是建模的目标之一，图 3-15 是对围油栏这一资源的功能进行描述的视图，主要功能有两项，分别是溢油围控与集中、溢油导流。

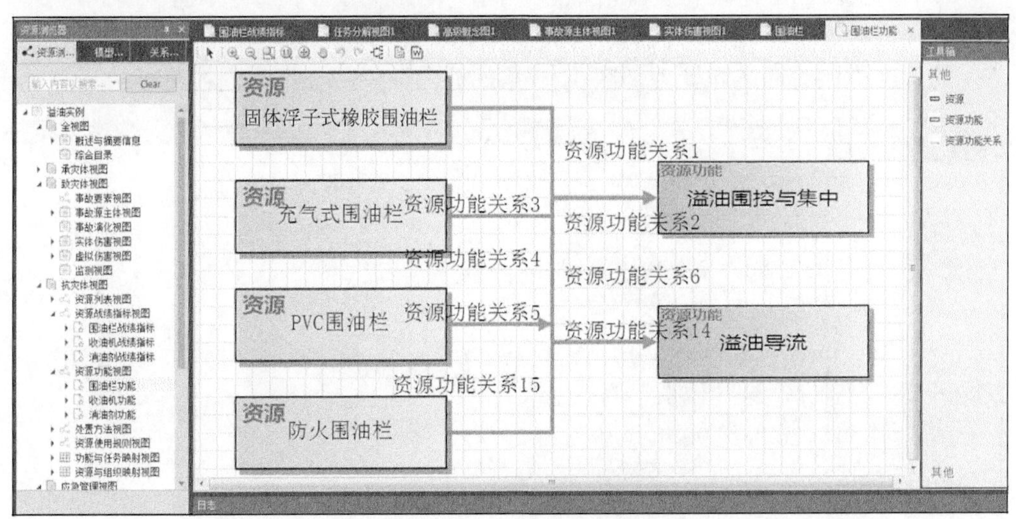

图 3-15　资源功能视图

4) 处置方法视图

在海上溢油应急处置过程中，会有各种应急处置方法，如物理方法、化学方法以及生物方法等，因此需要对应急处置方法进行集中统一梳理，让决策者做出应急决策时有充足的参考依据。图 3-16 是海上溢油应急处置所涉及的物理方法视图。

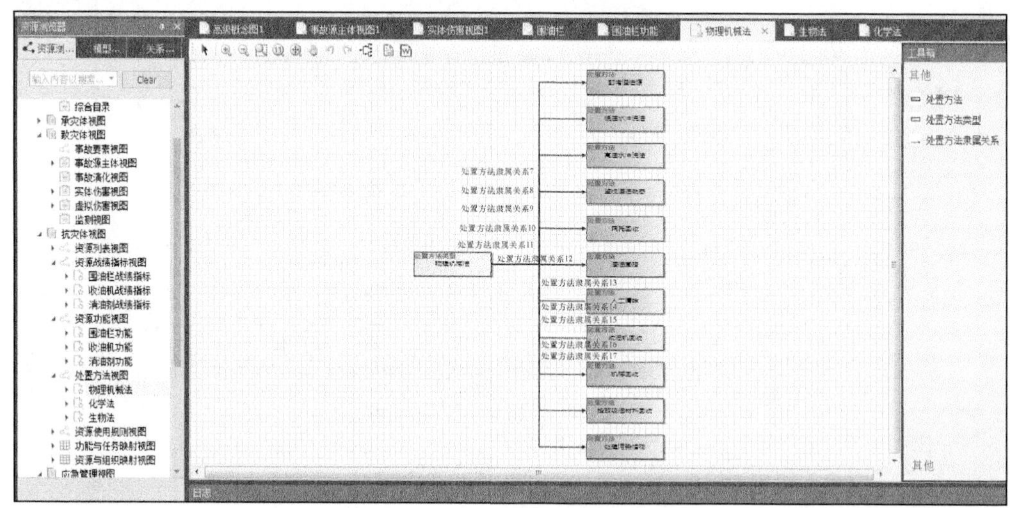

图 3-16　处置方法视图

5) 资源使用规则视图

各类海上溢油应急处置资源的性能不同，其所使用的规则也不同，因此需要梳理每一种资源的使用规则，构建资源使用规则视图，对应急资源的使用规则进行规范化的、结构化的描述和管理。图 3-17 是部分围油栏的使用规则视图。

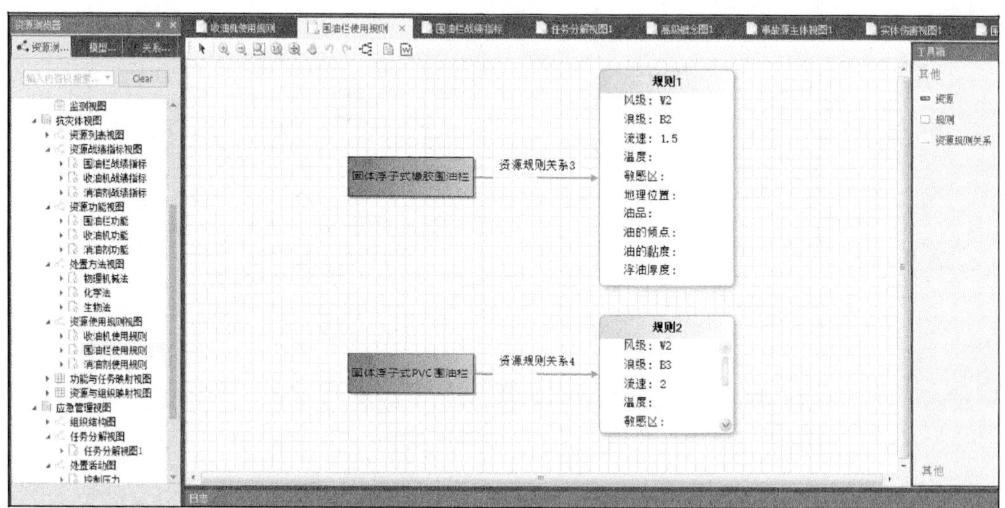

图 3-17　资源使用规则视图

6）资源与组织的映射视图

溢油处置资源隶属于不用的组织机构，在发生一个海上突发事件需要不同的组织机构协同处置时，需要全盘考虑资源的量、所属单位等信息。图 3-18 是资源与组织的映射视图。符号“√”代表某项资源隶属于某个组织机构。

	中石化集团公司	青岛海事局	武警消防部门	北海监测中心	青岛市应急管...	青岛市环保局
云梯消防车			√			
登高平台消防车			√			
泵浦消防车			√			
泡沫消防车			√			
水罐消防车			√			
空气泡沫枪			√			
水枪			√			
消防水带			√			
直流水枪			√			
单体中型回收船		√		√		
单体大型回收船	√	√		√		
双体中型回收船		√		√		
双体大型回收船		√				
固体浮子式橡胶	√	√		√	√	
充气式围油栏	√	√		√		
PVC围油栏		√				

图 3-18　资源与组织的映射视图

7）资源与处置方法的映射视图

不同的海上溢油应急处置方法会涉及不同的处置资源，该视图就是为了更好地描述处置方法与资源之间的对应关系，具体表现形式如图 3-19 所示。

	控制压力	处置泄漏	防止地面扩散	防止海上扩散	防止爆炸
封堵溢油源	√				
低压水冲洗法			√		
高压水冲洗法			√		
监视溢油动态	√		√	√	
网托回收				√	
溢油围控		√	√	√	
人工清除			√	√	
收油机回收		√	√	√	
机械回收					
吸油材料回收		√		√	
处理污染植物				√	
喷洒消油剂法			√		
使用胶化剂					√
海面焚烧			√	√	
添加营养方法		√	√	√	
播种微生物		√	√	√	
添加分散剂			√	√	

图 3-19　资源与处置方法的映射视图

3. 应急管理视图

1）组织结构图

不同的海上突发事件，会根据事件的等级组成不同的应急组织机构，图 3-20 是某输油管道爆炸事件的组织机构图，包括中国石油化工集团公司（简称中石化集团公司）、青岛海事局、武警消防部门、国家海洋局北海环境监测中心（简称北海监测中心）、青岛市开发区应急管理办公室（简称青岛市应急管理办公室）、青岛市环境保护局（简称青岛市环保局）。

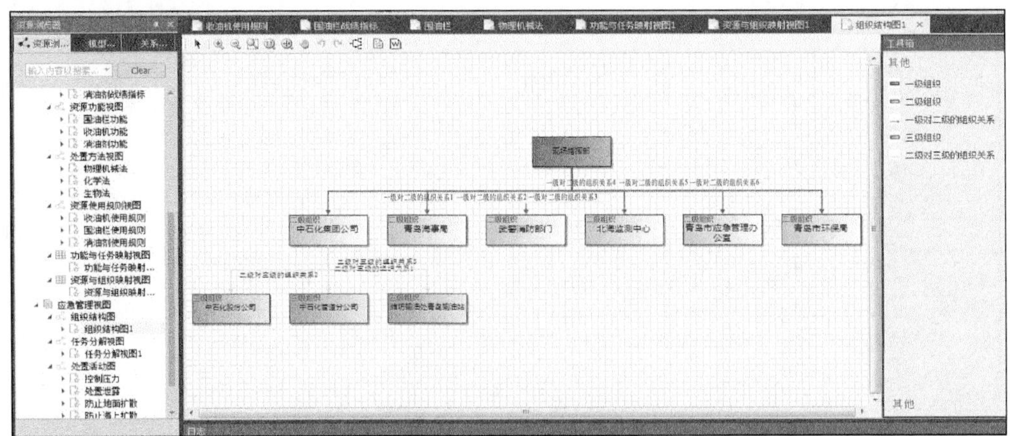

图 3-20　组织结构图

2）任务分解视图

将此次输油管道爆炸事件的突发事件应急处置任务分解成 5 个子任务，如图 3-21 所示。包括控制压力、处置泄漏、防止地面扩散、防止海上扩散、防止爆炸。

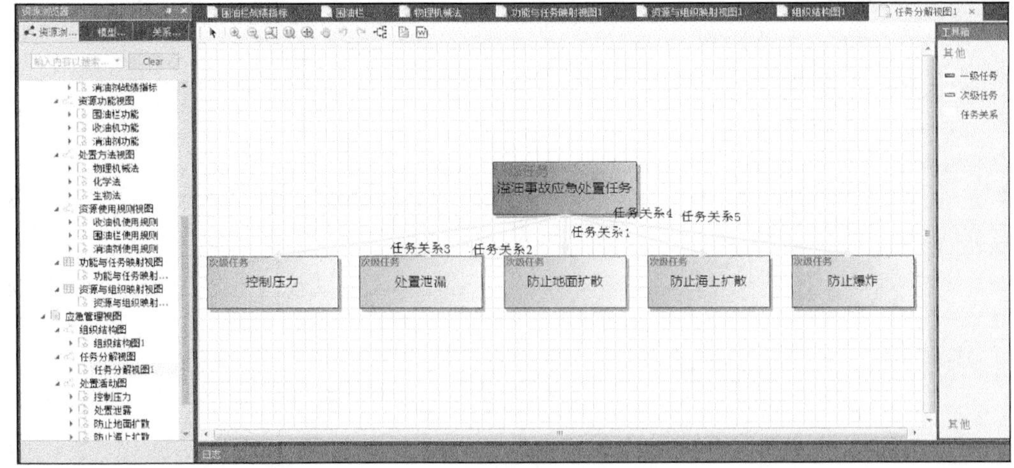

图 3-21　任务分解视图

3) 处置活动图

处置活动图是对海上溢油的活动进行描述的视图。海上溢油活动总的来说可以分为控制压力子任务、处置泄漏子任务、防止地面扩散子任务、防止海上扩散子任务和防止爆炸子任务，分别对这 5 个子任务梳理展示，图 3-22 是防止爆炸子任务的活动流程图。

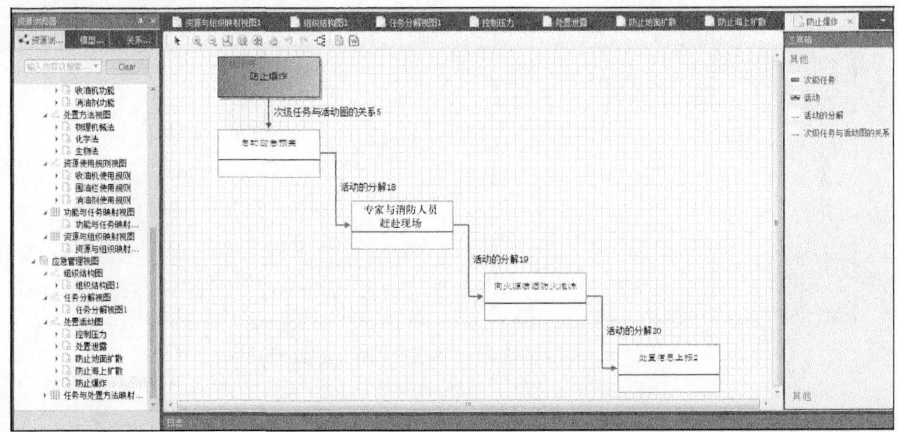

图 3-22　防止爆炸子任务的活动流程图

4. 多维网络图

通过场景要素间与视图产品间关系的梳理，基于元模型的方法对场景数据进行规范化的组织和存储，最终通过建模工具能够将所有的场景要素和要素间的关系在一个多维网络图中展示出来，不同的颜色节点代表着不同的要素类型，其中包含了组织、活动、资源、规则、方法、资源功能等要素，节点与节点之间的关联通过连线的形式表现，即形成了如图 3-23 所述的海上溢油应急决策场景的多维网络图，图 3-24 为其网络的局部图。

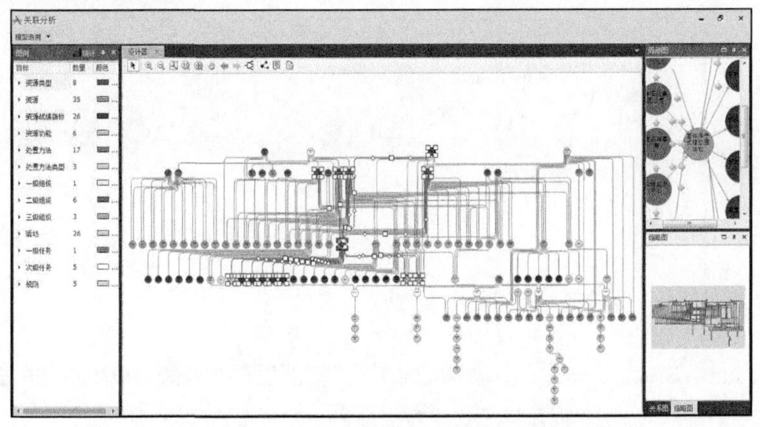

图 3-23　海上溢油应急场景多维网络图(见彩图)

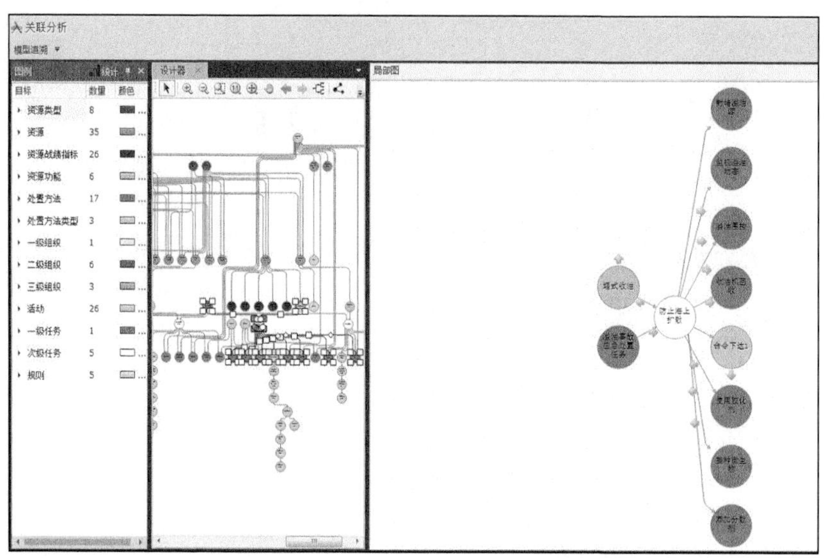

图 3-24　多维网络图局部图(见彩图)

在多维网络关系图生成的基础上还能实现任一要素的模型追溯功能，当选中某一节点时，能自动将与要素有关的所有要素通过树状图的形式显示出来，如图 3-25 所示为“固体浮子式橡胶围油栏”的模型追溯图，图中显示了包括与“固体浮子式橡胶围油栏”有关的组织、规则、活动、性能指标等要素。这一功能能够辅助决策者开展海上突发事件应急决策的工作，“一张图”的辅助决策方式能够快速为决策者提供高效、快速的决策依据，从而提高处置海上突发事件的效率。

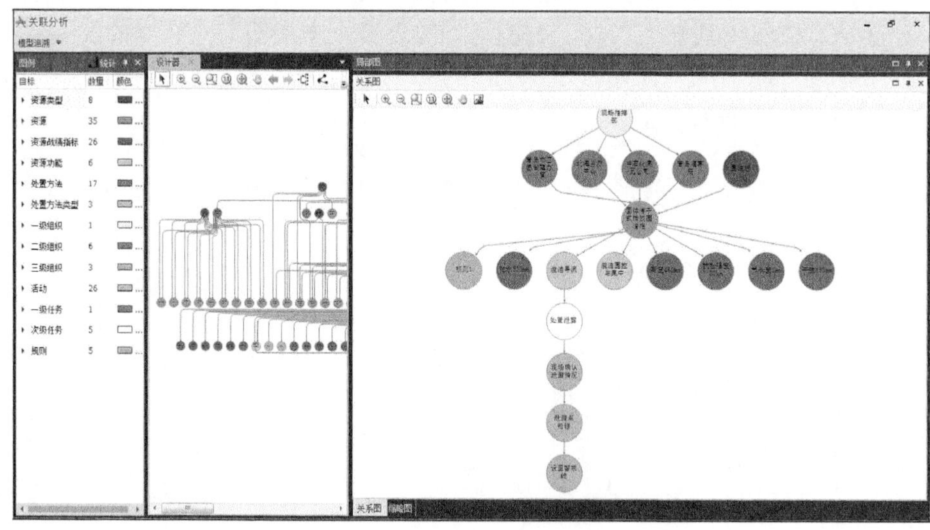

图 3-25　“固体浮子式橡胶围油栏”的模型追溯图(见彩图)

第 4 章　海上突发事件风险分析

海上突发事件以其复杂多变的海况环境和处置过程人为因素的参与，使得海上突发事件处置过程中存在着大量的不确定因素，包括救援行动设置、水文气象条件、人员对装备运用和部署等，这些因素复杂多变，给海上突发事件带来了巨大风险，严重影响了既定方案的执行效果。因此，识别海上突发事件中风险的来源、类型和特点，以及量化风险为优化方案和执行方案过程中提供有力保障。

近年来，我国石油进口数量不断攀升，油轮在我国水域频繁出现，使得原本繁忙的通航环境更为复杂，导致海上溢油事故险情不断。而海上搜救活动是海上生命安全以及我军体系作战的重要保障，对于我国凝聚民心、促进经济可持续发展、保障安全和提高部队战斗力，具有举足轻重的作用。海上搜救和海上溢油是两种最常见的海上突发事件，对它们的风险进行分析与研究，无论是在理论上还是在实际应用中，都具有极其重要的意义。因此，本章内容针对这两类事件进行了具体的分析与探讨。

本章首先针对海上突发事件风险问题进行了界定与深入剖析，识别出应急方案评估中的关键问题；在此基础上抽象出海上突发事件风险分析与评估的共性特征及解决思路，并构建了相应的评估流程。4.2 节和 4.3 节分别针对海上搜救、海上溢油问题，从危险性、脆弱性角度展开具体分析。并针对海上搜救这一具体场景，在 4.4 节给出了海上搜救风险评估示例。

4.1　海上突发事件风险分析概述

海上突发事件风险分析问题本质上是针对海上突发场景进行风险分析，本节首先梳理了海上突发事件风险的基本概念与形成机理；接着，基于一般的风险分析问题，凝练出海上突发事件风险分析与评估流程框架，为具体问题的分析和解决提供参考。

4.1.1　海上突发事件风险的基本概念与形成机理

海上突发事件的风险问题聚焦于两个概念，即海上突发事件与风险。

海上突发事件是指因自然灾害、意外事故或人为过失等原因，造成或可能造成海上人员伤亡并需及时采取救援行动的突发事件(包括船舶碰撞、搁浅、触礁、沉没、火灾或爆炸、航空器海上迫降或坠毁、船舶保安事件等)，以及由船舶引发的威胁海上人命、海洋环境和社会公共安全并须及时采取救援行动的突发事件。

风险是在一定的时空条件下，由于未来行为即客观条件的不确定性，事物发展与预定目标可能发生偏离，可能造成损失和影响。影响程度和偏离程度越大，风险就越大。风险的研究已较为成熟，国内外专家提出了一系列的理论方法。

因此，对于海上突发事件风险的研究可以参考风险问题的形成机理与研究方法。

海上突发事件风险具有以下基本特征。

(1)客观性和普遍性：海上突发事件的风险客观存在，无处不在，无时不有，不以人的意志为转移。

(2)偶然性和必然性：个别海上突发事件风险的发生具有偶然性，但大量风险发生则有其必然性和规律性。

(3)不确定性：海上突发事件风险的不确定性是由于人所处的环境不同和对客观事物认识的局限性，是人们主观上对风险的认识与风险发生的实际情况之间存在差异。主要体现为空间上的不确定性、时间上的不确定性和损失程度的不确定性。

海上突发事件风险包含以下三个要素。

(1)海上突发事件风险因素：是指能引起或增加海上突发事件风险事件发生的机会或影响损失的严重程度的因素。

(2)海上突发风险事件：是造成生命财产损害的偶发事件，是造成损失的直接的、外在的原因，是损失的媒介物。

(3)海上突发事件风险结果：是指损失，是非故意、非计划和非预期的经济价值的减少，通常以货币单位来衡量。

海上突发事件风险的形成机理：海上突发事件风险是由海上突发事件风险因素、风险事件和风险结果(损失)三者构成的统一体，三者存在因果关系。海上突发事件风险形成的机理如图 4-1 所示。

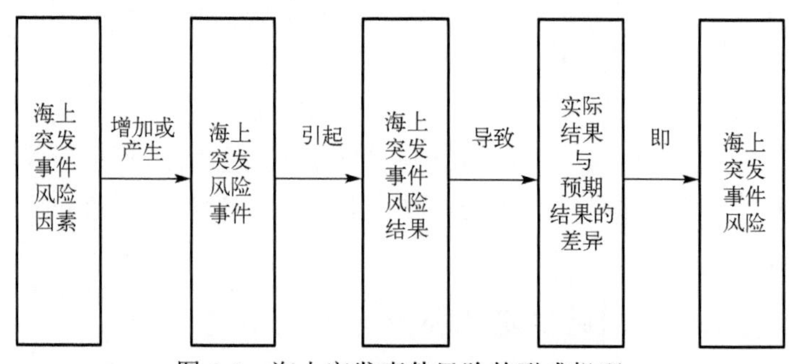

图 4-1　海上突发事件风险的形成机理

海上突发事件的风险有一个从量变到质变的过程，海上突发事件的发生是风险条件聚集、增加的结果，因此对海上突发事件的风险因素进行分析与评估非常重要。

4.1.2　海上突发事件风险分析与评估流程

海上突发事件风险分析与评估是为了解决：什么会出错？发生可能性有多大？后果是什么？因此海上突发事件风险分析与评估是依据风险管理计划、风险条件排序表、历史资料、专家判断等其他综合因素，对涉及的技术风险、成本风险、组织风险以及外部风险等各方面的海上突发事件风险因素进行定性或定量分析，并给出海上突发事件风险发生可能性和后果的评价结论，根据海上突发事件风险对目标的影响程度，确定危险等级，找到关键风险，为重点应对这些风险提供科学依据。

具体的分析评估方法可以参考传统的风险研究，即从定性和定量两个方面对海上突发事件风险进行分析与评估。传统的定性与定量的风险分析与评估如图 4-2 和图 4-3 所示。

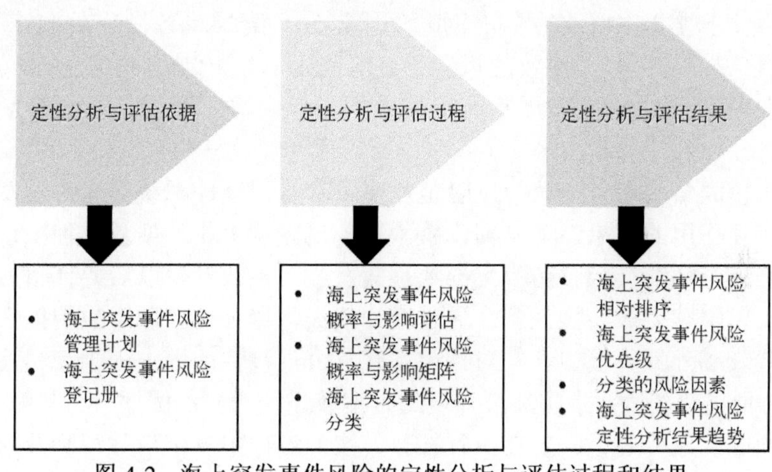

图 4-2　海上突发事件风险的定性分析与评估过程和结果

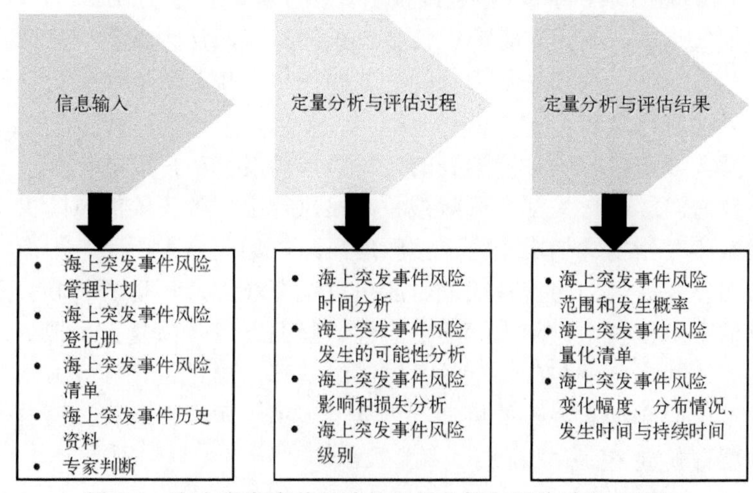

图 4-3　海上突发事件风险的定量分析与评估过程和结果

4.2　海上搜救风险分析

海上搜救活动是常见的海上突发事件的一种，是海上人命安全以及我军体系作战的重要保障，对于我国凝聚民心、促进经济可持续发展、保障安全和提高部队战斗力，具有举足轻重的作用。因此，对海上搜救风险进行分析评估可以有效地为迅速开展海上搜救应急行动提供可靠的支持。

本节基于 4.1 节海上突发事件风险的基本概念与风险评估流程的理论基础针对海上搜救场景进行建模描述与具体分析。

4.2.1　海上搜救风险概述

制约海上搜救使命任务顺利完成的因素在于搜救装备操作的复杂性以及海况的多变性[47]。关于海上搜救的风险，目前尚未有统一或者官方的定义，一般的研究方式是将风险的定义应用于海上搜救的场景中去，即基于场景来为搜救风险进行定义。

目前比较成熟的观点是认为风险是危害及暴露程度、系统脆弱性以及系统备份能力三者相互作用的结果[48]。从海上搜救风险的角度分析，搜救过程中事故的形成一般要经历三个环节：因预防不足导致事故发生；事故发生以后，搜救方案不能快速适应，难以继续完成救援任务；通过增加救援，尽可能控制事故的扩大。外界因素的干扰代表了外界环境中存在对搜救系统具有危险性的致灾因子，当危险性足够低时，威胁便可以消除；预防环节体现的是搜救系统自身的脆弱性，其脆弱性越大，搜救行动面临的风险越大；若在执行搜救方案的过程中发生事故得到及时充足的自救和救援，成功将事故控制，这就是搜救系统在外界干扰下的恢复力，恢复力越大，遭受风险的损失越小。本章结合海上搜救过程的特点，认为搜救中的风险受外界环境的危险性、系统脆弱性和恢复力之间的共同作用和相互影响，这更符合从整体的角度对搜救风险进行分析。

从海上搜救方案执行中可能遇到的突发事件角度分析，船舶状况、装备状况、搜救人员以及海洋综合环境都会影响搜救方案执行中任务失败的风险大小。这些导致风险的因素相互作用，构成了海上搜救的风险，如图 4-4 所示。下面将分析风险危险性、脆弱性和恢复力与搜救船舶、船员以及海洋综合环境的关联关系。

为了评估海上搜救中风险内涵的危险性、脆弱性以及恢复力，拟对每一类要素进行细化研究，找出影响相应要素的关键多源信息，提供量化计算方法，梳理出多源信息如何造成联合搜救风险的机理。表 4-1 列出了本章在进行风险分析和评估时所考虑的主要评价要素。

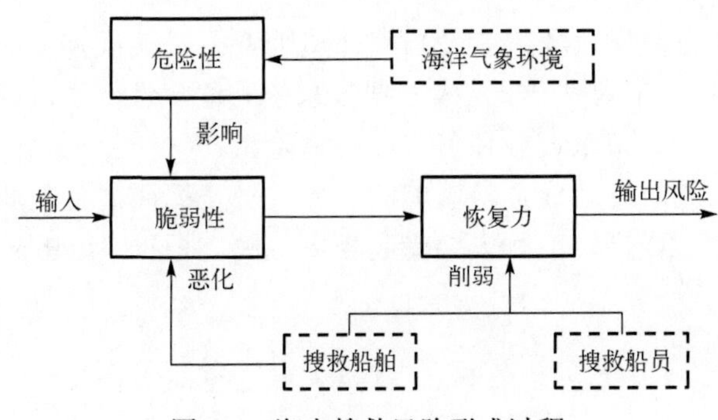

图 4-4　海上搜救风险形成过程

表 4-1　风险分析与评估要素

一级要素	二级要素	三级要素
危险性 A	海洋综合环境 A_1	海风 A_{11}
		海浪 A_{12}
脆弱性 B	船舶管理服役信息 B_1	历史事故 B_{11}
	船舶登记信息 B_2	船龄 B_{21}
		船舶吨位 B_{22}
	船舶结构信息 B_3	船壳 B_{31}
		船体强度 B_{32}
		抗沉性 B_{33}
	船舶设备状况 B_4	通信导航设备 B_{41}
		安全与应急设备 B_{42}
		操作设备 B_{43}
		船舶动力装置 B_{44}
恢复力 C	船员要素 C_1	专业搜救训练程度 C_{11}
		搜救经验 C_{12}
		身体状况 C_{13}
	船舶支援要素 C_2	搜救船舶数量 C_{21}
		搜救区域最大距离 C_{22}

根据海上搜救风险分析的概述，我们将在后面内容逐条阐述每项风险要素的作用机理以及它们的量化过程。

4.2.2　危险性分析

海上搜救中的危险性是指可能会导致人员伤亡、经济损失或环境破坏的危险的现象、事务、活动或者条件。海上搜救方案执行过程中，搜救队伍与设备暴露在可能造成潜在损失的危险区域内，海洋环境下的危险时刻影响整个搜救系统。

危险性主要来自海洋气象因素及自然环境因素。对某次具体的搜救行动，当下的海洋气象状况(风、浪等)[49]即构成了搜救系统的危险性，通过影响搜救船舶的航行和人员的生命安全，带来搜救任务失败的危险。

海风对搜救船舶航行造成危险影响的主要类型是横风。搜救船舶在横风的影响下，可能发生漂航、横倾，航行安全受到极大威胁。根据 Hughes 公式可以估算船舶所受的风力大小[50]：

$$F_a = \frac{1}{2}\rho_a g C_a (A_a \cos^2\theta + B_a \sin^2\theta) v_a^2 \tag{4-1}$$

其中，F_a为水线以上船体受到的风作用力(N)；g表示重力加速度，ρ_a为空气密度(acc)，$\rho_a g = 0.125\,\mathrm{kg}\cdot\mathrm{s}^2/\mathrm{m}^4$；$\theta$为相对风舷角(°)；$C_a$为风力系数，和船型有关，其值随风舷角以及船体水线以上受风面形状的变化而变化；v_a为相对风速(m/s)；A_a为水线以上船体正投影面积(m^2)；B_a为水线以上船体侧投影面积(m^2)。

海浪对搜救过程中的船舶的影响是最直接也是最大的，海浪造成航行中的阻力，耗损航速，并产生相应的运动和摇摆。搜救过程遭遇大的海浪，船舶会产生倾斜、甲板上浪。此外，海浪的排挤还会对船体结构产生危害。一般情况下通过耐波性来衡量船舶在海浪中航行的安全情况[51]。本章通过公式计算横摇均方根σ_{roll}来衡量耐波性，张慧的研究[52]给出了其计算过程与相关变量公式。根据北欧合作研究计划给出的耐波性衡准，如表 4-2 所示，我们可以评价出海浪对搜救船舶的安全航行影响。

表 4-2　耐波性衡准

船舶类型	商船	军用船舶	高速小艇
横摇均方根/(°)	6.0	4.0	4.0

通过以上分析，风和浪对搜救船舶造成的危险性A_{11}和A_{12}可以通过计算得出，即使目前不能完全精确估算，但是对风力和耐波性的量化已经在一定程度上提高了评估风险的准确性。

4.2.3　脆弱性分析

脆弱性原意是指物体易受攻击、易受伤和被损坏的特性，在研究中逐渐被扩展为，在危险暴露时，自身存在易遭受伤害和损失的因素[53]。即在海上搜救中执行任务的船舶作为受灾体，在航行过程中暴露在海洋气象威胁的环境下，受其影响可能造成倾覆的特性。因而脆弱性的评估量化与搜救船舶有关，下面详细阐述船舶本身状况对搜救系统的脆弱性的影响与意义。

海上搜救力量既有部队的队属搜救力量，也有地方专业搜救队伍，它们来自各类政府单位，例如，海上搜救中心、水上交通部门以及海洋环境预报中心。脆弱性研究需要全面考虑船舶各方面可能影响其倾覆或者被攻击摧毁的信息，应包括：船舶管理/服役信息(事故/服役历史)、船舶登记信息(船龄、船舶吨位)、船舶结构信息(船壳、船体强度、抗沉性)以及船舶设备(导航通信设备、安全与应急设备、操作设备、动力装置)状况。

1．船舶管理/服役信息

通过调取过去5年内船舶历史发生的事故信息来衡量船舶管理/服役的情况 B_{11}。该数据越小，说明服役状态越好。

2．船舶登记信息

(1)船龄 B_{21}：指自船舶建造完毕起算的船舶使用年限，在某种程度上表明船舶现有状况。

(2)船舶吨位 B_{22}：是表示船舶大小和运输能力的标识。根据日本海事专家盐原的研究，船舶尺度越大，海事概率越大，但是在实际船舶航行中这并不严格成立。例如，总吨位在 500t 以下的船舶数量庞大，航行次数多且难以管理导致发生的事故更多，而超大型船舶本身数量少，得到的管理与维修更多，反而事故频数较少。再根据前人研究，按各吨位船舶由于海洋气象发生事故的比例，对船舶因吨位指标值区间进行划分，如表 4-3 所示[52]。

表 4-3　船舶吨位指标

吨位/t	B_{22} 指标值	吨位/t	B_{22} 指标值
(100,500]	0.84～0.89	(10000,15000]	0.91～0.96
(500,1000]	0.92～0.97	(15000,20000]	0.94～0.99
(1000,2000]	0.85～0.90	(20000,40000]	0.85～0.90
(2000,4000]	0.84～0.89	(40000,60000]	0.92～0.97
(4000,8000]	0.88～0.93	(60000,100000]	0.91～0.96
(8000,10000]	0.95～1.0	>100000	0.95～1.0

3．船舶结构信息

船舶结构包括船壳、船体强度以及抗沉性等信息。实际情况下，单壳船发生事故的风险一般高于双壳船，开始逐步被淘汰。在脆弱性评估中，单壳船明显脆弱性更大，船壳指标值 B_{31} 设为 1.0；双壳船的船壳指标值 B_{32} 设为 0.5。

船体强度是船舶安全航行执行搜救任务的一个重要因素。随着船舶服役年限的增加，船体构件的磨损和裂纹也越来越多，裂缝一旦存在就会成为局部应力的集中点，不允许有丝毫疏忽，不然就会造成裂缝扩大全面的腐蚀损耗。此外，若由于碰撞、搁浅以及风浪冲击等而导致的变形损伤使船体强度不足以抵抗大风浪，那么事故的发生就是必然。因此，模型从磨损、变形、开裂三个方面，对船体强度的指标进行评价。船体磨损的大小可以通过测量船体厚度得到，但是实际工作中，船体构件厚度并非均匀减少，各部分的磨损对整体脆弱性的影响程度不同，想快速得到磨损方程较为困难。同样地，在变形与开裂这两个方面，目前没有明确的关于变形的程度如随着凹陷程度的增加，脆弱性如何变化的结论。因此，本章通过构建磨损、变形以及开裂的评价等级和响应指标值来对船体强度进行综合评价，如表 4-4 所示。

表 4-4　船舶结构评价指标

评价	磨损	变形	开裂	指标值
优	无磨损，防腐蚀膜状况良好	无变形，船体线形良好	无裂缝，船体完整	0
良好	无磨损，防腐蚀膜部分脱落	无变形，船体有轻微磕碰痕迹	无裂缝，船体有修理痕迹	(0.2,0.4]
一般	无磨损、无防腐蚀膜	船体有个别变形痕迹	无开裂，有裂痕	(0.4,0.6]
较差	轻微磨损	船体有多处小面积的变形	无开裂，有明显裂痕	(0.6,0.8]
很差	较严重磨损	船体有较大面积的变形痕迹	有开裂	(0.8,1.0]

抗沉性：是指船在破舱浸水后仍保持一定浮性和稳性而不至于沉没和倾覆的性能。通过搜救船舶的储备浮力来衡量，例如，船舶自身配备的若干独立水密舱室和双底层。如果某些舱室破损进水，其他舱室不会受到影响，船体仍能浮于水面。如表 4-5 所示为船舶抗沉性指标取值，“一舱制”船舶明显更脆弱，指标值越大说明抗沉性越差，对脆弱性的影响更负面。

表 4-5　船舶抗沉性指标

船舶类型	“三舱制”船舶	“二舱制”船舶	“一舱制”船舶
指标值 B_{33}	(0.1,0.4]	(0.4,0.7]	(0.7,1.0]

4．船舶设备

现代船舶是一个复杂的由各种系统组成的技术综合体，它不仅包括传统的结构和动力机械系统，还包括电子、自动控制等设备。无论是由于内部故障还是遭受外部攻击，船舶设备的失灵都会对搜救任务产生影响。操作、动力、安全应急，以及导航通信设备支撑搜救船舶完成使命任务，缺一不可。在制定搜救方案，派遣搜救船舶执行搜救任务时，我们默认这些被派遣的船舶设备齐全，但设备的劳损程度各有不同。于是，船舶设备的脆弱性评价模型采用与船体结构部分相同的办法通过划分等级来确定指标值，如表 4-6 所示。

表 4-6　船舶设备评价指标

评价	船舶设备状况描述	指标值 B_{41}、B_{42}、B_{43}、B_{44}
优	设备全新，均可正常使用	0
良好	设备运行一段时间，可正常使用	(0.2,0.4]
一般	设备有一定劳损，有问题但得到及时修理，可正常使用	(0.4,0.6]
较差	部分对船舶安全影响较小的设备损坏，未及时修理、更换	(0.6,0.8]
很差	较多设备损坏，船舶运行存在明显安全隐患	(0.8,1.0]

4.2.4 恢复力分析

恢复力起源于纯机械力学概念的理解，当时用来衡量受力发生形变的材料，存储并恢复势能的能力。近年来，基于对系统和组织面临外部干扰仍能保持功能继续正常运行的需求，恢复力又相继成为工程技术、安全科学、系统科学、医学等众多学科领域共同研究的对象。本章将恢复力定义为系统或组织自身的固有属性，表征了系统或组织在承受外部破坏时自身具有的能够抵抗、调整、适应复杂环境并迅速恢复至稳定运行状态的能力。在海上搜救风险评估中，恢复力主要包含搜救队伍中的船员要素和船舶支援要素。

1. 船员要素

各种统计资料表明，随着高度自动化、精密化船舶系统的装配服役，人在船舶航行中所起的安全作用已经超越了船舶本身的安全作用[54]。必须强调的是在海上搜救任务执行风险评估中，人在整体评估系统中所处的重要地位。有的研究考虑人的心理因素和工作状况等因素[55]，但是这些因素都是瞬息变化的。本章对搜救队伍的船员要素由船员通过的专业搜救训练程度、搜救经验、身体状况三个方面进行评估。根据广泛应用的加拿大英属哥伦比亚省应急响应管理系统（the British Columbia emergency response management system，BCERMS）中对搜救人员能力评估等级与指标值设置方法[56]，本章给出恢复力评估中船员要素的等级描述与指标打分表，如表 4-7 所示。

表 4-7　船员恢复力要素等级评价

评价	专业搜救训练程度 C_{11}	搜救经验 C_{12}	身体状况 C_{13}	指标值
高	有任务所需的高水平搜救培训证书，定期在事故现场或区域参加高级培训	丰富的搜救参与经验，定期会前往事故区域执行任务，参与过 20 次以上类似的搜救行动	人员素质良好，休息良好，团结一致，显现团队气质	2
中	参与过部分所需的搜救培训，在搜救队伍指挥官的监督下进行过基础操作	具备一定的搜救经验，参与过 5～20 次类似的搜救行动	人员总体上是积极的，尽管存在部分人员疲惫	1
低	很少参与相关的搜救培训，对事故现场不熟悉，新组建的搜救团队，认证资格较低，志愿者为主，没有系统地训练	很少或者不具备相关的搜救经验，不熟悉事故区域情况，参与的搜救行动在 5 次以下的	人员已经长时间尝试多种搜救方案，疲惫消极	0

2. 船舶支援要素

参与搜救行动的船舶，一方面因自身的服役状况、维修保养情况会产生一定的脆弱性；另一方面，当搜救船舶共同出海执行搜救任务时，如果团队内部遇到紧急情况，如船只倾覆或遭到攻击，团队成员将互相提供搜救支援。正是因为搜救船舶的双面性，在对搜救行动的风险评估时，脆弱性和恢复力都需要考虑到搜救船舶的相关属性。在恢复力评估中，船舶要素的指标值通过船舶的数量和执行搜救任务的区域大小计算得到。搜救区域的大小决定了执行任务时搜救船舶之间的最大距离。这个距离越短，搜救队伍中发生的事故越能得到及时的支援，距离越长，等待支援的时间就越长。而在搜救区域内的同队支援船舶数量越多，发生突发事故的船舶获救的可能性就越大，整个搜救队伍面对风险的恢复力越大。

搜救区域的大小与搜救规划人员对待救目标的漂移预测和搜寻模式的选取有关，常见的有矩形区域和扇形区域两种。若搜救区域为矩形，则搜救船舶之间的最大距离等于搜救矩形区域的对角线长度；若搜救区域为扇形，则搜救船舶之间的最大距离等于扇形的半径。通过以上分析，恢复力中的船舶要素指标与搜救区域最大距离成反比，与搜救船舶的数量成正比，如式(4-2)所示：

$$C_2 = \frac{C_{21}}{C_{22}} \tag{4-2}$$

其中，C_2表示恢复力中的船舶支援要素指标值；C_{22}表示搜救区域内的最大距离；C_{21}表示搜救区域内执行任务的船舶总数量。这两个变量的取值与搜救方案的详细规划有关，具体求解过程与搜救方案中搜救资源的调配和搜救区域的划分有关。

至此，搜救船舶单体风险评估模型中考虑的因素指标在危险性、脆弱性以及恢复力方面的作用机理已经梳理完毕，其指标值的量化计算过程也给出了详细定义，为后面内容基于这些多源信息训练风险评估神经网络奠定了数据基础。需要指出的是，本章只采用了一个较为简单的模糊语言评级和归一化方法量化指标值与权重，还存在很多其他的模糊评价和计算权重的方法[57,58]。

4.3 海上溢油风险分析

当前，全世界 80%以上的贸易往来是通过海运完成的，特别是油类，主要是经海上船舶运输的，而海运业的发展，也带来了海上船舶溢油风险。海上溢油事故不同于其他海上突发事故，受气象、水文、油品理化性质以及处置时间的影响，极易带来巨大的海洋污染与生命财产损失。因此，对海上溢油风险进行分析评估可以有效地为迅速开展海上溢油应急行动提供可靠支持。

本节基于 4.1 节海上突发事件风险的基本概念与风险评估流程的理论基础针对海上溢油场景进行建模描述与具体分析。

4.3.1 海上溢油风险概述

海上溢油事故发生的原因在于溢油装备操作的复杂性、溢油储备的多样性、海洋环境的多变性以及溢油种类的特性。关于海上溢油的风险，以往溢油风险评估并未过多针对溢油事故应急处置本身，而是预判溢油风险等级或者影响范围，对于溢油事故发生后的海上溢油应急风险评估报道较少。虽然在以往溢油风险评估的溢油事故危害后果评价中略有提及，但未就应急风险形成系统的评估指标体系，方法的随意性较大，难以满足今后对海上溢油应急处置的防范要求，因此亟须通过多源信息态势融合分析，建立海上溢油风险评估方法，以满足应急处置的迫切需求。

目前的研究大多集中于根据海上船舶、石油平台和沿海石化基地码头的分布，针对设施本身的溢油风险进行评估，赋予风险等级；以及结合周边敏感区分布，根据溢油漂移扩散模拟结果对溢油风险影响范围进行评估，开展溢油风险区划；还有根据海上石油勘探开发活动过程如钻探、注水等开展的溢油风险评估；以及根据船舶碰撞概率、船员自身因素等开展的船舶溢油风险评估。

本章结合海上溢油特点，认为溢油中的风险主要包括两部分——危险性和脆弱性，这更符合从整体的角度对溢油风险进行分析。为了评估海上溢油中风险内涵的危险性以及脆弱性，拟对每一类要素进行细化研究，找出影响相应要素的关键多源信息，提供量化计算方法，梳理出多源信息如何构成海上溢油风险的机理。表 4-8 列出了本章在进行风险分析和评估时所考虑的主要评价要素。

表 4-8　海上溢油风险分析与评估要素

一级要素	二级要素	三级要素
危险性 A	海洋综合环境 A_1	海风 A_{11}
		海浪 A_{12}
	溢油特性 A_2	毒性 A_{21}
		溢油量 A_{22}
脆弱性 B	溢油位置 B_1	距海岸距离 B_{11}
		距敏感区距离 B_{12}

根据海上溢油风险分析的概述，我们将在后面内容逐条阐述每项风险要素的作用机理以及它们的量化过程。

4.3.2　危险性分析

海上溢油中的危险性是指可能会导致人员伤亡或经济损失的危险的现象、事务、活动或者条件。海上溢油方案执行过程中，溢油处置队伍与设备可能暴露在造成潜在损失的危险区域内，海洋环境下的危险时刻影响整个搜救系统。

危险性主要来自海洋气象因素、自然环境因素以及溢油特性。对于某次具体的溢油行动，当下的海洋气象状况(风、浪等)[49]、溢油的毒性或易燃易爆性即构成了溢油处置的危险性，通常影响处置船舶的航行和人员的生命安全，带来溢油任务失败的危险。

1. 海洋气象环境

受海风的影响会使油污很快漂移或扩散，扩大污染面积，同时还直接影响设备的处理效果，使防止溢油扩散的围油栏和回收装备，在风大的情况下清除效果都很差。根据实际影响情况，大型围油栏一般只适用于风速为15m/s以下的海况条件使用，然而重大溢油事故往往发生在天气海况恶劣的情况下，故确定当风速大于等于28.4m/s（即风力大于10级）时，评分值取1。风级评分标准如表4-9所示。

表 4-9　风速评分标准表

风速 /(m/s)	≥28.4	[20.7,28.4)	[13.8,20.7)	[7.9,13.8)	[3.3,7.9)	<3.3
评分值	1.0	0.8	0.6	0.4	0.2	0.1

海浪越大，油的扩展、分散、乳化就越迅速，这不利于油的蒸发；而且海浪越大，对溢油回收越不利。乳化后的油对生物幼体和卵的危害也较大。一般的围油栏只适用于波高1m以下的情况，大型围油栏一般只适用于波高2～3m以下的海况条件下使用。依据浪级表及浪高对溢油的影响，确定浪高大于等于4m时，评分值取1。浪高评分标准如表4-10所示。

表 4-10　浪高评分标准表

浪高 /m	≥4	[2.5,4)	[1.25,2.5)	[0.5,1.25)	[0.1,0.5)	<0.1
评分值	1.0	0.8	0.6	0.4	0.2	0.1

2. 溢油特性

毒性是指储存油气的理化特性，溢油种类不同，无论原油还是成品油，其毒性都有非常大的差别，对环境造成的危害也不同。毒性的大小由多个影响因子相互作用。其中毒性的评分标准如表4-11所示。

表 4-11　毒性评分标准表

毒性	高	中	低
评分值	1.0	0.6	0.2

溢油量越大，影响的范围和程度越大。溢油量是对海域危害程度最重要的因素，依据《海洋溢油生态损害评估技术导则》中对溢油量的划分，综合分析溢油所造成的巨大危害，确定当溢油量≥200t时评分值取1。溢油评分标准如表4-12所示。

表 4-12　溢油量评分标准表

溢油量 /t	≥200	[150,200)	[100,150)	[50,100)	[5,50)	<5
评分值	1.0	0.9	0.7	0.5	0.3	0.1

根据海上溢油风险评估技术需求，设计海上溢油危险源调查信息表。由于海上交通设施主要为储油轮，目标不确定高，无法收集船舶信息，开展海上航道信息调研工作。航道是海上交通石油运输的路线，通过航道信息的分布可以反映出海上交通溢油易发的区域，借此代替海上交通溢油风险源；开展调研工作，收集沿岸石化基地信息，包括产品类别、产量、工艺等信息；收集油轮主要停靠的港口信息；根据以上信息建立海上溢油危险源属性信息表，部分信息见表 4-13 和表 4-14，构建渤海海上溢油危险源信息数据库。

表 4-13　部分沿岸石化基地及港口信息表

序号	名称
1	中国石化销售股份有限公司华北分公司济南输油管理处青岛站/鲁皖管道二期东线
2	青岛益佳阳鸿燃料油有限公司
3	青岛海业油码头有限公司
4	中国石油化工股份有限公司胜利油田分公司清河采油厂
5	蓬莱安邦油港有限公司
6	威海威洋石油有限公司
7	威海富海华液体化工有限公司
8	天津汇荣石油有限公司
9	中化天津港石化仓储有限公司
10	曹妃甸区化学工业区
11	…

表 4-14　部分海上航道信息表

序号	名称
1	曹妃甸水域船舶定制线——第二分道通航制
2	老铁山水道至天津新港深水航路
3	老铁山水道至仙人岛深水航路
4	老铁山水道—曹妃甸天津港航路
5	老铁山水道—秦皇岛航路
6	老铁山水道—渤海北部航路
7	渤海北部—锦州航路(一)
8	渤海北部—营口航路(一)
9	老铁山—黄骅港航路
10	葫芦岛港绥中港区至秦皇岛、天津港方向
11	葫芦岛港绥中港区至老铁山水道方向
12	葫芦岛港绥中港区至锦州、营口、盘锦港方向
13	葫芦岛港柳条沟港区至老铁山水道方向
14	葫芦岛港柳条沟港区至盘锦港方向
15	葫芦岛港柳条沟港区至营口港区方向
16	葫芦岛港柳条沟港区至鲅鱼圈港区方向

4.3.3 脆弱性分析

海上溢油中的脆弱性是指溢油发生位置周边环境的脆弱性。海上溢油方案执行过程中，溢油发生位置周边环境会受到油污的影响，但是根据环境的敏感性或重要程度不同，处置溢油时的标准也会不同。

脆弱性主要受溢油发生位置距海岸距离和距敏感区距离的影响。对于某次具体的溢油行动，当下的溢油发生位置距海岸距离和距敏感区距离即构成了溢油处置的脆弱性，通过影响溢油周边环境，带来溢油任务失败的风险。

距海岸距离指溢油位置距离海岸的远近，若发生油气泄漏，则可能对沿岸居民和企业造成严重的经济和社会损失，因此是评价脆弱性的一个重要参数。距海岸距离评分标准如表 4-15 所示。

表 4-15 距海岸距离评分标准表

距海岸距离/km	海岸线以内	≤10	>10
评分值	1.0	0.6	0.1

距敏感区距离是指溢油位置距离敏感区的远近，敏感区的种类较多，大致可以划分为景观类敏感区和生物生态类敏感区，由于海洋保护区和养殖区等生物生态类敏感区受溢油污染影响巨大、较为脆弱且不易恢复，有重要的生态资源价值，因此我们在该方法中只考虑危险源距离生物生态类敏感区的远近，例如，青岛文昌鱼自然保护区和养殖区等。若发生油气泄漏，则可能对敏感区造成严重的经济和生态损失，因此距敏感区距离是评价脆弱性的一个重要参数。距敏感区距离评分标准如表 4-16 所示。

表 4-16 距敏感区距离评分标准表

距敏感区距离/km	敏感区内	≤10	>10
评分值	1.0	0.6	0.1

考虑到溢油可能影响的海洋环境和资源，开展了包括保护区、航道、养殖区、渔场、海底电缆、海底管道、禁航区、核电站和主要渔业经济种类的产卵场、索饵场、越冬场、洄游通道(简称“三场一通道”)等敏感目标的识别，建立了针对性的海上溢油敏感区属性信息表(部分信息见表 4-17 和表 4-18)。通过对近年来发布的渤海生态红线、海域使用现状等信息，收集国家级/省级自然保护区、海洋特别保护区、国家级水产种质资源保护区、定线制航路、养殖区、渔场、海底电缆、海底管道、禁航区、核电站和三场一通道等敏感目标的资料，建立渤海海上溢油敏感区信息数据库。

表4-17 渤海部分溢油敏感区(国家级海洋自然保护区)

序号	保护区名称	主要保护对象	级别
1	辽宁蛇岛—老铁山国家级自然保护区	蝮蛇、候鸟及蛇岛特殊生态系统	国家级
2	辽宁辽河口国家级自然保护区	丹顶鹤、黑嘴鸥等多种珍稀水禽及其赖以生存的滨海湿地生态环境	国家级
3	辽宁大连斑海豹国家级自然保护区	斑海豹及其生态环境	国家级
4	河北昌黎黄金海岸国家级自然保护区	海岸自然景观及所在海区的生态环境	国家级
5	天津古海岸与湿地国家级自然保护区	贝壳堤、牡蛎滩古海岸遗迹、滨海湿地	国家级
6	滨州贝壳堤岛与湿地国家级自然保护区	贝壳堤岛、湿地、珍稀鸟类、海洋生物	国家级
7	山东长岛国家级自然保护区	鹰、隼等猛禽及候鸟栖息地	国家级
8	山东黄河三角洲国家级自然保护区	河口湿地生态系统及珍禽	国家级

表4-18 渤海部分溢油敏感区(养殖区)

省市	养殖区名称	主要养殖种类	主要养殖方式
辽宁省	归州和九垄地乡近海养殖区	菲律宾蛤仔、文蛤、四角蛤蜊、毛蚶	底播养殖
	盘锦市大洼蛤蜊岗贝类海水增养殖区	文蛤	底播养殖
	锦州市海水增养殖区	毛蚶	浅海、底播养殖
	葫芦岛市兴城邴家湾海水增养殖区	海参、对虾、梭子蟹、扇贝	滩涂、底播、池塘养殖
	葫芦岛芷锚湾养殖区	扇贝、紫贻贝、刺参、文蛤、菲律宾蛤仔	底播、筏式养殖
河北省	昌黎新开口养殖区	扇贝、海参、对虾、河豚	筏式为主，兼有底播、滩涂、工厂化养殖
	乐亭滦河口养殖区	扇贝	筏式养殖
	黄骅李家堡养殖区	虾、梭子蟹	池塘养殖
天津市	汉沽浅海贝类增殖区	毛蚶、菲律宾蛤仔、青蛤	底播养殖
	汉沽杨家泊镇魏庄连片养虾池	南美白对虾	其他方式
	大港马棚口二村连片养虾池	南美白对虾	池塘养殖
山东省	滨州无棣浅海贝类增养殖区	文蛤、青蛤、四角蛤蜊	底播养殖
	滨州沾化浅海贝类增养殖区	文蛤、青蛤、毛蚶、四角蛤蜊	底播养殖
	东营新户浅海养殖样板园	文蛤、青蛤、四角蛤蜊	底播养殖
	潍坊滨海区滩涂贝类养殖区	文蛤、四角蛤蜊、菲律宾蛤仔	底播养殖
	烟台莱州虎头崖增养殖区	海湾扇贝、牡蛎、菲律宾蛤仔	筏式、底播养殖
	烟台莱州金城增养殖区	海湾扇贝、刺参	筏式、底播养殖

4.4 海上搜救风险分析示例

本节以海上搜救为例进行示例分析，综合运用克拉克森(Clarkson)研究数据库近五年的船舶风险数据、海上事故数据库、中国气象局气象数据，并模拟专家对海上突发事件综合演练的评估结果，补充部分缺失数据，最终选取了 69 组较容易获得模型指标相关参数的案例进行整理分析。计算相关海上搜救中单体船舶的搜救风险指标，设计相应的训练、验证与测试样本，训练搜救船舶单体风险评估的神经网络，并与实际人工评估值进行对比分析。此外，示例应用双调和样条插值法展现海上搜救综合风险的融合过程。

4.4.1 海上搜救背景及数据

根据前面内容对海上搜救风险各要素的分析，训练神经网络需要输入样本的海洋综合环境信息、船舶属性与支援信息、船员信息以及风险评估值。结合克拉克森研究数据库和船舶数据库的数据，模拟海上搜救中的数据，由海事专家为 69 组样本给出搜救船舶的单体风险评估值。示例中海洋环境信息与船舶属性的指标值可参考大连海事大学张慧关于船舶倾覆风险的研究[52]。

于是，对每类指标进行归一化操作后，我们可以计算得到神经网络输入层各指标的样本数据，部分数据如表 4-19 所示。

表 4-19 神经网络输入部分样本数据

输入层指标	样本 1	样本 2	样本 3	样本 4	样本 5	样本 6	样本 7
海风 A_{11}	0.232	0.864	0.582	0.074	0.034	0.990	0.043
海浪 A_{12}	0.663	0.504	0.657	0.735	0.718	0.551	0.574
历史事故 B_{11}	0.076	0.156	0.297	0.681	0.169	0.848	0.485
船龄 B_{21}	0.333	0.467	0.333	0.467	0.467	1.000	0.867
船舶吨位 B_{22}	0.056	0.308	0.561	0.245	0.813	0.687	0.056
船壳 B_{31}	0.000	0.000	0.000	0.000	0.000	1.000	1.000
船体强度 B_{32}	0.897	0.513	0.224	0.844	0.794	1.000	0.961
抗沉性 B_{33}	0.000	0.667	0.333	0.000	0.667	0.333	1.000
通信导航设备 B_{41}	0.237	0.093	0.907	0.516	1.000	0.402	0.124
安全与应急设备 B_{42}	0.259	0.467	0.197	0.166	0.155	0.093	0.883
操作设备 B_{43}	0.618	0.607	0.327	0.037	0.473	0.504	0.794
船舶动力装置 B_{44}	0.462	0.494	0.779	0.726	0.209	0.968	0.441
专业搜救训练程度 C_{11}	0.500	0.000	0.500	0.500	0.000	0.000	1.000
搜救经验 C_{12}	1.000	0.000	1.000	0.500	1.000	1.000	0.000
身体状况 C_{13}	0.000	0.000	0.500	0.000	0.500	0.000	0.500
船舶支援要素 C_2	0.047	0.040	0.245	0.203	0.049	0.017	0.035

通过海事专家意见结合搜救过程中突发事故的结果，对搜救船舶发生事故的风险大小进行赋值，归一化后部分样本的风险指标值如表 4-20 所示。

表 4-20　神经网络输出部分输出值

输出层指标	样本 1	样本 2	样本 3	样本 4	样本 5	样本 6	样本 7
危险性 A	0.524	0.845	0.964	0.762	0.310	0.786	0.762
脆弱性 B	0.706	0.197	0.437	0.193	0.309	0.673	0.669
恢复力 C	0.358	0.150	0.541	0.264	0.260	0.146	0.602
搜救船舶单体风险	0.442	0.919	0.860	0.767	0.151	0.721	0.593

4.4.2　海上搜救风险神经网络设计

BP 神经网络是典型的多层前馈神经网络，该网络的主要特点是信号前向传递，误差反向传播修正。在前向传递中，输入信号从输入层经隐藏层逐层处理，直至输出层。每一层的神经元状态只影响下一层神经元状态。如果输出层得不到期望输出，则进行反向传播，根据训练得到的结果与预想结果进行误差分析，进而调整网络权重和阈值，从而使得 BP 神经网络预测输出不断逼近预想结果。通过 4.3 节的描述与分析可知，海上搜救场景中的风险要素来源众多，风险基本数据种类多样，数据的处理方法因不同的风险类别差别较大，各个数据之间的量纲和衡量尺度也有所不同。同时，海况环境数据、搜救船舶数据以及搜救人员的能力数据为利用 BP 神经网络评估搜救风险提供了大量训练数据与样本，使得在多维信息融合情形下，综合评估海上搜救风险过程能有效实现。

1. 海上搜救风险神经网络训练样本设计

根据 4.2 节对海上搜救船舶执行任务过程中所面临的风险因素分析，输入层神经元主要有海洋综合环境、船舶要素和船员要素。因此一个搜救风险神经网络的输入神经元 Q 应该包括：

$$\begin{aligned} Q &= (Q_1, Q_2, \cdots, Q_{17}) \\ &= (A_{11}, A_{12}, B_{11}, B_{21}, B_{22}, B_{31}, B_{32}, B_{33}, B_{41}, B_{42}, B_{43}, B_{44}, C_{11}, C_{12}, C_{13}, C_2) \end{aligned} \tag{4-3}$$

其中，各要素的含义分别为海洋综合环境要素中的海风 A_{11}（横向风力大小）和海浪 A_{12}（横摇均方根）；船舶要素包括船舶管理/服役信息 B_1（历史事故 B_{11}）、船舶登记信息 B_2（船龄 B_{21}、船舶吨位 B_{22}）、船舶结构信息 B_3（船壳 B_{31}、船体强度 B_{32}、抗沉性 B_{33}）和船舶设备状况 B_4（操作设备 B_{41}、动力设备 B_{42}、安全应急设备 B_{43} 以及通信导航设备 B_{44}）；船员要素由专业搜救训练程度 C_{11}、搜救经验 C_{12}、身体状况 C_{13} 三个要素组成；搜救船舶的恢复力要素 C_2。

神经元的多源输入信息具有不同的物理意义和量纲，例如，搜救风险要素中海风指标都在 $10^4 \sim 10^6$ 范围内变化，而船舶设备状况在 0～1 范围内变化。因此，在训练神经网络时，模型应通过尺度变换确保所有输入数据从一开始就具有同等的重要性，使所有的输入数据都在 0～1 变化，见式(4-4)。

$$Q = \frac{Q_i - Q_{\min}}{\max Q_{\min}} \tag{4-4}$$

此外，另一个需要进行输入数据预处理的原因是 BP 神经网络采用了 Sigmoid 激活函数，通过尺度变换可以防止因为原始输入值过大而使神经元输出饱和，继而权重调整失灵。并且绝对数值大的指标其输出的绝对误差也大，数值小的输出绝对误差小，神经网络在进行训练时只针对总误差进行权重调节，其结果就是在总误差中占比小的指标相对误差较大的情况没有得到改善。尺度变换后，以上问题都可以得到较好的解决。

2. 海上搜救风险神经网络结构设计

从训练海上搜救船舶单体风险神经网络的角度出发，首先确定神经网络的基本结构。本章采用 3 层 BP 神经网络来评估搜救船舶的单体风险，输入层节点数为 16，输出层节点数为 1。隐藏层节点数的选择最为关键，直接影响神经网络的映射。本章采取试凑法确定最佳的隐藏层节点数，即先通过经验公式[59]粗略估计试凑法的初始值，然后逐渐增加节点数，用相同的样本集进行训练，选取网络误差最小时对应的隐藏节点数。

为了进行风险分析与评估的对比试验，本章制定了两种 BP 神经网络结构方案。方案一由输入层数据直接与风险输出值进行学习拟合，其网络结构如图 4-5 所示。

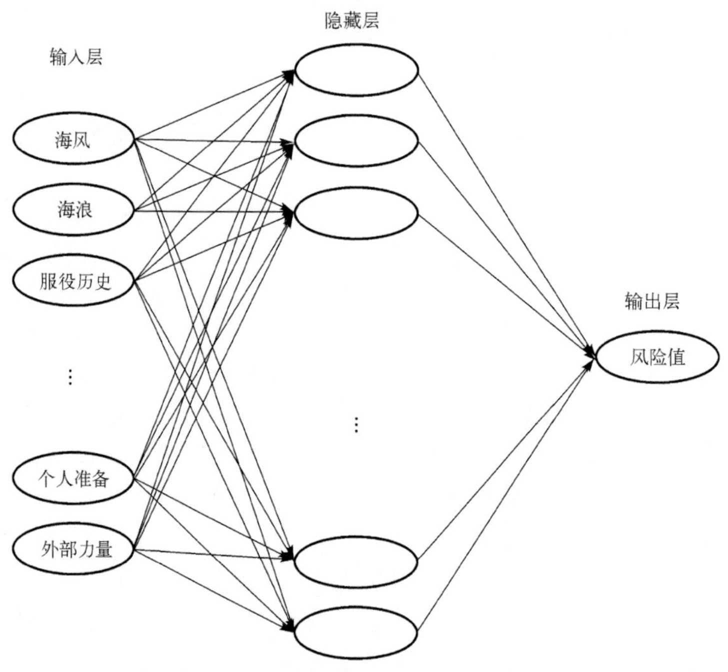

图 4-5　神经网络结构(方案一)

输入层的每项数据节点代表的风险要素与隐藏层的所有节点相连，两层之间满映射，再由隐藏层与输出层风险评估值相连。

方案二，先将输入层中每项数据节点代表的风险要素与对应的指标项进行拟合，当危险性、脆弱性和恢复力都拟合完成后，再将这三项指标与风险值进行拟合，风险要素与各指标的关系如图 4-6 所示。

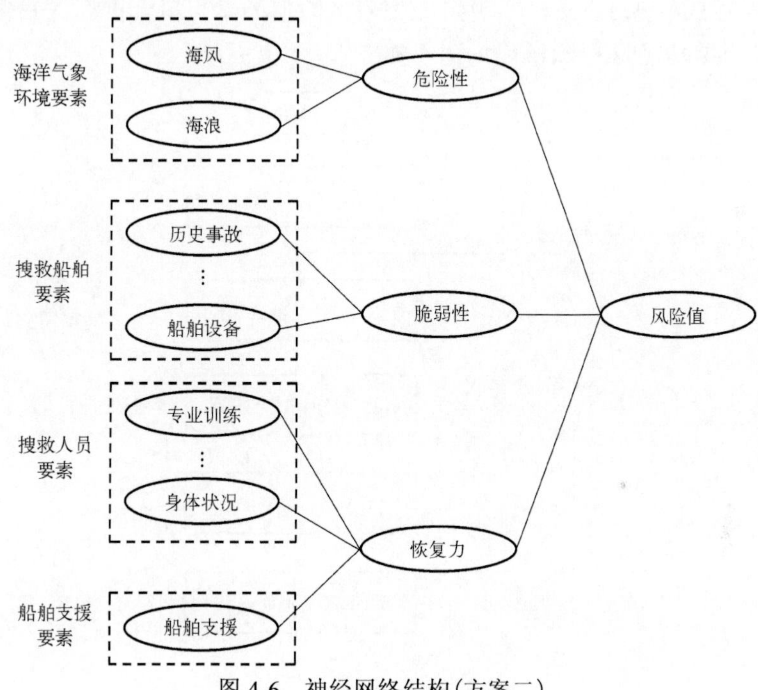

图 4-6　神经网络结构(方案二)

以危险性的评估为例，其神经网络结构图如图 4-7 所示。先通过海风以及海浪两个指标与搜救的危险性训练出一个评估危险性的神经网络。脆弱性和恢复力的神

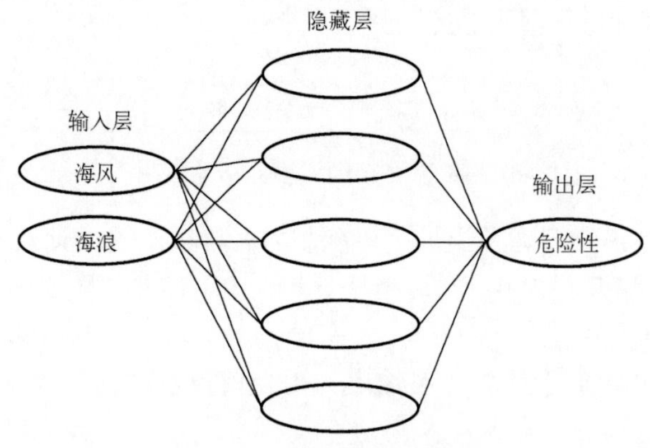

图 4-7　危险性评估神经网络

经网络也进行同样的训练处理。然后将通过训练得到的危险性、脆弱性、恢复力与风险值组成样本组，输入神经网络进行训练。

3. 海上搜救风险神经网络程序设计

设计 BP 神经网络的模型结构，以及完成样本数据的搜集与处理后，根据前面内容推导出的 BP 学习算法，实现海上搜救风险值的学习拟合过程。具体的算法流程与步骤如下所示，流程图设计见图 4-8。

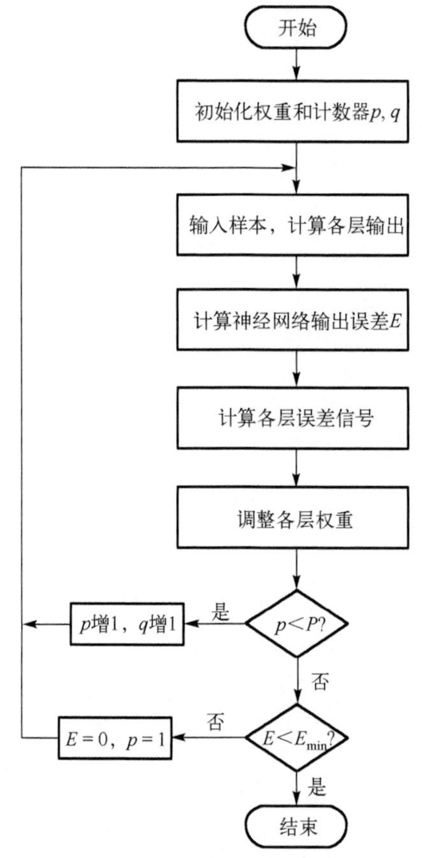

图 4-8　BP 神经网络算法流程图

(1)初始化。将权值矩阵置为最小的随机数，将样本模式计数器 p 和训练次数计数器 q 置为 1，误差 E 置为 0，学习速率 η 设为 0～1 的小数，网络训练后达到的精度 $E_{\min}$ 设为一正小数。

(2)输入训练样本对，计算各层输出。用当前样本对向量 X、Y 赋值，计算每层输出 s 和 s' 的各分量。

(3)计算网络输出误差。共有 P 对训练样本，网络对应不同的样本具有不同的

误差 E^p，可用其中最大者 $E_{\max}$ 代表网络的总误差 E，也可以用其均方根 $E_{\mathrm{rms}}=\sqrt{\frac{1}{P}\sum_{p=1}^{P}E^p}$ 作为网络的总误差 E。

(4) 计算各层误差信号。

(5) 调整各层权重。计算各层权重调整量，得到新的输出层权重 $w_{jk}^2 \Leftarrow w_{jk}^2+\eta\delta_k s_j$ 和隐藏层权重 $w_{ij}^1 \Leftarrow w_{ij}^1+\eta\delta_j x_i$，其中 δ_k 和 δ_j 分别为输出层与隐藏层误差项。

(6) 检查是否对所有样本完成一次轮训。若 $p<P$，则计数器 p 和 q 增 1，返回步骤(2)；否则转步骤(7)。

(7) 检查网络总误差是否达到精度要求。若 $E<E_{\min}$，则训练结束；否则 E 置为 0，p 置为 1，返回步骤(2)。

权重调整的方法一般有两种。以上步骤描述的权重调整方法被称为单样本训练，这种方法每输入一个样本，都要回传误差并调整权重，相当于对每个样本进行轮训。单样本训练适用于样本数较少的情况，因为这种权重调整方法遵循的是只顾眼前样本的原则，只针对每个样本产生的误差进行调整，难免顾此失彼，使整个训练的次数增加，导致收敛速度过慢。另一种方法是在所有样本输入之后，再计算神经网络的总误差：

$$E_{\text{总}}=\frac{1}{2}\sum_{p=1}^{P}\sum_{k=1}^{l}(\overline{y}_k^p-y_k^p)^2 \tag{4-5}$$

其中，l 为输出层的节点数量。

然后根据总误差来计算各层的误差信号并调整权值，这种以减少全局误差为目标的批处理方式被称为批(batch)训练或周期(epoch)训练。在样本数较多时，批训练比单样本训练时的收敛速度快。

4.4.3　海上搜救综合风险融合

搜救船舶单体风险值评估过程是在确定的时间、位置的条件下进行的。根据某时刻搜救船舶的所处位置的海况信息，以及船舶自身属性得到的风险评估值对单一位置单一船舶有效。海上搜救综合风险是指在海上搜救区域内由搜救船舶及海洋自然环境等系统性因素导致该区域面临风险损失的倾向性。本节以搜救船舶单体风险的计算为基础，围绕海上搜救综合风险融合原则与假设、单体风险与综合风险的关系，以及海上搜救综合风险态势形成过程等，对海上搜救综合风险的计算进行研究。

1. 综合风险融合原则与假设

关于搜救船舶个体的风险如何反映在海上搜救区域整体的风险，单体风险与综合风险的定性、定量关系，海上自然环境等系统因素如何影响综合风险，鲜少有研究者尝试讨论并开展工作。事实上，单体风险是形成综合风险的必要条件，两者之间存在内在的关系。同时，搜救船舶单体本身面临的风险及其存在的背景条件和环境、单体之间的空间分布结构等因素决定了海上搜救区域整体风险不是单体风险在空间上的简单叠加，而是诸多复杂因素导致的综合效应[60]。

海上搜救综合搜救风险的融合不仅受搜救船舶单体的风险特性影响，同时还受海上搜救整个搜救系统的结构性因素影响。因此，本节研究海上搜救综合风险时，要从整个海域环境出发，融合搜救船舶在海域各位置面临的风险。考虑到已经可以获得搜救船舶的单体风险，为了通过有限的船舶样本得到整个综合风险性特征，需要做以下假设。

假设 4-1 在海上搜救区域整体层面上，所有搜救船舶单体以其中心点所在位置被简化为一个不可重合的点。

假设 4-2 任何搜救船舶都是可以到达需要评估的海上搜救区域内所有位置的。

假设 4-3 风险评估值在海上搜救区域内近似连续分布。

根据假设 4-1，在较大尺度的海上搜救综合风险评估中，无论实际搜救船舶形状大小，均近似以点的形式分布在区域内。根据假设 4-2，某型号搜救船舶在区域任意位置面临的单体风险可以通过 4.4.2 节神经网络学习得到，即海上搜救区域内所有位置的风险值都存在。这点推论是假设 4-3 的重要前提，实际情况中，搜救船舶不会在海域上密集分布，或者有较大量的船舶单体风险值大于或者小于周围所有的点使得整体不能近似为连续分布。通过假设 4-2，模拟每条船舶在海域各位置的风险就可以让风险值的“连续分布”近似成立。

2. 海上突发事件综合搜救风险分析

假定已经利用 BP 神经网络学习，得到了派遣出海执行搜救任务的有限 n 个船舶的单体风险评估值和对应的地理位置信息，记为集合 $L=\{L_1,L_2,\cdots,L_n\}$。其中第 i 个分量是船舶 i 的单体风险属性，记为 $L_i=(\text{Long}_i,\text{Lat}_i,z_i)$，包括此时船舶的经度 Long_i、纬度 Lat_i 以及相应的单体风险值 z_i。需要注意的是，搜救船舶的位置可以用经纬度表示，也可以通过划分搜救区域网络栅格，用网格单元序号表示。为了从有限的 n 个搜救船舶单体风险值和它们的空间位置推知综合风险的情况，此时我们可以采用插值的办法“窥斑见豹”。

插值是一种在离散数据的基础上补插连续函数，从而达到获取整体规律的目的的一种函数逼近或数值逼近方法。作为一种基本的数学方法，随着现代计算机技术的快速发展，插值技术也在不断发展更新，不同于拟合只反映大致趋势，插值要求寻找得到的函数表达式或光滑曲面全部经过已知样本点。本节主要介绍的是一种基于格林函数的更为简单的全域插值法——格林样条插值法，因其使用了双调和算子又被称为双调和样条插值法[61]。在计算海上搜救综合风险时，插值过程如下所示。

(1)假设一个海上搜救风险态势曲面现有 n 个已知点，所需的输出节点为 p_0。

用于插值的最接近 p_0 的点的数量为 k。k 的不同取值将影响计算时间和误差。从点 p_0 到其他已知点的距离应首先通过式(4-6)计算出来。

$$r_{0i} = |x_i, x_0|, \quad i = 1, 2, \cdots, n \tag{4-6}$$

其中，r_{0i} 是点 p_0 与第 i 个已知数据点之间的距离；x_0 是 p_0 的位置向量；x_i 是第 i 个已知数据点的位置向量，均为搜救船舶的经纬度。使用合并排序(merge sort)算法对所有距离以升序排列。merge sort 是一种高效的算法，可以在 $O(n\lg n)$ 时间内对一组列表元素进行排序。当 n 较小时，它比其他排序算法稍快，随着 n 的增长，它排序的速度优势会越来越大。merge sort 以递归方式使用分治法对列表中的元素进行排序。分而治之的方法如下：①将数组重复分成两段子数组；②当只剩下一个元素无法再分时，停止分割数组；③将两个已经排序的子数组合并为一个已排序的子数组。排序后，获得前 k 个 $(k \leqslant n)$ 最近的数据点的位置坐标和单体风险值 $(x_j, y_j, z_j) \in (\text{Long}, \text{Lat}, z), j = 1, 2, \cdots, k$ 。

(2) 设置坐标矩阵 $X = [x_1 \quad x_2 \quad \cdots \quad x_k]^{\mathrm{T}}, Y = [y_1 \quad y_2 \quad \cdots \quad y_k]^{\mathrm{T}}$，单体风险属性矩阵 $Z = [z_1 \quad z_2 \quad \cdots \quad z_k]^{\mathrm{T}}$ 。令 $k \times k$ 的格林函数矩阵 G 为

$$G = \begin{bmatrix} d_{11} & d_{12} & \cdots & d_{1k} \\ d_{21} & d_{22} & \cdots & d_{2k} \\ \vdots & \vdots & & \vdots \\ d_{k1} & d_{k2} & \cdots & d_{kk} \end{bmatrix} \tag{4-7}$$

元素 d_{ij} 由式(4-8)计算得到

$$d_{ij} = \begin{cases} 0, & r_{ij} = 0 \\ (\ln(r_{ij}) - 1) r_{ij}^2, & r_{ij} \neq 0 \end{cases} \tag{4-8}$$
$$i = 1, \cdots, k; j = 1, \cdots, k$$

其中，$r_{ij} = \sqrt{(x_i - x_j)^2 + (y_i - y_j)^2}$ 。Deng 等将双调和算子的格林函数 $(\ln(r_{ij}) - 1) r_{ij}^2$ 作为获得最小曲率面的基础函数[62]。根据格林函数矩阵 G 和单体风险属性矩阵 Z，权重矩阵 W 可以定义并计算为

$$W = G^{-1} Z \tag{4-9}$$

(3) 计算点 p_0 的 $1 \times k$ 的格林函数矩阵：

$$G_{p0} = [d_{01} \quad d_{02} \quad \cdots \quad d_{0k}] \tag{4-10}$$

其中，$d_{01}, d_{02}, \cdots, d_{0k}$ 由式(4-8)计算得到。在式(4-8)中，r_{0j} 是 p_0 与第 j 个已知点之间的距离，该距离已在步骤(1)中计算出。那么，点 p_0 的单体风险属性值 z_{p0} 为

$$z_{p0} = G_{p0} W \tag{4-11}$$

(4) 重复步骤(1)～(3)，计算出其他点 p_i 的插值 z_{pi} 。

基于以上步骤，将由 n 个原始数据点插值得到的曲面命名为综合风险态势曲面，使用格林函数进行综合风险态势曲面样条插值的优点总结如下：①这些方程式仅基于距离及其微分函数，且与方向无关；②无论存在多少数据点，该算法都只需要求解 $k\times k$ 的矩阵，因此可以快速计算；③不需要将曲面拆分成可以单独网格化的子集，也不需要将这些子集混合到最终网格中；④仅当 k 值取很小时，插值才具有不连续性。如果 k 足够大，则采用 $n\times n$ 的满阶矩阵和 $k\times k$ 的矩阵的处理方式将得到相同的解。

设综合风险态势曲面表达式 $Z=f(x,y)$，则综合风险值可由式(4-12)得出。

$$R=\frac{\iint_{\Phi}f(x,y)\mathrm{d}x\mathrm{d}y}{S} \tag{4-12}$$

其中，S 是评估区域的总面积 Φ；R 是海上搜救综合风险值。

3. 风险态势曲面误差分析

插值误差 e_z 与输出的插值点 p 的位置向量和已知点风险属性值的精度相关。插值误差 e_z 定义为

$$e_z=\hat{z}_p-z_p \tag{4-13}$$

其中，$\hat{z}_p$ 是点 p 的真实风险属性值；而 z_p 是插值。但是，式(4-9)仅具有理论意义，因为在实际应用中无法获得或者很难获得 $\hat{z}_p$。因此，应通过其他方法计算 e_z。

由式(4-11)可知，z_p 的导数为

$$\mathrm{d}z_p=G_p\mathrm{d}W \tag{4-14}$$

由式(4-9)可知，W 的导数为

$$\mathrm{d}W=G^{-1}\mathrm{d}Z \tag{4-15}$$

结合式(4-14)与式(4-15)可得

$$\mathrm{d}z_p=G_pG^{-1}\mathrm{d}Z \tag{4-16}$$

根据误差传播法则，有

$$e_z=((G_pG^{-1})(G_pG^{-1})^{\mathrm{T}})^{\frac{1}{2}}m_Z \tag{4-17}$$

其中，m_Z 是综合风险属性值 Z 的均方误差。在实际应用中，矩阵 G 是固定常数矩阵，仅与已知点的位置向量有关。对于输出的插值点 $p_0(x_0,y_0)$，矩阵 G_p 的元素是根据点 p_0 与其他已知点之间的距离计算得出的。根据式(4-17)，每个点具有不同的插值误差，并且较大的 G_p 意味着较大的插值误差 e_z，即如果某个点位于距已知点较远的位置，则预测的插值误差将较大。这就是应使用最近的点进行插值的原因。

4.4.4 海上搜救风险分析结果

1. 单体风险神经网络训练结果与分析

1) 参数设定

将这 69 个样本分为三组，分别是 55 个训练集、7 个验证集和 7 个测试集。BP 神经网络的相关参数与算法的选择如表 4-21 所示。

表 4-21　神经网络核心参数与算法选项

隐藏层节点数	动量系数	学习速率	最大迭代次数	精度目标	算法选择
9	0.9	0.05	1000	0.001	traingdm/trainlm

由表 4-21 可知，有关神经网络输入与结构的设计参数已经全部拟定，其中隐藏层节点数是通过试凑法多次尝试选择网络总误差最小时的节点数目的。在具体训练神经网络的学习算法选择上提供了两种方法：traingdm 和 trainlm。其中，traingdm 函数采用了有动量的梯度下降法，提高了学习速度并增加了算法的可靠性，有效避免了局部最小问题在网络训练中的出现；trainlm 函数采用 Levenberg-Marquardt 算法，对于中等规模的 BP 神经网络有最快的收敛速度，其缺点是占用内存较大。本示例的精度目标是 0.001，在训练过程中，两种算法都将进行尝试，选取性能与拟合程度更好的结果作为最终的训练结果。

2) 训练结果分析

基于训练集样本组利用 traingdm 算法对神经网络进行训练，验证集与测试集做结果验证和性能比对。方案一的训练结果如图 4-9～图 4-11 所示。从图 4-9 网络均方差梯度下降中，我们可以知道神经网络在训练过程中快速收敛。经过 461 次迭代后，梯度变为 0.04617，此时菱形散点表示验证集累积连续 6 次误差上升，迭代停止。梯度仍然较大，意味着训练结束时网络误差仍在迅速减少。

但由于样本数据有限，未能达到目标精度 0.001，如图 4-10 所示。最优的网络均方差是在第 455 次迭代时的 0.056535，离目标精度(虚线所示位置)还有较大差距。如图 4-11 所示展示了训练、验证、测试集样本以及总体拟合程度的情况(R 表示召回率)，可以看出拟合程度并不高，但已经显现出正相关性。

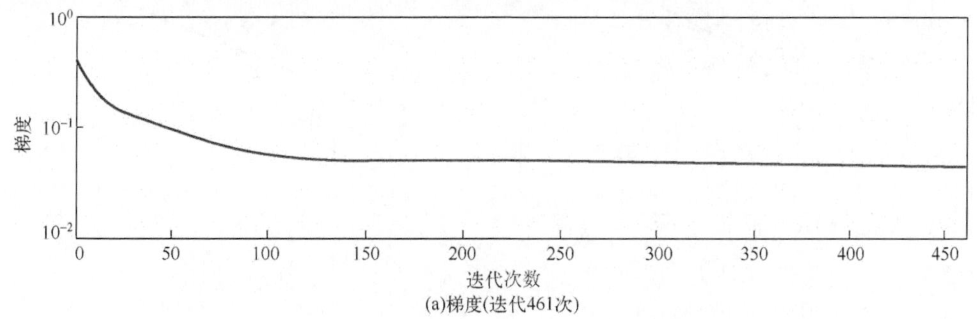

(a)梯度(迭代461次)

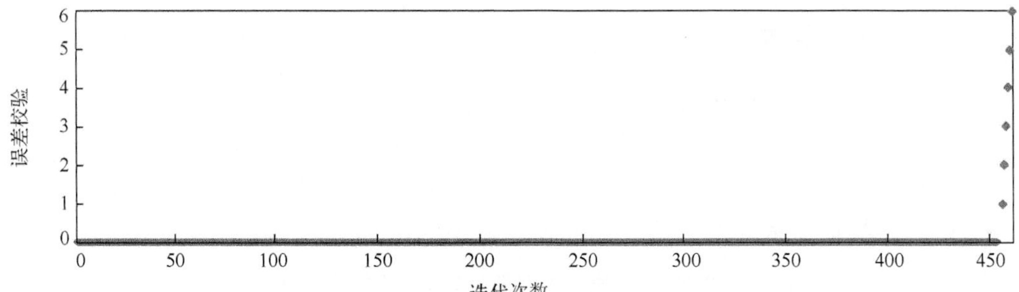

(b)校验检查(迭代461次)

图 4-9　神经网络的训练过程(方案一)

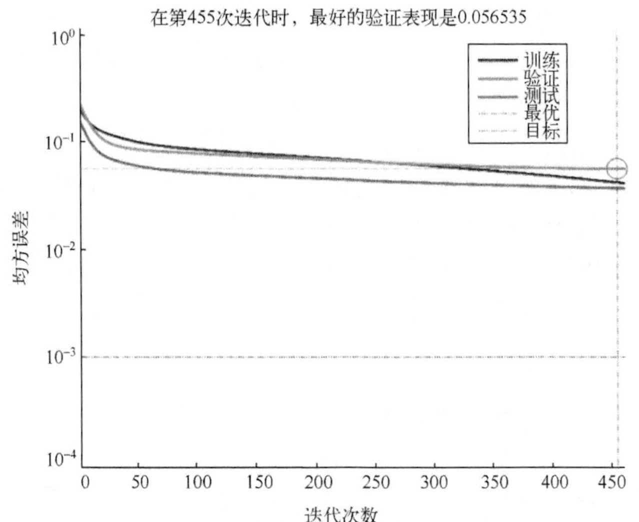

图 4-10　神经网络的训练效果(方案一)(见彩图)

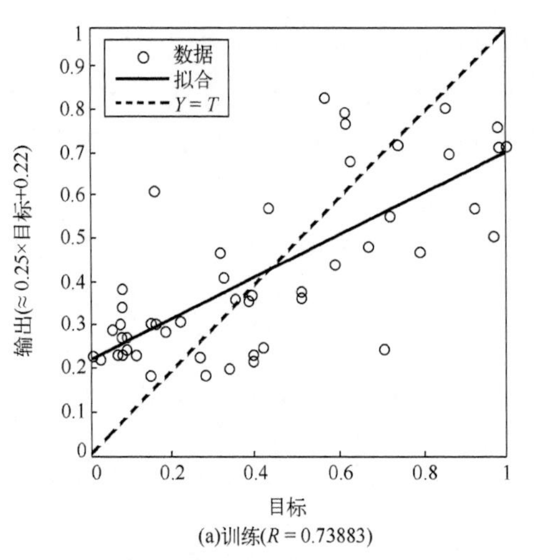

(a)训练($R = 0.73883$)

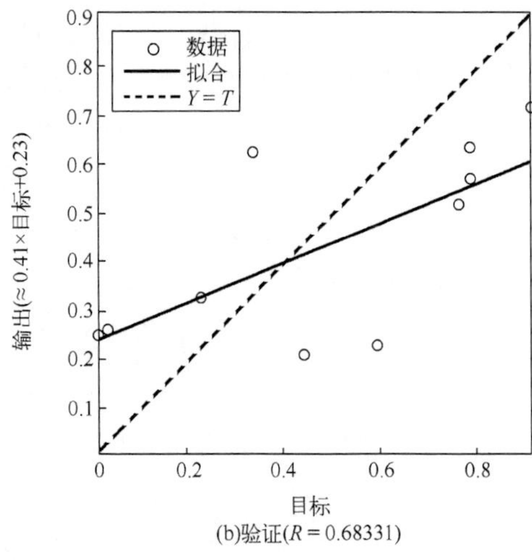

(b)验证($R = 0.68331$)

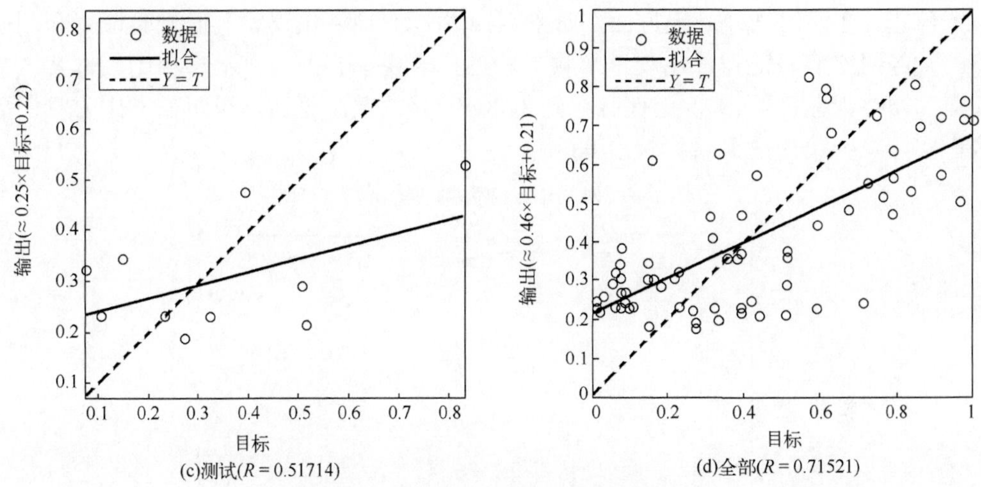

图 4-11　神经网络的拟合程度(方案一)

接下来,在相同的参数设置下训练方案二的神经网络。利用 Levenberg-Marquardt 算法训练结果更好，如图 4-12 所示为方案二神经网络的训练过程(μ为神经网络参数)。在第 9 次迭代时，训练集样本的梯度下降到2.87×10^{-13}，远低于目标梯度1.0×10^{-7}，

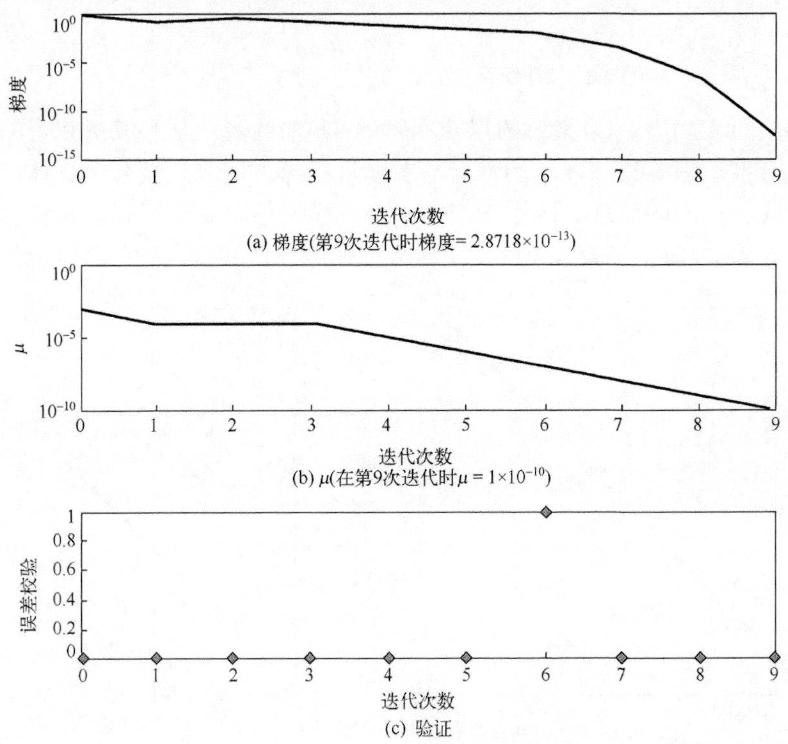

图 4-12　神经网络的训练过程(方案二)

训练停止。在网络误差表现方面，如图 4-13 所示，训练集误差远低于验证集和测试集。神经网络有可能已经出现过早收敛和过拟合现象。但与方案一相比，方案二验证集的网络误差在第 9 次迭代时达到 0.0049894，精度更高，说明输出比方案一更接近实际，但仍未达到目标精度 0.001。

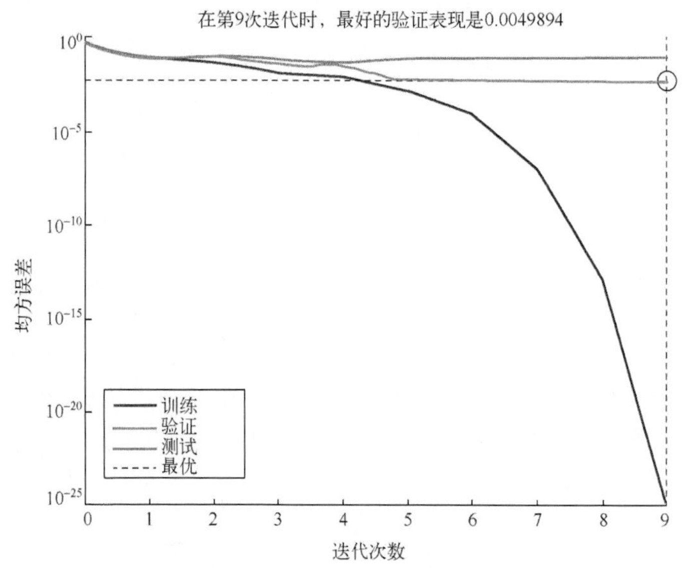

图 4-13　神经网络的训练效果(方案二)(见彩图)

根据如图 4-14 所示方案二的拟合程度，回归曲线表明从方案二获得的网络具有更好的拟合度。训练集的样本的输出与实际目标风险值完全吻合，总体样本的回归系数 R 也达到了 0.95556。区别于方案一完全靠网络自主学习评估指标体系的相关结构和权重关系，方案二被人工赋予了额外的风险评估知识，将网络结构进一步简化。

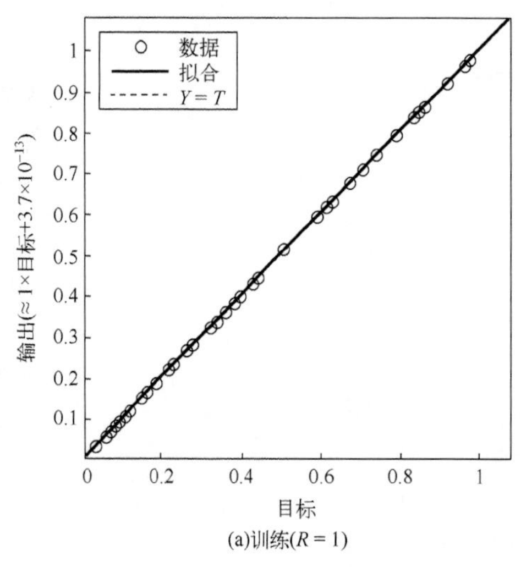

(a)训练(R = 1)

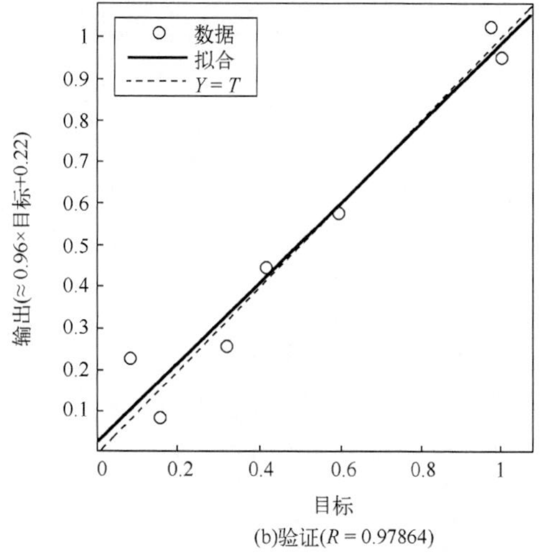

(b)验证(R = 0.97864)

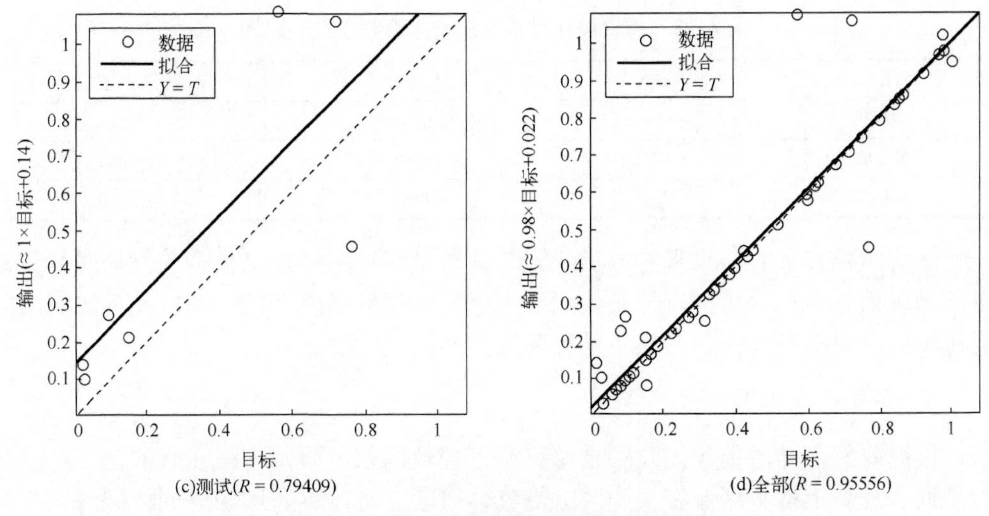

图 4-14　神经网络的拟合程度(方案二)

进一步探究方案二中所有样本输出值和实际目标风险值的误差，得到如图 4-15 所示的误差直方图。由图 4-15 可知，误差(目标–输出)大小被分为 20 个区间，代表训练集样本的蓝色条形都位于零误差附近，说明训练集吻合程度最高。表 4-22 分别统计了训练集、验证集以及测试集样本的评估误差和拟合程度。通过比较神经网络的实际值和输出，我们发现测试集中的某些样本误差很大，为了使网络评估的结果更准确，应提供额外的训练样本。

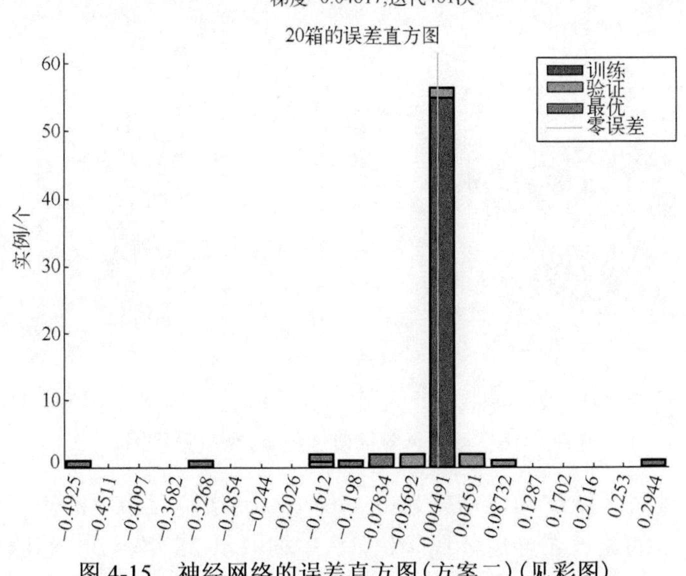

图 4-15　神经网络的误差直方图(方案二)(见彩图)

表 4-22　神经网络评估误差与拟合程度(方案二)

样本	样本数	均方差	回归系数
训练集	55	1.45×10^{-25}	1.0
验证集	7	0.00499	0.97864
测试集	7	0.07659	0.79409

从这两种方案的结果来看，当我们在神经网络结构中提供更多的指标关系信息时，训练效果会变得更好。但是，仍然不能达到目标精度。接下来应在神经网络的训练中提供更多有关搜救船舶单体风险的样本。

2. 综合风险插值示例

根据前面内容由单体风险融合可得海上搜救综合风险，值得注意的是，综合风险是同一片海上搜救区域在某一时刻的整体风险态势，不是同一时间相同海上搜救的搜救船舶单体风险的融合没有意义。假设图 4-16(a)代表海上某片区域搜救风险的真值，考虑到实际工作中海上搜救区域内所有风险要素的难以遍历性，本章提出的综合风险融合方法通过有限的船舶单体风险来逼近整体风险态势。由图 4-16(b)可以看出，红色离散点代表已知的部分搜救船舶风险单体值，差值要求模拟出的曲面全部经过已知样本点，将图 4-16(a)与(b)相比较，发现插值曲面能最大限度地反映风险态势曲面的分布情况。

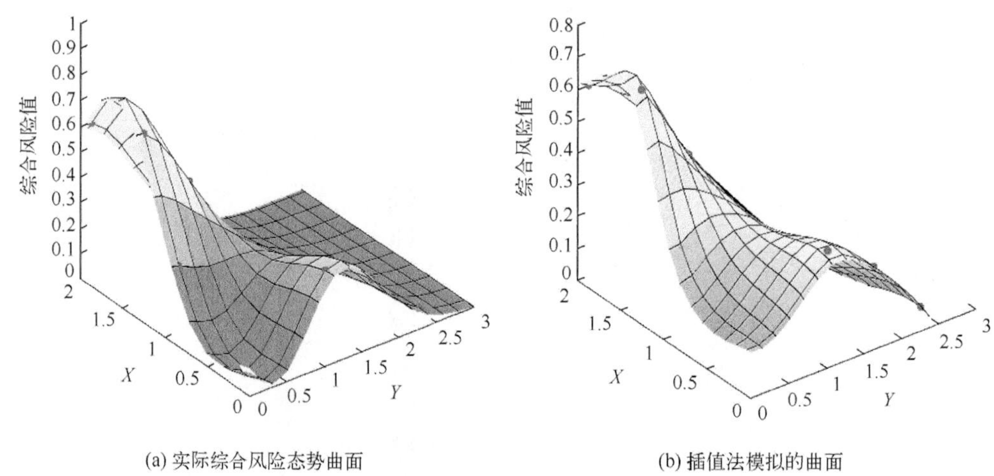

(a) 实际综合风险态势曲面　　(b) 插值法模拟的曲面

图 4-16　综合风险插值过程示意图(见彩图)

假设海上搜救区域被均匀划分为由 100×100 网格单元组成的矩形区域。基于本小节的示例样本的搜救船舶单体风险值，从中抽取出 25 组值，并且随机模拟给出它们在网格中的相应坐标，如表 4-23 所示。

表 4-23　综合风险评估已知样本点

已知样本点	网格坐标轴 X	网格坐标轴 Y	单体风险值
1	30	0	0.442
2	70	86	0.919
3	65	37	0.860
4	41	28	0.767
5	2	62	0.151
6	97	19	0.721
7	49	45	0.593
8	33	73	0.430
9	53	27	0.919
10	70	39	0.616
11	54	42	0.163
12	40	81	1.000
13	38	11	0.186
14	53	5	0.593
15	67	34	0.058
16	34	32	0.837
17	5	48	0.081
18	36	70	0.000
19	29	34	0.674
20	52	46	0.791
21	70	20	0.628
22	33	82	0.012
23	67	37	0.326
24	92	64	0.791
25	88	31	0.093

表 4-23 中的搜救船舶单体风险值是风险态势曲面上的已知点，采用双调和样条插值得到的综合风险态势曲面如图 4-17 所示。插值曲面凸起的区域代表搜救评估区域中风险比较大的部分，如该区域海洋气象条件恶劣或己方布置的搜救船舶脆弱等情况。这些高风险区域是海上搜救方案制定与优化时需要重点考察的片区，也是海上搜救应急管理的重点工作对象。插值曲面低凹的部分代表该搜救风险评估综合风险较低，如风平浪静的己方海岸附近等。

用插值法得到海上搜救风险态势曲面以后，若要计算搜救区域内某片子区域的风险值，则可以应用曲面积分公式(式(4-12))。当曲面的函数表达式不易获得时，

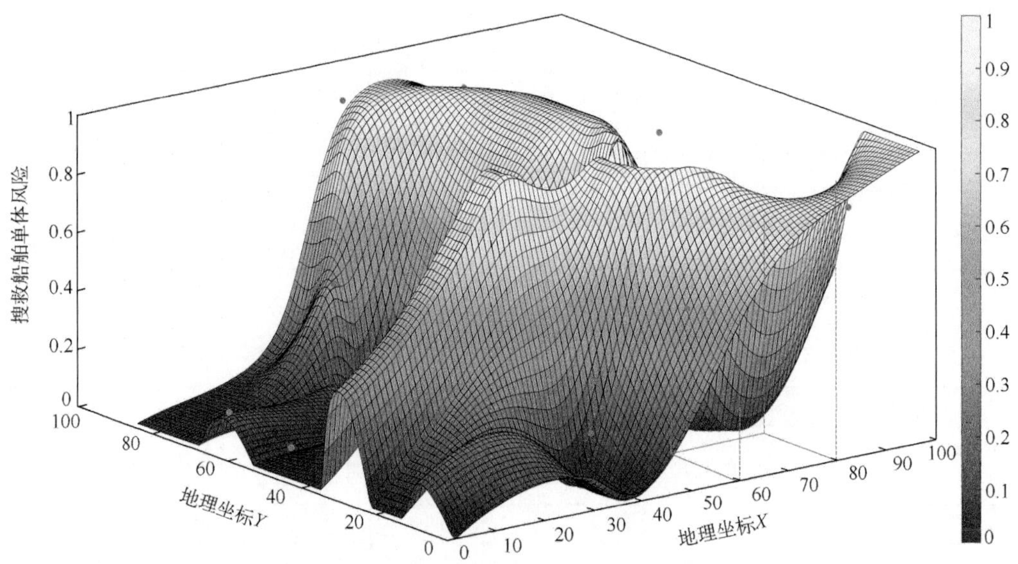

图 4-17　海上搜救风险态势曲面示例(见彩图)

可以利用最小网格拟合求解。例如，若要求图 4-17 中 X 坐标 60～80 和 Y 坐标 0～20 网格单元合并区域的搜救风险(图 4-17 中红色线段标出的四边形区域)，则首先将每个最小网格单元所对应的搜救船舶单体风险累加求和，然后与区域包含的网格数相除，如式(4-18)所示。

$$R \approx \frac{\sum_{i=1}^{400} z_i}{20 \times 20} = \frac{329.086}{400} = 0.8227 \tag{4-18}$$

结合式(4-12)可知，这种拟合法实质是一种积分的近似求解。将式(4-12)中的 $\mathrm{d}x\mathrm{d}y$ 近似为边长为 1 的正方形网格单元的面积，而公式中区域 $\boldsymbol{\Phi}$ 的面积 S 就是 400 个网格单元的面积和。该种方法可以应用于需要快速评估风险并且辅助搜救方案规划人员在搜救态势紧急的情况下做出决策的场景。

第 5 章　海上突发事件应急资源调配

关于海上突发事件应急资源调配方法的研究一直是应急管理领域的热门内容。随着我国海上应急体系的不断完善和海上应急理论与实践的不断发展，可以参与海上应急行动的各方资源越来越多，如直升机、固定翼机以及各类船舶，应急指挥人员需要解决的第一个现实问题就是如何合理高效地利用各方资源，给出科学、可行的应急方案，派遣具体资源执行任务，从而能够在最短时间内、最有效地完成海上应急任务。本章通过对常见的海上突发事件资源调配问题进行分析、建模和求解，试图为实际的海上应急行动提供一定的决策支持。

本章首先对海上突发事件应急资源调配问题进行了界定和深入剖析，识别出问题的本质特征以及决策过程中需要关注的核心要素；在此基础上抽象出海上突发事件应急资源调配问题的共性特征及解决思路，并构建了相应的研究框架。海上突发事件中搜救、溢油以及污染物泄漏事故经常发生，因此 5.2 节～5.4 节分别针对海上搜救资源调配、海上溢油应急处置资源调配以及海上突发事件应急监测站位布设问题开展了具体的研究，每个小节的行文逻辑和组织结构相同，都是从问题描述出发，接着构建针对具体问题的数学规划模型，然后设计模型的求解算法，最后通过示例验证模型的有效性。

5.1　海上突发事件应急资源调配概述

不同于常规决策，海上突发事件应急资源调配决策没有固定的决策规范和流程，也没有先例可循，甚至超出决策者的知识和经验储备。同时，决策者还面临紧迫的时间压力、碎片化的事故信息以及决策失误可能带来的政治问责和行政处分，加上参与决策的多元主体无法规避的认知不一、意见相左等不合作的情况，给海上突发事件应急资源调配带来了巨大的困难。

海上突发事件应急资源调配问题本质上是运筹规划问题，本节首先分析并确定海上突发事件应急资源调配中涉及的关键场景及内容；接着，针对不同的现实问题梳理出其特点、重点和难点，识别出应急决策过程中需要考虑的核心要素。基于此，对决策问题进行高度总结，抽象分析了将现实业务问题抽象成数学建模问题的解决思路，并构建了海上突发事件应急资源调配问题的研究框架，为具体问题的分析和解决提供参考。

5.1.1 海上突发事件应急资源调配问题

应急资源调配是根据突发事件的情况以及预测的结果，对应急资源进行合理分配的过程，不同于传统的资源调配问题，应急资源调配具有紧迫性和弱经济性，通常是考虑在时间最短的前提下，最大化方案的鲁棒性，最小化方案的成本、风险等要素。海上突发事件应急资源调配指的是在发生船舶失事、人员落水，海上溢油或海上污染物泄漏等突发性海上事故后，为迅速对事故做出反应，根据事故现场数据及应急资源的数量、位置分布等信息，通过定量化建模方式计算出需要从位于不同区域的不同应急队伍处调取资源的类型以及数量，为有效地开展海上突发事件应急行动提供参考和支持的一种活动。搜救、溢油以及污染物泄漏是最常见的海上突发事件，因此本章只考虑了海上搜救资源调配、海上溢油应急处置资源调配以及海上突发事件应急监测站位布设三个具体的业务问题。

海上突发事件具有突发性和紧急性、社会影响性、不确定性、人命与财产不安全性、环境与技术复杂性、涉外性等特点，对海上应急行动的时效性、可行性提出了高度的要求，结合海上突发事件的特点以及海上应急管理的要求，海上突发事件应急资源调配方案具有以下特点。

(1) 复杂性。海上突发事件应急所需要的应急资源种类多样且所需数量和时间不确定，这决定了海上突发事件应急资源调配方案的制定是一个复杂的过程。

(2) 可靠性。海上突发事件应急资源调配方案对可靠性也有一定的要求，即生成的相关方案在环境或者事故发生变化后仍然可行。

(3) 动态性。海洋环境的多变性和事故本身的衍变性，使得海上应急行动不是一个静态的决策过程，而是动态变化的，海上突发事件应急资源调配方案需要考虑到动态影响因素，才能够使方案更加科学、合理和有效。

(4) 多目标性。海上突发事件应急资源调配方案需要考虑各种不同的目标，如最大化应急行动成功率，最小化应急行动的时间以及成本等，这些目标之间可能相悖，需要综合考虑决策者的偏好以及应急场景等对这些目标进行权衡。

(5) 多约束性。海上搜救事故应急处置的特点和应急管理的要求决定了海上突发事件应急资源调配方案受到时间、环境和资源等多方约束。

结合海上突发事件的特征可以知道，受制于海上突发事件的时效性，海上突发事件应急资源调配方案必须在较短的时间内做出，尤其是突发事件刚发生的时候，应急决策者所能利用的决策支持信息往往是不足的或存在缺失的，而且资源调配方案是应急决策者对当前多个决策目标和决策信息的综合集成与权衡。但是由于人思维的局限性，无法在短时间内处理复杂的决策信息，因此，为了在短时间内做出高效的决策，可以利用多目标规划方法对决策评估方案进行选择优化，可根据具体事故情况选择合适的决策方法辅助决策者展开决策，提高应急效率。对此，本章从海上突发事件应急资源调配方案入手，针对海上搜救应急方案智能化生成、海上溢油应急处置资源调配、海上突发事件应急监测站位布设三个问题，对既往决策经验与专家知识进行建模，构建了相应的方案生成模型，并结合海上突发事件背景设置了相应的智能化求解算法。

5.1.2　海上突发事件应急资源调配问题研究框架

虽然海上突发事件的种类以及具体的应对措施有很大的不同，但是应急资源调配问题的解决思路大同小异，都是在考虑应急时间、应急效率、应急资源利用率等多个不同目标的基础上，结合现实的环境状况、资源条件等约束条件，建立多目标优化模型，并通过智能优化算法求出多个可行方案，最后结合决策者偏好，利用多属性决策方法从一组方案中选出符合决策者意愿的“满意解”。

本章基于决策理论与智能优化技术的海上突发事件应急响应方案优化问题建模及求解思路，如图 5-1 所示。首先需要梳理实际的海上突发事件业务流程，抽象出其中的科学问题并分析其建模思路，为之后的问题建模奠定基础。接着需要明确应急响应方案模型的数据输入、目标函数及约束条件，并基于合适的决策方法构建海上突发事件应急响应模型，其中数据输入包括事故现场数据、海洋环境信息以及可用的资源等；模型的目标函数可以考虑方案的时效性、鲁棒性等要素，根据决策问题的特点具体确定；模型的约束条件包括资源约束、现场海况约束、任务风险等。然后设计 NSGA-Ⅱ算法的具体编码方式以生成 Pareto 解集，并选择多属性决策方法 TOPSIS 选出考虑专家偏好的“满意解”。最后输出海上突发事件应急响应方案。

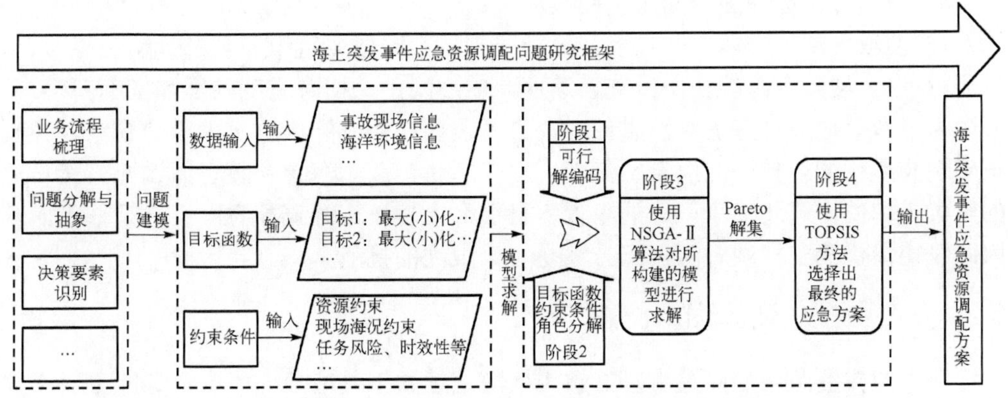

图 5-1　海上突发事件应急资源调配问题研究框架

在研究具体的海上突发事件应急资源调配问题时，需要根据现实业务中的预期目标和行动难点，明确相应科学问题中的决策要素，包括四个详细内容：①决策背景，相关决策是在应急监测的什么阶段、什么场景、什么条件下进行的；②决策依据，决策方案的制定需要遵循什么样的原则或者规则，需要满足什么样的现实约束；③决策内容，决策的对象是什么、决策目标是什么；④决策输出，决策支持方案需要输出什么内容供决策者参考，决策成果可以应用到什么地方。

5.2 海上搜救资源调配

由于海洋活动的日趋复杂和海洋环境的多变性，海上搜救事故频发，对于我国海上搜救应急处置能力提出了更高的要求，提高我国的海上搜救应急处置能力成了十分现实和紧要的问题，2014 年的马航 MH370 失踪事件，导致 227 名乘客至今下落不明，造成了巨大的生命和财产损失；2016 年我国帆船运动员在夏威夷海域附近失联，各方搜救资源均进行了积极的搜救行动，但最终仍未成功救援，这些海上搜救事故的发生时刻在考验着我国的海上搜救应急响应能力。因此，对于海上搜救应急资源调配的研究不仅可以减少生命和财产损失，也是建设“海洋强国”的重要内容。

恶劣的海上环境给搜救行动带来了很多挑战，为了克服这些挑战，目前大多数国家对海上搜救采取了航空和海上联合搜救方式。然而，协调整个海空搜救行动的效率和效益远远不止选择一艘船或一架飞机那么简单，如此复杂的联合行动会给决策者带来许多问题。例如，为了尽可能快地做出应急响应，决策者需要在短时间内在所有资源中选择参与搜救行动的飞机和船只。海上搜救资源调配方案设计直接决定着其运行的有效性和效率，降低人员伤亡。

在海上搜救决策方面，许多挑战阻碍了决策者做出科学的决策，主要表现在：

(1) 搜救资源选择的空间复杂而且庞大；

(2) 搜救资源种类多、数量多，包括了来自不同搜救组织的飞机、船舶等；

(3) 海上搜救资源的初始位置、速度、航线间距、扫海宽度以及容量不同。

为了有效地应对海上突发事件，决策者需要在短时间内分析大量的数据，并且正确选择最优的搜救资源组合。然而，迄今为止，关于海上搜救资源调配方案设计的定量模型的研究还很少。总的来说，目前海上搜救资源调配方案设计是低效的，因此制定最优海上搜救资源调配方案是一个很大的挑战。

5.2.1 海上搜救资源调配问题

海上搜救资源调配问题可以拆解为“海上搜救”“应急”“资源调配”三个关键词。首先，“海上搜救”给出了研究问题的现实背景；其次，“应急”明确了研究问题的具体特点；最后，“资源调配”是要研究的最根本问题。

海上搜救行动中存在着一些现实因素。首先，搜救飞机的速度远远快于船只，相对于搜救船只而言，飞机可以在短时间内快速到达作战区域并找到人员。其次，虽然无人机和固定翼飞机具有良好的海上搜索能力，但它们自身的结构并不适合在发现人员后进行打捞。然后，尽管直升机具有一定的救助能力，但与搜救空投能力相比，其救助能力仍然有限。因此，结合目前现实的搜救情况，我们只考虑了海上搜救行动中由搜救飞机执行快速搜寻定位任务，由搜救船只执行打捞救助任务。如图 5-2 所示，简化的海上搜救过程一般包括以下三个阶段：预警阶段、搜寻行动和救助行动。

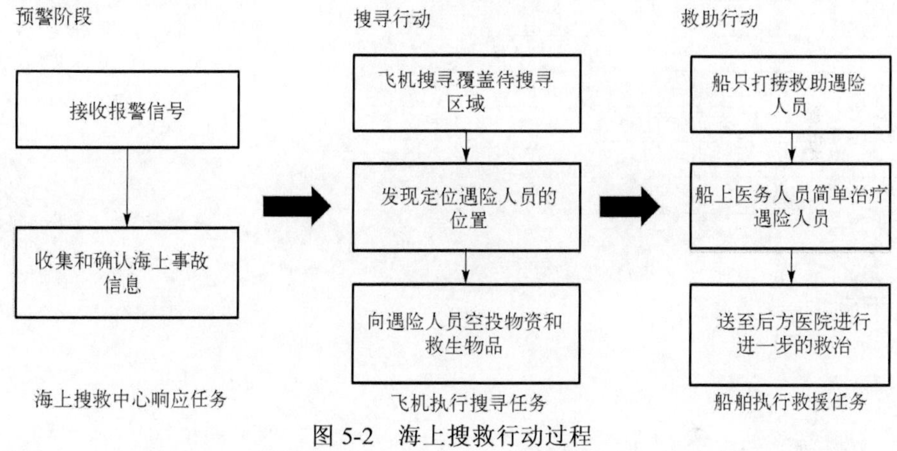

图 5-2　海上搜救行动过程

首先，在接收到海上遇难报警信号后，相关责任部门对已有的事故信息和环境信息进行确认和处理，为后续的搜救决策过程提供数据基础。其次，在搜寻阶段确定飞机资源调配方案，飞机速度远远大于船舶，因此由各类飞机展开搜寻，而各搜救飞机的位置、航速搜寻能力和发现目标的概率不同，应该设计合适的飞机方案使其快速高效地对待搜寻海域实施搜寻覆盖。然后，在救助阶段确定船舶资源调配方案，当飞机搜寻到搜救目标后，将目标的具体位置传输至附近救援船舶，并且根据距离的远近选择可用的船舶以最短的时间完成对搜救对象的打捞救援。最后，对飞机与船舶的方案进行融合，生成最优搜救资源调配方案。

为了更加形象地描述海上搜救资源方案生成的真实场景，本章通过可视化技术构建了如图 5-3 所示的高级概念图[63]。如图 5-3 所示，某海域发生了船舶失事或者人员落水等搜救事故，通过对搜寻目标漂移轨迹的预测，确定待搜寻海域并且假设待搜寻海域一定包含搜寻目标，而且实际搜救作业过程中，考虑到船舶的搜救作业特点，待搜寻海域一般是规则的矩阵或者圆形。待搜寻海域周边有若干搜救船舶基地以及航空基地，分别停靠了多艘可用专业搜救船舶以及多架可用专业搜救飞机，此外在待搜寻海域的周边可能存在多艘过路的商船、渔船等民用船舶，其中专业搜救船舶、过路民用船舶以及专业搜救飞机距离待搜寻海域的距离、最大航速、扫海宽度以及最大允许搜救作业的海况等信息已知。如何选择搜救资源并使其协同工作可以高效地完成对待搜寻海域的搜寻覆盖，是本章的主要研究问题。

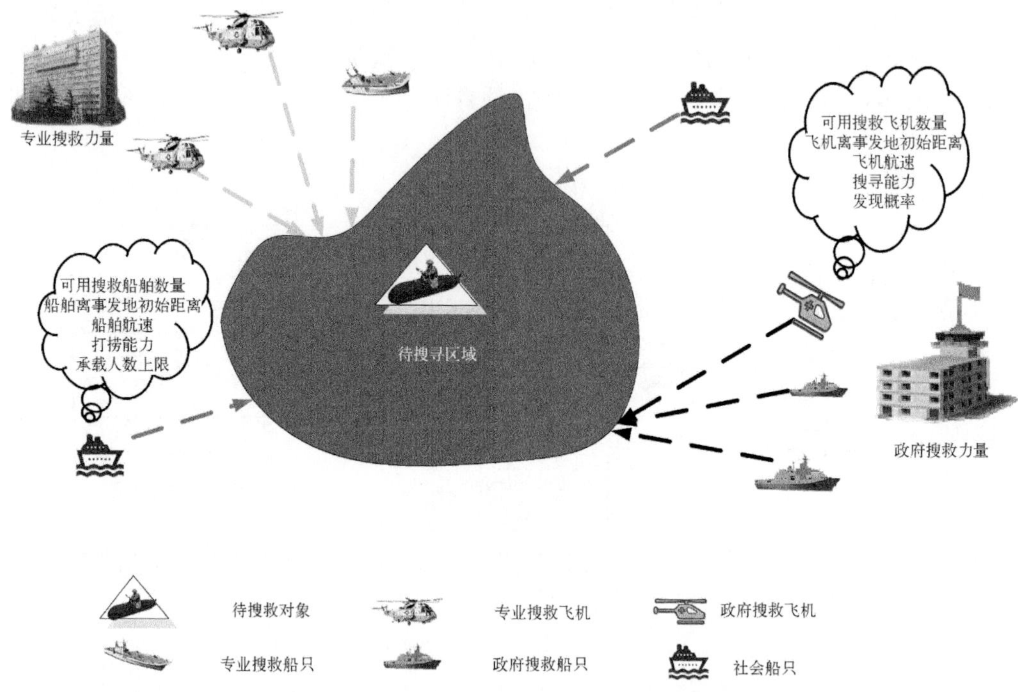

图 5-3　海上搜救资源调配方案设计决策概念图

为了便于研究，本节根据海上搜救作业的实际操作流程以及海上搜寻规划理论，做出如下假设。

(1)待搜寻海域的形状是规则的矩形或者圆形且待搜寻海域的面积已知，并且划分给各搜寻资源的待搜寻海域是不重叠的，完成搜救任务的标志是对待搜寻海域实施了完全的搜寻覆盖。

(2)本节考虑的搜救资源只包括搜救船舶和搜救飞机，其中搜救船舶包括专业搜救飞机和过路的商用、渔船等民用船舶，搜救飞机包括专业的搜救直升机以及固定翼飞机。

(3)假设搜救目标在待搜寻海域每个位置的存在概率是相等的，即搜救目标在待搜寻海域是均匀分布的。

(4)不考虑所有搜救飞机在参与搜救行动时返回航空基地的维修、加油时间。

(5)假设关于专业搜救船舶、过路民用船舶、专业搜救飞机以及固定翼飞机的最大航行速度、航线间距、扫海宽度以及最大允许作业海况等级等基本属性信息已知，并且可以通过宝船网获取到搜救船舶的实时位置等信息。

5.2.2　海上搜救资源调配模型构建

海上搜救资源调配方案决策需要协调各方资源共同完成，但各搜救资源的位置、容量、航速、巡航距离不同，环境状况也有很大的区别，如何选择可用的搜救资源并使其协同工作，对遇险人员实施快速高效的搜救，是海上搜救实践中经常遇到的问题。当海上事故突发时需要联合多方资源展开搜救，但就我国目前的海上搜救情况来看，搜救资源的选择还过多依赖经验的指导，组织行动存在一定程度的盲目性。接下来将通过定量化建模规范海上搜救资源调配的决策过程，为海上搜救行动提供科学的参考方案。

1. 海上搜救资源调配问题描述

针对海上搜救资源调配方案设计的定量化思路，即研究在全面掌握所有可用的海上联合搜救资源信息的情况下，对各方搜救资源进行科学的调配和指挥，考虑尽可能全的约束信息，研究海上搜救资源调配方案设计方法模型，并对模型进行求解和分析，得出参与搜救行动资源的最优方案(包括资源的类型及数量)，考虑用尽可能少的资源使得海上搜救行动效率全局最优。

不同搜救任务的搜救规模、搜寻区域、海上环境都有着显著的区别，设想在待搜救海域周围有多艘搜救船舶和多架搜救飞机[64]，这些船舶和飞机分别来自不同组织的资源，主要包括 3 部分资源：渔船商船等地方搜救资源；专业搜救资源；军方搜救资源。其中搜救飞机都有着不同的最大航速、目标发现概率、距待搜寻区域的距离、搜寻能力、最大续航时间。救助船舶也有着不同的最大载量、打捞时间、最大航速、距待搜寻区域的距离。如何选择可用的搜救飞机与船只，使得搜救成功率(probability of rescue，POR)以及平均资源效用最高是本章研究的问题。简单地说，海上联合搜救资源调配方案设计问题是已知待搜寻区域面积 S 、搜救行动的总人数 N 、资源性能 $E(i)$ 等信息的情况下，在资源正常出海行驶所允许的最大海况约束 b_i 、资源可用数量约束 n_i 、资源容纳的人员上限约束 c_i 等约束条件下，从来自渔船商船等地方搜救资源、专业搜救资源、军方搜救资源共 m 种资源中选择 z 种资源，并确定这 z 种资源的数量，从而生成联合搜救资源预案，并使得这种资源预案满足最大化搜救成功率以及最大化平均资源效用。

2. 海上搜救资源调配决策变量

对搜救任务而言，事故发生时，当地搜救中心接收到遇险信号，并能通过各类信息系统快速获取到事故及海域的各类信息，包括目前海况等级 B(1～9 等级)；不同搜救组织(军队、专业、地方)离事发地的初始距离分别为 d_j,d_z,d_d^i (n mile)；搜寻区域为 S(n mile^2)；搜救对象的总人数 N(人)；事发区域周边现共有 M 类装备(飞机

J 类、船舶 K 类)，其中装备的最大航速为 V_i(单位为 kn，1kn=1.852km/h)，能正常出海行驶所允许的最大海况为 b_i，装备的可用数量为 n_i；不同海况下飞机 j（$j \in \{1,2,\cdots,M\}$）的搜寻能力为 Cap_j(n mile^2/h)，发现目标的概率为 P_j，最大续航时间为 E_j(h)；船舶 k（$k \in \{1,2,\cdots,M\}$ 且 $k \neq j$）在不同海况下的平均打捞时间为 Sal_k (h)(包括两部分时间，是船到人位置的时间以及打捞人上船的时间之和)，且所能承载人数的上限 c_i；因此，装备可用一个八元组 $\text{Set} = (V, b, n, \text{Cap}, P, E, \text{Sal}, c)$ 表示。其中，V、b、n、Cap、P、E、Sal 和 c 分别代表装备的航速、正常行驶所允许的最大海况、现有总数、搜寻能力、目标发现概率、最大续航时间、打捞时间、最大载量 8 类属性。

该方案应该包括对资源的种类以及资源的数量的决策。因此搜救资源方案的数学表达式为

$$X = (x_1, x_2, x_3, \cdots, x_M) \tag{5-1}$$

其中，x_i 表示方案中资源 i 的数量，分别由飞机 j 和船舶 k 组成。若 x_i 为 0，则表示该搜救方案不使用设备 i。

目前根据以上已知信息，能分别计算得出资源到达指定区域时间 t_i，搜寻覆盖整片区域的总时间 T_s，每种飞机覆盖区域面积 S_i，这些参数将在后面内容的搜救成功率目标函数的计算中得以应用，下面进行解释说明。

1) 资源到达指定区域时间 t_i

t_i 为资源到达待搜寻区域初始位置的时间，则每种资源离事发初始点的距离除以资源速度能计算得到时间 t_i：

$$t_i = \begin{cases} \dfrac{d_z}{V_i}, & \text{装备}i\text{属于专业救助资源} \\ \dfrac{d_j}{V_i}, & \text{装备}i\text{属于军队救助资源} \\ \dfrac{d_d^i}{V_i}, & \text{装备}i\text{属于地方救助资源} \end{cases} \tag{5-2}$$

2) 搜寻覆盖指定区域的总时间 T_s

T_s 为搜寻资源覆盖整片搜寻区域的总时间，下面对 T_s 的计算过程进行解释：为了简化计算过程，假设已经对飞机进行搜寻区域的划分，且区域间不重叠[65]。对于搜寻活动而言，所有飞机共同展开搜寻，当最后一架飞机搜寻完最后一片区域时，即代表着搜寻活动的结束。因此对于所有资源而言搜寻总时间 T_s 是一定的，越早到达目的地的飞机能越早地进行搜寻作业。$T_s - t_i$ 为飞机 i 进行搜寻作业的时间，则 $(T_s - t_i)\cdot \text{Cap}_i$ 为飞机 i 搜寻覆盖的区域面积，且飞机搜寻覆盖面积是飞机数量的倍数。搜寻面积 S 已知，则实现对待搜寻海域的完全覆盖满足：

$$\sum_{i=1}^{J}(T_s - t_i)\cdot \mathrm{Cap}_i \cdot x_i = S \tag{5-3}$$

由式(5-3)化简求得搜寻阶段的总时间 T_s：

$$T_s = \frac{S + \sum_{i=1}^{J} t_i \mathrm{Cap}_i x_i}{\sum_{i=1}^{J} \mathrm{Cap}_i x_i} \tag{5-4}$$

3)每类飞机覆盖区域面积 S_i

对于不同性能的飞机而言，因为速度的差异决定了在 T_s 时间内最终能覆盖到的搜寻面积不同，越快到达事故初始点的飞机覆盖搜寻区域的范围越大。每种飞机覆盖区域 S_i 为

$$S_i = (T_s - t_i)\cdot \mathrm{Cap}_i \tag{5-5}$$

4)搜救对象在搜寻阶段的期望等待时间 $E_s(T)$

在搜寻阶段，搜救对象的期望等待时间 $E_s(T)$ 指的是在整个搜寻过程中获救者的平均等待时间，即搜救对象等待时间的总和除以总的被搜救人数，公式表示如下：

$$E_s(T) = \frac{\sum_{j=1}^{n} T_j}{N} \tag{5-6}$$

其中，$\sum_{j=1}^{n} T_j$ 为每个搜救对象被搜寻覆盖时间的累加，但无法得知每个搜救对象实际被搜寻到的时间，因此无法直接求得 $E_s(T)$。假设能将总人数按照被搜寻到的顺序分成若干组，若每一组能够求得搜寻平均时间，则可以通过累加每一组的总时间(该组的搜寻平均时间 $\overline{T}_j \times$ 组内人数 NUM_j)来求得搜救对象等待时间的总和 T_j。

$$T_j = \mathrm{NUM}_j \cdot \overline{T}_j \tag{5-7}$$

而已知搜寻过程中由于飞机速度的差异，飞机实际上是陆续到达的，设到达的时间分别为 $t_1, t_2, t_3, \cdots, t_j$，该条件可以求得。对应前面内容这里将不同种类飞机到达的相邻时间段内的搜寻到的人数分为一组，从而所有人数被分成了若干组。

组内资源数量的计算。相邻时间段内由于飞机数量以及种类是确定的，如图 5-4 所示，$[t_1, t_2]$ 时间段内仅有 a 飞机参与搜寻，$[t_2, t_3]$ 时间段内 a 与 b 飞机共同参与搜寻。因此相邻阶段内的搜寻速率恒定，可以求得不同时间段内得到面积 S_j，由该阶段内参与搜寻飞机的搜寻能力 Cap_i 与搜寻的时间 $t_j - t_{j-1}$ 相乘可得，而且该种类飞机越多，覆盖面积越大。

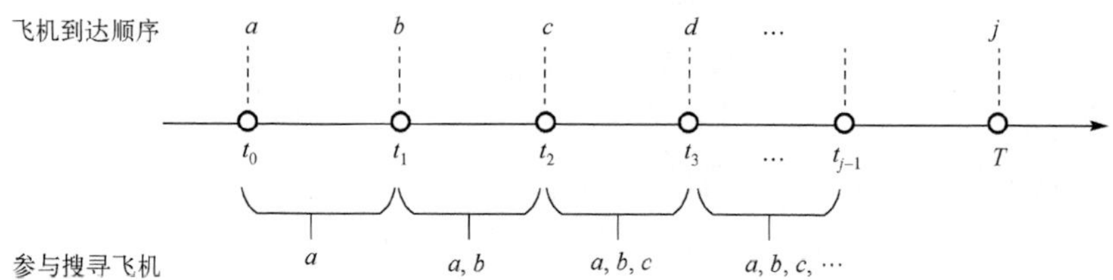

图 5-4　不同种飞机参与搜寻行动的时间示意图

$$S_j = \sum_{\substack{i:[t_{j-1},t_j]\text{时间段内} \\ \text{参与搜寻的飞机}i}} x_i \cdot \text{Cap}_i(t_j - t_{j-1}) \tag{5-8}$$

假设该海域人口密度 ρ，则可以计算出 $[t_{j-1},t_j]$ 时间段内搜寻到的人数 NUM_j 为 $S_j \cdot \rho$，即

$$\text{NUM}_j = S_j \cdot \rho = \sum_{\substack{i:[t_{j-1},t_j]\text{时间段内} \\ \text{参与搜寻的飞机}i}} x_i \cdot \text{Cap}_i(t_j - t_{j-1}) \cdot \rho \tag{5-9}$$

各时间段内被搜救者的平均等待搜救时间。在搜寻速率恒定的情况下，$[t_{j-1},t_j]$ 段内的搜寻平均时间可以直接表示为

$$\frac{t_j + t_{j-1}}{2}$$

最后通过计算搜寻人被搜寻到的总时间，并累加各个组的总时间即可求得 T_j。

$$T_j = \sum_{\substack{i:[t_{j-1},t_j]\text{时间段内} \\ \text{参与搜寻的飞机}i}} (x_i \cdot \text{Cap}_i \cdot (t_j - t_{j-1}) \cdot \rho) \frac{t_j + t_{j-1}}{2} \tag{5-10}$$

因此可求得

$$E_s(T) = \frac{\sum_{j=1}^{n} \sum_{\substack{i:[t_{j-1},t_j]\text{时间段内} \\ \text{参与搜寻的飞机}i}} (x_i \cdot \text{Cap}_i \cdot (t_j - t_{j-1}) \cdot \rho) \cdot \frac{t_j + t_{j-1}}{2}}{S\rho} = \frac{\sum_{j=1}^{n} \sum_{\substack{i:[t_{j-1},t_j]\text{时间段内} \\ \text{参与搜寻的飞机}i}} (x_i \cdot \text{Cap}_i(t_j^2 - t_{j-1}^2))}{2S} \tag{5-11}$$

3. 海上搜救资源调配约束条件

海上联合搜救资源方案设计过程中由于现实环境条件以及资源自身属性的局限，存在着一定的约束条件。以下是本章结合实际情况总结出的约束条件。

1) 资源总数约束

资源可用的数量存在着上限，主要因为不同搜救组织配置的资源数量本身就是一定的，并且可能会有某些资源正在维系或者执行其他的任务。因此，进行资源方案设计时选择的资源不能超过每一类资源的总数，方案中 x_i 应满足如下约束：

$$0 \leqslant x_i \leqslant n_i, \quad x_i \in \mathbf{N}; i = 1, 2, \cdots, M \tag{5-12}$$

2) 资源正常出海行驶所允许的最大海况约束

波级是海面因风力强弱引起波动程度的大小，波浪越高则级别越大，风浪过大时会造成海面颠簸，某些船舶在恶劣的海况下出海会有危险。因此海况条件对于资源是否能正常出海完成任务有着一定的约束，资源结构性能的不同决定了资源能承受的海况条件不同。有些资源在恶劣的海况下能够正常出海，但有一些资源则不能。资源出海能承受的最大海况等级 b_i 是资源自身的固有属性，与资源自身物理构造有关。在进行资源选择时，海况也是一个约束条件，能正常出海行驶所允许的最大海况应大于目前海况等级：

$$b_i \geqslant B, \quad b_i \in \{1, 2, \cdots, 9\}; i = 1, 2, \cdots, M \tag{5-13}$$

3) 船舶容纳的人员上限约束

不同的船舶大小不一，为了安全行驶所能容纳的人员存在着限制。虽然搜救紧急，但是现实条件不能允许船舶承载无上限的人。资源所能承载的最大容量也是每一个资源的固有属性。每个资源的容量限制决定了资源只能容纳一定的被救对象。

$$N \leqslant \sum_{i=1}^{K} c_i, \quad N \in \mathbf{N} \tag{5-14}$$

4) 飞机(船舶)到达区域的时间不超过搜寻(救援)总时间

每一种搜救资源必须在搜救行动完成前，赶到搜寻现场才有机会参与行动。当附近有足够多的资源能够参加救援时，有一种情况可能会发生，即距离远的资源赶到现场时，搜救就已经结束，此时搜救船舶的出动就没有意义。因此在进行搜救资源的选择时，还需要考虑到飞机和船舶到达搜寻区域的时间。如下所示，飞机到达区域的时间 $t_j (j \in \{1, 2, \cdots, M\})$ 应该小于搜寻过程的时间 T_s；同时对于船舶而言，到达区域的时间 $t_k (k \in \{1, 2, \cdots, M\}且 j \neq k)$ 应该小于整个救援过程的时间 T，即 $t_j < T_s 和 t_k < T$。

4. 海上搜救资源调配评价指标

1) 评价指标 1：最大化搜救成功率

在以上分析中已知搜救成功率(POR)主要由两部分组成，分别是搜寻成功率(probability of success，POS)以及生存水平(probability of survival level，POL)。本章选取最大化搜救成功率作为目标函数，公式如下：

$$\text{Max(POR)} = \text{POS} \cdot \text{POL} \tag{5-15}$$

由式(5-15)可见，搜救成功率由生存水平与搜寻成功率的乘积所得，下面分别对搜寻成功率以及生存水平的定义及计算模型进行解释。

(1)搜寻成功率的计算模型。

Koopman 教授在搜寻理论的奠基性著作——*The theory of search*[66,67]中提出了搜寻成功率的概念，即搜寻单位最终发现目标的可能性。海上搜索行动能否取得成功主要受两个因素的影响：①搜索者必须在可能包含目标的区域内搜索，②搜索者在搜索区域内必须具有探测发现搜索目标的能力，即搜索者所配备的探测器(视力以及电子)能以一定探测概率在搜索区域内探测到该目标。因此搜索成功依赖于两个概率：一是搜索区域包含目标的概率，简称包含概率(probability of containing，POC)；二是如果搜索目标在该搜索区域内，搜索者探测到目标的概率，即发现概率(probability of detection，POD)。由此可见，POS 的计算公式为

$$\text{POS} = \text{POC} \times \text{POD} \tag{5-16}$$

实际搜索行动中，POS 的值处在 0～1。本节假设已经计算好搜寻区域，并且搜救目标包含在此区域内。因此，POC 的值为 1，搜寻成功率的计算公式如式(5-17)所示：

$$\text{POS} = \text{POD} = \sum \frac{S_i}{S} \cdot P_i \tag{5-17}$$

其中，P_i是不同飞机的发现概率[68]，指搜寻目标 100%位于某一个海域时，搜寻设备能够发现该目标的概率。不同资源的发现概率不同，与搜寻人员经验、环境条件、资源性能有关。海上的海浪、大雾等会阻挡搜寻人员的视线，并且能见度随海况的复杂程度而降低。因此当搜寻资源 100%位于某一个海域时也不一定能发现目标，最终搜寻成功率由每种飞机覆盖区域的比例与各自发现概率的乘积所得。

(2)生存水平的计算模型[69]。

生存水平代表的是搜救对象在被成功获救时的生存力水平，它与搜救时间和海况直接相关。整个搜救过程所耗费的时间会影响到搜救对象的生存水平。当飞机搜寻定位成功后向船舶发送定位信号，船舶接收信号并迅速向搜救对象的方向驶来进行救援，这个过程中消耗的时间越长，搜救对象生命力会越低。而搜救对象所处的海上环境条件越恶劣，搜救对象的等待时长会越短[70]。因此，本节考虑尽可能全的要素来衡量生存水平，POL 的表达式如下所示：

$$\text{POL} = 1 - \frac{E_r(T)}{h_0(B) + \Delta h} \tag{5-18}$$

其中，$h_0(B)$代表的是人在 B 级海况下的平均最长等待时间，可根据历史经验数据

获得；$h_0(B)+\Delta h$ 是指搜救对象在经过搜寻阶段后通过飞机空投的物资及救助措施从而延长的平均最长等待时长；$E_r(T)$ 代表的是搜救对象在救援阶段的期望等待时间，实际上也是整个搜救过程中搜救对象的平均等待时间。本节假设生存水平随搜救时间线性下降，因此，搜救对象的实际等待时间 $E_r(T)$ 与最长等待时间 $h_0(B)+\Delta h$ 的比值则代表的是搜救对象目前已经消耗的生存水平，而剩余的生存力就是目前搜救对象的生存水平。

根据实际搜救情况可知，当飞机搜寻到搜救对象之后，可以空投幸存者需要的救生物品，包括药物、营养物、救助设施等物品，从而能延长搜救对象的最长等待时间，确保那些无法直接被营救的幸存者在等待其他船舶营救的期间，能依然保持生存状态。因此，$E_s(T)$ 越短表示搜寻对象能越快地得到所需物资，从而在一定程度上延长搜救对象的等待时间，设能延长的时间为 Δh。通过分析可得，Δh 与 $E_s(T)$ 实际上是线性递减的关系，可表示为

$$\Delta h = \partial\left(1-\frac{E_s(T)}{h_0}\right)$$

其中，∂ 为搜救对象等待时长的最长延续时间。当搜救对象及时得到救援时，认为被救人员的最长等待时间可以延续 3 小时。但若搜救时长大于搜救对象的最长等待时长，则无法延续。根据上式可知随着 $E_s(T)$ 的减小，Δh 会变大。当 $E_s(T)$ 为 0 时，即代表搜寻阶段不消耗时间，此时 Δh 最大。当 $E_s(T)$ 等于最长等待时间 h_0 时，此时 Δh 为 0。

接下来，对 $E_r(T)$ 的计算模型进行解释。在救援阶段，搜救对象的期望等待时间 $E_r(T)$ 指的是在整个救援过程中获救者的平均等待时间，即所搜寻到的人员在等待船舶救援时间的总和除以总的被搜救人数，公式表示如下：

$$E_r(T)=\frac{T_r}{N\cdot \text{POS}} \tag{5-19}$$

其中，T_r 应该为每个搜救对象被船舶救援时间的累加，如图 5-5 所示。在救援阶段需要救援的人数应该是搜寻阶段被搜寻的人数，搜寻阶段的成功率为 POS，因此需要被搜寻到的人数为 $N\cdot\text{POS}$。

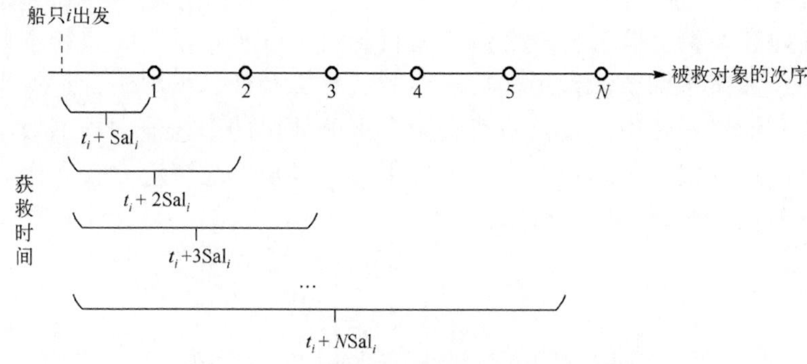

图 5-5　不同搜救对象获救的时间示意图

由图 5-5 可知，Sal_i 为船舶 i 打捞每个人所消耗的单位时间，t_i 为船舶到达区域的时间，N_i 为船舶 i 所救援的人数，则 N_i 个人等待救援的时间累加为

$$N_i t_i + \sum_{j=1}^{N_i} j \cdot \mathrm{Sal}_i$$

而救援过程中船舶 i 共有 x_i 艘，因此救援每个人的总时间变为

$$N_i t_i + \sum_{j=1}^{N_i} j \cdot \left(\frac{\mathrm{Sal}_i}{x_i}\right)$$

因此，所有船舶在救援过程中所消耗的总时间为

$$T_r = \sum_{i=1}^{K}\left(N_i t_i + \sum_{j=1}^{N_i} j \cdot \left(\frac{\mathrm{Sal}_i}{x_i}\right)\right) \tag{5-20}$$

故可得 $E_r(T)$ 为

$$E_r(T) = \frac{\sum_{i=1}^{K}\left(N_i t_i + \sum_{j=1}^{N_i} j \cdot \left(\frac{\mathrm{Sal}_i}{x_i}\right)\right)}{N \cdot \mathrm{POS}} \tag{5-21}$$

下面对方案中的 N_i 进行分析，由于 N_i 代表的是每类船舶实际救援到的人数，因此，N_i 实际上就是制定方案时关于救援人数分配的规划问题。为了充分发挥每类船舶的救援能力，在这里假设每一艘船的救援是连续进行的，同时所有船舶之间是相互协同并不受干扰的。因此，在对救援人数进行优化时应该满足以下条件：①某类船救援 N_i 个人的时间应大于任意一艘船救援 $N_i - 1$ 个人的时间，并且应小于任意一艘船救援 $N_i + 1$ 个人的时间；②船舶 i 救援的总人数 N_i 不超过方案中这类船总的载量。在被救援人数一定的情况下，针对该类整数规划问题，通过不断迭代产生的局部最优解，最终可以得到全局最优解。不同的最优解对应于不同的救援方案，即对应于不同的船舶救援人数分配方案。

2)评价指标 2：最大化平均资源效用

在前面内容对海上联合搜救资源方案设计目标分析中，已经得知本章的另一个目标函数为最大化平均资源效用，后面内容就定义及计算模型进行进一步的解释。

本书中平均资源效用：是指所有资源带来的效用的平均值，本书效用可以用搜救成功率来衡量，因此平均资源效用可以用搜救成功率与资源总数之比。平均资源效用 E 的计算公式如式(5-22)所示：

$$E = \left(\frac{\mathrm{POR}}{\sum_{i=1}^{M} x_i}\right) \tag{5-22}$$

结合图 5-6 对式(5-22)进行进一步的阐述，搜救成功率与资源总数之比是曲线的割线斜率，而该曲线斜率递减可得该函数实际上是凸函数，凸函数的割线斜率会随着自变量的增大而逐渐减小，即平均资源效用会随着搜救成功率的增大而逐渐减小[71]。因此，本章的两个目标实际上是冲突矛盾的。当资源数量足够多时，搜救成功率高，但会存在资源数量冗余，此时平均资源效用小。而当资源数量不足时，搜救成功率低，但对于单个资源而言贡献率大。

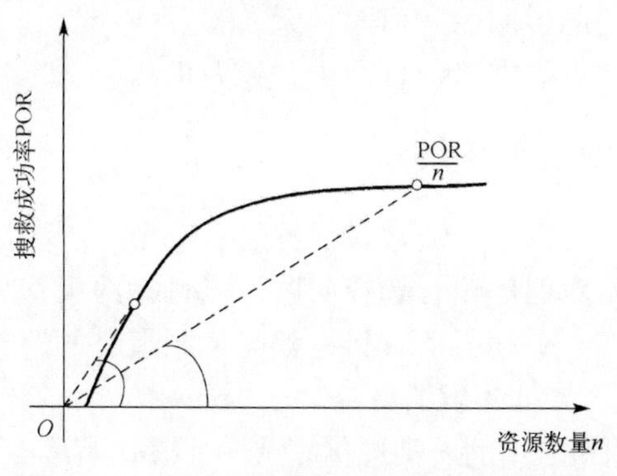

图 5-6　平均资源效用与资源数量的示意图

通过最大化搜救成功率以及最大化平均资源效用来筛选候选资源方案，从而生成最优方案解集。

5. 海上搜救资源调配方法流程

通过对海上突发事件应急处置的场景、业务流程、预期目标以及各类约束的分析构建模型的流程框架图，如图 5-7 所示。

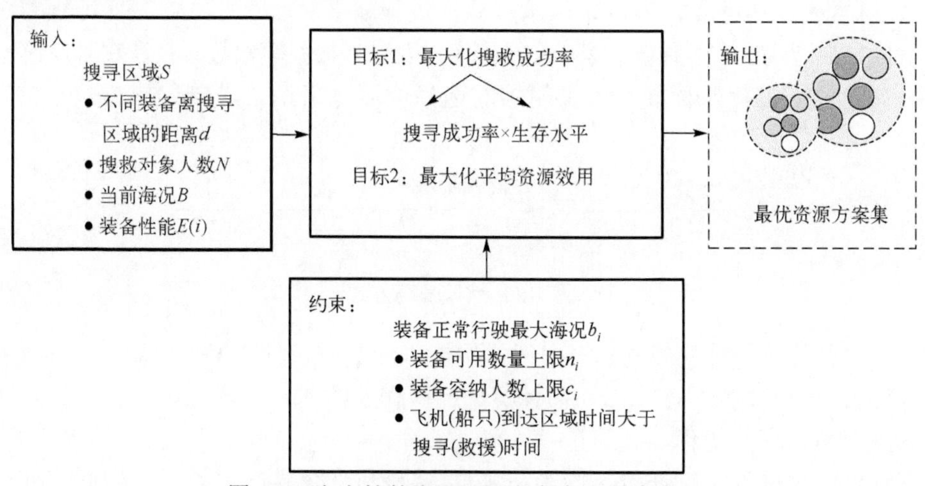

图 5-7　海上搜救资源调配方案生成方法流程

具体输入内容：

(1)事故的类型；

(2)发生的时间与地点；

(3)失事目标的漂移轨迹预测数据；

(4)最优的搜寻区域以及海洋环境信息；

(5)各海上设施(专业救助船、船舶、军舰、近岸救生艇、远洋拖船、引航艇以及其他可用于搜救行动的破冰船、商船、无人艇)；

(6)空中设施(固定翼航空器、直升机、无人机)。

5.2.3　海上搜救资源调配求解

在单目标约束优化问题中，通常最优解只有一个，利用简单常用的数学方法就能求出最优解，但是本章船舶组合选择问题是多目标约束优化问题，各个目标之间相互制约，不可能存在一个使得所有目标都能达到最优的解，所以，对于多目标优化问题，其解集通常是一个非劣解的集合——Pareto 解。目前，多目标遗传算法是分析和解决多目标优化问题最常用的一类进化算法，其核心就是协调各目标之间的关系，找出使得所有目标都尽可能大的最优解，而在众多多目标遗传算法中，NSGA-Ⅱ是影响最大且应用最为广泛的一种多目标遗传算法[9]。

1. *模型求解算法——NSGA-Ⅱ*

NSGA-Ⅱ[72,73]算法是在 NSGA 的基础上改进得到的，其弥补了 NSGA 算法非支配排序的高计算复杂性、缺少精英策略以及需要指定共享参数等不足，求得的 Pareto 最优解分布均匀、收敛性及鲁棒性好，对多目标约束优化问题具有良好的优化效果。

针对本模型的特点，本章采用求解算法步骤如下。

(1)定义迭代次数、种群规模、交叉概率以及变异概率等参数，将计数器设置为 0。

(2)随机产生初始种群，各类船舶的选择位可以采用二进制编码方式，编码如图 5-8 所示。

专业救助船的选择位	公务船舶的选择位	民用船舶的选择位
X_1^1, X_2^1, …, X_{M1}^1,	X_1^2, X_2^2, …, X_{M1}^2,	X_1^3, X_2^3, …, X_{M1}^3

图 5-8　个体编码方式

(3)对种群进行非劣排序。根据评价指标 1 和 2 以及约束函数，赋予个体秩和拥挤距离值。之后对种群进行二元锦标赛选择操作。

(4)交叉、变异操作。

(5)对临时种群进行评价。由当前种群 M 和交叉变异产生的子代种群 N 组成临时种群，通过对个体秩以及拥挤距离的比较，产生关于临时种群的非劣排序。

(6) 产生新的种群。通过步骤(5)中对临时种群的评价，选取一定的最优个体组成新的种群。

(7) 判断是否达到规定的迭代次数，如果已经达到了规定的迭代次数，则输出最优解，否则计数器加 1，转至步骤(3)继续执行。

2. *折中解求法——TOPSIS 方法*

TOPSIS 方法是一种多属性决策方法[73]，它通过比较各备选方案与正负理想方案(最优方案与最劣方案)的接近程度进行排序。主要步骤如下所述。

(1) 建立并归一化决策矩阵：

$$A = (a_{ij})_{p\times 2}$$

其中，p 是可行解的个数；2 是评价目标个数，本章中对应的是搜救成功率及平均资源效用。

$$x_{ij} = \frac{a_{ij}}{\sqrt{\sum_{i=1}^{p} a_{ij}^2}}, \quad i = 1,2,\cdots,p; j = 1,2 \tag{5-23}$$

其中，x_{ij} 表示归一化后的决策矩阵单元。

(2) 建立加权标准化决策矩阵：

$$R = (r_{ij})_{p\times 2}$$

其中，$r_{ij} = x_{ij} \times w_j$，$w_j$ 是第 j 个目标的权重。

(3) 界定正负理想解 f_j^+, f_j^-，搜寻时间和搜寻成本都是成本型指标，因此

$$f_j^- = \min_j r_{ij}, \quad i = 1,2,\cdots,p \tag{5-24}$$

$$f_j^+ = \max_j r_{ij}, \quad i = 1,2,\cdots,p \tag{5-25}$$

(4) 计算可行解与正负理想解之间的欧氏距离：

$$D_i^+ = \sqrt{\sum_{j=1}^{2} (r_{ij} - f_j^+)^2} \tag{5-26}$$

$$D_i^- = \sqrt{\sum_{j=1}^{2} (r_{ij} - f_j^-)^2} \tag{5-27}$$

(5) 计算可行解对理想解的相对贴近程度 C_i：

$$C_i = \frac{D_i^-}{D_i^- + D_i^+}, \quad i = 1,2,\cdots,p \tag{5-28}$$

最终，按照 C_i 进行由大到小排序。C_i 值最大的解方案即为 Pareto 解集中的最优解。

5.2.4　海上搜救资源调配示例

本节拟以我国北部海域上发生的某大型意外事故为背景，对我国海上搜救资源调度方案设计优化问题进行分析建模，然后采用智能优化算法对模型进行求解，验证所建模型的合理性以及算法求解的有效性。

1. 海上搜救资源调配示例描述

北部海域发生一起意外事故，1 艘载有 70 人的商船意外失火，失去动力，有倾覆危险，人员弃船。商船释放救生设备积极自救，但因恶劣海况，落水人员漂浮范围广，伤情复杂，急需外界救援。险情发生后，船上人员通过遇险专用通信资源发出了遇险报警，北海搜救中心接收确认了报警信息后按照程序做出了搜救应急反应。在测量海况、掌握目前各方搜救可用资源，并计算出了搜寻区域的基础上，需要紧急制定搜救计划，进行搜救资源调度方案设计。

遇险地分别离附近最近的专业搜救中心、海军搜救中心的距离是 90n mile、120n mile，该海域附近有可用的渔船商船数量为 5 艘，而且专业搜救中心内有部分专业救助船舶与飞机正在外执行日常巡逻任务，海军搜救中心内有少量资源正在维修也不可用。经测得待搜救区域面积为 800n mile^2，经过海洋信息测算目前海况为 4 级[74]，风级为 3 级。经过历史数据统计以及实验所得在 4 级海况下人能最长等待时间为 5h。为了科学有效地实施搜救，需要确定搜救资源调度方案，资源调度方案包括确定参与搜救的资源类型及数量，以及这些资源来自哪些搜救资源。其中，专业搜救资源中可用资源的性能信息如表 5-1 所示，军方搜救资源中可用资源的性能信息如表 5-2 所示，附近可用地方搜救资源的资源性能信息如表 5-3 所示。

表 5-1　专业搜救资源的性能输入

装备编号	装备类型	海况限制 (b_i^a,b_j^v)	航速 (v_i^a,v_j^v)/kn	续航能力 (E_i)/h	容量 (c_j)/人	搜寻能力 (Cap_i)/(n mile^2/h)	发现概率 (P_i)	平均救援时长 (Sal_i)/h	装备可用数量 (n_i^a,n_j^v)
飞机 1	直升机 A	4 级	220	14	0	100	0.95	0	2
飞机 2	直升机 B	3 级	170	15	0	90	0.7	0	2
飞机 3	固定翼机 A	4 级	300	13	0	130	0.9	0	3
飞机 4	固定翼机 B	5 级	620	10	0	240	0.91	0	1
船舶 1	华英救护艇	4 级	39	0	12	0	0	0.02	4
船舶 2	专业海洋救助船	4 级	27	0	15	0	0	0.06	2
船舶 3	快速救助艇	4 级	32	0	21	0	0	0.03	3
船舶 4	大型海洋救助船	5 级	22	0	20	0	0	0.08	1

表 5-2　军方搜救资源的性能输入

装备编号	装备类型	海况限制 (b_i^a,b_j^v)	航速 (v_i^a,v_j^v)/kn	续航能力 (E_i)/h	容量 (c_j)/人	搜寻能力 (Cap_i)/(n mile²/h)	发现概率 (P_i)	平均救援时长 (Sal_i)/h	装备可用数量 (n_i^a,n_j^v)
飞机 5	直升机 C	4 级	280	13.5	0	120	0.8	0	2
飞机 6	运输机	4 级	550	12	0	200	0.95	0	2
飞机 7	固定翼机 C	3 级	700	9	0	270	0.85	0	1
船舶 5	医院船	5 级	18	0	44	0	0	0.12	1
船舶 6	920 救助艇	3 级	35	0	88	0	0	0.01	3
船舶 7	中海高速救助船	5 级	40	0	20	0	0	0.08	2

表 5-3　地方搜救资源的性能输入

编号	装备类型	船舶离遇险地距离 (d_i^d)/n mile	海况限制 (b_i^a,b_j^v)	航速 (v_i^a,v_j^v)/kn	容量 (c_j)/人	平均救援时长 (Sal_i)/h	装备可用数量 (n_i^a,n_j^v)
船舶 8	渔船 A	30	4 级	12	10	0.04	1
船舶 9	渔船 B	40	5 级	10	9	0.01	1
船舶 10	渔船 C	80	5 级	9	15	0.05	1
船舶 11	商船 D	120	4 级	32	25	0.15	1
船舶 12	商船 E	150	4 级	39	10	0.1	1

综合上述已知信息，从三方搜救资源中选出合适的资源种类与数量形成最优的搜救资源调度方案，满足以尽可能少的资源完成对搜救行动的高效搜救，充分利用附近资源使得资源调度方案的搜救成功率最高。下面通过多目标规划的资源调度方案选择模型，求解出最优的资源调度方案。

利用前面内容对海上搜救资源设计问题的定量化描述，结合具体实例背景，开展对实例的研究。首先，需要明确模型中涉及的决策变量、评价指标和约束条件。

2. 海上搜救资源调配示例建模

从案例中的描述信息可知，目前海况 B=4；搜救对象人数 N=70；待搜寻区域面积 S=800n mile^2；人在 4 级海况下的最长等待时间 $T^l(4)$=5h；专业搜救资源离事发点的距离 d_z=90n mile；军方搜救资源离事发点的距离 d_j=120n mile；附近的 5 艘商船渔船分别离事发地 d_1^d=30n mile、d_2^d=40n mile、d_3^d=80n mile、d_4^d=120n mile、d_5^d=150n mile。

根据上一步基于规则库的初步可行资源生成得到包括 5 架飞机、10 艘船舶的可行待选择资源($M=15, I=5, J=10$)，因此，最后所求得的海上搜救资源调度方案 X 为

$$X=(x_i,x_j)=\underbrace{(x_1,x_2,\cdots,x_5)}_{\text{飞机}},\underbrace{(x_6,\cdots,x_{15})}_{\text{船舶}} \tag{5-29}$$

将以上已知信息输入多目标规划模型中，在运用 NSGA-Ⅱ算法求解时，采用锦标赛选择机制，模拟二进制交叉和差分变异算子，终止条件选择最大进化代数。具体参数设置如下：初始种群规模为 200，交叉概率为 0.8，变异概率为 0.05，最大进化代数设置为 1000。最终通过 NSGA-Ⅱ算法求出海上搜救资源调度方案的最优解集，模型运行完毕得到的 Pareto 前沿如图 5-9 所示。

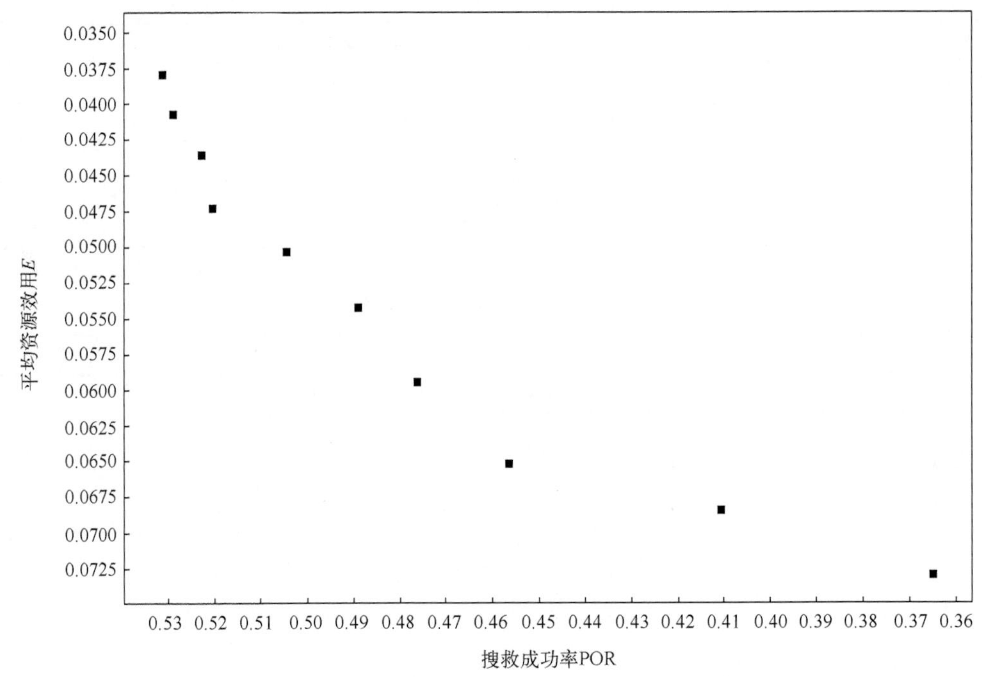

图 5-9　求解结果的 Pareto 最优解集分布

最终求得 11 个 Pareto 解，11 个决策变量的值以及相对应的目标函数的值，如表 5-4 所示。

表 5-4　资源调度方案的求解结果

方案序号	资源调度方案	目标 1：搜救成功率	目标 2：平均资源效用
A	[0 1 0 0 0 1 1 0 0 1 0 0 1 0 0]	0.3646	0.0729
B	[0 1 1 1 0 1 1 0 0 0 0 0 1 0 0]	0.4107	0.0684
C	[0 1 1 1 0 1 1 0 0 0 0 0 1 1 0]	0.4563	0.0652
D	[0 1 2 0 0 1 1 0 1 0 0 0 1 1 0]	0.4760	0.0595
E	[1 1 2 0 0 1 1 0 1 0 0 0 1 1 0]	0.4890	0.0543
F	[2 1 3 0 0 1 1 0 0 0 0 0 1 1 0]	0.5042	0.0504

续表

方案序号	资源调度方案	目标 1：搜救成功率	目标 2：平均资源效用
G	[4 1 2 0 0 1 1 0 0 0 0 0 1 1 0]	0.5204	0.0473
H	[4 1 3 0 0 1 1 0 0 0 0 0 1 1 0]	0.5228	0.0435
I	[4 1 2 0 0 1 1 0 0 0 1 1 1 1 0]	0.5289	0.0407
J	[4 1 3 0 0 1 1 0 0 0 1 1 1 1 0]	0.5312	0.0379
K	[4 1 3 0 0 1 1 0 1 0 1 1 1 1 0]	0.5313	0.0354

这 11 种海上搜救资源调度方案中的资源类型及数量的具体构成如表 5-5 所示。因此，求得的 11 个解为本实例的最优方案解集，下面对结果进行进一步的分析。

表 5-5　海上搜救资源调度方案结果展示

方案序号	资源调度方案构成			搜救成功率	平均资源效用
	专业搜救资源	军方搜救资源	地方搜救资源		
A	专业海洋救助船×1 固定翼机 B　×1	中海高速救助船　×1	渔船 A　×1 商船 D　×1	0.3646	0.0729
B	专业海洋救助船×1 快速救助艇　×1 大型海洋救助船×1 固定翼机 B　×1	中海高速救助船　×1	渔船 A　×1	0.4107	0.0684
C	专业海洋救助船×1 快速救助艇　×1 大型海洋救助船×1 固定翼机 B　×1	中海高速救助船　×1 运输机　×1	渔船 A　×1	0.4563	0.0652
D	专业海洋救助船×1 快速救助艇　×2 固定翼机 B　×1	中海高速救助船　×1 运输机　×1	渔船 A　×1 商船 D　×1	0.4760	0.0595
E	华英救护艇　×1 专业海洋救助船×1 快速救助艇　×2 固定翼机 B　×1	中海高速救助船　×1 运输机　×1	渔船 A　×1 渔船 D　×1	0.4890	0.0543
F	华英救护艇　×2 专业海洋救助船×1 快速救助艇　×3 固定翼机 B　×1	中海高速救助船　×1 运输机　×1	渔船 A　×1	0.5042	0.0504
G	华英救护艇　×4 专业海洋救助船×1 快速救助艇　×2 固定翼机 B　×1	中海高速救助船　×1 运输机　×1	渔船 A　×1	0.5204	0.0473
H	华英救护艇　×4 专业海洋救助船×1 快速救助艇　×3 固定翼机 B　×1	中海高速救助船　×1 运输机　×1	渔船 A　×1	0.5228	0.0435

续表

方案序号	资源调度方案构成			搜救成功率	平均资源效用
	专业搜救资源	军方搜救资源	地方搜救资源		
I	华英救护艇 ×4 专业海洋救助船×1 快速救助艇 ×2 直升机 A ×1 固定翼机 A ×1 固定翼机 B ×1	中海高速救助船 ×1 运输机 ×1	渔船 A ×1	0.5289	0.0407
J	华英救护艇 ×4 专业海洋救助船×1 快速救助艇 ×3 直升机 A ×1 固定翼机 A ×1 固定翼机 B ×1	中海高速救助船 ×1 运输机 ×1	渔船 A ×1	0.5312	0.0379
K	华英救护艇 ×4 专业海洋救助船×1 快速救助艇 ×3 直升机 A ×1 固定翼机 A ×1 固定翼机 B ×1	中海高速救助船 ×1 运输机 ×1	渔船 A ×1 商船 D ×1	0.5313	0.0354

3. 海上搜救资源调配示例结果分析

通过求解，最终生成 11 种最优方案解集。在这一小节中，对实例求解结果进行进一步的分析，主要分为两部分。首先以某种方案为例，对整个资源调度方案生成的过程进行详细的解释。然后，通过对这 11 种方案进行不同维度的对比分析，给出最优资源调度方案决策的方法，从而为决策者提供辅助决策支持。

首先，我们对这 11 个海上搜救资源调度方案的两个目标的价值进行了比较分析。从图 5-10 可以看出平均资源效用值越低，搜救成功率值越高。可见，这两个目标是矛盾的。搜救成功率的值从方案 A 增加到 K，但是从方案 F 开始，搜救成功率的增长速度越来越慢，最终接近直线。可以看出，随着搜救成功率的增大，平均资源效用的值逐渐减小。因此，随着资源数量的增加，搜救成功率的增长将会越来越慢，这意味着持续增加的资源对海上搜救的贡献将逐渐趋近于 0。也就是说，资源的边际效用降低，接近于 0。

由图 5-10 可知，搜救成功率最高的资源调度方案为方案 K，其次为方案 J，通过比较两种方案中的资源数量以及搜救成功率，可以看出两种方案的搜救成功率只差了 0.0001，而方案 J 的资源总数比方案 K 的资源总数少用了一艘船舶，这艘船是商船 D。实际上，商船 D 对于搜救行动的贡献并不大，对于搜救成功率的提升也可忽略不计。因此对于决策者而言，可以将商船 D 作为备选资源，根据决策者的不同

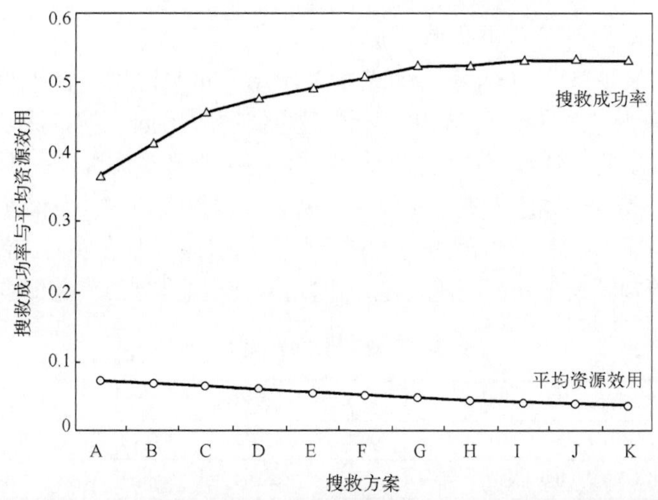

图 5-10　不同资源调度方案的搜救成功率与平均资源效用的对比

决策偏好依据不同场景进行选择。在大多数情况下，决策者可能需要更高的搜救成功率，不考虑资源可能会浪费，因此就会选择调配商船 D 前来进行搜救，从而选择方案 K；但是，在某些情况下，例如，当发生多个紧急情况时，决策者可能需要一个更有效的方案，以避免设备浪费。同理通过分析其他方案之间的差异，能得到备选资源集。

根据图 5-10 的分析以及对 11 种方案的资源总数的对比，可以看出这 11 种方案实际上分为两大类，总的来看方案 A～E 的资源总数较少，而且搜救成功率数值的差异不大。而方案 F～K 相比上一类方案的资源总数多，而且搜救成功率的差异也不大。因此，可以将 11 种方案分为两类，并且适应于不同的情景。

1) 方案 A～E 适用于并发事故的情景

将方案 A～E 归为一类方案，如表 5-6 所示，可见这些资源调度方案的平均资源效用高，参与资源总数少，可是相对来说搜救成功率不高，搜救成功率维持在 0.45 左右。当同时发生多起事故时，联合搜救资源需要协调，但是资源数量有限，因此资源调度方案设计时无法完全利用，因此可以考虑该类方案，使其在有限资源数量的情况下，达到最高的搜救成功率。具体采用哪一种方案可根据并发事故类型及所需资源数量进行综合权衡。

表 5-6　资源调度方案 A～E

资源调度方案	目标 1：搜救成功率	目标 2：平均资源效用
A:[0 1 0 0 0 1 1 0 0 1 0 0 1 0 0]	0.3646	0.0729
B:[0 1 1 1 0 1 1 0 0 0 0 0 1 0 0]	0.4107	0.0684
C:[0 1 1 1 0 1 1 0 0 0 0 0 1 1 0]	0.4563	0.0652
D:[0 1 2 0 0 1 1 0 1 0 0 0 1 1 0]	0.4760	0.0595
E:[1 1 2 0 0 1 1 0 1 0 0 0 1 1 0]	0.4890	0.0543

2) 方案 F～K 适用于单事故的情景

将方案 F～K 归为一类方案，如表 5-7 所示，可见这类资源调度方案的搜救成功率高，参与资源总数多，可是相对来说平均资源效用低，搜救成功率维持在 0.52 左右。当此时确定同一片海域内只有一起事故，各方搜救资源都能完全利用的情况下，则可以考虑这一类资源调度方案，从而保证最大化搜救成功率。而根据前面内容分析，由于某些资源对于搜救行动贡献不大，被列为备选资源，则在实际方案决策中，可根据决策者的经验判断及现场情况进行进一步决策，选出具体的资源调度方案。

表 5-7　资源调度方案 F～K

资源调度方案	目标 1：搜救成功率	目标 2：平均资源效用
F:[2 1 3 0 0 1 1 0 0 0 0 0 1 1 0]	0.5042	0.0504
G:[4 1 2 0 0 1 1 0 0 0 0 0 1 1 0]	0.5204	0.0473
H:[4 1 3 0 0 1 1 0 0 0 0 0 1 1 0]	0.5228	0.0435
I:[4 1 2 0 0 1 1 0 0 0 1 1 1 1 0]	0.5289	0.0407
J:[4 1 3 0 0 1 1 0 0 0 1 1 1 1 0]	0.5312	0.0379
K:[4 1 3 0 0 1 1 0 1 0 1 1 1 1 0]	0.5313	0.0354

因此，在实际海上搜救资源调度方案的设计过程中，应该在定量化模型的基础上，加入决策者的经验判断以及现实情景进而进行最终方案的确定。

3) 海上搜救资源调度方案生成过程分析

在本节中，我们将深入分析上述海上搜救资源调度方案的中间计算过程，从而对我们模型的计算过程有所了解。通过这种方式，我们想要展示决策者的偏好是如何影响最终结果的，以其中一个海上搜救资源调度方案 J 为例进行详细的分析，表 5-8 是方案 J 的资源种类及数量组成。

表 5-8　方案 J 的资源种类及数量构成

方案 J	专业搜救资源	军方搜救资源	地方搜救资源
飞机	直升机 A　×1 固定翼机 A　×1 固定翼机 B　×1	运输机　×1	
船舶	华英救护艇　×4 专业海洋救助船　×1 快速救助艇　×3	中海高速救助船　×1	渔船 A　×1
搜救成功率	0.5312		
平均资源效用	0.0379		

(1) 不同搜救资源参与资源的差异分析。

由于专业搜救资源组织离事发地 90n mile，比军方搜救资源离事发地更近，因此在资源性能接近的情况下(固定翼机 A 与直升机 A)优先选派了专业搜救资源的固定翼机 A，同理关于船只的选派也遵循此原则。因此，通过表 5-8 的结果能够发现，专业搜救资源能够参与搜救行动的资源数量是各种救援资源当中最多的。

反观地方搜救资源，虽然地方搜救资源中大部分渔船离事发地更近，例如，其中 3 艘渔船分别距事发海域 30n mile、40n mile 和 80n mile，但由于渔船、商船本身的性能缺陷如航速慢等，实际上到达事发海域的时间反而落后于其他两种搜救资源。因此该方案中选派的地方搜救资源的船只资源并不多，并只有离得最近的渔船 A 参与了救援行动。

通过不同搜救资源参与资源进行差异分析，本节得出通过多目标优化模型能够在信息充分的前提下，有效利用各方资源，使搜救过程效益最大化的结论。

(2) 搜寻阶段参与资源的差异分析。

在考虑资源调配方案时，会优先排除不满足海况要求的资源。目前海况是 4 级，在 4 级海况限制下，直升机 B 等资源并不能正常出海。因此在考虑资源调配方案的时候，这部分不满足海况要求的资源不会被纳入考虑范围，在第一步规则库进行初始可行资源筛选时就已经排除掉。

在此前提下，通过计算可得该方案参与搜寻的 4 种飞机分别是固定翼机 A、固定翼机 B、运输机、直升机 A。它们到达指定搜寻区域的时间以及搜寻覆盖面积对比图如图 5-11 所示。固定翼机 B 耗时较短，最快到达现场展开搜寻，后面的到达顺序分别是运输机、固定翼机 A、直升机 A。4 种飞机到达区域后对待搜寻区域进行搜寻覆盖，最终在搜寻阶段总耗时为 0.98h，在一定的搜寻时间内，不同飞机覆盖的区域面积如图 5-11 所示，搜寻面积最大的飞机是固定翼机 B，同时该飞机到达时间也最早，因此在整个搜寻阶段起到的贡献最大。相较于固定翼机 B，直升机 A 飞机的搜寻面积最小，这与该飞机到达时间较晚也存在一定的联系。

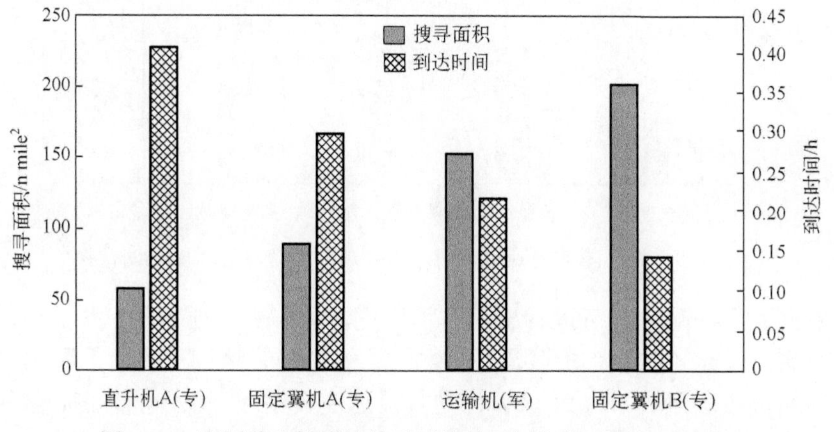

图 5-11　不同种飞机到达搜寻区域的时间与搜寻面积对比图

覆盖区域面积从大到小的飞机分别为固定翼机 B、运输机、固定翼机 A、直升机 A。可见，覆盖区域面积的大小与飞机的性能有关，航速越快的飞机覆盖面积越大，而同时本实例中各个飞机到达搜寻地点花费的时间对整个搜寻过程的时间影响并不大，因此可以看到本实例中，航速快的飞机更具有优势，因此被优先选派。根据已知这 4 种飞机在 4 级海况下的目标发现概率分别为 0.91、0.95、0.9、0.95。此时由于飞机及时搜寻到搜救对象，采取空投的形式给予搜救对象所需物资，在这个阶段通过计算得出延长了搜救对象 2.4h 的最长等待时间，此时搜救对象的最长等待时间从 5h 延长至 7.4h。因此计算出该方案在搜寻阶段的搜寻成功率为 0.925，最终搜寻到 64 人。

(3) 救援阶段参与资源的差异分析。

与搜寻阶段类似，在海况限制下，920 救助艇等船舶不能正常出海，因此，通过计算得到的救援阶段的参与资源不能包含上述船舶。

由方案 J 可知，待飞机发现目标后，将位置发送给正在赶往区域的船舶，4 艘华英救护艇、1 艘专业海洋救助船、3 艘快速救助艇、1 艘中海高速救助船以及 1 艘渔船 A 迅速前往现场对搜救对象进行打捞救援。整个救援阶段的各项数据，如船舶的到达时间、搜救阶段总时间、救援人数及人数上限如图 5-12 所示。由该图可以看出，最快到达事发区域的船只为华英救助艇，其后分别为渔船 A、快速救助艇、中海高速救助船、专业海洋救助船。

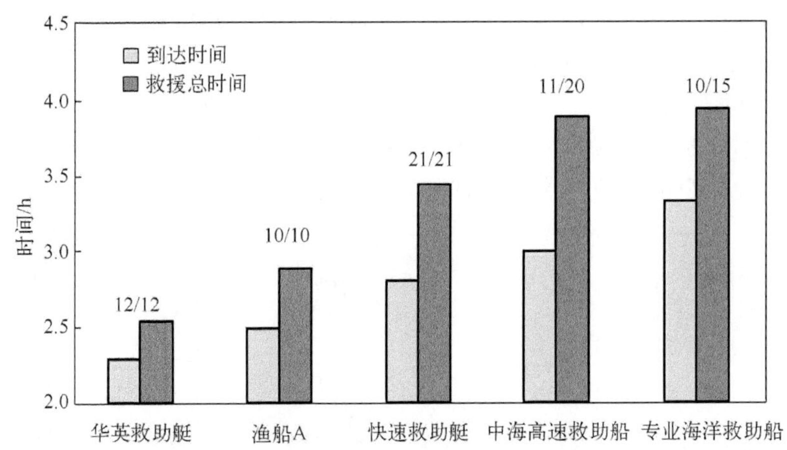

图 5-12　参与船舶的到达时间、救援总时间、救援人数的对比图

而根据人员分配方案可以看出，为了让更多的人更快地获救，华英救助艇的救援速度最快，因此 4 艘船都能载满(每艘容量为 3 人)，达到了人数上限 12。而中海高速救助船虽然容量大，为 20 人，但是救援速度较慢，所以未能载满，救援人数为 11 人。在整个搜救过程中，所有搜救对象的平均等待时长通过计算得到为 3.155h。

最终将搜寻成功率与生存水平相乘得到此次的搜救成功率为 0.5312。平均资源效用为 0.0379。通过该方案的计算可得到每个资源都在整个搜救过程中发挥出了自身的作用，不存在资源浪费的情况(因其不存在某飞机只搜寻到一小片区域或者某艘船舶仅救援几个人的情况)。

海上搜救资源调度方案的决策过程具有高度复杂性、动态性、不确定性等特点，将现实情况完全以形式化的模型进行描述计算具有一定挑战性。在实际情况中，还需结合不同决策者的经验和偏好以及对现场情况的动态把握，从而开展搜救资源调度方案进行决策。本节所提供的决策方法也仅仅是一种决策支持的手段，并不能取代决策者。

5.3 海上溢油应急处置资源调配

当前，全世界 80%以上的贸易往来是通过海运完成的，特别是油类，主要是经海上船舶运输，而海运业的发展，也带来了海上船舶溢油风险。世界上多次发生船舶污染事故，都造成了巨大环境资源损失。国际油轮船东防污染组织(International Tanker Owner Pollution Federation，ITOPF)统计，2010～2019 年全球油轮油类物质泄漏量为 16.4 万吨，油轮油类物质泄漏 62 次。其中，2019 年溢油总量约为 1000t，包括一起大型溢油(>700t)和两起中型溢油(7～700t)，不仅带来了巨大的海洋污染，也造成了严重的人员伤亡和财产损失。海上溢油应急处置资源调配是海上溢油应急行动的关键环节，直接决定了应急行动的成败，本节将对海上溢油应急处置资源调配方法进行研究。

5.3.1 海上溢油应急处置资源调配问题

海上溢油应急处置资源调配问题可以拆解为“海上溢油”“应急处置”“资源调配”三个关键词。首先，“海上溢油”给出了研究问题的现实背景；其次，“应急”明确了研究问题的具体特点，“处置”是目的；最后，“资源调配”是要研究的最根本问题。通过上述分析，本节首先需要明确海上溢油应急监测资源调配的内涵；接着收集和整理有关“溢油应急处置资源调配”问题的解决方法和实践的相关资料；然后分析“海上溢油应急”的具体特点、现实困境和相关要求；最后结合上述分析找出目前制定海上溢油应急处置资源调配方案时存在的不足，明确需要优化的关键环节，并选择合适的优化方法建立海上溢油应急处置资源调配模型。

为了更加形象地描述海上溢油应急处置资源调配的真实场景，本章通过可视化技术构建了如图 5-13 所示的高级概念图。如图 5-13 所示，某海域在海上溢油事故发生之后，首先根据应急监测站位布设方案确定了待检测区域的范围、监测点的位置、浓度、敏感性以及风险等信息，在此基础上，根据监测站位的特点对监测任务进行具体的分类；接着明确了参与监测行动的应急主体所拥有的资源设备；然后需要根据任务特点及应急主体的特点，设计溢油应急处置资源的调配方案。

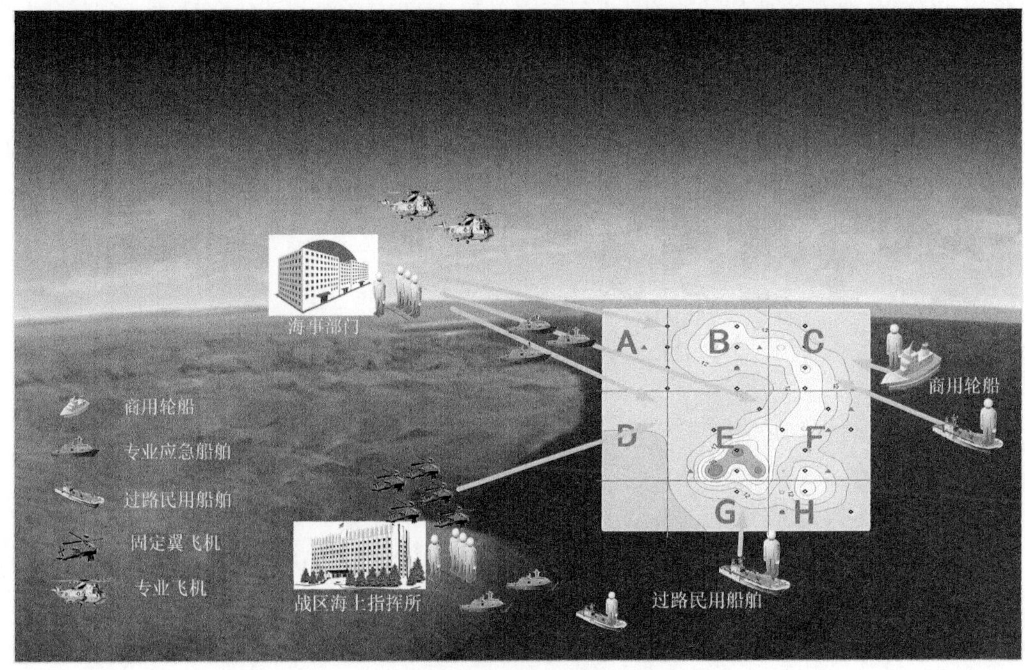

图 5-13　海上溢油应急处置资源调配高级概念图

5.3.2　海上溢油应急处置资源调配模型构建

在溢油应急资源调度与配置方面，Zhang 等[75,76]针对溢油应急响应的时变条件、应急资源的运输网络与应急行动的相互关系等挑战，提出了一种动态多目标定位-路径模型，用于解决海上溢油应急资源优化调度问题。Zhang 等[77]提出了一种基于风险的区域应急资源定量配置模型，该模型综合分析了溢油概率、危害后果、油品性质、风化过程和作业效率等因素，根据风险评估结果计算出机械回收、分散和吸收三大类资源。通过将评估的风险与区域通行能力相匹配，按照能力目标分配应急资源，实现了应急资源的科学合理配置。Sarhadi 等[78]针对海上溢油应急响应设备的配置网络设计问题，考虑溢油位置、大小和类型的不确定性，提出了一种稳健的优化设计方法，并通过纽芬兰的一个实际案例研究，说明了模型的优势。上述文献给海上溢油应急处置资源调配方法的设计提供了借鉴和参考。

海上溢油应急处置资源调配是海上溢油应急处置过程中的必要环节，方案的优劣直接影响到搜救成功率。海上溢油应急处置资源调配涉及多场景、多部门以及多资源，针对不同的海上溢油场景，如何从众多可用的资源中选择合适的资源组成搜救资源方案是本节的研究问题。因此，在研究海上溢油应急处置资源调配问题的过程中要明确几个要点：①海上溢油场景是什么样的？②制定海上溢油资源方案需要考虑哪些因素？③拟采用什么方法来建立模型？④求解算法是什么样的？⑤生成的海上溢油资源方案是什么样的？本节的主要内容就是从这几个方面对海上溢油应急处置资源调配问题进行剖析。

1. 海上溢油应急处置资源调配问题描述

在溢油事故处置过程中，考虑到溢油事故发展和海洋实时环境的多变性，参与溢油事故处置的各类应急资源性能参数、所在位置以及数量各不相同，不确定环境下应急资源的正确选派与组合，直接影响到溢油事故应急处置工作的成败。针对海上应急资源调配问题，本章从多应急资源供应点、单事故点情况下的应急资源调配问题入手。具体可描述为：假设某海域发生了溢油事故，溢油事故点 P 的位置已知，溢油事故处置需要 m 类应急资源 $B_1, B_2, \cdots, B_m$，现有 n 个应急资源供应点 $A_1, A_2, \cdots, A_n$，供应点 A_i 对应急资源 B_j 的存储量为 a_{ij}。溢油事故点 P 与各供应点的距离为 d_i，各供应点的运输速度为 V_i，处理该事故对应急资源 B_j 的需求量为模糊数 $\tilde{b}_j$，要求给出一应急资源调配方案，即确定参与应急处置的供应点和每个供应点提供的各类应急资源的数量，在尽可能满足资源约束的情况下，该方案使得应急处置的开始时间最短以及需求满意度最大。

为了使模型更加贴近实际状况，做出以下假设。

假设 5-1　为最大限度保证应急系统的时效性，该溢油应急资源调配为一次性消耗单向流，不考虑调配完成后应急船舶折返回应急资源供应点。

假设 5-2　溢油事故处置的开始时间为各供应点的配送船只全部到达的时间；本章不考虑船舶的运力约束。

2. 海上溢油应急处置资源调配决策变量

(1) 符号说明。

A_i 为第 i 个应急资源供应点 $(i=1,2,\cdots,n)$。

B_j 为第 j 类应急资源 $(j=1,2,\cdots,m)$。

a_{ij} 为第 i 个应急资源供应点储存的第 j 类资源的数量。

$\tilde{b}_j$ 为事故点对第 j 类应急资源的需求模糊数。

d_i 为事故点距离第 i 个应急资源供应点的距离。

V_i 为第 i 个应急资源供应点的应急物资运输最大速度。

P_i 为如果第 i 个资源点向事故点供应资源，则 $P_i=1$。

C_j 为溢油事故点实际接收到第 j 类资源的数量。

(2) 决策变量。

x_{ij} 为第 i 个应急资源供应点向事故点供应的第 j 类资源的数量。

3. 海上溢油应急处置资源调配约束条件

1) 资源需求约束

各供应点所供应的第 j 类应急资源的数量之和 C_j 应当大于事故点对 j 类资源需求的最小值 N_j^L，即

$$C_j = \sum_{i=1}^{n} x_{ij} > N_j^L \tag{5-30}$$

2) 剩余资源储备约束

由于溢油事故点附近容易发生次生灾害，所以当溢油事故发生时，不能无限制地从最近的应急资源供应点调配资源，导致潜在事故发生，顾此失彼，要预留一定的备用资源以满足潜在事故发生时对资源的需求。故有以下剩余资源储备约束：

$$x_{ij} \leqslant (1-\rho_i) \times a_{ij} \tag{5-31}$$

其中，ρ_i 表示供应点 i 的资源储备率。

3) 有效处置时间约束

海上溢油事故极易引发爆炸等次生灾害，因此溢油事故一旦发生，初期处置显得极为重要，如果事故初期处置使得油污能够很好地控制，将会节省大量的人力、物力。于是便存在一个溢油事故有效处置时间约束，即保证所需要的应急资源要在有效时间内到达事故点：

$$\tilde{t}_i \leqslant T_V \tag{5-32}$$

其中，$\tilde{t}_i$ 表示供应点 i 最可能的运输时间；T_V 表示事故有效的处置时间。

4) 其他约束

$$P_i = 1, \quad \sum_{j=1}^{m} x_{ij} > 0 \tag{5-33}$$

4. 海上溢油应急处置资源调配评价指标

根据海上溢油应急处置的业务流程，构建了如下所示的以最小化时间和最小化处置费用的优化模型。模型的目标函数主要从海上突发事件处置的时效性和成本两方面进行考虑。

$$\min f_1 = \min\left\{ \max_{i=1,2,\cdots,n} \tilde{t}_i P_i + \frac{S}{\sum_{j=1}^{m} \mathrm{Ef}_j \sum_{i=1}^{n} x_{ij}} \right\} \tag{5-34}$$

$$\min f_2 = \min \sum_{j=1}^{m} \mathrm{Pr}_j \sum_{i=1}^{n} x_{ij} \tag{5-35}$$

其中，Ef_j 表示具备清污能力资源的清污处置效率，单位时间内能够回收的污染量，为已知变量；Pr_j 表示第 j 种资源的单位成本。

1) 最小化溢油事故处置时间

海上溢油事故应急处置时间主要分为资源调配时间和事故处置时间，而前者主要取决于供应点距离事故点的距离以及各供应点船舶的运输速度，而后者与资源的数量以及资源的效率相关，因此应急方案的时效性可以从这两个方面加以保证。

(1) 资源调配时间。

事故点距离应急资源供应点 i 的距离 d_i 以及供应点 i 的最大物资运输速度 V_i 已知，可以计算出运输时间的最可能值 $t_i^M = d_i / V_i$，但是由于海洋环境的复杂多变性，海风洋流等因素的实时变化造成航行时间具有极大的不确定性，因此根据经验公式计算出航行时间的最大可能值 $t_i^R = \gamma t_i^M$ 以及最小可能值 $t_i^L = \beta t_i^M$（其中，经验倍数 γ、β 可以根据不同的海况由行业专家给出）。至此，可以用三角模糊数 $\tilde{t}_i = (t_i^L, t_i^M, t_i^R)$ 对供应点 i 的物资运输时间进行表征，由假设 5-2 可知，溢油事故应急处置的最早开始时间为各供应点的配送船只全部到达的时间，故溢油事故应急处置最早开始时间的三角模糊数为

$$\tilde{T}_1 = \max_{i=1,2,\cdots,n} (\tilde{t}_i P_i) = \left(\max_{i=1,2,\cdots,n} (t_i^L P_i), \max_{i=1,2,\cdots,n} (t_i^M P_i), \max_{i=1,2,\cdots,n} (t_i^R P_i)\right) = (T^L, T^M, T^R)$$

其中，α为三角模糊数隶属度函数数值，如图 5-14 所示。

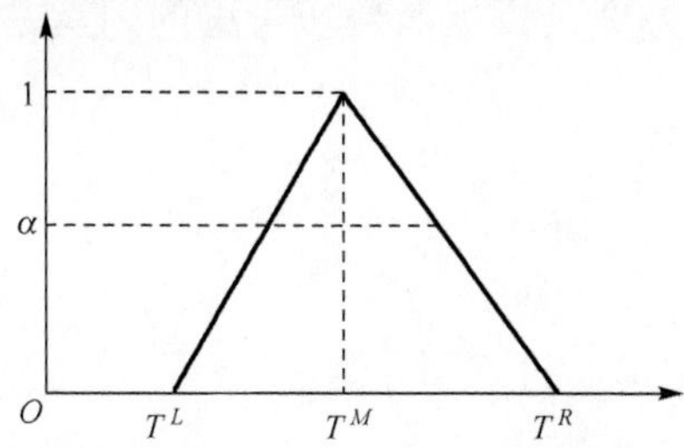

图 5-14　应急处置最早开始时间三角模糊数的隶属度函数

其三角隶属度函数为

$$\mu_{\tilde{T}_1}(T) = \begin{cases} \dfrac{T - T^L}{T^M - T^L}, & T^L < T < T^M \\ \dfrac{T - T^M}{T^R - T^M}, & T^M < T < T^R \\ 0, & \text{其他} \end{cases} \tag{5-36}$$

由此可以进一步得到最早开始时间的期望值：

$$T_1 = \frac{1}{2}(T^M + \delta T^L + (1-\delta)T^R) \tag{5-37}$$

其中，δ 表示决策者的乐观程度，即对运输船舶能够尽可能快地到达事故地点的信心程度。

(2) 事故处置时间。

事故处置时间可以分为两类，第一类是相对固定的时间，即处置时间与溢油面积或者溢油量相关，与其资源的数量相关性较小，例如，围油栏的布放，一旦溢油面积确定，所需的围油栏的长度也随之确定，从而布放时间固定。另一类是随着资源数量变化的时间，例如，收油机回收油的时间与收油机的数量息息相关，于是收油机的数量直接影响事故处置时间，从而在我们制订应急资源调配计划时需要考虑这部分相对变化的时间，使之能最大限度地减小。综上，本章应考虑的事故处置时间为

$$T_2 = \frac{S}{\sum_{j=1}^{m}\left(\mathrm{Ef}_j \sum_{i=1}^{n} x_{ij}\right)} \tag{5-38}$$

其中，S 表示溢油面积。故关于时效性的目标表达式可以表示为

$$\min T = \min(T_1 + T_2) \tag{5-39}$$

2) 最小化成本

海上溢油事故处置过程中，不同的处置资源之间具有一定的替代性，因此，若有足够量的资源以供选择，则在众多可选择的资源调配方案中选择搜寻资源利用率最高同时搜索成本最低的方案是目标函数应考虑的因素之一，该目标可以表示成如下形式：

$$\min C = \min \sum_{j=1}^{m}\left(\mathrm{Pr}_j \sum_{i=1}^{n} x_{ij}\right) \tag{5-40}$$

5. 海上溢油应急处置资源调配方法流程

海上溢油资源调配方案设计流程图如图 5-15 所示，主要分为两个步骤。

首先，通过总结整理溢油应急处置资源使用的实际经验以及领域专家知识，将经验知识进行规则化表示并建立推理机制，从而通过规则推理方法得到初步可行的资源数据集。然后，考虑到最优的资源方案既能保证最高效率，又能充分利用各方资源，将其抽象转化为定量的决策优化问题，建立海上溢油应急处置资源调配方案的整数规划模型，构建以资源调配和事故处置时间最短、处置成本最低的多目标优化模型，在初步生成资源数据集的基础上进行进一步的优化，通过智能优化算法快

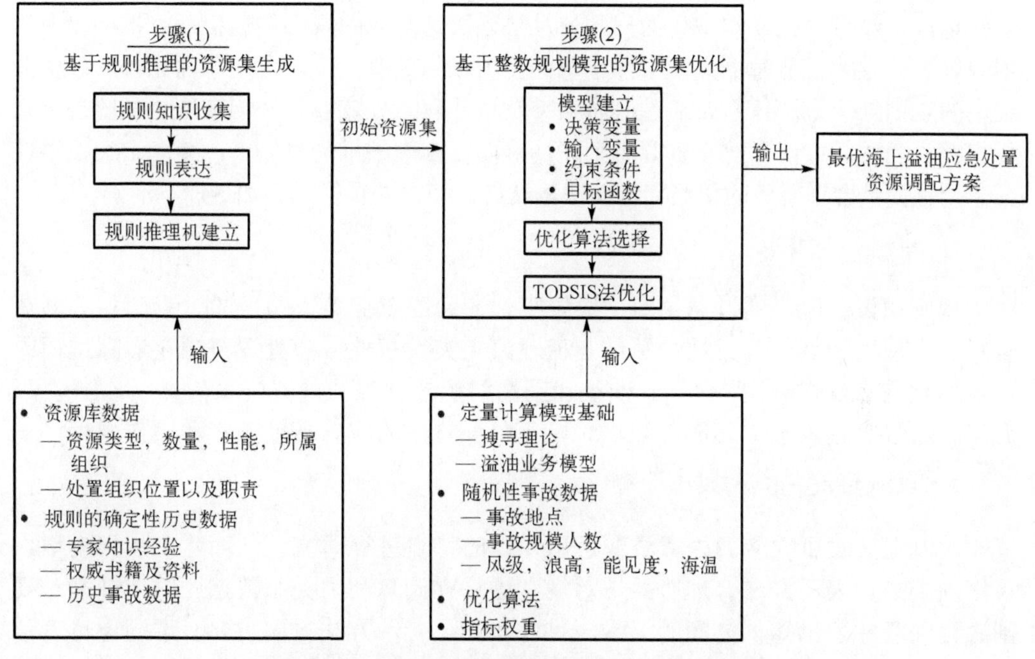

图 5-15　海上溢油资源调配方案生成方法流程

速求解得到海上溢油应急处置资源调配最优资源方案集。最后，在最优方案集的基础上，通过 TOPSIS 法比较待评价对象与理想化目标的接近程度并对其进行排序，将接近程度值最大的解方案作为最佳处置方案输出。至此，算法运行结束。

具体输入内容：

(1)海上溢油的类别；

(2)发生的区域；

(3)溢油量；

(4)溢油范围；

(5)油品属性(油品密度、黏度)；

(6)油膜厚度；

(7)海洋环境的基本状况以及未来一段时间的预测状况；

(8)溢油的分布范围变化趋势；

(9)溢油漂移扩散的轨迹等检测和预测数据；

(10)各处置资源信息(围油栏、撇油器、吸油机、吸油材料、消油剂、收油船和人员等，以及微生物菌剂、吸油拖栏、吸油毛毯、高压水枪、收油拖网)。

5.3.3　海上溢油应急处置资源调配求解

经过数代人的努力与数万次应急处置的宝贵经历，在应急资源运用上已积累了大量知识，却没有固化成知识化的规则，且缺乏快速有效的规则推理机制，机械化人工的决策方式导致目前海上突发事件应急处置工作的效率低下，因此急需完善应急资源运用的规则推理方法体系。通过对海上突发事件应急处置专家知识和历史经验进行知识组织、表达与存储，建立资源规则库，继而在合理的推理机制下，为海上突发事件应急处置提供合理有效的策略和辅助决策支持，使得处置行动更加迅速、准确。

1. 规则知识获取

规则知识获取。通过总结海上突发事件应急处置业务人员经验、查阅相关书籍资料、开展现场调研等方法，总结与梳理海上突发事件应急处置资源在实际过程中的运用规则与操作流程，包括收油机和围油栏等各种溢油处置资源信息，海上气象、海流、海浪等气象水文环境等知识，以及各种险情的应急救助预案和操作规程。

2. 规则知识表示

对海上突发事件应急处置资源运用知识的特点进行研究，从而建立规则模型。采用规则知识表示方法合理有效地对规则进行存储，利用关系数据库的主外键对规则进行关联并表示知识之间的关系。目前在知识表示方法方面主要有谓词逻辑表示法、语义网络法、框架表示法、面向对象表示法、产生式表示法、本体表示法，本节根据海上突发事件应急处置资源运用规则的特点选取产生式表示法对其进行表示。产生式表示法是一种在人工智能领域中应用最多的知识表示方法。一个产生式系统包括规则库、推理引擎和数据库三部分。规则库由相互独立的规则组成，海上突发事件应急处置资源运用规则的巴克斯-诺尔范式(Backus Naur form，BNF)描述如下：

```
<Rule> :: =<Condition><Decision><Rule credibility>
<Condition>::=<Triggering Condition 1><Logical relationship>
             <Triggering Condition 2>
             [<Logical relationship>L<Triggering Conditino i>]
<Decision >::=<Decision Clauses 1><Logical relationship><Decision
            Clauses2>
            [<Logical relationship>L<Decision Clauses i>]
Triggering Condition :: =AND(∧)| OR(∨)
<Rule credibilit y:: >=<(0,1] ∈R>
```

其中，不同场景下规则的条件属性值也不同，会影响到结果属性的变化，需要增加规则的信任程度。前项也称条件、前件，结论也可为要执行的操作。一般而言，规则可有多个前项，前项之间可以使用关键词 AND(合取)、OR(析取)或者两者混合使用。规则的前项部分包括两部分：对象(语言对象)和值。规则的后项部分与前项部分类似，也通过操作符连接对象和值。因此，决策规则形式如下：

```
IF<Condition 1><Condition 2>…
Then<Decision>with<Rule credibility>
```

以行动规则 1 为例，“资源固体浮子式橡胶围油栏的使用情景是在溢油区域为离岸，溢油量为 $0.1m^3$ 以上，溢油密度为重质油，溢油黏度为 $1000000m^3/s$，溢油倾度为 100° 以内，油膜厚度 10000nm 以内，浪高 1.5m 以内，流速 2n mile/h 以内，风速 17km/h 以的条件下进行”的决策规则表示如下：

```
IF 〈enviroment. isArea=offshore〉 ∧〈volume ≥0.1〉
    ∧〈speed.isDensity=heavy〉 ∧〈viscosity ≤1000000〉
    ∧〈pourpoint≤100〉 ∧thickness≤10000〉
    ∧〈wave≤1.5〉 ∧〈velocity≤2〉 ∧〈speed ≤17〉
THEN 〈ResourceA = YES〉 with 〈1〉
```

于是按照相应的标准将所有的规则标准化表示后，构建相应的规则库，且保证规则库的资源字段与资源库的一一匹配。

3. 规则推理机

规则推理机是整个规则推理决策模型的关键部分，控制着决策过程的运行。而推理方法又是决策推理机的核心，其任务是模拟海上突发事件应急处置资源选择实体决策人员的思维过程，按照一定的推理策略控制并执行整个决策推理过程，求得最终的决策结果。在决策推理过程中，决策推理所依据的态势信息由大量态势要素构成，这些态势要素随时间动态变化并且几乎无穷。本节采用正向推理策略并适当利用规则代换和特殊情况处理的知识推理模式进行推理，给出海上突发事件应急处置资源调度方案，指导具体的处置工作。本节所采取的规则推理机制如图 5-16 所示。

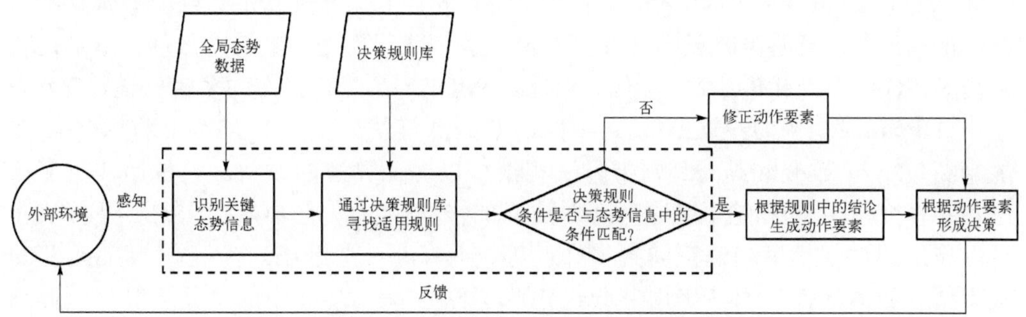

图 5-16　资源选择的规则推理机制

使用规则推理方法的目的是利用已有海上突发事件应急处置资源运用知识，对海上突发事件应急处置过程中需要完成的溢油处置行动和运用何种资源进行决策指导，即通过构建得到的系统的规则库，采用将事实与规则对比的匹配方法，推理形成实用的决策，经过此步骤能初步对所有资源进行筛选，根据经验规则得到可行的资源集，为下一步资源调度方案奠定基础。

4. 混合遗传算法

由于本节所针对的海上溢油应急处置资源调配问题是一个典型的多目标优化问题，即需要优化的目标之间往往存在冲突。也就是说，不可能使所有的子目标函数同时达到最优，相反，我们只能得到这些优化目标的妥协解，这是 Rao 提出的 Pareto 最优性问题，该解集称为 Pareto 最优集或非支配集，其他解集称为支配集，解决多目标优化问题的关键在于如何找到 Pareto 最优集合，并根据 Pareto 最优集合的偏好找到最合适的解。

差分进化(DE)算法由 Storn 和 Price 于 1995 年首次提出。主要用于求解实数优化问题。该算法是一类基于群体的自适应全局优化算法，属于演化算法的一种，由于其具有结构简单、容易实现、收敛快速、鲁棒性强等特点，被广泛应用在数据挖掘、模式识别、数字滤波器设计、人工神经网络、电磁学等各个领域。和遗传算法一样，差分进化算法也是一种基于现代智能理论的优化算法，通过群体内个体之间的相互合作与竞争产生的群体智能来指导优化搜索的方向。该算法的基本思想是从一个随机产生的初始种群开始，通过把种群中任意两个个体的向量差与第三个个体求和来产生新个体，然后将新个体与当代种群中相应的个体相比较，如果新个体的适应度优于当前个体的适应度，则在下一代中用新个体取代旧个体，否则仍保存旧个体。通过不断地进化，保留优良个体，淘汰劣质个体，引导搜索向最优解逼近。

为了求解所构建的多目标优化模型，构建了一下基于 NSGA-Ⅱ和 DE 的混合遗传算法，用来快速求解该模型。NSGA-Ⅱ是一种流行的多目标优化算法(multi-objective evolutionary algorithm，MOEA)，它使用非支配排序和共享变量的方法有效地保持了 Pareto 前沿的多样性，已被证明在解决两个目标优化问题上具有有效性。本节还将使用 eNSGA-Ⅱ和 eMOEA 算法作为对比，eMOEA 是一种稳态的多目标优化算法，使用 e-dominance 归类方法来记录不同的 Pareto 最优解集。eNSGA-Ⅱ将 NSGA-Ⅱ的精英策略与 e-dominance 归类方法相结合以保证算法的收敛。它使用非支配排序和共享变量方法来有效保持 Pareto 边界的多样性。但是传统的 NSGA-Ⅱ算法在可行域中的搜索精度和解空间的多样性等方面存在一些缺陷。为提高 NSGA-Ⅱ的搜索精度和多样性，本节采用差分进化算子替换 NSGA-Ⅱ中的交叉运算，以提高局部搜索能力和搜索精度。针对该模型的特点，将 NSGA-Ⅱ与 DE 结合，设计了以下求解算法。

(1)定义算法的参数，包括种群大小、迭代次数和交叉概率，并将计数器设置为 0。

(2)初始化种群。初始种群是随机产生的，个体编码结构与单目标优化提到的相同。

(3) 对种群进行排序。根据目标函数和约束条件，对个体进行评估。对初始种群进行非支配排序以获得 Pareto 解集。然后给予个体排名和拥挤距离值。再对种群执行二进制选择操作。

(4) 变异和交叉。基于 DE 的变异算子，被用于变异种群。同时，通过一定概率对每个个体进行交叉操作来获得新的种群 Q。

(5) 评估临时种群。临时种群由当前种群 P 和后代种群 Q 组成，通过比较个体的排名和拥挤距离值，对临时种群进行非支配排序。

(6) 生成新的种群。从临时种群中挑选最好的个体来创造新的种群。

(7) 进化和迭代。如果达到迭代次数，则输出 Pareto 最优解。否则，计数器加 1，并继续步骤 (3)。

5.3.4　海上溢油应急处置资源调配示例

1. 海上溢油应急处置资源调配示例描述

假设在胶州湾边的某港池区域发生原油泄漏事故，溢油区域固定，溢油量为 7t。根据北海监测中心气象监测结果，此时海面上晴转多云，风向为南风，海上风力达到 7～8 级，温度 8～12℃。原油作为燃料油类，发生泄漏后会对人体健康产生麻醉和窒息、化学性肺炎、皮炎等危害。同时，原油污染物进入海洋环境会对水生生物的生长、繁殖以及整个生态系统产生巨大的影响。为避免造成胶州湾大面积污染，青岛市环境保护局、青岛海事局与青岛应急管理办公室等单位迅速成立现场指挥部开展应急处置相关工作。根据海上突发事件应急处置相关预案标准以及现场处置需求，需要对周边海域现场开展污染物围控与处置等方面的工作。经专家评估，泄漏区域对各类溢油应急处置资源的需求模糊数以及各供应点存储的各应急资源的数量如表 5-9 所示。此外，各应急供应点与事故点的距离、平均运输速度以及资源储备率如表 5-10 所示，各类应急资源的重要性 W、处置效率 Ef 以及单位成本 Pr 如表 5-11 所示。

表 5-9　溢油处置资源相关信息

项目	A_1	A_2	A_3	A_4	A_5	B
围油栏 (B_1)	20	20	15	20	15	(14,20,22,30)
撇油器 (B_2)	12	10	9	14	10	(13,15,17,20)
消油剂 (B_3)	100	140	80	90	100	(150,200,210,240)
吸油托栏 (B_4)	9	13	17	7	10	(12,18,20,25)
收油机 (B_5)	4	7	7	7	5	(5,9,11,13)
水冲洗装置 (B_6)	2	3	4	4	2	(2,5,7,13)

表 5-10　应急供应点相关信息

应急资源供应点	A_1	A_2	A_3	A_4	A_5
距离事故点距离/n mile	42	40	36	60	71
平均运输速度/kn	15	13	11	17	18
资源储备率	0.2	0.3	0.4	0.1	0.1

表 5-11　应急资源相关信息

应急资源	B_1	B_2	B_3	B_4	B_5	B_6
W	0.3	0.2	0.1	0.1	0.1	0.2
Pr	300	50	200	100	150	1000
Ef	—	20	1.5	10	50	400

为了最大限度地降低事故危害，保障海洋环境及生命安全，需要及时对泄漏的原油进行处置。在海上溢油应急处置资源调配问题中，溢油事故处置的时效性和资源效用是比较重要的两个目标，需要在事故处置阶段对两者进行权衡。结合事故背景，采用所提出的规则推理和混合遗传算法对海上溢油应急处置资源调配方案应用示例进行建模，得到适合当前事故的资源调度方案集，辅助决策者进行相关决策。

2. 海上溢油应急处置资源调配示例建模

基于规则推理的海上突发事件应急处置备选方案集生成流程包含规则知识的获取、规则知识的表示以及规则推理机的设置。其中规则知识的获取过程可以通过业务调研以及查询相关文献资料完成。生成了以下海上溢油应急处置资源规则库：技术使用规则库、资源使用规则库、技术与资源映照库以及资源库，详细信息见图 5-17～图 5-20。其中，中海石油(中国)有限公司天津分公司简称中海油天津分公司。

	RuleSet	OilSpillDisposalDecisionTable						
	Import	environment.Environment						
	Notes	This decision table seted for the selection of the marine oil spill cleaning technology						
	RuleTable MOSCT_rules							
	CONDITION	CONDITION	CONDITION	CONDITION	CONDITION	CONDITION	CONDITION	ACTION
	environment:Environment							
	environment.isArea($1)||environment.isAr	volume>=$1&&volume<$2	environment.isDe	viscosity>=$1&&viscosity<	pourpoint>=$1&&pourp	wave>=$1&&	thickness>=$1&	environment.addT
规则名称	溢油范围	溢油量	溢油密度	溢油黏度	溢油倾度	浪高	油膜厚度	溢油处置技术
rule1	"offshore","openSea","habour"	0,10000	"heavy","medium"	0,1000000	0,100	0,10	0,10000	"封堵溢油源"
rule2	"offshore","openSea","habour"	0,10000	"heavy","medium"	0,1000000	0,100	0,10	0,10000	"监视溢油动态"
rule3	"offshore","openSea","habour"	0,10000	"heavy","medium"	0,1000000	0,100	0,10	0.025,1000	"溢油围控"
rule4	"offshore","openSea","habour"	0,10000	"heavy","medium"	0,1000000	0,100	0,3	0.025,1000	"机械回收"
rule5	"offshore","openSea"," "	0,10000	"heavy","medium"	0,1000000	5,100	0,10	0.025,1000	"喷洒消油剂"
rule6	"offshore","openSea"," "	0,10000	"heavy","medium"	2000,1000000	0,100	0,3	2,1000	"海面焚烧"
rule7	"offshore","openSea","habour"	0,10000	"heavy","medium"	0,1000000	0,100	0,10	0.025,1000	"投放吸油材料"
rule8	"offshore","openSea","habour"	0,50	"medium","light"	0,2000	0,100	0,3	0,10000	"低压水冲洗"
rule9	"offshore","openSea","habour"	50,10000	"heavy","medium"	2000,1000000	0,100	3,10	0,10000	"高压水冲洗"
rule10	"offshore","openSea","habour"	0,10000	"heavy","medium"	0,1000000	0,100	0,5	2,10000	"人工清除"
rule11	"offshore","habour"," "	0,10000	"heavy","medium"	0,1000000	0,100	0,5	0,10000	"处理污染植物"
rule12	"offshore","openSea"," "	0,10000	"medium","light"	0,1000000	0,100	0,3	0.025,2	"使用胶化剂"
rule13	"offshore","openSea","habour"	0,10000	"heavy","medium"	0,1000000	5,100	0,5	0.025,2	"网托回收"
rule14	"offshore","openSea","habour"	50,100	"heavy","medium"	0,1000000	5,100	0,5	0.025,1000	"使用真空收油机"
rule15	"offshore","openSea","habour"	100,10000	"heavy","medium"	0,1000000	5,100	0,10	0,10000	"防火"

图 5-17　技术使用规则库

	Notes	This decision table seted for the selection of the marine oil spill cleaning technology								
	RuleTable MOSCT_rules									
	CONDITION	CONDITION	CONDITION	CONDITION	CONDITION	CONDITION	CONDITION	CONDITION	CONDITION	ACTION
	environment:Environment									
	environment.isArea($1)||envi	volume>=$1&&volume<$2	environment.isDe	viscosity>=$1&&viscosity<$2	pourpoint>=$1&&pourp	thickness>=	wave<=$1	velocity<=$	speed<=$1	environment.addDe
规则名称	溢油区域	溢油量	溢油密度	溢油黏度	溢油倾度	油膜厚度	浪高	流速	风速	溢油处置资源型号
规则1	"offshore","openSea","habour	0,10000	"heavy","medium"	0,1000000	0,100	0,10000	1.5	2	17	"固体浮子式橡胶围
规则2	"offshore","openSea","habour	0,10000	"heavy","medium"	0,1000000	0,100	0,10000	3	1.5	15	"固体浮子式PVC围油
规则3	"offshore","openSea","habour	0,10000	"heavy","medium"	0,1000000	0,100	0,10000	2	1.2	13	"充气式橡胶围油栏
规则4	"offshore","openSea","habour	0,10000	"heavy","medium"	0,1000000	0,100	0,10000	3	2	16	"防火围油栏"
规则5	"offshore","openSea","habour	0,10000	"heavy","medium"	0,1000000	0,100	0,10000	4	3	20	"岸滩围油栏"
规则6	"offshore","openSea","habour	0,10000	"heavy","light"	2000,6000	0,5	0.025,1000(	3	2	14	"堰式收油机"
规则7	"offshore","openSea","habour	0,10000	"medium","light"	0,2000	5,100	2,10000	4	1.5	15	"真空收油机"
规则8	"offshore","openSea","habour	0,10000	"heavy","light",	0,2000	0,100	2,10000	2	1.2	13	"转盘式收油机"
规则9	"offshore","openSea","habour	0,10000	"heavy","medium"	0,2000	0,100	2.5,10000	2	1.2	12	"带式收油机"
规则10	"offshore","openSea","habour	0,10000	"heavy","medium"	0,2000	0,100	0.025,1000(	3	1.3	11	"绳式收油机"
规则11	"offshore","openSea","habour	0,10000	"heavy","medium"	0,2000	0,100	2.5,10000	2	1.1	13	"刷式收油机"
规则12	"offshore","openSea","habour	0,10000	"heavy","medium"	2000,6000	0,100	0,10000	1.5	1.3	10	"收油拖网"
规则13	"offshore","openSea"," "	0,10000	"heavy","medium"	0,1000000	0,100	0.025,1000(	1	1	8	"普通型消油剂"
规则14	"offshore","openSea"," "	0,10000	"heavy","medium"	0,1000000	0,100	0.025,1000(	1	1	6	"浓缩型消油剂"
规则15	"offshore","openSea"," "	0,10000	"heavy","medium"	0,1000000	0,100	0,10000	1	1	7	"沉降剂"
规则16	"offshore","openSea","habour	20,10000	"medium","light"	0,2000	0,100	0,10000	1	1	5	"石油烃降解菌剂"
规则17	"offshore","openSea","habour	0,15	"medium","light"	0,2000	0,100	0,10000	1.8	0.8	5	"生物修复营养剂"
规则18	"offshore","openSea","habour	30,10000	"heavy","medium"	0,1000000	0,100	0,10000	3	5	15	"海洋石油230"
规则19	"offshore","openSea","habour	0,30	"heavy","medium"	0,1000000	0,100	0,10000	4	6	17	"海洋石油252"
规则20	"offshore","openSea","habour	0,30	"heavy","medium"	0,1000000	0,100	0,10000	3	6	14	"滨海266"
规则21	"offshore","openSea","habour	30,10000	"heavy","medium"	0,1000000	0,100	0,10000	4	5	19	"滨海267"
规则22	"offshore","openSea","habour	0,30	"heavy","medium"	0,1000000	0,100	0,10000	2	3	18	"吸油毡"

图 5-18　资源使用规则库

溢油处置技术	使用到的资源
封堵溢油源	
监视溢油动态	
溢油围控	清污船，固体浮子式围油栏
机械回收	清污船，撇油器，吸油毡
喷洒消油剂	清污船，消油剂
海面焚烧	
投放吸油材料	清污船，吸油材料
低压水冲洗	清污船，低压水冲洗装置
高压水冲洗	清污船，高压水冲洗装置
人工清除	
处理污染植物	
使用胶化剂	清污船，胶化剂
网托回收	清污船，回收网托
使用真空收油机	清污船，真空收油机
防火	防火围油栏

图 5-19　技术与资源映照库

单位名称	资源名称	数量
北海预报中心	固体浮子式围油栏	2000m
	充气式橡胶围油栏	2300m
	转盘式收油机	2 台
	带式收油机	1 台
	绳式收油机	3 台
	收油拖网	150 节
	消油剂	200kg
	吸油毡	100kg
	中国海警 1310 船	1 艘
中海油天津分公司	固体浮子式围油栏	1000m
	充气式橡胶围油栏	700m
	转盘式收油机	2 台
	堰式收油机	2 台
	刷式收油机	1 台
	收油拖网	100 节
	海洋石油 230	1 艘
	海洋石油 252	1 艘
	滨海 266	1 艘
	滨海 267	1 艘
北海监测中心	固体浮子式围油栏	500m
	堰式收油机	1 台
	带式收油机	1 台
	绳式收油机	1 台
	消油剂	200kg
	沉降剂	100kg

图 5-20　资源库

在得到规则库后，按照上面介绍的方法流程，可以通过事故环境信息使用规则库、资源使用规则库以及技术与资源映照库得到可用的技术与资源，如图 5-21 所示。

规则匹配方案	
可用技术	可用资源
□ 封堵溢油源	
□ 监视溢油动态	
□ 溢油围控	□ 海洋石油230 □ 滨海267 □ 固体浮子式PVC围油栏 □ 充气式橡胶围油栏 □ 岸滩围油栏
□ 机械回收	□ 海洋石油230 □ 滨海267 □ 转盘收油机 □ 带式收油机 □ 收油拖网
□ 投放吸油材料	□ 海洋石油230 □ 滨海267 □ 吸油毡
□ 处理污染植物	

图 5-21　规则匹配方案

3. 海上溢油应急处置资源调配示例结果分析

通过输入规则匹配得到的结果结合资源库的相关信息，并将得到的规则推理以及资源库中相关信息输入多目标优化模型和混合遗传算法中，得到资源的数量信息，生成最终的备选方案集和 Pareto 前沿，如图 5-22 所示。

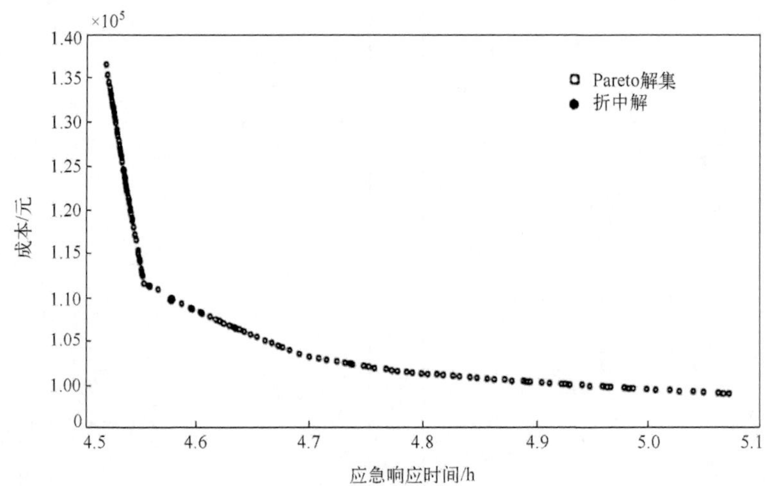

图 5-22　模型生成的 Pareto 前沿

根据模型计算所生成的 Pareto 前沿，可以得到备选方案集中的各个处置资源调度方案，备选方案集中的三个资源调度方案如表 5-12～表 5-14 所示。结合海上突发事件应急资源调配方案的多属性决策技术，设置两个评价指标体系所对应的专家权重，可以得到适合当前事故环境与专家决策偏好的决策方案。其中表 5-12 显示了设置两个评价指标分别为(0.5,0.5)的决策方案。

表 5-12　处置资源调度方案 1

项目		使用资源名称	资源数量
处置手段	封堵溢油源	—	—
	监控溢油动态	—	—
	溢油围控	固体浮子式 PVC 围油栏	600m
		充气式橡胶围油栏	200m
	机械回收	转盘式收油机	1 台
		收油拖网	100 节
	投放吸油材料	吸油毡	200kg
	预期处置时间	—	
	预期处置费用	—	
单位	北海监测中心	固体浮子式 PVC 围油栏	200m
		充气式橡胶围油栏	100m
		吸油毡	200kg
	北海预报中心	固体浮子式橡胶围油栏	300m
		充气式橡胶围油栏	100m
		收油拖网	60 节
	中石油天津分公司	固体浮子式橡胶围油栏	100m
		转盘式收油机	1 台
		收油拖网	20 节
		海洋石油 230	1 艘
		滨海 266	1 艘

表 5-13　处置资源调度方案 2

项目		使用资源名称	资源数量
处置手段	封堵溢油源	—	—
	监控溢油动态	—	—
	溢油围控	固体浮子式 PVC 围油栏	500m
		充气式橡胶围油栏	200m
	机械回收	转盘式收油机	2 台
		收油拖网	200 节
	投放吸油材料	吸油毡	150kg
	预期处置时间	—	
	预期处置费用	—	

续表

项目		使用资源名称	资源数量
单位	北海监测中心	固体浮子式 PVC 围油栏	200m
		充气式橡胶围油栏	100m
		吸油毡	150kg
	北海预报中心	固体浮子式橡胶围油栏	200m
		充气式橡胶围油栏	200m
		收油拖网	120 节
	中石油天津分公司	固体浮子式橡胶围油栏	100m
		转盘式收油机	1 台
		收油拖网	80 节
		海洋石油 230	1 艘
		滨海 266	1 艘

表 5-14　处置资源调度方案 3

项目		使用资源名称	资源需求数量
处置手段	封堵溢油源	—	—
	监控溢油动态	—	—
	溢油围控	固体浮子式 PVC 围油栏	500m
		充气式橡胶围油栏	300m
	机械回收	转盘式收油机	2 台
		收油拖网	200 节
	投放吸油材料	吸油毡	150kg
	预期处置时间	—	
	预期处置费用	—	
单位	北海监测中心	固体浮子式 PVC 围油栏	200m
		充气式橡胶围油栏	100m
		吸油毡	150kg
	北海预报中心	固体浮子式橡胶围油栏	200m
		充气式橡胶围油栏	200m
		收油拖网	120 节
	中石油天津分公司	固体浮子式橡胶围油栏	100m
		转盘式收油机	1 台
		收油拖网	80 节
		海洋石油 230	1 艘
		滨海 266	1 艘

5.4　海上污染物应急监测站位布设

在海上突发事件中，海上溢油、污染物泄漏以及放射性物质泄漏会对海洋环境造成巨大的污染。不同于其他海上突发事故，受气象、水文、油品理化性质以及处置时间的影响，海上污染物极易发生大规模的漂移、溶解、乳化等扩散行为，其污染范围会迅速扩大，波及海洋产业经济区、生态敏感区、脆弱区以及海洋自然保护区等海洋重点保护区域，甚至是岸上休闲度假区、旅游观光区以及居民生活区等人口密集区，给海洋环境、人民生活及经济发展造成极大的损害；此外，污染物易燃易爆以及毒性易挥发等特性也容易给人类、海洋生物的生存和发展造成更大的威胁。因此，在海上污染物泄漏事故发生的初期，需要迅速开展海上污染物应急监测行动，及时查明污染物源、污染物的类型、污染物泄漏量以及污染物影响的海域环境污染范围和污染程度等信息，为污染物应急处置指挥人员准确判断海上污染物事故等级提供第一手资料和充分的信息及数据支持，避免响应不足或响应过度。同时，只有通过应急监测才能明确具体的污染物应急处置任务类型及特点，从而有针对性地对污染物产生的危害进行有效的控制和清除，在法律层面和业务层面为后续污染物处置工作的开展提供可靠的决策依据和参考。

5.4.1　海上污染物应急监测站位布设问题

海上突发事件应急监测站位布设问题可以拆解为“海上突发事件”“应急”“监测站位布设”三个关键词。首先，“海上突发事件”给出了研究问题的现实背景；其次，“应急”明确了研究问题的具体特点；最后，“监测站位布设”是要研究的最根本问题。通过上述分析，本节首先需要明确海上突发事件应急监测站位布设的内涵；其次收集和整理有关“监测站位布设”问题的解决方法和实践的相关资料；然后分析“海上突发事件应急”的具体特点、现实困境和相关要求；最后结合上述分析找出目前制定海上突发事件监测站位布设方案时存在的不足，明确需要优化的关键环节并选择合适的优化方法建立海上突发事件应急监测站位布设模型。

海上突发事件应急监测站位布设指的是在海上突发事故发生后，为了辅助应急指挥人员对事故进行进一步的评估，需要根据收到的事故报告、现场海况条件、气象数据，以及从相关单位获取的海上漂移扩散数据等信息，确定监测区域的范围，并通过对监测站位的筛选和评估，制定高效、可行的应急监测站位布设方案，满足“在尽可能短的时间内监测到最多的污染物污染信息”，支持下一步的应急监测任务行动。海上突发事件应急监测站位布设解决了“到哪些位置监测”的现实问题，是进行监测任务分配，开展具体监测行动的基础和先决条件，在科学研究中，需要将“在最短时间内监测到最大信息量”的现实需求，转化为如何满足应急监测“时间急迫”的要求、如何评估监测点表达的环境信息量两个关键点，并针对这两个难点，研究应急监测站位布设方法。

5.4.2 海上污染物应急监测站位布设模型构建

目前常用的监测站位布设方法是环境监测领域中的功能区布点法和几何图形布点法，这两大类方法是相关应急监测人员多年经验的积累和总结，具有较大的实用价值。在研究海上突发事件应急监测站位布设问题时，首先需要参考环境监测领域中的布点原则和方法，设计出初步的海上突发事件应急监测站位布设方案，在此基础上，结合“海上应急”的特点对初始方案进行优化。

陆地上的功能区类型较多且分布密集，在进行污染物监测时适合采用功能区布点法，而海上的功能区分布比较稀疏，不适合采用该方法。首先，在海洋环境下，污染物极易在风、浪、潮流等的作用下发生漂移和扩散，因此应用几何图形布点法进行监测站位布设比较合适；其次，在选择监测站位时，既要考虑天气、海况等因素，也要考虑待监测区域中是否存在人口密集区、重点经济区或生态敏感区等重点保护区域；然后，还需要根据待监测区域的污染物浓度，判断是否会对人体造成危害、是否可以进行监测以及需要何种设备执行监测任务；最后，不同于常规监测，应急监测对时间的要求较高，随着污染物的移动和扩散，其监测结果具有很强的时效性，因此在进行应急监测站位布设时，需要对应急时间进行量化以评价不同方案的优劣。

通过以上分析，可以总结出海上突发事件应急监测站位布设问题的本质是带约束的多目标优化问题，在研究过程中需要明确几个要点。①海上污染物应急监测最关心的目标：应急监测时间、监测到的污染物浓度、敏感区等环境信息量。②海上污染物应急监测的原则和约束：污染物浓度大、海域敏感性大的区域优先级较高，需要布设较多的监测点；污染物浓度过大可能对人体造成危害的区域或者放弃监测或者派无人设备进行监测。③海上突发事件应急监测站位布设问题抽象方法：以网格布点法为基础，网格的交点作为备选监测站位，假定每个备选监测站位周围的环境状况是均匀的，附近海域的环境信息可由离其最近的监测站位表达。④海上突发事件应急监测站位布设问题的解决思路：在常规监测方法的基础上，通过对监测点评估，选择出代表性较大的监测点组成应急监测站位布设方案。

1. 海上污染物应急监测布点问题描述

海上污染物应急监测布点问题可以描述为某海域发生突发性海洋污染事故，已知事故发生地点，且根据污染物类型、事故海域的气象、水文资料等信息，利用污染物扩散模型确定分析并预测污染物的扩散趋势和影响范围；决策人员根据污染物数值模拟结果，采用海洋环境监测站位设计常用方法对待监测海域进行初始监测点位布设；在此基础上，综合考虑污染物浓度分布和敏感区污染情况等应急因素，需要考虑以最小的监测成本约束，进行监测点位布设的调整与优化，获取包括污染物浓度分布和敏感区污染情况在内的最大的信息量。

考虑应急处置现实条件约束，为简化建立的围绕所需建立的多目标优化模型，现进行如下假设。

(1) 待选择的监测船舶数量有限，不能覆盖所有备选监测点。

(2) 以模拟所得污染物浓度分布即代表该区某时刻实际污染物浓度分布数据进行布设计算，任意点位的质量浓度认为已知，并由污染物扩散模拟所得的该点位浓度值来给定求解计算。

(3) 每个待选监测点的监测时间、监测成本相同。

2. 海上污染物应急监测布点决策变量分析

1) 符号说明

模型涉及符号说明如表 5-15 所示。

表 5-15　应急监测模型符号说明

符号	说明	符号	说明
Z_1	监测点数量	Y_i	第 i 个监测点污染物浓度分值
$Z_1^{\min}$	最少监测点数量	Y^*	对监测设备或者监测人员产生威胁的污染物浓度阈值
$Z_1^{\max}$	最大监测点数量	V_i	第 i 个监测点敏感性分值
Z_2	监测点有效性	N_j	第 j 个分区选用的监测点数
i	第 i 个监测点位置编号	N_j^*	第 j 个分区监测点数量上限
I	所有监测点位置编号集合	U_i	第 i 个监测点效用值
j	第 j 个敏感性分区编号	u_i^1	第 i 个监测点污染物浓度效用值
J	区域敏感性分区编号集合	u_i^2	第 i 个监测点敏感性效用值
Q_j	第 j 个分区内监测点位置编号的集合		

2) 决策变量

X_i：第 i 个待选监测点的选择位，表示该监测点是否被选取。

3) 数据处理

查阅事故海域相关资料及专家经验判断，获得该地区的海洋敏感性区域划分，如果没有相关资料，则采用文献[79]和[80]中的方法对事故区域进行海洋敏感性分区并评分，同一敏感性分区内监测点的敏感性分值相同。

对于同一浓度梯度内的监测点，对其进行评分，采用浓度的相对分值表示不同监测点污染物浓度的差别，要求其分值范围与敏感性分值范围相同。

3. 海上污染物应急监测布点约束条件分析

1) 监测点数量约束

$$Z_1 \in [Z_1^{\min}, Z_1^{\max}] \tag{5-41}$$

$$1 \leqslant N_j \leqslant N_j^* \tag{5-42}$$

监测点数量约束主要考虑两个方面的因素。第一，现实情况下监测设备和监测人员等资源数量有限，污染区域较大时，无法完全覆盖所有备选监测点；在假设到达每个监测点的监测时间相同时，出于对监测效率的考虑，监测点总数不能超过某个阈值。因此，通过将监测资源的最大监测能力量化为最大监测点数量来确定可接受的最大监测点数量，用 $Z_1^{\max}$ 来表示。第二，考虑到对监测点覆盖面积以及对监测准确度的要求，需要设置最小监测点数量 $Z_1^{\min}$ 。综合考虑以上两个因素，$Z_1 \in [Z_1^{\min}, Z_1^{\max}]$ 确定了优化模型中监测点数量的可接受范围。对于每个敏感区域而言，至少需要一个监测点，最多不能超过某个阈值，阈值从敏感区的面积与根据其重要程度而设置的监测密度两方面考虑，用 $1 \leqslant N_j \leqslant N_j^*$ 表示敏感区域监测点数量约束。

2) 监测风险约束

$$Y_i < Y^* \tag{5-43}$$

考虑到现实条件下，污染物浓度超过某个范围后会对人员造成生命威胁，为保证监测人员的人身安全，本书提出的模型将问题简化为污染物浓度分值超过某个阈值的监测点需要被舍弃。

3) 取值约束

在进行监测点选取时，每个监测点只有两种备选状态，被选择或者被舍弃，于是有如下取值约束：

$$X_i = 0或1, \quad i = 0, 1, \cdots, n \tag{5-44}$$

其中，n 为备选监测点数量；X_i 为 0 代表不选择该备选监测点，为 1 则代表选择该备选监测点。

4. 海上污染物应急监测布点评价指标分析

监测点数量越多，监测到的污染物浓度值和敏感性分值相应地会越高。为了提高监测点的有效性，将备选监测点的污染物浓度和敏感性分值两个属性进行合并，以此选择出有效性较大的监测点。本书提出的多目标优化模型旨在通过权衡监测点数量和监测点有效性两个目标对决策方案进行分析比较。

1) 最小化监测点数量

在实际的应急监测过程中，决策者对于监测结果的时效性要求较高，即对于监测时间有较大的限制，加上监测设备的续航能力有限，不能监测到所有的污染区域，因此，考虑到现实情况下有限的监测资源、昂贵的监测成本以及应急监测要求“迅速”“及时”等限制条件，在满足基本的监测要求前提下，要尽可能地减少监测点的数量，以减少应急监测的时间、资源成本，因此，在假设所有备选监测点的监测时间、监测成本相同的条件下，模型的第一个目标函数为最小化总的监测点数量，其表达式为

$$\min Z_1 = \sum_{j \in J} \sum_{i \in Q_j} X_i \tag{5-45}$$

2) 最大化监测点有效性

arctan 函数归一化属于非线性归一化方法，经常用在数据分化比较大的场景，求解过程中不需要知道全部数据的均值、极值等信息；当数据大于等于 0 的时候，可以将数据映射到 0～1 区间。因为我们比较监测点之间的相对值大小，所以选择 arctan 函数归一化满足需求，其公式如下所示：

$$x' = \arctan(x) \times \frac{2}{\pi} \tag{5-46}$$

多维效用合并方法中的代换规则适用于两个效用对决策者同等重要，但是当其中一个目标的效用较大时，另外一个目标的效用重要性可以降低，满足此规则的函数如式(5-47)所示：

$$W(u_1, u_2) = 1 - (1 - u_1)(1 - u_2) = u_1 + u_2 - u_1 u_2 \tag{5-47}$$

模型首先使用 arctan 函数对污染物浓度分值与敏感性分值进行归一化，并将其作为某一监测点相应的效用值；然后使用效用函数合并规则中的代换规则对监测点的污染物浓度效用值和敏感性效用值进行合并，得到监测点的总效用值；最后最大化监测点的有效性，可通过最大化监测点的合并效用值来体现，如下所示：

$$\max Z_2 = \sum_{j \in J} \sum_{i \in Q_j} U_i \tag{5-48}$$

其中

$$U_i = u_i^1 + u_i^2 - u_i^1 \times u_i^2 \tag{5-49}$$

$$u_i^1 = \arctan(Y_i) \times \frac{2}{\pi} \tag{5-50}$$

$$u_i^2 = \arctan(V_i) \times \frac{2}{\pi} \tag{5-51}$$

5. 海上污染物应急监测布点方法流程

图 5-23 给出了海上污染物应急监测布点评价决策模型的方法流程图。从整体上分析，本节将监测站位布设问题的求解分成以下 3 个步骤。

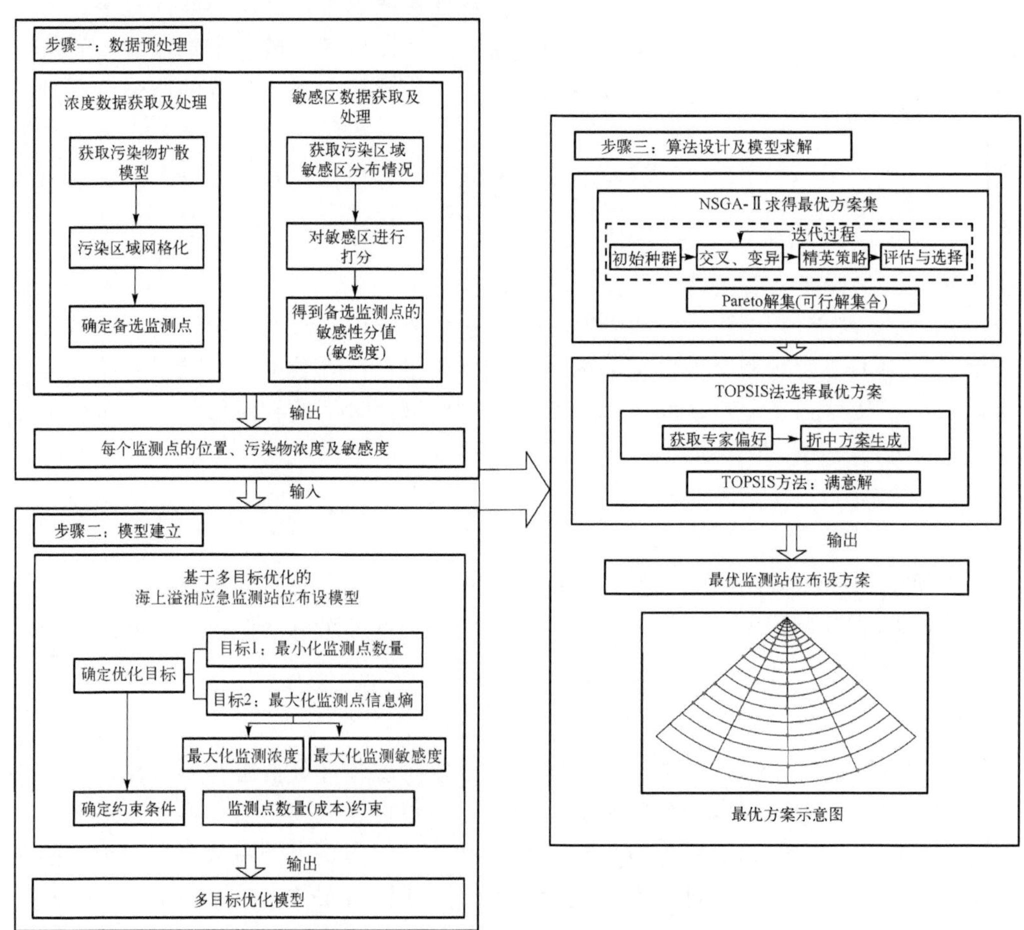

图 5-23　海上污染物应急监测布点评价决策模型的方法流程图

(1)数据预处理。因为本节侧重于考虑监测站位布设方案的生成技术，所以假设海上污染物扩散模型的输出数据可以直接获取。首先需要根据污染物扩散数据对可能受到污染的区域进行网格划分，将网格交点作为备选监测点。具体划分规则参考附录 A 环境污染监测站(点)位布设方法。

(2)构建监测站位布设的多目标优化模型。应急监测的目的是获取更多的事故及环境污染信息，提高应急指挥人员对海上污染物整体态势的把握。对于监测到信息量的评估，首先参考一个公认的标准：监测到的污染物浓度；另外考虑到海洋环境的特殊性，污染区域可能位于海洋保护区、滨海旅游度假区及水产养殖区等敏感区域，因此将监测到的区域敏感性信息作为第二考虑因素。则某个监测点所在区域的污染物污染浓度或区域敏感性越大，该监测点能够为应急处置工作带来的信息量越大。

熵是物理学中的概念，在传播中是指信息的不确定性，本节定义监测点的信息熵的概念来定量表达监测点可以带来的污染物浓度或区域敏感性等信息量的大小。监测点信息熵越大，则其能够带来的信息量越大。根据应急监测的目的(在较短时间内获取到较多的事故信息及环境污染信息)，确定海上溢油应急监测站位布设模型的优化目标为：①最小化监测时间；②最大化监测到的信息量。在本节的模型中，监测时间通过监测点数量来体现；监测到的信息量通过监测点信息熵的概念来量化。在确定了目标函数之后，要明确海上应急监测的约束条件，包括监测风险限制、监测时间要求，不同区域的监测要求等，并将其转化为数学表达式以构建完整的多目标优化模型。

(3)算法设计及模型求解。

NSGA-Ⅱ在解决多目标优化问题方面有很大的优势，基于 NSGA-Ⅱ算法获得监测站位布设方案的最优解集，然后通过 TOPSIS 法，结合专家偏好选择符合实际情况的最“满意”的海上溢油应急监测站位布设方案。

具体输入内容：

(1)污染物泄漏区域；

(2)污染物种类和类型；

(3)泄漏源强度；

(4)周边海洋环境状况；

(5)敏感区；

(6)污染物漂移扩散模型预测结果(方向、范围以及趋势等)以及多源实时监测数据(海洋环境的实时变化、污染物漂移扩散的实时状况)；

(7)应急船、应急车、救援人员、应急运力、应急物资资源、应急资金、应急处置技术(消防、海洋、环保、交通、渔业等相关部门和污染物企业)；

(8)放射性物质泄漏事故的工况、事故类型、发生的时间及地点、海上实时监测、预报数据、发生泄漏排放水量、活度水平、主要核素、物理化学特性等；

(9)空中设施(固定翼航空器、直升机、无人机等)；

(10)海上设施(执法船舶、救捞船、救生船、救生艇、巡逻艇、应急艇、渔船、无人船、搜寻船舶)以及救援人员。

输出：海上污染物应急监测方案的评价指标体系，为生成智能化方案提供支持，为专家进行应急决策提供相应的辅助决策。

5.4.3 海上污染物应急监测站位布设求解

在复杂的海上污染物应急监测背景下，应急监测站位布设方案的解空间会随着决策变量的增多而呈现指数级增长，该问题是典型的 NP-hard 问题，使用传统整数规划的求解算法无法在有限的时间内求得可行解；同时，该问题又是一个多目标优化问题，由于各个目标之间相互制约，不存在一个使得所有目标都能达到最优的解，其解集通常是一个非劣解的集合，即 Pareto 解。因此，本节拟采用智能优化算法在一定的时间内求得问题的 Pareto 解集，然后基于多属性决策方法选出“满意解”。

海上污染物应急监测站位布设问题属于离散多目标优化问题，其特点是决策变量只能从有限个离散值(0 或 1)中取值，且决策变量较多，应用传统的数学规划方法难以在短时间内求得可行解，因此本节拟采用求解离散多目标优化问题时应用最多的算法——NSGA-Ⅱ算法作为本节模型的求解算法。NSGA-Ⅱ算法原理及求解流程参考文献[71]。

基于 NSGA-Ⅱ算法的海上污染物应急监测站位布设多目标优化模型求解步骤如下。

(1)定义产生海上污染物应急监测站位布设方案的 NSGA-Ⅱ算法的最大迭代次数 $\mathrm{Gen}_{\mathrm{Max}}$、种群规模 N_{IND}、交叉概率 p_{cross} 以及变异概率 p_{mutation} 等参数，将当前迭代次数 Gen 设置为 1。

(2)设计海上污染物应急监测站位布设方案的编码方式，并随机产生初始方案集合 P(初始种群)。

(3)生成第一代子代海上污染物应急监测站位布设方案集合 C。首先，根据目标函数(式(5-45)和式(5-48))，以及约束条件(式(5-41)～式(5-44))计算不同方案的秩和拥挤距离值并基于此对初始方案集合 P 进行非支配排序；然后通过二元锦标赛方法从初始方案集合 P 中选择出 N_{IND} 个方案，接着对这 N_{IND} 个方案执行交叉、变异操作，生成第一代子代方案集合 C，并将当前迭代次数 Gen 设置为 2。

(4)更新父代应急监测站位布设方案集合 P。将父代方案集合 P 和生成的子代方案集合 C 混合，并计算混合后的方案集中所有方案的秩和拥挤距离值，然后对所有方案进行非支配排序，并基于精英策略选择出 N_{IND} 个方案，组成新的父代应急监测站位布设方案集合 P。

(5)生成产生新的子代种群 C。通过对更新后的父代应急监测站位布设方案集合 P 中的方案执行二元锦标赛选择以及交叉、变异操作，生成产生新的子代种群 C。

(6)判断当前迭代次数 Gen 是否达到最大迭代次数 $\mathrm{Gen}_{\mathrm{Max}}$，如果已经达到则通过对子代种群 C 去重输出 Pareto 解集，否则将当前迭代次数加 1，转至步骤(3)继续执行，直到 $\mathrm{Gen}=\mathrm{Gen}_{\mathrm{Max}}$。

在上述步骤中需要解决的 4 个关键问题如下所述。

(1) 如何对海上污染物应急监测站位布设方案进行编码以进行算法求解？

(2) 如何对不同的监测站位方案进行非支配排序及拥挤度计算？

(3) 如何生成子代应急监测站位布设方案集合？即如何制定父代监测站位布设方案对应个体的进行选择、交叉、变异操作以生成新的子代应急监测站位布设方案，进而组成子代方案集？

(4) 在生成子代方案集后，如何选择合适的个体组成新的父代方案集？

本节将针对上述 4 个难点设计 NSGA-Ⅱ算法的具体求解策略。

1. 海上污染物应急监测站位布设方案的编码设计

方案编码是算法求解的基础，不同问题具体的编码方式要以待解决问题的特点为依据。NSGA-Ⅱ算法中每一个个体都拥有一条由一组基因组成的染色体，对应着多目标优化模型的一个解、应急监测站位布设问题的一个方案，种群由个体组成，表示一组解(一组方案)。根据本章提出模型的特点，一个应急监测站位布设方案是由一组被选中的监测点组成的，而每个监测点只有被选中和未被选中两种状态，因此本节采用离散二进制编码方式对方案进行编码，每一个个体(一条染色体)用一组由 0 或 1 组成的 n 个数字来表达，海上污染物应急监测站位布设方案的编码示意图如图 5-24 所示。其中 X_n 表示第 n 个备选监测点选择位，X_n 值为 1 表示该监测点被选中，X_n 值为 0 表示该监测点没有被选中，所有 X_n 值为 1 的监测点集合组成了一个应急监测站位布设方案。每个待选监测点被选中的可能性大小未知，也没有办法衡量，因此本节采用随机赋值方式对 n 个选择位分别赋值为 1 或 0。

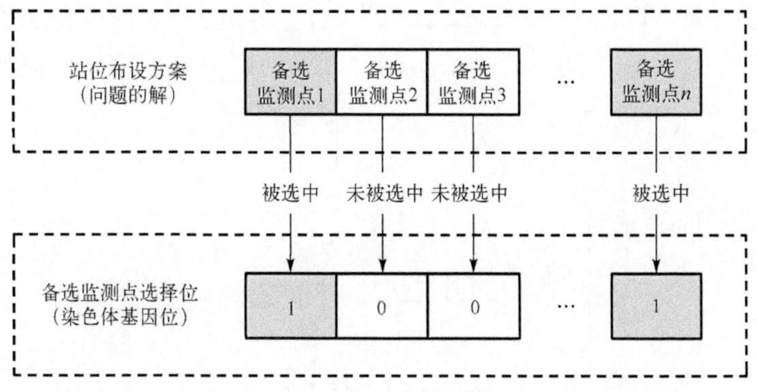

图 5-24　海上污染物应急监测站位布设方案的编码示意图

个体编码是将监测站位布设方案转化为染色体的过程，而解码是将染色体转化为监测站位布设方案的过程，是个体编码的逆过程，在此不再赘述。

2. 监测站位布设方案的非支配排序及拥挤度计算

1) 监测站位布设方案非支配排序

对于任意的两个方案 P_1 和 P_2，假设在所有的目标上，P_1 均优于 P_2，则称方案 P_1 支配方案 P_2。所有不可被支配的监测站位布设方案会形成一个 Pareto 解集 X^*，这意味着无法找到比集合 X^* 中方案在两个目标函数上同时表现得更好的监测站位布设方案。也就是说比 Pareto 解集 X^* 中方案，拥有更少监测点数量同时拥有更大信息熵的监测方案是不存在的。

不同方案的非支配排序规则参考文献[71]，在经过非支配排序后，所有方案被分成了不同的等级，形成了不同的 Pareto 前沿，同一前沿中的所有方案都拥有相同的非支配序 rank，不同前沿中的方案，非支配序越小，则对应方案越好。针对同一个前沿中的不同方案，NSGA-Ⅱ算法通过引入拥挤度的概念来评判这些方案的优劣。

2) 拥挤度计算和拥挤度比较算子

为了保证种群中方案的多样性，需要评估每个前沿面中方案的密度，即计算每个方案的拥挤度。

将每个方案的拥挤度初始化为 0，即令 $i_d = 0, n = 1,2,\cdots,N$。对于每个目标函数，首先对其进行归一化处理，接着执行下面的操作。

基于归一化的该目标函数值对方案进行升序排序，令边界的两个方案的拥挤度为无穷，即 $1_d = N_d = \infty$。对于其他方案，有

$$i_d = \sum_{j=1}^{m}\left(\left|f_j^{i+1} - f_j^{i-1}\right|\right) = \sum_{j=1}^{m}\frac{\left|f_j^{i+1} - f_j^{i-1}\right|}{f_j^{\max} - f_j^{\min}}, \quad i = 2,3,\cdots,N-1 \tag{5-52}$$

为了便于理解，以图 5-25 为例，计算海上污染物应急监测站位布设方案集中方案 i 的拥挤度。如图 5-25 所示，f_1 表示归一化后的海上污染物应急监测站位布设模

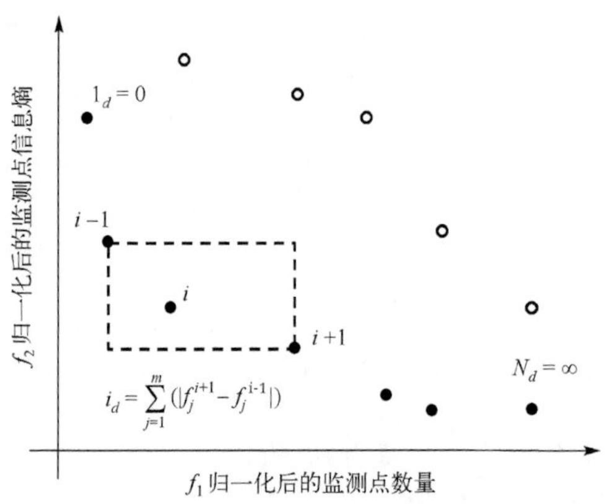

图 5-25　应急监测站位布设方案 i 的拥挤度示意图

型中的监测点数量，f_2 表示归一化后的监测点信息熵。对于除边界方案外的任意一个方案 i，其拥挤度是用最近邻的两个方案 $(i+1,i-1)$ 作为顶点形成的长方体的周长(以虚线框显示)的一半。对于每个方案，其拥挤度越大就说明该方案与其他方案相似程度越低，保留拥挤度较大的点相当于保存了方案的多样性。

拥挤度比较算子是用于对同一前沿中的应急监测站位布设方案做比较。通过非支配排序和拥挤度计算后，每个方案都拥有了两个属性：非支配序 i_{rank} 和拥挤度 i_d。定义拥挤度比较算子 $\geqslant_i$，不同应急监测站位布设方案优劣的比较规则为：设任意两个方案 p、q，$p \geqslant_i q$，即方案 p 优于方案 q，当且仅当 $p_{\text{rank}} < q_{\text{rank}}$ 或 $p_{\text{rank}} = q_{\text{rank}}$ 且 $p_d > q_d$。

3. 子代应急监测站位布设方案的生成方法

生成子代应急监测站位布设方案的整体流程：首先根据二元锦标赛选择法从父代应急监测站位布设方案集中选择一部分方案；然后对其执行交叉、变异操作，从而生成子代应急监测站位布设方案。下面将对父代应急监测站位布设方案的选择、交叉、变异规则进行详细介绍。

1) 父代应急监测站位布设方案个体选择规则

对父代应急监测站位布设方案的选择一般选用二元锦标赛选择法。锦标赛是一种有多个选手参加的比赛，一般情况下只有一个冠军，二元相当于有两个选手参加比赛。在遗传算法中，我们可以将不同选手看作不同的个体，将冠军看作这些个体中最好的个体。假设父代应急监测站位布设方案集合为 P，其个体数目为 N_{IND}，采用二元锦标赛选择法选择父代应急监测站位布设方案个体的具体步骤为每次随机选择(放回抽样)两个方案进行比较，将非支配序 i_{rank} 较大或非支配序相同时拥挤度 i_d 较大的个体保留下来放到新方案集合中，通过 N_{IND} 次循环后，将重复被选择的方案删除，然后生成一个新方案集合 C，设集合 C 中的个体数为 Num_C，则 $0<\text{Num}_C \leqslant N_{\text{IND}}$。

2) 父代应急监测站位布设方案个体交叉规则

设每个应急监测站位布设方案对应的染色体长度为 1～n，随机从集合 P 中选择两个方案 P_1、P_2，针对两个方案，随机选择两个监测点编号(对应着随机选择染色体上的两个基因位) a、b ($a \neq b$，不妨设 $1 \leqslant a<b \leqslant n$，$a_1=a_2=a$，$b_1=b_2=b$)，具体的个体交叉方式为，将编号为 1～$a_1$、$b_1$+1～$b_2$、$a_2$+1～$n$ 的监测点选择位拼接后作为新生成的应急监测站位布设方案 C_1，将编号为 1～b_1、a_1+1～a_2、b_2+1～n 的监测点选择位拼接后作为新生成的应急监测站位布设方案 C_2。父代应急监测站位布设方案个体交叉示意图如图 5-26 所示。

3) 父代应急监测站位布设方案个体变异规则

设父代应急监测站位布设方案个体的变异概率为 p，随机生成 n_p 个 1～n 范围内

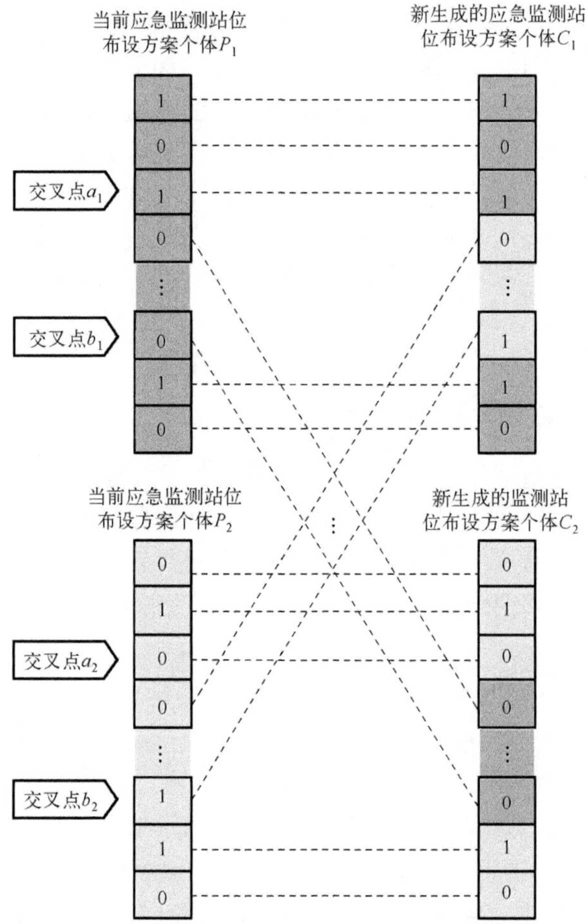

图 5-26　父代应急监测站位布设方案个体交叉示意图

的自然数 $k_1 \sim k_n$，将其作为需要发生变异的监测点编号，设 f 为是否变异的判断依据，令 $f=\lceil k_n+e \rceil$，其中 e 为服从标准正态分布的一个随机数，$\lceil\ \rceil$表示向上取整函数。具体的变异规则为当 $f>1$ 时，将监测点 k_n 的数值设置为 1；当 $f<0$ 时，将监测点 k_n 的数值设置为 0；其他情况下，不对监测点 k_n 的数值做出改变。父代应急监测站位布设方案个体变异示意图如图 5-27 所示。

4. 生成子代应急监测布设方案集合的精英策略

精英策略使每一代方案集合中较好的一部分方案对应个体，不参与交叉和变异，直接保存到下一代。通过精英策略生成子代方案集合的具体规则参考相关文献。

基于 NSGA-Ⅱ算法求得的是海上污染物应急监测站位布设多目标优化模型的 Pareto 解集，即一组在不同目标上具有相对优势的、无法比较优劣的多个可行的应

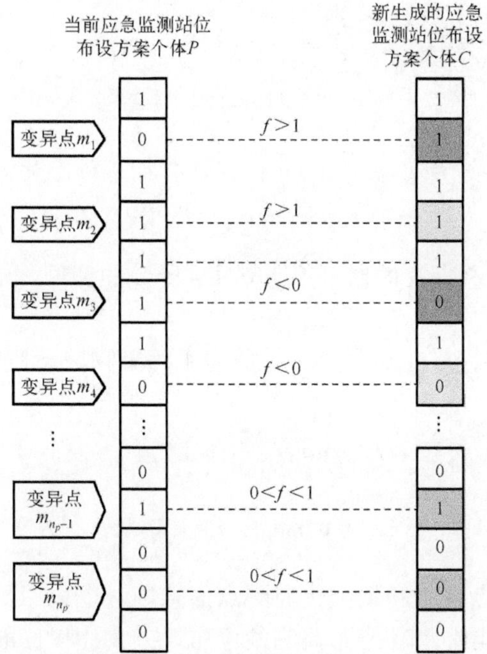

图 5-27　父代应急监测站位布设方案个体变异示意图

急监测站位布设方案，而在现实情况中，决策者一般需要通过对不同方案的对比和分析，选择其中一个方案作为参考。因为在实际进行应急监测时，决策者对应急监测时间和监测到的信息量两个不同目标之间会有明确的偏好，因此可以考虑根据决策者偏好,应用多属性决策方法从一组可行解中选择出一个“满意解”。“满意解”选择方法——TOPSIS 法。

TOPSIS 法具有概念简单、应用广泛的特点，其核心思想是通过比较不同方案与理想方案(虚拟方案)之间的距离来对方案进行排序。本节基于 TOPSIS 法选择出最终海上污染物应急监测站位布设方案的主要步骤如下所述。

(1)标准化海上污染物应急监测站位布设方案的决策矩阵 $A=(a_{ij})_{p\times 2}$。其中，p 是可行方案的个数，2 是目标函数的个数，对应本节中最小化监测点数量和最大化监测点信息熵；a_{ij} 是第 i 个可行解在第 j 个目标函数上的得分。本模型中目标函数一是最小化监测点数量，属于成本型的指标；目标函数二是最大化监测点信息熵，属于效益型指标，两个指标的标准化过程有所差异，其中目标函数一的标准化过程如式(5-53)所示，目标函数二的标准化过程如式(5-54)所示，经过标准化后，两个目标函数的值都是越大越好：

$$x_{ij}=1-\frac{a_{ij}}{\sqrt{\sum_{i=1}^{p}a_{ij}^2}},\quad i=1,2,\cdots,p;j=1,2 \tag{5-53}$$

$$x_{ij} = \frac{a_{ij}}{\sqrt{\sum_{i=1}^{p} a_{ij}^2}}, \quad i = 1, 2, \cdots, p; j = 1, 2 \tag{5-54}$$

(2) 根据决策者偏好 w_j（$w_j = [w_1, w_2]$），计算加权标准化矩阵 $R = (r_{ij})_{p\times 2}$：

$$r_{ij} = x_{ij} \times w_j, \quad j = 1, 2 \tag{5-55}$$

其中，w_j 是应急指挥负责人根据对第 j 个目标函数的偏好，给出的关于第 j 个目标的权重。

(3) 根据加权后的标准化矩阵 R，计算海上污染物应急监测站位布设方案的正、负理想方案 f_j^+、f_j^-：

$$f_j^- = \min_j r_{ij}, \quad i = 1, 2, \cdots, p \tag{5-56}$$

$$f_j^+ = \max_j r_{ij}, \quad i = 1, 2, \cdots, p \tag{5-57}$$

针对最小化监测点数量和最大化监测点信息熵两个目标函数，都存在正、负两个理想方案，因此海上污染物应急监测站位布设方案加权标准化后的正、负理想方案在二维空间中表现为两个点，分别为 (f_1^+, f_2^+) 和 (f_1^-, f_2^-)，如图 5-28 中 x^+ 和 x^- 所示。其中，正理想方案 (f_1^+, f_2^+) 是由式(5-57)求得的，在两个目标函数上分别取得可行方案集中目标函数的最大值的实际方案 f_1^+ 和 f_2^+ 组成的虚拟方案；负理想方案 (f_j^-, f_j^-) 是由式(5-56)求得的、在两个目标函数上分别取得可行方案集中目标函数的最小值的实际方案 f_1^- 和 f_2^- 组成的虚拟方案。正负理想方案在二维空间的示意图如图 5-28 所示。

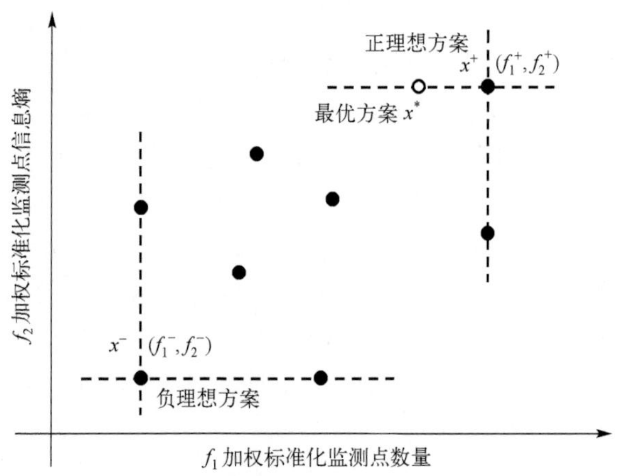

图 5-28　正负理想解示意图

(4) 计算每个海上污染物应急监测站位布设方案与正、负理想方案之间的距离：

$$D_i^+ = \sqrt{\sum_{j=1}^{2}(r_{ij} - f_j^+)^2}, \quad i = 1,2,\cdots,p; j = 1,2 \tag{5-58}$$

$$D_i^- = \sqrt{\sum_{j=1}^{2}(r_{ij} - f_j^-)^2}, \quad i = 1,2,\cdots,p; j = 1,2 \tag{5-59}$$

每个海上污染物应急监测站位布设方案，离正理想方案越近和离负理想方案越远越好。如果两个站位布设方案到正理想方案的距离相同，则需要通过比较这两个方案到负理想方案的距离大小来比较其优劣。

(5)计算每个海上污染物应急监测站位布设方案与理想方案的相对贴近度 D_i：

$$D_i = \frac{D_i^+}{D_i^+ + D_i^-}, \quad i = 1,2,\cdots,p \tag{5-60}$$

在 TOPSIS 法中，离正理想方案最近的同时，又离负理想方案最远的方案即为方案集中的最优方案。相对贴近度是一个综合的评价指数，同时表达了一个方案离正理想方案的距离和离负理想方案的距离两个评价指标，通过对相对贴近度 D_i 进行排序，即可以比较不同方案的优劣。在本模型中，D_i 值最大对应的海上污染物应急监测站位布设方案即为本节模型求得的折中方案，也是根据专家偏好求得的“满意方案”，如图 5-28 中的 x^* 所示。

5.4.4　海上污染物应急监测站位布设示例

1. 海上污染物应急监测站位布设示例描述

在北纬 30°41′18″，东经 121°41′47″处，“紫云”轮左舷与“集海”轮船尾发生碰撞，导致污染物二甲苯泄漏，海面产生 20m×60m 的污染区域，随着风、浪等海况的变化，二甲苯不断向外扩散，为了更好地对污染物二甲苯进行处置、最大限度地降低事故危害，为后续处置提供及时准确的信息，需要通过应急监测来掌握污染物二甲苯的扩散方向、污染区域及危害程度。为了以最小的监测成本(时间、费用)最大化地获取监测区域内污染物浓度的分布情况，采用 5.4.3 小节提出的方法对此次污染物泄漏事故应急监测优化布点进行建模分析。

2. 海上污染物应急监测站位布设示例建模

1)污染物泄漏事故应急监测数据来源

污染物泄漏事故发生后，北海预报中心根据当时事故发生海域的海况东风三级(4.9m/s)，海流 0.11m/s 对污染物二甲苯的漂移扩散轨迹进行模拟预测，模拟如表 5-16 所示的二甲苯扩散数据。

表 5-16　污染物浓度模拟数据表(部分)

编号	浓度/(mg/L)	敏感度/分	东经/(°)	北纬/(°)
75	0	0	121.6977	30.7341
76	0	10	121.6323	30.72857
77	0	10	121.637	30.72857
78	0.006635	10	121.6417	30.72857
79	0.371566	10	121.6463	30.72857
80	4.584863	10	121.651	30.72857
81	10.68917	10	121.6557	30.72857
82	4.71093	10	121.6603	30.72857
83	6.419159	10	121.665	30.72857
84	9.905557	10	121.6697	30.72857

数据含义如下：第一列表示备选监测点的编号，第二列表示模拟的备选监测点的污染物浓度数据，第三列表示每个备选监测点所在位置的敏感度，第四列表示备选监测点的经度，第五列表示备选监测点的纬度。

2)污染物泄漏事故应急监测数据预处理

对数据进行预处理，按照前面内容提出的方法，首先对二甲苯的浓度数据进行归一化处理，然后计算每个备选监测点的效用值，得到归一化后的数据表如表 5-17 所示。

表 5-17　归一化数据表(部分)

编号	浓度/(mg/L)	归一化浓度	敏感度/分	归一化敏感度	有效性	东经/(°)	北纬/(°)
75	0	0	0	0	0	121.6977	30.7341
76	0	0	10	0.936549	0.936549	121.6323	30.72857
77	0	0	10	0.936549	0.936549	121.637	30.72857
78	0.006635	0.004224	10	0.936549	0.936817	121.6417	30.72857
79	0.371566	0.226482	10	0.936549	0.950919	121.6463	30.72857
80	4.584863	0.863289	10	0.936549	0.991326	121.651	30.72857
81	10.68917	0.940615	10	0.936549	0.996232	121.6557	30.72857
82	4.71093	0.86684	10	0.936549	0.991551	121.6603	30.72857
83	6.419159	0.901616	10	0.936549	0.993757	121.665	30.72857
84	9.905557	0.935948	10	0.936549	0.995936	121.6697	30.72857

数据含义如下：第一列表示备选监测点的编号，第二列表示模拟的备选监测点的污染物浓度数据，第三列表示污染物浓度归一化后的数值，第四列表示每个

备选监测点所在位置的敏感度，第五列表示敏感度归一化后的数值，第六列表示备选监测点的有效性，第七列表示备选监测点的经度，第八列表示备选监测点的纬度。

3) 污染物泄漏事故应急监测点位布设模型构建

(1) 约束确定。

通过咨询专家并考虑现实设备资源情况，应急处置负责人确定最少监测点数为 8，最大监测点数为 20，所以，监测点数量约束为

$$Z_1 \in [8,20] \tag{5-61}$$

(2) 目标确定。

目标函数 1，最小化监测点数量：

$$\min Z_1 = \sum_{j \in J} \sum_{i \in Q_j} X_i \tag{5-62}$$

目标函数 2，最大化监测点有效性：

$$\max Z_2 = \sum_{j \in J} \sum_{i \in Q_j} \left(\arctan(Y_i) \times \frac{2}{\pi} + \arctan(V_i) \times \frac{2}{\pi} - \arctan(Y_i) \times \frac{2}{\pi} \times \arctan(V_i) \times \frac{2}{\pi} \right) \tag{5-63}$$

3. 海上污染物应急监测站位布设示例结果分析

1) 应急监测点位布设结果分析

使用 NSGA-Ⅱ算法进行模型求解时，不同的参数设置会对结果产生较大的影响，根据本案例的数据规模及问题特点，拟设置 NSGA-Ⅱ 算法的参数如下：种群规模 P_{op}=40，迭代次数 Gen=80，交叉概率为 0.9，在此条件下得到备选方案集。然后通过咨询专家对两个目标函数的偏好，在本案例中将两个目标函数的权重设置为(0.2,0.8)，即专家认为目标函数-最小化监测站点数量的权重为 0.2，目标函数-最大化监测点有效性的权重为 0.8，表示此次污染物二甲苯泄漏事件的危害性较大，专家更加倾向于设置较多的监测点完成更为全面的监测。图 5-29 为 NSGA-Ⅱ算法的输出结果。

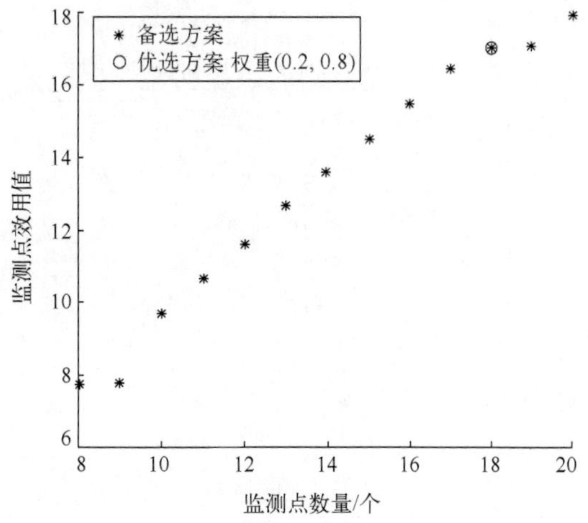

图 5-29　方案输出结果

图中，星形为算法输出的 Pareto 前沿，代表一组备选方案，每个方案对应一组优选监测点集合；圆形代表专家权重为(0.2,0.8)时选择的方案，方案详情如表 5-18 所示。

表 5-18 海上污染物泄漏事故应急监测点位最优布设方案详情

编号	浓度/(mg/L)	敏感度/分	有效性	东经/(°)	北纬/(°)
5	28.40872	0	0.9776	121.6603	30.73963
9	32.26656	0	0.980276	121.6557	30.7341
13	0	10	0.936549	121.637	30.72857
15	10.68917	10	0.996232	121.6557	30.72857
16	6.419159	10	0.993757	121.665	30.72857
20	0	10	0.936549	121.6463	30.72303
21	0.238864	10	0.94602	121.6557	30.72303
31	32.34252	0	0.980323	121.6743	30.71197
34	27.75028	0	0.977069	121.665	30.70643
40	13.08635	0	0.951447	121.679	30.7009
43	27.64934	0	0.976985	121.665	30.69537
44	39.52559	0	0.983897	121.6743	30.69537

图 5-30 为改变决策者偏好生成不同优选方案的对比图。使用智能优化算法 NSGA-Ⅱ算法求出的一组 Pareto 解集中，不同的监测点数量对应不同的监测效用值，从图 5-30 可以看出，当监测点数量达到某个值后，监测的边际效用递减，即继续增加监测点个数带来的监测效用变化量不断减小。在本模型中，监测点的数量代表监测成本，包括监测的时间、费用等要素，监测点效用值代表监测点浓度，考虑到应

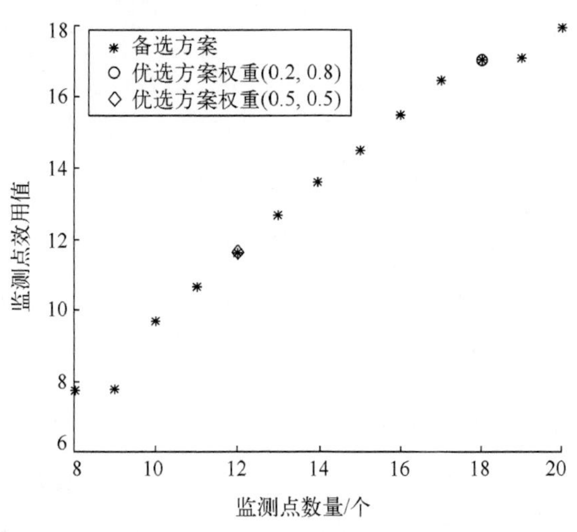

图 5-30 不同优选方案的对比图

急监测对于监测时间的要求，在满足对监测到的物浓度的基本要求后，要尽可能减少监测点数量以减少监测时间，因此，在未获得专家权重且考虑获得最大的污染物浓度的情况下，此方法可以提供一个兼顾监测成本和监测到的污染物浓度两个因素的监测方案，即图 5-30 中圆形标注的方案。

如果现实条件下，专家认为某次应急监测任务对时间的要求较高，可以请专家给出对于监测时间以及污染物浓度两个要素的偏好信息，然后根据专家对监测成本的要求和对监测浓度的需求对方案进行调整和选择。图 5-30 中的圆形代表的方案是专家权重为(0.2,0.8)时的最优方案，对应监测点数量为 18，监测点效用值为 16.9875；菱形代表的方案是专家权重为(0.5,0.5)时的最优方案对应监测点数量为 12，监测点效用值为 11.6367。

可视化是方案分析的有效手段，基于方案输出数据，使用 Surfer 软件对方案进行可视化展示，可以辅助决策者更好地分析模型生成方案的合理性和有效性。

下面以图 5-30 中菱形代表的方案为例，对方案详细信息进行分析。

图 5-31～图 5-33 均为图 5-30 中菱形对应的优选方案的可视化结果。图 5-31 的背景图为污染物扩散的浓度场，图 5-32 的背景图为污染区域的敏感区分布，图 5-33 的

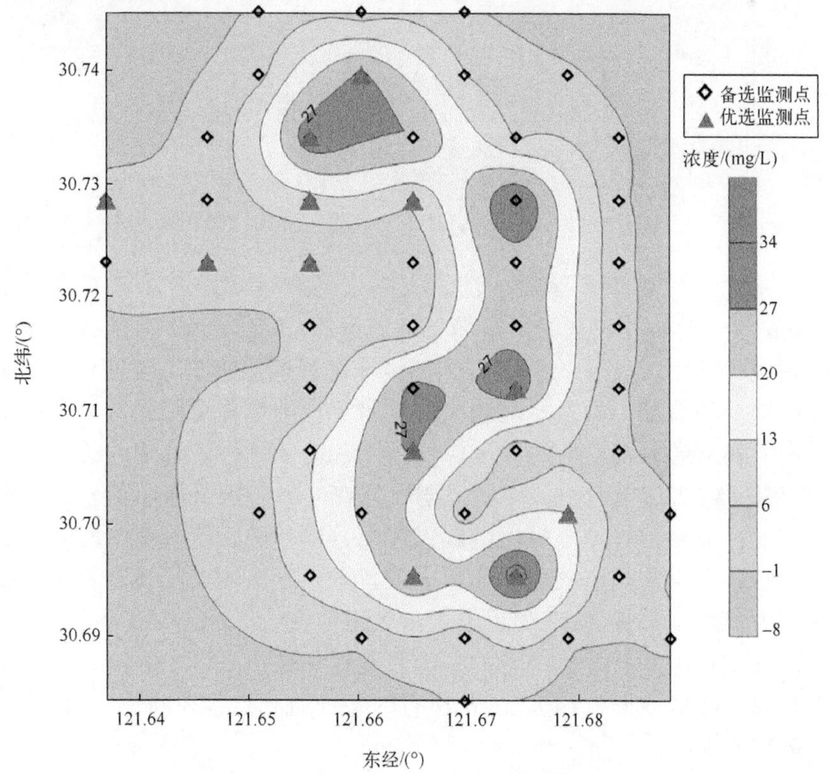

图 5-31　浓度场背景下的监测方案(见彩图)

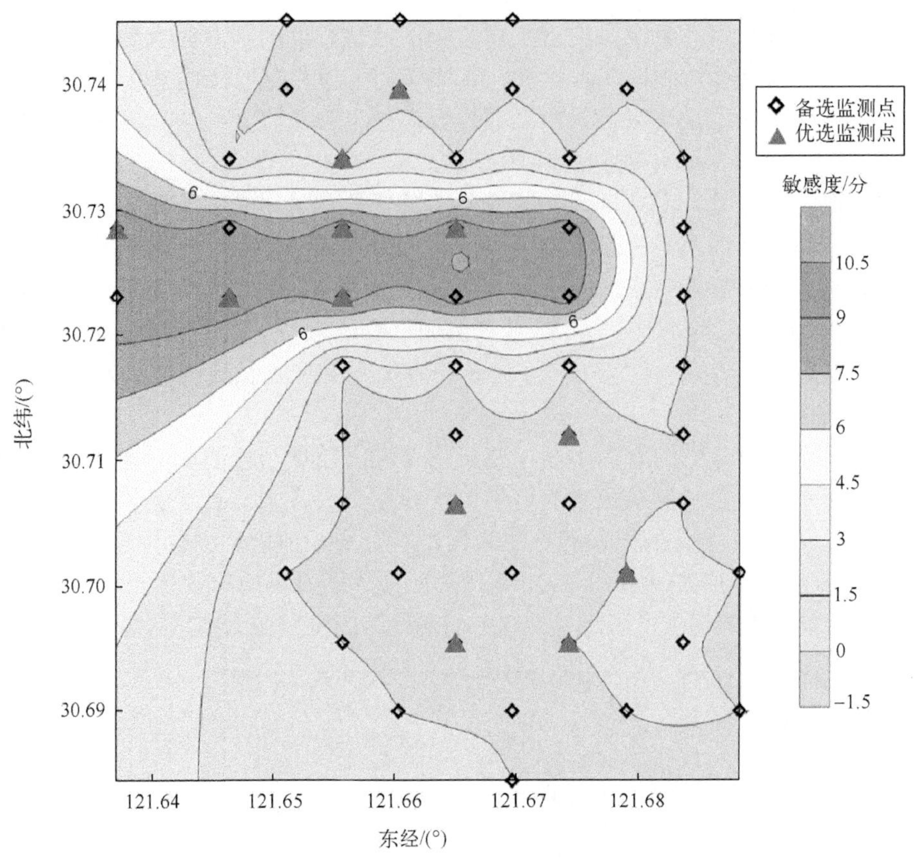

图 5-32　敏感区背景下的监测方案(见彩图)

背景图为考虑污染物浓度和敏感区的所有备选监测点效用值经过插值形成的效用场。在三幅图中，空心菱形代表所有的备选监测点，红色三角形代表优选的监测点。从图 5-31 中可以看出，污染物浓度较大的区域选择的监测点数量较多，污染物浓度较小的区域选择的监测点数量相对较少，且监测点的选择覆盖到每一个浓度范围，满足进行污染物应急监测时对污染区域覆盖率、监测到污染物浓度的相关要求；对比图 5-31 和图 5-32 可以看出，一些监测点的浓度为 0 但是敏感值较大，该点也被选择进行监测，证明了模型中目标函数二考虑浓度和敏感度两个属性的有效性；因为在本模型中，无论监测点的浓度值较大或者敏感度值较大，该监测点被选中的可能性都会增大，因此，从图 5-33 中可以看出效用值较大区域选择的备选监测点较多，符合模型的预期目标。此外，所有的备选监测点都是在网格化的基础上生成的，满足所有点在同一经度或同一纬度，因此所有的备选监测点也在同一经度或同一纬度，便于监测船舶的航行。

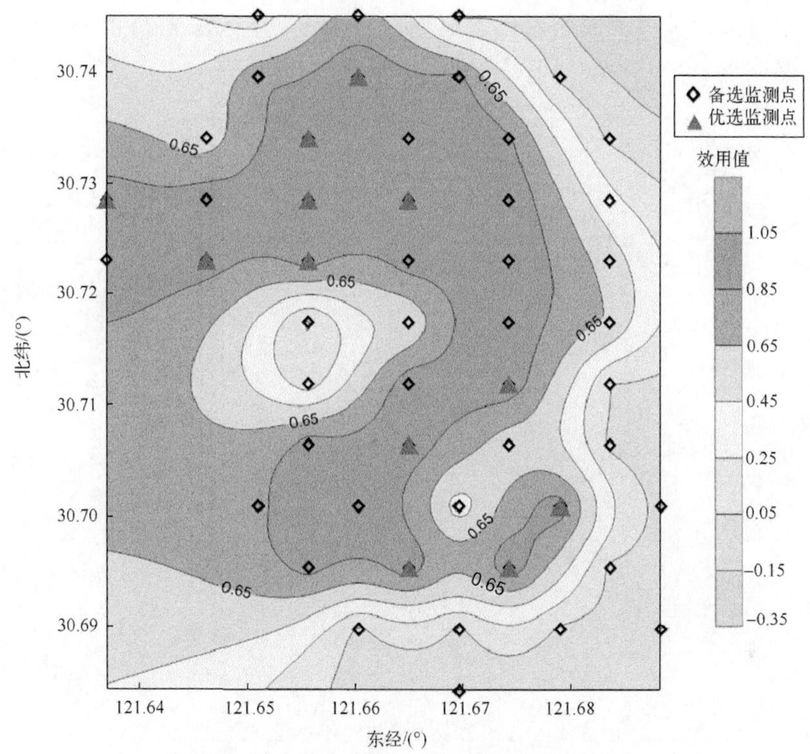

图 5-33　效用场背景下的监测方案(见彩图)

2)智能方案与人工推演方案对比分析

将从自然资源部东海监测中心获取的人工布点方案与本章建模求解得到的方案进行比较，来分析方案的合理性与有效性。

(1)方案对比方法。

在方案对比部分，根据应急监测的要求，后面内容选取了监测点数量、监测点覆盖面积、监测方案可行性、监测点有效性以及监测点合理性几个指标，分别从整体方案和单个监测点的选择方面对人工和智能两种方法生成的方案进行对比分析。

(2)方案对比结果。

图 5-34 为人工方案选择的监测点与智能方案选择的监测点对比图，后面内容将依据本图对两个方案进行对比分析。

首先从整体上对两个方案进行对比，下面将从监测点数量、监测点覆盖面积和监测方案可行性三个方面展开。

(1)监测点数量。

从不同方案选择的监测点数量来看，人工方法与智能方法选择的监测点数量相差不大，分别为 17 个和 12 个；智能方法生成的是一组监测方案，在本次实验中，智能方法生成的监测点的数量范围为[8,21]，在现实情况中，可以根据专家偏好和实际需求对监测点数量及位置进行调整。

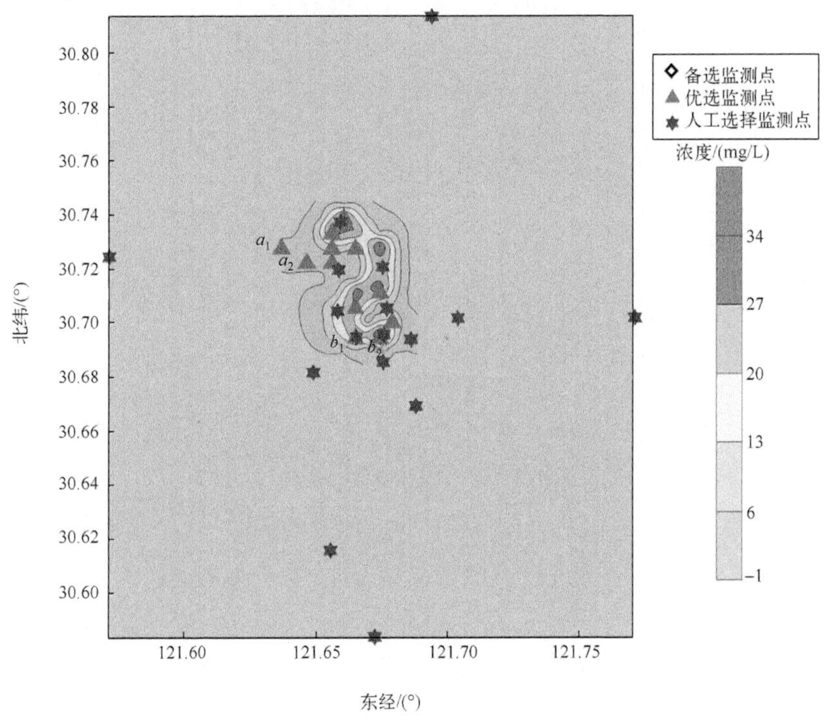

图 5-34　方案对比图(见彩图)

(2)监测点覆盖面积。

从监测点覆盖的区域面积来看，人工方法所选监测点覆盖区域较广，但是对重点污染区域的监测力度不够；智能方法基于根据现场海况模拟出的污染物扩散数据，将监测重点放在可能的污染范围内，没有考虑模拟污染区域外可能存在的污染物扩散情况，这一问题可以通过改变模型输入、增加模拟区域外的位置数据进行解决，但这种做法的现实意义不大，不能体现智能算法基于数据进行决策的特征。在现实条件下，如果需要对距离事故较远的边缘区域进行监测，则可以在智能方法生成的方案基础上，由专家给出相应的补充，使最终方案是一个定性-定量相结合的方案，提高方案的科学合理性。

此外，在人工方案中，可能被污染区域外的监测点数量较多，可能被污染区域内的监测点数量较少，在应急监测的条件下，这样的布点方案无法满足“应急”监测的特殊要求，因此，人工方案中一些监测点的合理性有待商榷，事故区域外围监测点的位置及数量需要进一步讨论确定。

(3) 监测方案可行性。

从监测方案的可操作性来看，智能方法选择的监测点均在同一经度或同一纬度上，方便监测船舶进行航线规划与行驶。人工推演方法则没有考虑这一因素。

前面内容考虑了三个方面从整体上对人工和智能两种方法生成的方案进行了对比，后面内容将从微观层面，即单个监测点的选择方面对两个方案进行对比分析。

(1) 监测点有效性。

从监测点的有效性方面来看，如图 5-34 所示，a_1 和 a_2 两个监测点的模拟浓度值虽然为 0，但是其敏感值最大，因此这种智能算法生成的方案中包含了两个点，符合模型要求监测点既要覆盖污染物浓度较大的区域也要覆盖敏感度较大区域的要求，而人工方案未体现这一特点。

(2) 监测点合理性。

从监测点的合理性方面来看，图 5-34 中 b_1 和 b_2 两个监测点无论在人工方案中还是在智能方案中都被选择了，其他监测点中也有一部分位置相近，这说明智能方案满足人工经验布点的一些基本要求。

第 6 章　海上突发事件应急方案任务规划

任务规划的主要内容是在满足任务需求的条件下，合理地对任务和执行主体进行安排和规划。而海上突发事件应急方案任务规划是应急指挥人员在获取应急任务对主体如交通运输部等组织部门以及无人机、无人船等无人力量的需求之后，给出科学、可行的应急任务规划方案，合理指派具体的执行主体提供相应资源，以支持应急任务在最短时间内顺利有效地完成。本章通过对两种常见的海上突发事件应急方案任务规划问题进行分析、建模以及方法设计，为应急指挥人员在海上突发事件任务规划问题上提供决策支持，使应急处置任务分发过程更加快速和合理，进而提高海上突发事件应急处置效率。其中包括两种任务规划：一是对海上搜寻的任务规划，指对搜寻任务内部如何进行具体搜寻的规划；另一个是对组织部门的任务规划，指每个部门应该执行某个任务的规划，即组织部门与任务间的规划。

本章首先对海上突发事件应急方案任务规划问题进行了界定和深入剖析，识别出问题的本质特征以及决策过程中需要关注的核心要素；在此基础上抽象出海上突发事件应急方案任务规划问题的共性特征及解决思路，给出相应的研究方法。海上突发事件经常涉及多个应急任务如人员搜救、抢险清污等，并且由于事故经常涉及搜寻任务，所以 6.2 节和 6.3 节分别针对海上突发事件应急任务规划以及海上突发事件目标自主搜寻任务规划问题开展了具体的研究，每个小节的行文逻辑和组织结构相同，都是从问题描述出发，构建针对具体问题的数学规划模型，然后设计模型的求解算法。

6.1　海上突发事件应急方案任务规划概述

6.1.1　海上突发事件应急方案任务规划问题

应急方案任务规划是根据突发事件的情况以及预测的结果，对应急主体进行合理分配的过程，不同于传统的任务规划问题，应急方案任务规划涉及多个任务以及多个主体，通常需要多主体协调联动才能够快速完成应急处置任务，任何环节出现的问题都会导致错过最佳处置时机，影响应急处置效果。海上突发事件应急方案任务规划指的是在发生船舶失事人员落水、海上溢油或海上污染物泄漏等突发性海上事故后，迅速对事故做出反应，根据事故现场数据及主体位置分布等信息，通过定量化建模方式计算将不同的任务合理分配给不同的执行组织，从而充分发挥组织的效用，实现分工明确。海上突发事件经常涉及多个任务并且目标搜寻任务最常见，因此本章考虑了海上突发事件应急任务规划以及海上突发事件目标自主搜寻任务规划两个具体的业务问题。

海上突发事件应急处置工作具有处置周期长、难度大、成本高、多部门协同、时效性强、处置模式多样等特点[9,81]，海上突发事件一旦发生，根据事故现场处置情况，需要开展交通组织、抢险清污、后勤医疗、预报保障、维稳善后等方面的处置任务，这些任务涉及海警、海事、专业救助团队、环保、渔业、相关技术部门和其他社会主体等地理上分散分布的多单位、多部门协调联动才能快速完成应急处置任务，任何环节出现的问题都会导致错过最佳处置时机，影响应急处置效果。

为了预防和减少突发事件的发生，控制、减轻和消除海上突发事件引起的严重社会危害，规范突发事件应对活动，保护人民生命财产安全，维护国家安全、公共安全、环境安全和社会秩序，我国制定了一系列海上突发事件应急处置预案[82-86]，在实际的海上突发事件应急处置过程中需要根据预案来规范应急行动，由国家重大海上突发事件应急处置部际联席会议负责组织协调有关主体，开展国家重大海上突发事件应急处置工作。这些主体组织职责交叉、组织及隶属关系多变，容易造成指挥协调困难、处置责任不清、任务分发流程混乱等问题，并且不同主体执行任务的能力与离事发地的距离等信息繁杂。海上突发事件应急处置工作周期长、处置任务多，而且海上应急处置实际是多阶段的行动，不同阶段存在着不同的任务。然而目前人工无法同时处理全局的信息，进行海上突发事件应急处置任务分发能力有限，从而导致应急处置任务分发效率较低，不能充分发挥组织效用。

因此，为了优化海上突发事件应急处置任务分发流程，本章通过对应急处置的指挥流程优化分析，针对海上应急处置部际联席会议中的执行主体开展任务分发，将不同的任务合理分配给不同的执行主体，从而充分发挥主体的效用，实现分工明确。对此，本章从海上突发事件应急方案任务规划入手，针对海上突发事件应急任务规划和海上突发事件目标自主搜寻任务规划两个问题，对既往决策经验与专家知识进行建模，构建了相应的任务规划方案生成模型，并结合海上突发事件背景设置了相应的智能化求解算法。本章的方法流程为决策者提供决策支持，使应急处置任务分发过程更加快速和合理，进而提高海上突发事件应急处置效率。

6.1.2　海上突发事件应急方案任务规划方法

1．一般任务规划方法

任务规划方法可分为集中式任务规划方法和分布式任务规划方法，下面将从这两方面进行简单介绍。

1)集中式任务规划方法

集中式任务规划求解方法又可分为最优化方法和启发式方法。其中，典型的最优化方法如图 6-1 所示。整数规划(IP)法[87-89]通过建立目标函数和约束条件的方法进行求解，矩阵作业法、单纯形法、匈牙利法、分支定界法等是常见的 IP 法，这一方法也演变出一类混合整数线性规划算法。约束规划(constraint programming，CP)法由变量集和约束集两者组成，变量集内的所有变量都有自己对应的值域，是求解组合优化问题的常用方法。图论法通过图示的方法把目标和接收任务的对象特征表征出来，利用图论法在任务和系统成员之间建立匹配，网络流模型和偶图匹配模型是经典的图论任务分配模型。一般而言，最优化算法具有描述简洁、直接等特点，可以灵活调整约束条件来求解实际问题，具有理论最优解，但规模不宜过大。

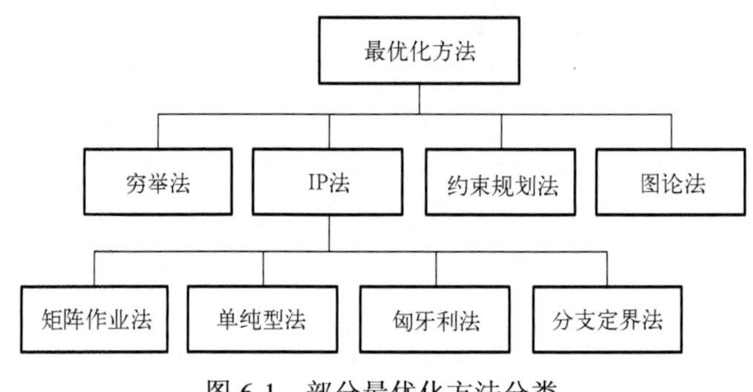

图 6-1　部分最优化方法分类

启发式方法[90]的基本思想是在算法时间和求解结果之间进行调节，在能够接受的时间内求得局部最优解或满意解，具体分类如图 6-2 所示。

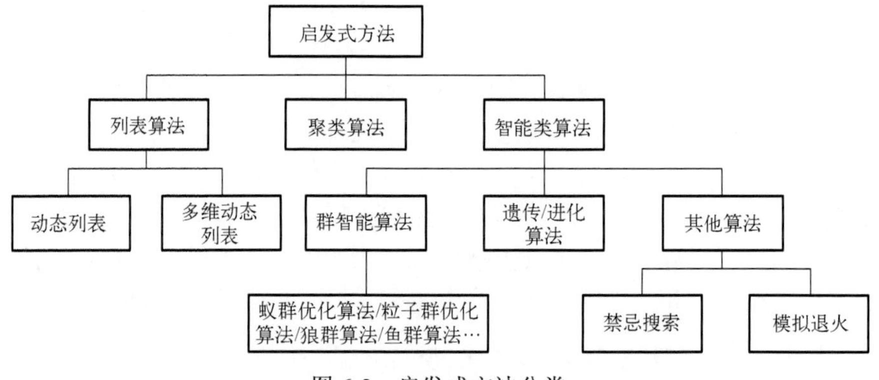

图 6-2　启发式方法分类

在启发式方法中，列表算法基于优先权函数对任务处理次序进行排列，随后分发给各成员；聚类算法将任务作为一个簇进行聚类，通过满足任务簇与系统成员数达到一致实现分配，两者都有一定应用。智能类算法的应用相对比较普遍，尤其以遗传算法、粒子群优化算法，蚁群优化算法为多。这几类算法通常具有较强的稳定性，适合分布式计算机制，也能够与多类其他算法结合，但缺乏严谨的数学基础，没有对应的、深刻的、具有普遍意义的理论分析，对其机理的数学解释薄弱，也缺乏规范化的、针对算法优化性能的评价准则。尽管如此，这些方法及其改进算法依然广泛应用于任务规划。

2)分布式任务规划方法

分布式任务规划的典型模型主要包括多智能体决策理论、类市场机制(合同/竞拍)[91,92]、分布式约束等。多智能体理论广泛应用于机器人领域，其中一致性问题是多智能体协同控制的根本问题。随着应用样式的多样化，多智能体理论衍生了很多分支，并取得了诸多成果，具体如图 6-3 所示。

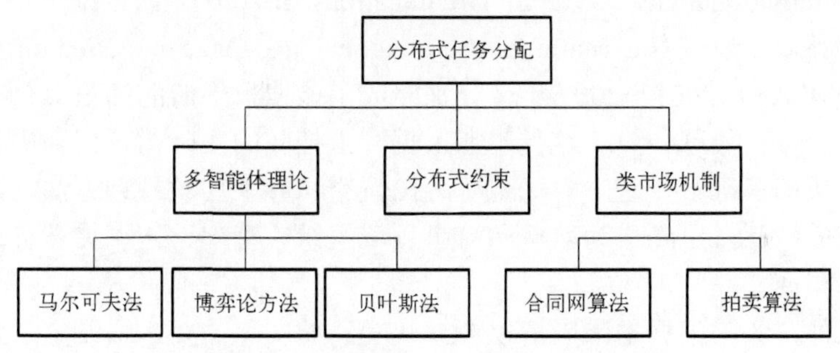

图 6-3　分布式任务分配模型及方法

针对智能体与不确定因素之间的矛盾，已有的常用算法包括博弈论方法、马尔可夫法、贝叶斯方法等。分布式约束可以形式化为一个约束网，网中变量有各自离散值域，且各自约束，相互联系，求解过程即求出变量的某个组合使得所有约束值相加获得极值。分布式约束也可看作多智能体理论的分支应用。

类市场机制的方法是多无人机任务分配中应用广泛的一种分布式方法，其核心处理是防止冲突，对每个问题的求解采用通信协商的方式解决。合同网算法由发布者和竞标者两个角色，由“招标-投标-中标-确认”4 个交互阶段组成。而拍卖算法则是将要拍卖的物品用公开竞价的方式转卖给应价最高者。一个拍卖主要由参与方、拍卖品、收益函数和应价策略等要素组成。拍卖算法的演化算法也逐渐引起广泛重视，如一致性包算法(consensus-based bundle algorithm，CBBA)。

2. 经典搜寻规划方法

搜寻理论是搜寻规划方法的理论基础，搜寻规划方法起源于搜寻理论，并对搜寻理论进行总结和优化，以指导搜寻实践的方法和规范。搜寻理论在二战期间已经用于指导军事搜寻活动，但是直到 1957 年，美国海岸警卫队才出版了国家搜救手册用于指导民用搜救。1959 年，在第一版的国家搜救手册的基础上进一步制定并出版了第一本国家搜救手册，用于指导海岸警卫队的日常救助行动，而该手册也被全世界海上搜救部门广泛接受并用于指导各国的海上搜救行动。

搜救手册是对搜索理论的提取和总结，在搜寻行动中利用搜救手册中的方法和规范进行简单计算就可以给出搜寻区域以及搜救资源配置等指导，这一类的搜寻规划方法被称为经典搜寻规划方法。但是早期版本的搜救手册大多是指导性的操作原则，并没有对其原理和基础理论做出介绍，并且存在很难理解的专业术语，这使得在实际使用过程中难以发挥真正的作用。随后的几十年间，不同的专家学者均注意到了这个问题，并从不同的角度对搜救手册做出优化和改进，以提高其科学性和易用性，各国也都提出了自己的搜救手册。

1998 年，国际海事组织(International Maritime Organization，IMO)与国际民用航空组织(International Civil Aviation Organization，ICAO)[93]联合推出了《国际航空和海上搜寻救助手册》(International Aeronautical and Maritime Search and Rescue Manual，IAMSAR)(2001～2007 年又分别完成了该搜救手册的修正案，随后在 2008 年和 2010 年推出了新版本)。这部手册根据海上搜救的实际需要，在吸收了搜救理论的最新成果的基础上，统一并规范了各国航空和海上搜救规划方法，凝聚了全世界搜救专家的智慧，已经成为航空和海事领域组织、管理、协调搜救行动的纲领性文件和操作指南。

除此之外，各国根据本国国情以及搜救实践的实际需要，均制定了各自的搜救手册和操作指南，加拿大海岸警卫队发布的《海员海上搜救参考手册》(*SAR Seamanship Reference Manual*)详细介绍了海上遇险人员搜救的过程与方法，其中对于海上遇险者的生存环境有比较清晰的描述，特别是考虑到了水温和气温对遇险者的影响。

由英国政府编制的《大不列颠及北爱尔兰联合王国搜寻救助框架》(*Search and Rescue Framework for the United Kingdom of Great Britain and Northern Ireland*)系统描述了英国搜救的大体情况，包括英国的搜救区域、职责、国家搜救体系组成及各职能部门在搜救工作中应承担的职责，为英国的搜救工作提供指导和政策支撑。

我国为了更好地履行有关搜救国际公约所规定的任务，加强我国海上搜救工作的统一组织、指挥和协调，合理利用海上搜救资源，迅速有效地组织海上搜救行动，救助海上遇险人员，最大限度地减少人员和财产损失，在 2011 年出版了《国家海上搜救手册》，该手册系统介绍了我国海上搜救的组织体系及职责、搜救主体组成以及搜救流程，为海上搜救实践提供了操作规范和章程，也彰显了我国在参与国际搜救行动和提高我国整体搜救能力等方面做出的巨大努力。

搜寻规划工具的发展可以分为三个阶段：手工方法阶段、手工方法的自动化阶段以及复杂的随机计算机模型或仿真阶段。海上搜救手册给搜寻规划人员在开展搜寻救助过程中提供了方法和指导，但是其中涉及大量的手工绘图与计算，为了减轻搜寻规划人员手工计算与绘图的工作负担，研究人员开始寻求利用计算机系统来辅助搜寻规划人员进行决策的方法。海上搜救决策系统发展前期是对已有搜救理论以及典型搜寻规划方法的计算机实现，主要是将手动规划提升为对计算机的操作，方便操作人员的计算与地图标绘，但是由于海洋搜救行动的复杂性，搜寻规划人员的工作量依然很大，研究人员开始寻求一种可以描述复杂搜救场景的技术——蒙特卡罗仿真技术，而且计算机技术的发展使得蒙特卡罗仿真技术系统应用成为可能，于是海上搜救决策支持系统发展的后期主要集中于基于蒙特卡罗仿真技术的计算机系统实现的研究上，因此本章对海上搜救决策支持系统的两个主要阶段：经典搜寻规划方法的计算机化阶段和基于蒙特卡罗技术的计算机仿真阶段的国内外现状进行介绍。

6.2　海上突发事件应急任务规划

6.2.1　应急任务规划问题描述

根据海上突发事件应急处置相关预案标准以及现场处置需求，海上突发事件应急处置包含多个任务，涉及分布在各地域的多种主体的参与[94]，需要多主体协调完成。首先，考虑到海上突发事件应急处置各任务性质不同，导致各主体执行各任务的执行能力也不同；然后，各主体分布在不同地域，使得各主体离事故发生地的距离也不相同。如何将任务分发给不同的主体，提高海上突发事件应急处置效率并降低资源的消耗，是海上突发事件应急处置实践中会遇到的问题。本章的问题概念图如图 6-4 所示，首先，根据预案和事发地现场情况对任务进行分解与梳理，确定任务之间的时序关系，构建多阶段任务网络图；然后，确定参与海上突发事件应急处置的相关主体及主体执行任务的相关信息；最后，将任务合理分发给主体。

本章将海上突发事件应急处置任务分发抽象为定量化问题，问题的定量化思路如下所述：研究在全面掌握所有处置任务及相关主体的信息下，对各主体进行科学的指挥和任务分发，考虑尽可能全的约束条件，建立海上突发事件应急处置任务分发模型，并采用伏格尔法对模型求解与分析，从而得到理论上最佳的应急处置任务分发方案，实现海上突发事件应急处置任务分发明确，主体发挥所长。

海上突发事件应急处置包含众多任务，各任务之间存在一定的时序关系，如事故调查评估要在抢险清污结束后才能进行，所以应急处置任务分发本质上是多阶段的，因此，本章将其抽象为多阶段决策的整数规划问题。

本章中海上突发事件应急处置任务分发是以主体为单位的，考虑在事发地附近有多种相关主体，各主体执行各任务的任务执行能力(后面简称执行能力)与各主体离事故发生地的距离各不相同，因此可以将海上突发事件应急处置任务分发过程描

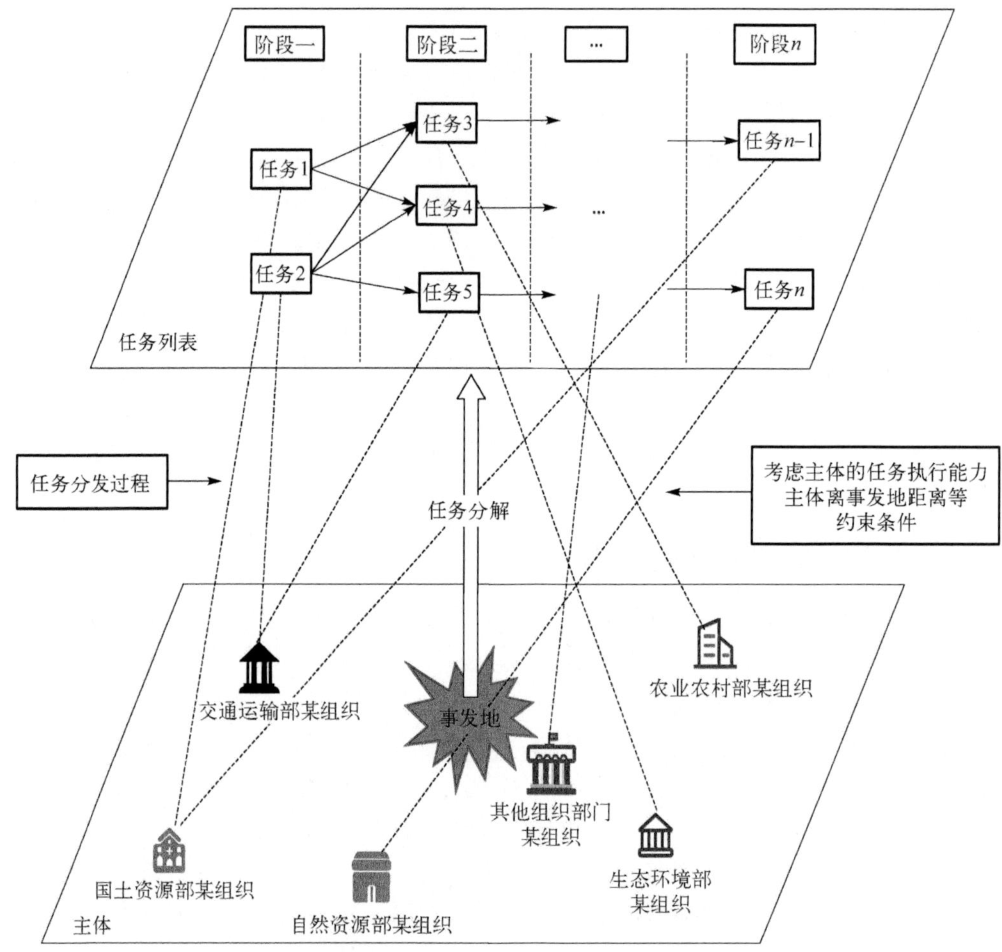

图 6-4　海上突发事件应急处置任务分发概念图

述为事发地附近有多种相关主体，这些主体共同组成任务分发主体集合，各主体执行各任务的执行能力和离事发地的距离等信息已知，根据各主体的执行能力和离事故发生地的距离两个指标，将任务合理调配到各主体，使得海上突发事件应急任务分发方案满足最大化执行能力和最小化距离。

为了便于研究，提出如下假设：

(1)假设各主体的执行能力和离事故发生地的距离不变；

(2)各个主体执行完一个任务后就可以投入下一个任务的执行；

(3)一个阶段的任务全部完成才能进行下一阶段任务的分发。

海上突发事件应急处置任务之间具有时序关系，如救助要在搜寻之后才能进行，所以任务分发需要分成多阶段进行，而每个阶段的任务分发都可以抽象为一次整数规划问题。各阶段具有一定的独立性，要使整个任务分发结果最优，只要保证各阶段的任务分发结果都最优即可。本章结合海上突发事件应急处置任务分发的特点，设计了最大化执行能力与最小化距离两个指标衡量任务分发方案，并对任务网络、最大化执行能力、最小化距离、约束条件和偏好模型进行定量化的模型描述。

6.2.2 应急任务规划建模

1. 参数设置

建立上述海上突发事件应急处置任务分发相关模型时，会涉及一定的参数，在介绍模型之前先介绍一下相关参数信息，相关参数信息如表6-1所示。

表6-1　海上突发事件应急处置任务分发模型参数信息

符号	含义
m_k	第 k 个阶段可参与的主体数
q_k	第 k 个阶段可执行的任务数
c_{ij}	专家评分主体 i 执行任务 j 的任务执行能力
d_{ij}	专家评分主体 i 执行任务 j 离事故发生地的距离
smax_i	第 i 个主体最大可以同时执行的任务数
$\max_i$	第 i 个主体最大可以执行的总任务数
n	任务的最大执行主体数
x_{ij}^k	决策变量，在第 k 个阶段，当第 i 个主体执行第 j 项任务时，决策变量 $x_{ij}^k=1$；否则，决策变量 $x_{ij}^k=0$
w_c	决策者对执行能力的偏好
w_d	决策者对距离的偏好
$\max_c^k$	第 k 个阶段任务主体矩阵中执行能力的最大差值
$\max_d^k$	第 k 个阶段任务主体矩阵中距离的最大差值

2. 海上突发事件任务规划的任务网络模型构建

为了将应急处置任务合理明确地分发给主体，需要根据预案标准与应急处置场景将任务分解成可执行的子任务，并对子任务关系进行描述，梳理子任务之间的时序逻辑关系，形成任务网络。因此，本章需要先构建具有时序关系的应急处置任务网络。应急处置任务网络模型如图6-5所示：首先，子任务分为 n 个阶段；然后，每个弧末端的任务要在弧前端任务全部完成后才能执行，如阶段一中，任务1与任务2不是弧末端任务，可先执行，不需要等待其他任务执行完，而阶段二中任务3需要等待任务1与任务2全部执行完才能执行。

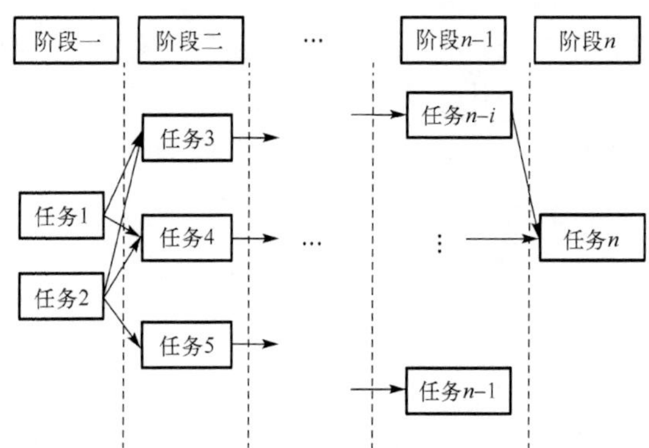

图 6-5　基于时序关系的海上突发事件应急处置任务网络

3. 海上突发事件应急任务规划模型

1)最大化执行能力指标模型的计算

海上突发事件发生后，为了减少环境污染以及人员财产损失，需要参与的部门能够快速高效地完成事故的处置，因此需要实现各主体充分发挥其自身效能。但是不同主体的效能与其使用的资源类型、任务执行人员的能力以及人员对资源的使用熟练情况等因素有关，而这些很难用精确的数值进行度量，因此采用通过专家评分的方法给出各主体执行各任务的相对执行能力，通过执行能力来衡量主体效能，其中专家最高评分为 5、最低评分为 1，专家评分值越大，表示执行能力越优、时效性越好。例如，专家评分值 2 优于专家评分值 1。

最大化执行能力模型的计算方式如下所示：

$$\max z = \sum_{i=1}^{m_k}\sum_{j=1}^{q_k} c_{ij}x_{ij}^{k} \tag{6-1}$$

关于专家评分给出的主体的任务执行能力信息可以汇总为矩阵形式，如表 6-2 所示。

表 6-2　主体的任务执行能力专家评分信息

	主体 1	主体 2	主体 3	…	主体 $\max_k$
任务 1	c_{11}	c_{21}	c_{31}	…	c_{m_k1}
任务 2	c_{12}	c_{22}	c_{32}	…	c_{m_k2}
任务 3	c_{13}	c_{23}	c_{33}	…	c_{m_k3}
⋮	⋮	⋮	⋮		⋮
任务 q_k	c_{1q_k}	c_{2q_k}	c_{3q_k}	…	$c_{m_kq_k}$

对表 6-2 专家评分给出的主体的任务执行能力，可以采用伏格尔法求出表中各行各列执行能力最大值与次大值的差值及其中的最大差值 $\max_c^k$，进而得出计算最大

差值的执行能力最大值对应的<任务-主体>，记为<*C*:*T*-*O*>，*O* 表示主体，*T* 表示任务，*C* 表示计算最大差值的执行能力最大值。

2) 最小化距离指标模型的计算

海上突发事件发生后，为了尽快控制事故发展态势，需要参与部门快速到达事发地以开展应急处置任务。一般情况下，行驶距离越长，到达事发地时间越长，但在海上突发事件应急处置背景下以及当时海洋环境的影响下，获取的直线距离和主体实际航线距离相差会较大，而且获取的直线距离和实际航行距离之间不易确定比例关系，因此本章通过专家评分的方法来给出各个主体到各个任务的相对距离，通过距离来衡量主体到达事发地时间，其中专家最高评分为 5、最低评分为 1，专家评分值越大，表示主体到任务的距离大、资源消耗越多。

最小化距离模型的计算方式如下所示：

$$\min z = \sum_{i=1}^{m_k}\sum_{j=1}^{q_k} d_{ij}x_{ij}^k \tag{6-2}$$

关于专家评分给出的主体离任务的相对距离信息可以汇总为矩阵形式，如表 6-3 所示。

表 6-3　主体离任务的距离信息

	主体 1	主体 2	主体 3	…	主体 $\max_k$
任务 1	d_{11}	d_{21}	d_{31}	…	d_{m_k1}
任务 2	d_{12}	d_{22}	d_{32}	…	d_{m_k2}
任务 3	d_{13}	d_{23}	d_{33}	…	d_{m_k3}
⋮	⋮	⋮	⋮		⋮
任务 q_k	d_{1q_k}	d_{2q_k}	d_{3q_k}	…	$d_{m_kq_k}$

对表 6-3 专家评分给出的主体的任务执行能力，采用伏格尔法可以求出表 6-3 中各行各列距离次小值与最小值的差值及其中的最大差值 $\max_d^k$，进而得出计算最大差值的距离最小值对应的<任务-主体>，记为<*D*:*T*-*O*>，*O* 表示主体，*T* 表示任务，*D* 表示计算最大差值的距离最小值。

3) 约束条件模型的构建

(1) 海上突发事件应急处置任务的执行主体数约束。

为了满足一定的时效性要求，并且不造成资源浪费，决策变量应该满足式 (6-3) 约束，即执行任务 j 的组织不大于 n。

$$\sum_{i=1}^{m_k} x_{ij}^k \leqslant n, \quad j = 1,2,\cdots,q_k \tag{6-3}$$

(2) 主体同时执行的海上突发事件应急处置任务数约束。

各个主体都有其最大可以同时执行的任务数，在同一阶段组织执行的任务数不能超过其最大可以同时执行的任务数。

$$\sum_{j=1}^{q_k} x_{ij}^k < \text{s}\max_i, \quad i = 1, 2, \cdots, m_k \tag{6-4}$$

(3) 主体在总任务中执行的海上突发事件应急处置任务数约束。

各个组织在总任务中不能承担过多的子任务，因为组织承担过多子任务可能会影响其工作效率，所以设置该约束，即组织执行任务数不能超过其最大可以执行的总任务数。

$$x_{ij} = \sum_{k=1}^{n} \sum_{j=1}^{q_k} x_{ij}^k \leqslant \max_i, \quad i = 1, 2, \cdots, m_k; j = 1, 2, \cdots, q_k \tag{6-5}$$

4) 偏好模型的构建

所依据的指标不同，最终得到的方案也会不同。根据海上突发事件应急处置相关预案标准以及事发地现场处置情况，决策者对执行能力和距离的偏好会有所不同，导致所依据的指标有所不同，进而使生成的方案不同，所以需要考虑决策者偏好。决策者可以根据经验与个性化需求对权重 w_c、w_d 进行赋值。

(1) 如果 $w_c \cdot \max_c^k \geqslant w_d \cdot \max_d^k$，说明在加入决策者偏好的条件下，执行能力降低的幅度比距离增大的幅度大，则应考虑在提高执行能力的前提下，再减小距离。

(2) 如果 $w_c \cdot \max_c^k < w_d \cdot \max_d^k$，说明在加入决策者偏好的条件下，执行能力降低的幅度比距离增大的幅度小，则应考虑在减小距离的前提下，再提高执行能力。

6.2.3 应急任务规划方法

1. 方法原理

本章将海上突发事件应急处置任务分发问题抽象为整数规划问题(特殊的运输问题)，因此考虑用整数规划问题相关解决方法处理任务分发问题，解决该问题的一般方法有最小元素法和伏格尔法。但本章选择伏格尔法，下面根据主体的任务方法问题对两种方法进行比较，更好地阐述伏格尔法的思路以及选择伏格尔法的原因。

1) 基本思路比较

(1) 最小元素法。

对于执行能力最大化问题，在主体与任务矩阵中找出最大的元素(即最大的专家评分值)，将最大值对应的任务分配给相应的主体，然后是次大值，直到在约束条件下所有任务分配完毕；对于距离最小化问题，在主体与任务矩阵中找出最小的元素(即最小的专家评分值)，将最小值对应的任务分配给相应的主体，然后是次小值，直到所有任务在约束条件下分配完毕。

(2) 伏格尔法。

对于执行能力最大化问题，找出主体与任务矩阵的每行与每列最大值与次大值并计算出其差值，找出所有差值中最大的差值对应的最大值(即最大的专家评分值)，再将最大值对应的任务分配给相应的主体，每完成一次任务分配，都重新计算差值进行下一次分配，直到在约束条件下所有任务都分配完毕；对于距离最小化问题，找出主体与任务矩阵的每行与每列最小值与次小值并计算出其差值，找出所有差值中最大的差值对应的最小值(即最小的专家评分值)，再将最小值对应的任务分配给相应的主体，每完成一次任务分配，都重新计算差值进行下一次分配，直到在约束条件下所有任务都分配完毕。

伏格尔法是在最小元素法基础上考虑全局进行任务分发，对于距离最小化问题来说，某个主体执行某个任务时若不能按照最小距离就近执行，就要考虑次小距离，这就有一个差额；差额越大，说明某个主体不能按最小距离执行某个任务时，距离增加越多。因而所有行列计算得出的最大差值对应的最小值的主体更应该执行相应的任务，这样可以在一定程度上减少总的距离。对于执行能力最大化问题来说，某个主体执行某个任务时若不能按照最大执行能力执行，就考虑次大执行能力，这就有一个差额；差额越大，说明某个主体不能按最大执行能力执行某个任务时，执行能力减少越多。因而所有行列计算得出的最大差值对应的最大值的主体更应该执行相应的任务，这样可以在一定程度上增加总的执行能力。

2) 求解方案优劣性比较

例如，对执行能力最大化问题来说，主体 i 执行任务 j 的执行能力专家评分为 5、主体 i 执行任务 e 的执行能力专家评分为 4、主体 f 执行任务 j 的执行能力专家评分为 3、主体 f 执行任务 e 的执行能力专家评分为 1，上述信息及伏格尔法的最大差值计算如表 6-4 所示(在此例中一个主体只能执行一个任务，一个任务只要一个组织执行)。

表 6-4　主体任务执行能力及伏格尔法差值信息

	主体 i	主体 f	行差值
任务 j	5	3	5–3=2
任务 e	4	1	4–1=3
列差值	5–4=1	3–1=2	

按照最小元素法会分配主体 i 执行任务 j，而在约束条件下约束任务 e 只能由主体 f 执行，最终的任务分配就是主体 i 执行任务 j，主体 f 执行任务 e，执行能力专家评分之和为 6。

按照伏格尔法可知最大差值对应的最大值为 4，所以分配主体 i 执行任务 e，在约束条件下约束任务 j 只能由主体 f 执行，最终任务分配是主体 i 执行任务 e，组织 f 执行任务 j，执行能力优劣评分之和为 7，比最小元素法得出的结果更优。

3)解决问题的可行性比较

例如，对执行能力最大化问题来说，主体 i 执行任务 j 的执行能力专家评分为 3、主体 i 不能执行任务 e、主体 f 执行任务 j 的执行能力专家评分为 5、主体 f 执行任务 e 的执行能力专家评分为 1。上述信息及伏格尔法的最大差值计算的可行性，如表 6-5 所示，如果表中只有一个数值没法计算差值，则行列差值为相应初始值，否则为相应差值(在此例中一个主体只能执行一个任务，一个任务只要一个组织执行)。

表 6-5　主体任务执行能力及伏格尔法差值可行性信息

	主体 i	主体 f	行差值(初始值设为 100)
任务 j	3	5	5−3=2
任务 e		1	100
列差值(初始值设为 0)	0	5−1=4	

最小元素法：按照最小元素法会分配主体 f 执行任务 j，而在约束条件下任务 e 将没有主体执行。

伏格尔法：按照伏格尔法，可以通过差值识别只有一个主体能够执行的任务，最终会分配主体 f 执行任务 e，主体 i 执行任务 j，确保所有任务都能被执行。

2. 方法流程

本章具体的研究框架模型如图 6-6 所示，首先，将主体执行任务的执行能力及主体离事发地的距离等信息输入应急处置任务分发模型；其次，在满足约束的条件下，基于伏格尔法将任务合理分发给主体；最后，输出得到职责明确的应急处置任务分发方案。

基于伏格尔法的海上突发事件应急处置任务分发步骤流程，如图 6-7 所示。

(1)对应急处置任务进行分解，构建多阶段任务网络。

(2)建立海上突发事件应急处置<任务-主体>执行能力矩阵和距离矩阵。

(3)根据任务的时序关系确定当前阶段可以执行的任务及相应的主体。

(4)对可以执行的任务根据上述两个矩阵，分别采用伏格尔法得出一组 $<C:T\text{-}O>$ 及一个最大差值 $\max_c^k$ 与一组 $<D:T\text{-}O>$ 及一个最大差值 $\max_d^k$。

(5)根据步骤(4)中得到的一组 $<C:T\text{-}O>$ 与一组 $<D:T\text{-}O>$ 将某个任务分发给某个主体。

情况 1：如果 $<C:T\text{-}O>$ 与 $<D:T\text{-}O>$ 中 T 与 O 都相同，则相应主体 O 执行相应任务 T。

情况 2：如果 $<C:T\text{-}O>$ 与 $<D:T\text{-}O>$ 中 T 与 O 不相同，则结合决策者对执行能力与距离的偏好与最大差值，对比乘积后的数值大小(即 $w_c \cdot \max_c^k$、$w_d \cdot \max_d^k$)，确定一个 $<C:T\text{-}O>$ 或 $<D:T\text{-}O>$ 分配其中相应的主体 O 执行相应的任务 T。

(6)更新任务的组织执行列表和组织当前的执行个数和总的执行个数。

(7)循环步骤(4)～(6)，直到该阶段可以执行的任务被分配完。

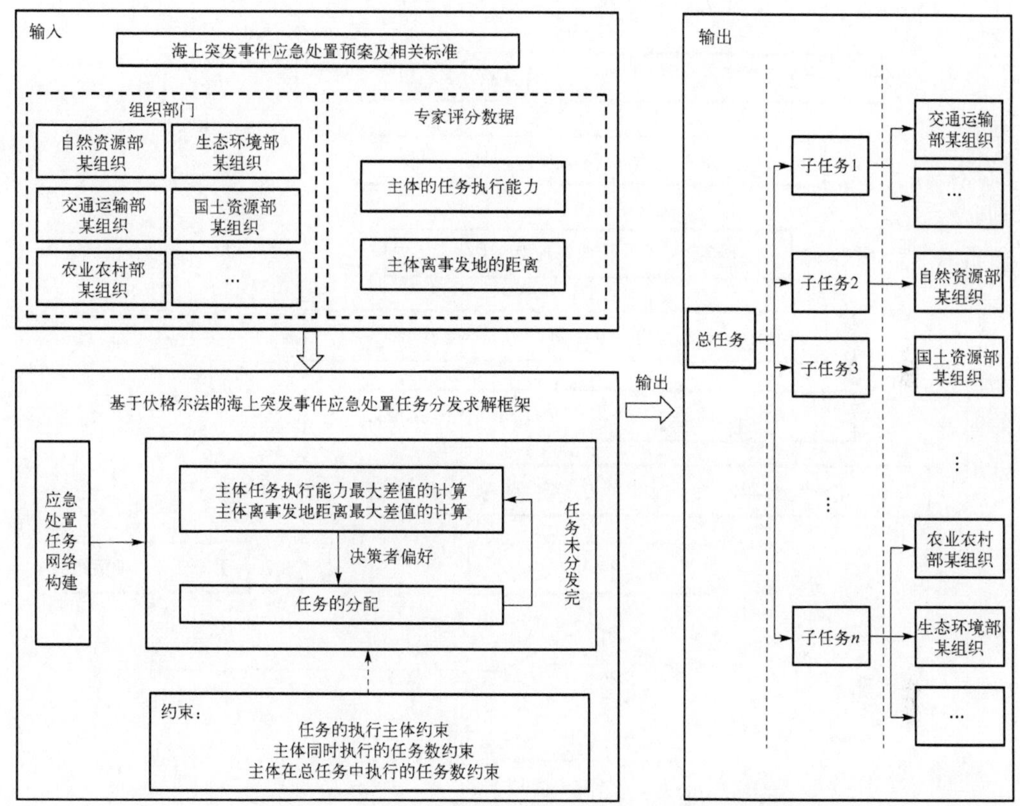

图 6-6　海上突发事件应急处置任务分发问题研究框架

(8)根据优先级判断任务是否完成，循环步骤(3)～(7)，直到所有阶段任务都完成。

根据基于伏格尔法的海上突发事件应急处置任务分发步骤流程可知，从国家海洋局东海环境监测中心获取关于主体的执行能力与响应距离数据以及任务的时序关系知识作为算法的输入，具体输入内容如下所示；最终输出海上突发事件应急处置任务分发方案。

输入如下：

(1)主体(专业救助、地方政府、民间等具体执行资源)执行任务的执行能力；

(2)主体执行任务的距离；

(3)任务间的顺序关系；

(4)决策者对执行能力指标与距离指标的偏好。

输出：任务分发方案，各主体需要完成的任务列表。

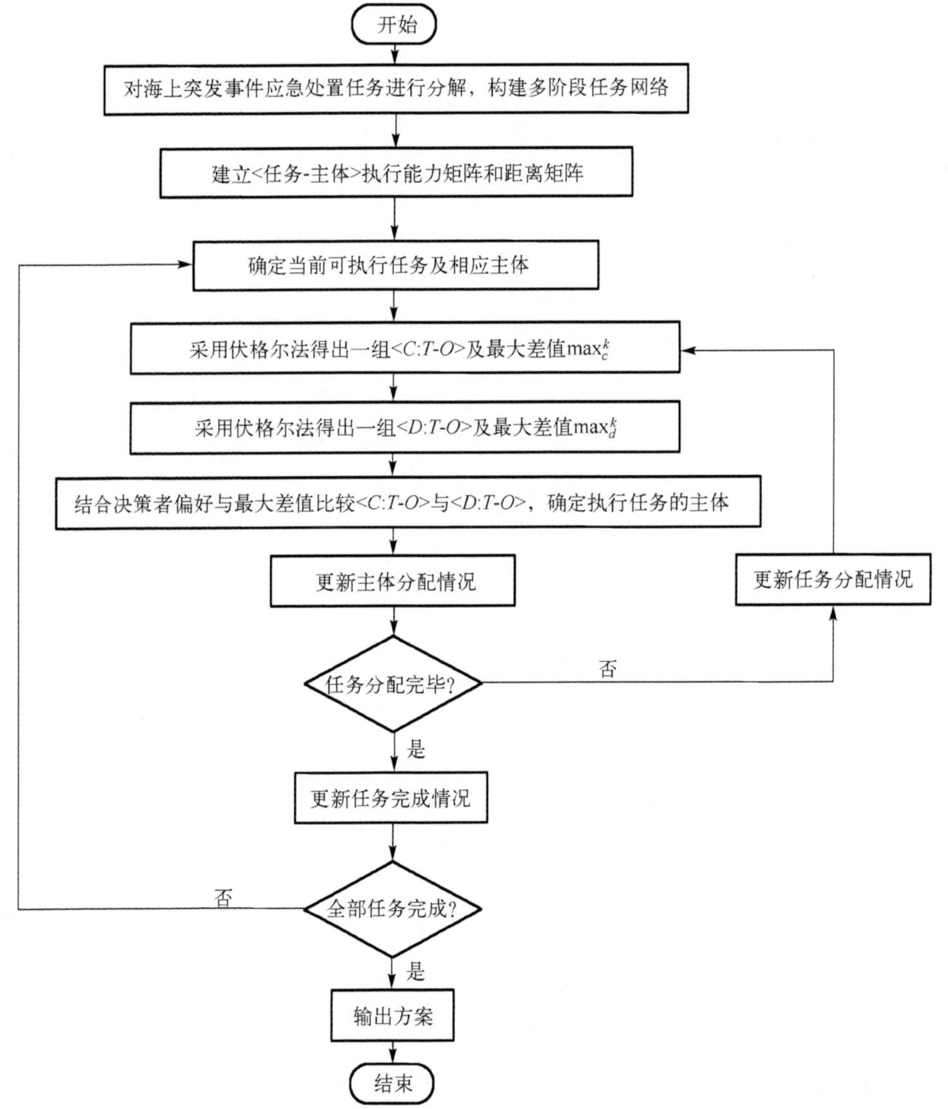

图 6-7　基于伏格尔法的海上突发事件应急处置任务分发流程图

6.3　海上突发事件目标自主搜寻任务规划

6.3.1　目标自主搜寻规划问题描述

随着无人机和无人水面飞行器等无人搜救单元的发展，智能无人设备因其单位造价成本较低、行动灵敏速度快、功能智能自主化等特点，逐渐被运用于海上搜救的业务工作，在很大程度上壮大了海上搜救力量[95-97]，海上搜救的成功率有望得到质的提升。其显著的优势有以下三点：①无人搜救单元比有人驾驶的船舶和飞机更高效，行动更灵活；②无人搜救单元可以被允许进入危险区域探测和搜索目标，而且几乎不会使搜救人员面临新的生命威胁；③我们可以投入大量的无人搜救单元来提高搜救效率，而专业人工搜救单位的数量往往是有限的。

然而，针对海上搜救中的目标搜寻规划算法的相关研究还相对比较少，大多情况下用于搜救任务的搜寻单元还需要依靠专家经验设定搜寻路径，无法实现搜寻单元的自主化作业，搜寻任务的高效性及成功率还存在一定的局限。在海上搜救决策支持方法的研究和发展现状方面，中国海上应急处置决策系统的科学决策部分占比较小，在海上遇险目标搜寻规划方面还未有智能高效的解决方案。大多数学者多在传统的搜救决策支持问题和方法上进行研究和改进，与新型的智能无人搜救单元存在很多不兼容问题。随着无人机和无人船发展的逐步投入使用，这些传统方法将面临假设不成立、条件不符合等多种问题。因此基于无人机等新型搜救资源的智能规划研究方法有待进一步发展。

在针对无人机在海上搜救中的发展及应用现状进行调研时发现，目前大多数学者对无人机在海上搜救中的研究也分布在各个方面，包括近海、远海的负载搜救应用研究，还有相关场景下的航迹规划问题研究。但大多通过传统的控制和决策理论研究其机械性能的应用，针对海上无人机目标搜寻任务的规划方法研究还有缺陷。

在目标搜寻规划的研究现状方面，大多学者已经对现有的目标搜寻场景进行了多方面的分类总结，并提出了相关的研究方法。但目前的研究还未融合海上搜救的应急管理特征和事故处置流程，还未满足大规模海上搜寻工作的辅助决策需求。随着 AI 技术的发展，越来越多的智能算法用于解决路径规划任务，如遗传算法、蚁群优化算法、改进启发式算法、改进人工势场法等。但针对海上遇险目标搜寻任务场景下的路径规划算法研究较少，结合机器学习类智能算法的研究还未足够成熟，尤其是针对具备部分已知信息的搜救场景。

根据以上研究现状和研究欠缺点，本章将分析海上目标搜寻任务的特点及相关因素，建立科学的问题模型，并以此为基础研究合适的搜寻规划算法，为海上无人机搜寻工作提供决策支持的理论基础。具体研究问题如下。

如何构建一个鲁棒的可扩展性的结构化的海洋地图模型，能够形式化地表达目标区域、障碍区域和危险区域？

如何构建一组有效的评估指标来引导无人搜救设备进行有效的行动？

如何遵循经典搜寻理论，来指导无人机执行目标搜寻任务？

当搜寻规模扩大时，如何从单架无人机扩展到多架无人机协同搜寻？

6.3.2 目标自主搜寻规划建模

1. 海上搜寻地图

1）海上搜寻地图的形式化描述

多无人机协同执行搜寻任务过程中，环境信息主要包括搜寻目标信息、无人机状态信息、禁飞区信息等。其中，搜寻目标信息和其他合作的无人机状态信息是多无人机执行协同搜寻任务的核心，因此本节重点采用搜寻概率图来描述不确定环境搜寻目标信息、环境不确定度和其他无人机信息[98]。由于搜寻态势的动态变化，采用基于搜寻概率地图的方法描述搜寻进展有以下优点[99]：

(1) 搜寻概率图能够有效地描述区域内目标存在的可能性；

(2) 搜寻概率图能够适应态势随时间的变化；

(3) 搜寻概率图能够有效地避免重复对同一位置进行多次搜寻。

如图 6-8 所示，将任务区域 E 划分成 $L_x \times L_y$ 个网格，每个网格都是独立的，将每个网格的中心点坐标作为该网格的位置坐标。假设初始先验信息已知，每个栅格 (m,n) 赋予一定的初始 POC 值 $p_{mn}(k)$，(m,n) 的取值范围为 $(m \in \{1,2,3,\cdots,L_x\}$, $n \in \{1,2,3,\cdots,L_y\})$。在实际的搜救过程中，待搜寻区域的包含概率在 0～1，但是本章假定待搜寻区域 100%包含失事目标，因此整个待搜寻区域的包含概率为 1。假设初始先验信息已知，且已进行归一化处理即满足：

$$\sum_{m=1,n=1}^{L_x \cdot L_y} p_{mn}(k) = 1 \tag{6-6}$$

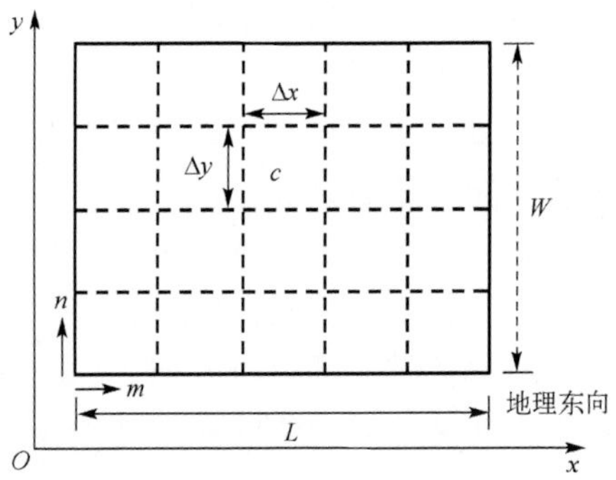

图 6-8　搜寻地图形式化描述示意图

假设待搜寻目标在海域 E 内的概率密度函数 g 为连续分布，若 $p_{mn}(0)$ 表示初始情况下目标出现在单元 (m,n) 的概率，则

$$p_{mn}(0) = \iint_{mn \in E} g(x,y)\mathrm{d}x\mathrm{d}y$$

由于目标海域可能存在禁飞区域，则无人机的位置需满足：

$$(x_i(k), y_i(k)) \notin \text{Mence}_j, \quad i = 1,2,\cdots,L_x; j = 1,2,\cdots,L_y \tag{6-7}$$

在本研究中，禁飞区域的位置约束可描述为

$$\sqrt{(x_i(k) - X_j)^2 + (y_i(k) - Y_j)^2} > D^* \tag{6-8}$$

其中，(X_j, Y_j) 表示禁飞区域 Mence_j 的中心；D^* 表示禁飞区域的范围半径。

在搜寻任务开始之前，通过海洋监测中心获得待搜寻区域的初始值，反映目标存在概率的先验信息。随着搜寻的不断进行，无人机掌握的搜寻地图信息也在不断更新。在同一时间内只有少数网格被访问，且这些网格的概率变化会影响到其他网格，因此，点 (m,n) 更新概率 $\Delta p_{mn}(k)$ 为

$$\Delta p_{mn}(k) = \sum_{(i,j)\in D(k)} \frac{(p_{ij}(k) - p_{ij}(k+1))}{(L_x \times L_y - N_v)} \tag{6-9}$$

其中，$(i,j) \in D(k)$ 表示在 k 时刻所有正在被探测的坐标点的集合；N_v 表示无人机的个数。

2) 搜寻概率地图更新机制

若无人机在一定时间内完成了对待搜寻区域的搜寻任务后没有发现遇险目标，则需更新待搜寻区域的目标存在概率矩阵，并建立下一时刻的目标存在概率模型，指导无人机再次进行搜寻任务。用 C_E 表示目标存在于待搜寻区域 E 中，则目标存在于子区域内 $p_{mn}(k)$ 的先验概率可表示为 $P(C_{p_{mn}(k)})$。用 S 表示无人机搜寻到目标，则搜寻到目标的概率 $P(S)$ 表示为

$$P(S) = \sum_{m=1,n=1}^{L_x,L_y} p_{mn}(k) \cdot P(S|C_{p_{mn}(k)}) \tag{6-10}$$

其中，$P(S|C_{p_{mn}(k)})$ 为无人机携带搜寻设备的发现概率。

如果用 $A_{E_{mn}(k)}$ 表示无人机完成对子区域的搜寻但并未搜寻到目标，则 $P(A_{E_{mn}(k)})$ 表示为

$$P(A_{E_{mn}(k)}) = P(\overline{C_{E_{mn}(k)}}) + P(C_{E_{mn}(k)}) \cdot P(\overline{S}|C_{E_{mn}(k)}) \tag{6-11}$$

因此当无人机完成对 $E_{mn}(k)$ 的搜寻后但未搜寻到目标时，可基于贝叶斯原理更新目标存在于各个子区域的后验概率 $p'_{mn}(k)$。若被无人机搜寻，则 $p'_{mn}(k)$ 为无人机完成对子区域 $E_{mn}(k)$ 的搜寻且未搜寻到目标的条件下，目标仍存在于 $E_{mn}(k)$ 内的概率；若 $E_{mn}(k)$ 未被无人机搜寻，即子区域 $E_{mn}(k)$ 未被覆盖，此时 $p'_{mn}(k)$ 为无人机完成覆盖子区域的搜寻且未搜寻到目标的条件下，目标仍存在于 $E_{mn}(k)$ 内的概率。$p'_{mn}(k)$ 计算过程如式(6-12)所示：

$$p'_{mn}(k)=\begin{cases}P(C_{E_{mn}(k)}\big|A_{E_{mn}(k)})=\dfrac{P(C_{E_{mn}(k)},A_{E_{mn}(k)})}{P(A_{E_{mn}(k)})}, & E_{mn}(k)\text{被搜寻时}\\ P(C_{E_{mn}(k)}\big|A_{D(k)})=\dfrac{P(C_{E_{mn}(k)},A_{E_{mn}(k)})}{P(A_{D(k)})}, & E_{mn}(k)\text{未被搜寻时}\end{cases} \tag{6-12}$$

2. 无人机搜寻能力

1) 无人机运动能力模型

基于自身的物理限制和战术使用要求，无人飞行器在飞行过程中需要满足一定的航路基本约束条件，主要包括以下 6 个方面[97]。

(1) 最小航路段。

设飞行航路由 $\{l_i\,|\,i=1,2,\cdots,n\}$ 组成，最小航路段长度为 $l_{\min}$，该约束可表示为

$$l_i \geqslant l_{\min} \tag{6-13}$$

(2) 最大偏航角。

记航路段 i 的水平投影为 $a_i=[x_i-x_{i-1},y_i-y_{i-1}]^{\mathrm{T}}$，设最大允许拐弯角为 δ，则最大偏航角约束可表示为

$$\frac{a_i^{\mathrm{T}}a_{i+1}}{\|a_i\|\cdot\|a_{i+1}\|}\geqslant\cos\delta,\quad i=2,3,\cdots,n-1 \tag{6-14}$$

其中，$\|a_i\|$ 为向量 a_i 的长度。

(3) 最大升降角。

假定最大允许升降角为 θ，该约束可表示为

$$\frac{|z_i-z_{i-1}|}{|a_i|}\leqslant\tan\theta,\quad i=2,3,\cdots,n \tag{6-15}$$

(4) 最长航路。

设飞行航路由 $\{l_i\,|\,i=1,2,\cdots,n\}$ 组成，最大航路长度为 $L_{\max}$，则该约束可写成

$$\sum_i\|l_i\|\leqslant L_{\max} \tag{6-16}$$

其中，$\|l_i\|$ 为向量 l_i 的长度。

(5) 最低航行高度。

假设第 i 段航路的离海高度为 H_i，最低飞行高度限制为 $H_{\min}$，则该约束可表示为

$$H_i\geqslant H_{\min}$$

(6) 飞行速度。

假设无人飞行器的最低飞行速度为 $v_{\min}$，最高飞行速度为 $v_{\max}$，则该约束可表

示为

$$v_{\min} \leqslant v \leqslant v_{\max} \tag{6-17}$$

假设 N_u 架无人机执行搜寻任务，为避免机间碰撞，各无人机在不同的高度定高飞行。为了降低模型的难度，在不影响无人机协同执行任务的前提下，假设所有无人机在不同的高度层面内做二维运动，此时可将无人机的运动学模型简化为连续时间内的二维运动学模型：

$$\begin{cases} x_i = v_i \cos\varphi_i \\ y_i = v_i \cos\varphi_i \\ \varphi_i = u_i \eta_{\max i} \end{cases} \tag{6-18}$$

其中，在每一个决策时刻 k，$p_i^k = (x_i^k, y_i^k) \in \mathbf{R}^2$ 表示无人机 i 的位置；v_i 为速度，且满足 $v_i^k \in (v_{\min}, v_{\max})$；$\varphi_i^k$ 为偏航角；$u_i \in [-1,1]$ 是一个决策变量；$\eta_{\max i}$ 表示最大旋转角速度，由无人机 i 的性能决定。

2) 无人机搜寻避碰能力模型

本章借鉴了激素信息传播和扩散的思想，并利用领地感知信息图的概念建立了搜寻地图。当一个无人机在时间 k 移动到网格 (m, n) 时，信息素信息在搜寻地图的相应位置生成，通过扩散影响其他无人机信息素的生成和更新。现有信息素的扩散抑制了其他种类信息素的生成，这就是领地感知信息图的作用。借此可以构建新的环境搜寻信息图，作为解决多无人机协同控制中避碰问题的基础[100]。

在多无人机协同搜救时，为了避免碰撞，定义 D 为最小安全距离，定义 d 为无人机之间的实际距离。在 k 时刻无人机运动需满足如下约束条件：

$$d = \sqrt{(x_i^k - x_j^k)^2 + (y_i^k - y_j^k)^2} \geqslant D \tag{6-19}$$

定义 $H_{mn}(k)$ 为 k 时刻网格 (m, n) 上的信息素总浓度。浓度是关于网格位置和时间的函数。当无人机 i 搜寻到网格 (m, n) 时，它产生信息素 $H_{i(mn)}(k)$，并且可以扩散到搜寻地图中的其他网格。以网格 (a, b) 为例，扩散传播函数为

$$H_{i(ab)}(k) = \frac{\beta}{\rho^2} \times \mathrm{e}^{\frac{(a-m)^2+(b-n)^2}{2\rho^2}} \tag{6-20}$$

其中，ρ 和 β 为常数。

当无人机 i 在网格 (m, n) 上检测到高浓度的其他种类信息素时，这意味着其他无人机的活动在网格 (m, n) 上是频繁的。如果继续搜寻该网格，则不仅降低了搜寻效率，而且碰撞概率大。无人机 i 检测到的其他种类信息素的浓度如下：

$$\overline{H}_{i(mn)}(k) = H_{mn}(k) - \sum_{j=0}^{k} H_{i(mn)}(j) \tag{6-21}$$

3. 目标函数

1) 最大搜寻成功率

海上遇险目标的搜寻任务类型多样，而常规的搜救方式中，仅确定待搜寻区域，再利用平行线等搜寻模式来规划救援主体的搜寻路径，其所覆盖区域的 POC 值较低，必然导致了搜寻成功率 POS 的降低，无法用于无人机搜寻路径的规划。

为此，执行搜寻任务的无人机须以目标存在概率模型为指导，在待搜寻区域 E 内规划搜寻路径。当遇险目标类型和无人机的搜寻方式固定时，搜寻目标发现概率(POD)函数相对固定。假设无人机在栅格内执行搜寻任务，满足 Koopman 的 3 个随机搜寻条件，则可得无人机的目标探测概率函数为

$$\text{POD}(j,z)=1-\mathrm{e}^{-z_i w_i v_i / A}=1-\mathrm{e}^{-w_i l_i / A} \tag{6-22}$$

其中，v_i 为无人机 i 的飞行速度；z_i 为无人机 i 的飞行时间；l_i 为无人机 i 在时间内搜寻航行的总路程；w_i 为无人机 i 的探测宽度即扫海宽度；A 为搜寻栅格单元的面积；j 为搜寻单元数 $(j=1,2,\cdots,xy)$。扫海宽度是经过大量的搜救实验以及通过对历史搜救案例的总结得出的，一般情况下，可以通过查表得出。

定义多台无人机分别在不同网格内搜寻为分散搜寻。假设将 N_i 架无人机分派到 N 个单元格内搜寻，则完成一次探测搜寻后，搜寻到目标的成功率 POS 为

$$\text{POS}=\text{POC}\times\text{POD}=\sum_{i=1}^{N_i} p_{mn}^{i}(k)(1-\mathrm{e}^{-w_i l_i / A}) \tag{6-23}$$

2) 单位时间内最大化累积重点子区域

由于遇险人员在水中存活时间有限，若营救时间过长可能存在生命危险。因此，无人机在规划路径时，不仅要考虑搜寻路径所覆盖的所有子区域的目标存在概率之和，还需要考虑搜寻路径覆盖各个子区域的时间，尽可能在搜寻开始时先搜寻 POC 值更高的子区域。当遇险目标类型和无人机的搜寻方式固定时，搜寻探测概率函数相对固定。为了提高搜寻成功率，必须尽可能先覆盖目标存在概率值更高的子区域。假设无人机匀速搜寻，基于此，无人机规划的搜寻路径应尽量满足目标：在有限航程内最大化累积重点子区域(accumulated weighted subarea，AWS)。

$$\text{AWS}(l)=\sum_{l=1}^{L}\frac{\text{POC}_{mn}\text{POD}}{(n_1+n_3+n_5+n_7)+\sqrt{2}(n_2+n_4+n_6+n_8)} \tag{6-24}$$

其中，n_1、n_3、n_5 和 n_7 表示正向飞行的距离；n_2、n_4、n_6 和 n_8 表示倾斜飞行的距离。

3) 单位时间内最大化覆盖率

区域覆盖率是搜寻过的区域占总数的搜寻区域的百分比，表示为

$$\text{Coverage}=\frac{n}{L_x\times L_y}\times 100\% \tag{6-25}$$

其中，n 是至少被一架无人机搜寻过一次的子区域的总数。

6.3.3　目标自主搜寻规划方法

在现阶段进行的海上搜救活动中，搜救失事目标的方式多种多样并且发展已趋于完善。目前以大型船舶为依托的海上搜寻方式主要包括扇形搜寻、展开方阵搜寻、平行线扫视搜寻等，由于搜寻设备的数量和性能限制，无法灵活开展海上搜寻任务，因此这类传统搜寻模式不适用于多无人机搜寻任务的实施。因此在本章针对大规模海上目标搜寻问题设计了基于多智能体深度值函数网络(multi-agent deep Q network，MADQN)算法的多无人机协同搜寻规划方法。

1. 多无人机目标搜寻博弈模型

1) 多无人机随机博弈过程

多无人机系统的马尔可夫博弈过程(又称为随机博弈，Markov/stochastic game)，如图 6-9 所示。多无人机的马尔可夫博弈过程同样可以使用五元组表示为

$$\langle N,S,A,R,T\rangle$$

其中，N 代表在海上搜救环境中的 N 个无人机；S 表示所有无人机联合状态的集合，可表示为

$$S:S_1\times S_2\times\cdots\times S_N$$

同样 A 代表这环境中所有无人机的联合动作的集合，可表示为

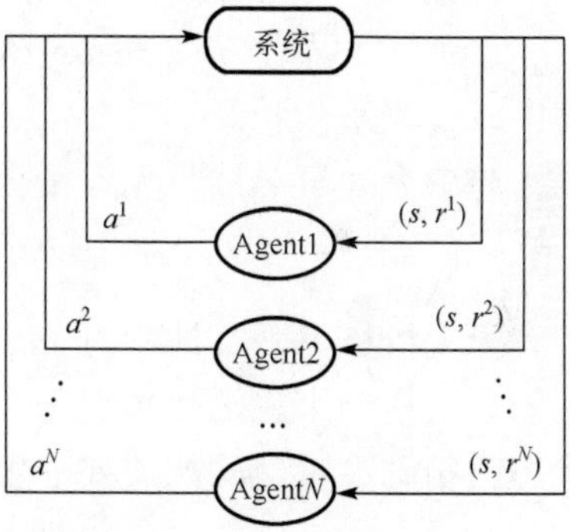

$$A:A_1\times A_2\times\cdots\times A_N$$

图 6-9　马尔可夫博弈过程

R 是环境针对无人机所做出的联合动作产生的回报，可表示为

$$R:R_1\times R_2\times\cdots\times R_N$$

T 是状态转移概率，可以表示为

$$T:S\times A_1\times\cdots\times A_N\to S'$$

由于环境中有多个无人机对其进行交互，无人机的联合策略应该表示为

$$\pi:\pi_1\times\pi_2\times\cdots\times\pi_N$$

在这种情况下，使用 a_i 表示无人机 i 的动作，使用 a_{-i} 表示无人机 i 以外其他无人机的联合动作。由于环境中的回报由联合策略所决定，每个无人机的奖励为

$$R_i^{\mathrm{T}}=E[R_{t+1}|\ S_t=s,A_{t,i}=a,T] \tag{6-26}$$

所以针对单无人机马尔可夫决策过程中的价值函数的贝尔曼方程需要进行改写：

$$v_\pi^i(s)=\sum_{a\in A}\pi(s,a)\sum_{s'\in S}T(s,a_i,a_{-i},s')(R_i(s,a_i,a_{-i},s')+\gamma v(s')_i) \tag{6-27}$$

其中，γ 表示折扣因子，为 0～1 内常数。

对于环境中每一个无人机，其值函数都与其他无人机的策略相关。因此，若值函数更新只考虑自身策略，会造成值函数不稳定[101]。也就是说，如果使用单无人机的贝尔曼方程进行值函数更新，则可能出现即使无人机做出相同动作，由于其他无人机的动作不确定，收到环境的回报也同样会动态变化。而这也是多无人机环境非平稳性的原因[102]。稳定性的基本要求是所有无人机都可以收敛到均衡状态。这里的均衡状态最常使用的是博弈论中的纳什均衡状态。适应性主要体现在两个方面，第一是在其他无人机稳定的条件下，无人机会收敛到最优奖励值；第二是无人机最终收敛到的最优奖励值，要高于执行其他任何的策略所得到的奖励值[103]。稳定性和适应性就保证了无人机能稳定收敛，而且不会由于其他无人机更改自身的策略而使最优结果下降。

在完全合作的任务中，无人机的学习目标可以表述为

$$Q_{t+1}(s_t,a_t)=Q_t(s_t,a_t)+\alpha(r_{t+1}+\gamma\max Q_{t+1}(s_{t+1},a')-Q_t(s_t,a_t)) \tag{6-28}$$

其中，α 表示步长。

与单无人机一样，无人机会采用贪心策略来最大化回报：

$$h_i(x)=\arg\max_{a_i}\max_{a_i,\cdots,a_n}Q^*(s,a) \tag{6-29}$$

无人机虽然平行地学习一个共同的目标，但是它们在选择策略时也不是完全独立的。这样一来就需要考虑无人机间的相互协调合作的问题。首先它们要求对环境状态的精确度量，其次还要求观测到其他无人机的动作行为。

2) 面向目标搜寻的强化学习元素定义

本节对搜寻环境进行建模，定义了面向海上搜救的多无人机深度强化学习模型中的各项元素，明确海上最优搜寻理论与奖惩函数的设计关系，为之后算法实现和求解奠定基础。

(1) 环境空间。

本节以真实的海上搜救场景进行模拟。每个栅格 (m,n) 赋予一定的初始 POC 值 $p_{mn}(k)$，(m,n) 的取值范围为 $(m\in\{1,2,\cdots,L_x\},n\in\{1,2,\cdots,L_y\})$。在实际的搜救应急处置过程中，待搜寻海域的目标包含概率在 0～1，但是本章假定待搜寻海域 100%包含失事目标，因此整个待搜寻海域的包含概率为 1。且每一个单元 (m, n) 都有一个属性值 r，r 表示搜寻此单元的搜寻代价值，$r_{mn}(k)$ 表示 k 时刻无人机的路径信息，若 $r_{mn}(k)=-1$，则表示此单元已被无人机搜寻过；若 $r_{mn}(k)=1$，则表示当前无人机正处于此单元；若 $r_{mn}(k)=0$，则表示此海域从未被搜寻过。

(2) 动作空间。

本章在运动中使用离散动作空间。将无人机偏航空间 360°划分成 n 等份，角度间隔 $\alpha=360^\circ/n$。假设 n=8，则无人机的航向精度为 45°。在每个决策时间点，无人

机可以采取以下行动，例如，左偏 α_i^k 、直行或右偏 α_i^k 。因此为简单起见，无人机 i 的动作空间可表示为 $\alpha_i^k=[u_i^k]$，动作决策变量 $u_i^k=\{1,2,\cdots,8\}$，即动作空间为上、右上、右、右下、下、左下、左、左上。

(3) 观察空间。

包括海上搜救场景中每个无人机在每个时间段内的坐标位置 $\mathrm{Obs}_i=<S,L>=\{s_1,s_2,\cdots,s_n;l_1,l_2,\cdots,l_n\}$ 。具体地说，它包括该无人机的坐标和其他协同无人机的坐标位置，以及当前所有无人机走过的路径。

3) 多无人机奖惩函数设计

完全合作的随机博弈，可以通过最大化联合回报来解决。但是在现实情况下，确定一个智能体系统的全局目标并不容易，因为无人机的回报函数彼此之间相互关联，难以独立最大化。收敛到均衡点是多无人机学习的基本要求，并且纳什均衡是用得最多的。在多无人机的路径规划中，主要需要完成多机协同和尽快搜寻重点海域两项任务。

其中，基于搜寻理论和深度强化学习 (search-theory-based deep Q network，ST-DQN) 算法的训练经验，MADQN 采取即时奖惩和回合奖惩并用机制进行模型训练。即时奖励和回合奖励。即时奖励为 $\{R_i^1,R_i^2,\cdots,R_i^L\}$，即无人机在一个回合 ($L$ 步) 中每一步的即时奖励集合。为尽量避免无人机重复往返同一子海域，设置已搜寻过的海域搜寻效益奖赏为 r_{punish} 。同时，为避免无人机绕出目标海域或者进入危险区和障碍区，同样设置越界惩罚为 r_{punish} 。随着搜寻时间的增加，该子海域的 $p_{mn}(k)$ 以一定比例 g 逐渐衰减。g 值在搜寻开始前根据搜救海况设定。即时奖赏函数设计如下：

$$R_i^{mn}=\begin{cases}\mathrm{POS}_{mn}(k), & \text{重点区域}\\ r_{\text{punish}}, & \text{其他区域}\end{cases} \tag{6-30}$$

回合奖惩为 AWS (累积重点子区域权重)，当遇险目标类型和无人机的搜寻方式固定时，搜寻函数 POD 相对固定。则每一个无人机在每一个回合中每步的总奖励为 $R_i^L+\mathrm{AWS}_i(L)$ 。

$$\mathrm{AWS}_i(l)=\sum_{l=1}^{L}\frac{\mathrm{POC}_{mn}\mathrm{POD}_{mn}}{(n_1+n_3+n_5+n_7)+\sqrt{2}(n_2+n_4+n_6+n_8)} \tag{6-31}$$

此外 $\{R_i^1,R_i^2,\cdots,R_i^L\}$ 表示无人机 i 走完一个回合 L 步中每一步的即时奖励集合，$\{\mathrm{AWS}_i(1),\mathrm{AWS}_i(2),\cdots,\mathrm{AWS}_i(L)\}$ 表示每个无人机走完一个回合所得的回合奖励，则每一个无人机在一个回合中每步的总奖励为 $R_i^l+\mathrm{AWS}_i(l)$，其中 $l\in\{1,2,\cdots,L\}$ 。

2. 多无人机目标搜寻规划算法框架

由于环境的不稳定，将无法直接使用之前的 DQN 的关键技术。单无人机强化学习算法会因无人机数量的变多使得本就有的方差大的问题加剧。因此本节设计了面向多无人机的 MADQN 算法。

1) 参数更新机制

基于值的深度强化学习的核心是将全局的 $Q(s,a)$ 分配为各个局部 $Q_i(s_i,a_i)$，每个无人机拥有各自的局部值函数。在训练过程中，通过联合动作 Q 值来指导策略的优化，同时个体从全局 Q 值中提取局部的 Q_i 值来完成各自的决策(如贪心策略 $a_i=\operatorname{argmax}Q_i$)，实现多无人机系统的分布式控制。因此，MADQN 的 Q 函数可表示为

$$Q((s^1,s^2,\cdots,s^d),(a^1,a^2,\cdots,a^d))\approx\sum_{i=1}^{d}\tilde{Q}_i(s^i,a^i) \tag{6-32}$$

在 MADQN 算法设计的网络结构中，加入全局信息对训练过程进行辅助；每个智能体都拥有一个 DQN，该网络以个体的观测值作为输入，使用神经网络来保留和利用历史信息，输出个体的局部 Q_i 值。

结合 DQN 的思想，以 Q_{tot} 作为迭代更新的目标，在每次迭代中根据 Q_{tot} 来选择各个智能体的动作，有

$$L(\theta)=\sum_{i=1}^{b}(y_i^{\text{tot}}-Q_{\text{tot}}(\tau,a,s;\theta))^2 \tag{6-33}$$

$$y^{\text{tot}}=r+\gamma\max_{a'}\bar{Q}(\tau',a',s';\bar{\theta}) \tag{6-34}$$

其中，θ 表示目标网络的参数和输出。最终学习收敛到最优的 Q_{tot} 并推出对应的策略，即为 MADQN 方法的整个学习流程。

2) 算法流程设计

本章提出的基于 MADQN 的多无人机协同搜寻算法流程如下。

MADQN 算法训练流程

初始化各无人机记忆库 $D_1=D_2=\cdots=D_n=D$，存储经验样本的最大值 $N_1=N_2=\cdots=N_n=N$；

建立各无人机动作值 $Q_1,Q_2,\cdots,Q_n$ 估计网络，随机初始化各估计网络的权重 $\theta_1=\theta_2=\cdots=\theta_n=\theta$；

建立各动作值目标网络 $Q_1^-,Q_2^-,\cdots,Q_n^-$，初始化各目标网络权重 $\theta_1^-=\theta_2^-=\cdots=\theta_n^-=\theta$；

循环重复，设置执行次数为 M 次；

初始化各无人机当前状态；

循环重复，设置回合步数 N；

　　针对每个无人机

根据无人机 i 的当前观测 observation_i，利用预测神经网络 θ_i 输出每个动作的价值；

根据 ε-greedy 策略，选择动作 action_i (以 ε 的概率选择最大价值对应的动作，以 $1-\varepsilon$ 概率随机选择动作)；

无人机 i 执行动作 action_i 作用于环境，产生新的观测向量 $\text{next\_observation}_i$，获得即时奖励 reward_i；

将 observation_i，action_i，$\text{next\_observation}_i$，$\text{reward}_i$ 存储到记忆库 D_i 中；

If：

此时为任一无人机回合中的最后一步，则计算回合奖励 $f\_\text{reward}_1,\cdots,f\_\text{reward}_n$，根据前面内容中的奖励分配机制，对该回合每一无人机所有的奖励进行再分配，得到每个阶段的奖励集合 $R_1'=R_2'=\cdots=R_n'$；

Else

继续循环执行上述步骤。

以上步骤是 RL agent 与搜寻环境交互的过程。根据存储在记忆库中的轨迹数据，可以对神经网络进行训练，如下所示。

循环重复

针对每个无人机

从记忆库中抽取一定的记录 $D_{\min}^i$ 作为神经网络的训练集；

将采样后的数据放入估计网络与目标网络；

利用估计网络 θ_i 预测采样动作的价值；

利用目标网络 θ_i^- 对采样动作的值进行评价；

利用估计网络和目标网络在相同动作上的误差对预测网络进行训练；

每 C 步后将预测网络训练好的参数传递给目标网络，即 $\theta_i^-=\theta_i$。

循环至完成训练迭代次数。

基于 MADQN 的多无人机海上目标搜寻算法概念模型如图 6-10 所示。在海上遇险目标搜寻场景中，多个搜寻单元同时开展搜寻任务，且保证协同搜寻效益最大化。在模型训练时每个搜寻单元对当前各自的搜寻状态做出各自的动作，并得到相应的奖惩。训练结束后，可得到无人机协同效益最大化的联合搜寻动作。

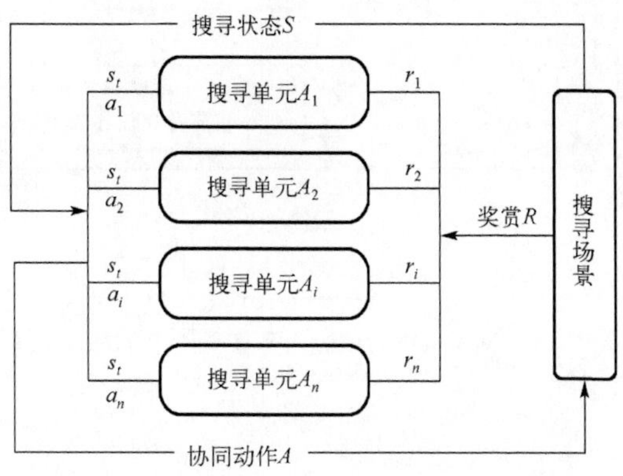

图 6-10 基于 MADQN 的协同搜寻规划框架

基于 MADQN 算法的多无人机目标搜寻应用流程如图 6-11 所示。整个方法流程分为模型训练阶段和模型应用阶段。其中，模型训练阶段已经在前面详述。模型应用阶段是指在训练好的模型基础上，首先导入搜救场景数据，包括海上搜救系统预测中的 POC 地图和多个无人机初始位置；其次根据任务规模匹配不同的搜寻模型，将场景数据输入合适的模型中；然后可直接求得优化后的多个无人机的搜寻路径；最后各个无人机按照模型输出结果实施搜寻任务。

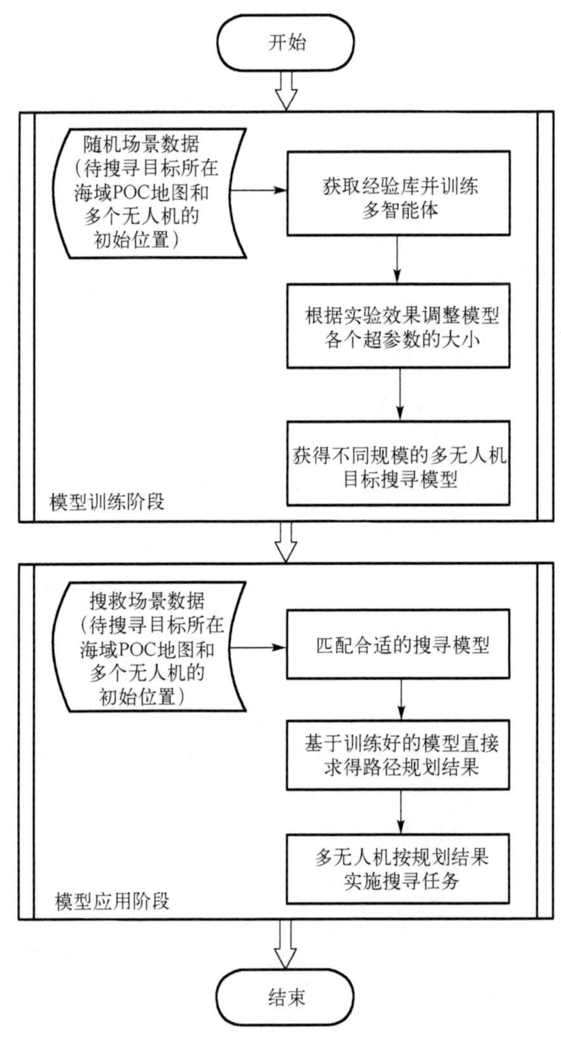

图 6-11　MADQN 算法在海上搜救中的应用流程

第 7 章　海上突发事件应急方案临机优化

在海上突发事件应急响应过程中常常会遇到预案中规定的应急资源不具备或不充足、应急力量临时变动、信息不确定等情况。对于预想不到的意外灾害事件或意外情况而言，仅仅局限于常规预案的响应处理是不够的，需要临机优化决策，对此类事件做出及时处理[104]。

前面几章已经研究了海上突发事件应急方案的基础辅助决策方法，在此基础上，本章进一步研究海上突发事件应急方案临机优化方法。首先，概述了海上突发事件应急方案临机优化的基本概念。然后，以海上搜救为例，构建了应急方案生成的临机决策的基础模型和优化模型。最后，以一个海上搜救事故案例为应用对象对方法模型进行效果验证。

7.1　临机优化概述

7.1.1　临机的内涵及特征

临机(improvisation)一词最早来源于拉丁文“proviso”，其含义是要预先规定或预见，加上否定性前缀“im”之后其含义变为不可预先规定或不可预见。临机，在汉语中是指面临变化的机会和情势。从 1963～2008 年有近 44 种关于的人类临机行为的定义，涉及管理学、艺术、社会学和人类学等领域[105]。

近年来，应急管理领域研究者开始关注临机行为(improvisational action)，以便提高组织的应急管理水平。Weick 等[106]首次将临机引入管理领域。作为一个新兴的研究主题，学者对临机提出了不同的概念表述，并将大量的精力花在如何对临机这一概念进行操作化定义上[105]。之后管理学领域的其他学者也相应地提出了临机的不同的特征以及定义[106]。通过文献梳理可知，临机内涵主要有四个特点：

(1)临机需要依赖具体情景中可利用的资源，以达到“最好”的决策结果；

(2)临机需要实时性；

(3)临机需要创造性；

(4)临机具有目的性和结果的不可预测性。

从上述对临机的不同的定义以及分析来看，临机具有时间紧迫性，资源的有限性，决策者凭借直觉创造性地提出决策方案等特征[107]。

7.1.2 临机优化决策方法

本小节主要介绍应急场景下的临机决策认知机理以及计算化方法的研究现状，最后对研究现状进行评述。

1. 经典临机优化决策方法

通过计算机技术、人工智能的研究成果可开发面向非常规突发事件的决策支持系统以便为其提供辅助决策的科学工具。通过决策支持系统可实现通过人机对话等方式为决策者提供一个将知识性、主动性、创造性和信息处理能力相结合的、定性与定量相结合的工作环境，协助决策者分析问题、探索决策方法进行评价和预测。

美国新泽西理工学院(New Jersey Institute of Technology)的曼东卡借鉴并解决了以爵士演奏者的临机来比喻临机的决策模型，并将其引入应急管理领域中。他的研究团队在建立计算模型时，为了解决状态空间的遍历的问题，定义了陈述型和程序性知识。其中陈述型知识通过建立领域本体实现，而程序性知识通过决策逻辑的方式解决。详细地说，曼东卡研究团队使用 FONM(formal ontology for naive mechanics)表征了领域的断言性的知识。该本体由 4 个目标、9 个函数、8 个目标对象、12 个对象和 12 个属性等部分构成。与此同时，该研究团队用决策逻辑表征了操作性的知识，之后基于该逻辑形成了决策方案。决策方案的推理过程如下所述。

(1)推理指示方案的程序：该程序决定达到目标的每一个行动序列中每一个资源的贡献。首先为目标设定功能，之后检索匹配行动序列的对象组。

(2)目标成绩程序：判断上一步的输出行动序列对象组中元素是否大于零，决定它是否能达到目标设定功能。大于零，则可。

(3)指示目前的目标：如果一个资源可以传输到该资源，则标为成功；如果不可以传输，则查找到所有其他资源。

最近，Stein 提出了将临机视为理解实时动态决策框架的研究工作，并分析了临机对于设计实时决策支持系统的隐含意义[108]。详细地说，这项工作探讨了临机作为了解实时动态决策(real-time dynamic decision-making，RTDDM)的框架以及实现临机系统概念。该研究工作探索了临机发生的前提条件、临机的程度，以及个人和团体有效临机的因素。与此同时，分析了实时动态决策设计过程，并提出该过程分为事前支持、事后支持以及实时支持三阶段。该研究者断言，临机概念有助于实时动态决策支持系统的设计和实施。

国内的高珊提出了基于强相关逻辑的临机决策计算模型[109]。该工作首先提出临机决策认知过程的概念模型，之后构建应急共享心智模型的概念模型，最后设计临机决策强相关逻辑模型。

综上所述，他们大多都是以比喻爵士演奏者的临机行为来构建了临机决策认知模型。而文献[108]则以如何将临机应用到设计实时决策支持系统为目的，提出了将临机视为理解实时动态决策框架的研究工作。这些研究工作为临机决策计算模型的构建以及如何将临机决策计算模型应用于计算机辅助决策提供了理论依据和实践指导。

2. 干扰管理决策方法

为了既考虑应对临机干扰问题的解决方案，又能给出尽可能接近原始调度的恢复调度方案，本节采用干扰管理理念来对海上突发事件应急方案进行临机优化，下面对干扰管理的基本框架和数学表示方法进行了详细介绍。

1) 干扰管理研究框架

Yu 等[110]在 *Disruption Management: Framework, Models and Applications* 中关于干扰管理的定义是首先通过构建最优化模型获取一个初始最优可行方案，在初始方案执行的过程中，由于干扰事件产生扰动以致初始方案不再适用当前事故状态，需要在初始方案的基础上考虑当前事故的状态，实时生成新方案，生成的新方案要适用当前状态并且与初始方案的相对调整最小。干扰管理的核心思想在于发生干扰事件后，实时调整各类应急资源的数量，在满足当前事故状态的前提下采用最优资源方案实现预先期望的目标，并且对初始的资源调度方案调整幅度最小，保证方案的持续性。

根据 Yu 等关于干扰管理的定义，可以看出干扰管理的建模求解过程分为四个阶段，具体如下。

(1) 初始方案。初始方案是建立干扰管理模型的基础，干扰管理的新方案是在初始方案的基础上得到的，干扰管理的原则就是尽可能小地对初始方案进行调整，保证初始方案的持续性，因此得到初始方案是第一步。

(2) 发生了比较大的扰动。在初始方案执行的过程中发生比较大的扰动时才会触发干扰管理的过程，如果干扰事件的发生并没有对初始方案造成扰动或者造成的扰动比较小，不影响初始方案的执行，则不会触发干扰管理过程。

(3) 干扰事件产生扰动后，仍需要根据扰动度量的结果判断是否需要对初始方案进行更改。

(4) 确定新的调度方案。选择与初始方案偏离最小的调度方案作为新的调度方案，新旧方案之间偏离最小是干扰管理选择方案的标准之一，干扰管理的目标就是尽可能最小化干扰事件对原调度系统产生的影响。

干扰管理的决策过程如图 7-1 所示。

2) 干扰管理模型表示

通过对国内外学者关于干扰管理研究的总结分析，发现针对干扰事件构建干扰管理模型主要分为网络图模型和数学模型。网络图模型是将各要素及其之间的关系

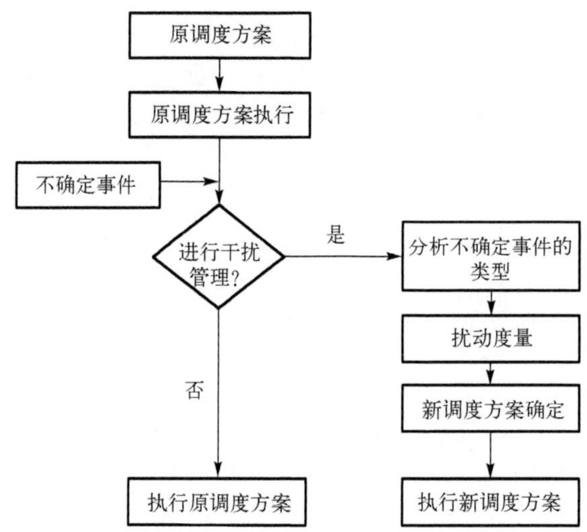

图 7-1　干扰管理的决策过程

通过网络图的形式直观地表示出来，数学模型是通过构建数学公式表达现实中的问题并通过对模型进行求解以得到解决方案。

(1)图模型。

图模型是采用节点图的方式，将问题中涉及的各要素及其之间的关系显现地表现在图上，这种建模方式增强了问题的可视化性能，使问题更加直观和便于理解，有助于问题的解决。图模型分为时空网络图模型和干扰恢复博弈树模型，其中时空网络图是将时间和空间融入所构建的图模型中，常见于航空调度的干扰管理建模过程中，时空网络图的局限在于网络图中的节点之间是平等的，不适用不平等节点构成的网络图，例如，物流网络图，物流网络中有作为配送中心的节点和作为配送点的节点，这二者是不平等的，因此不适用时空网络图模型。干扰恢复博弈树模型是一种基于博弈论的树模型，其优势在于能够很好地反映不确定性，使得生成的方案有很强的鲁棒性和抗干扰能力，但是该方法还不成熟，缺乏智能化的求解算法。

(2)数学模型。

相较于图模型，数学模型的优势在于其较强的灵活性和表达能力，灵活性强表现在针对不同的问题，数学模型可以通过增加或减少其目标函数和约束函数对问题进行抽象和表示；表达能力强表现在数学模型可以表达很复杂的问题，因此研究人员更倾向于使用数学模型来解决干扰管理问题。在使用数学模型进行干扰管理建模时，根据问题目标和约束条件的不同，其表达形式也各不相同，但 Yu 等提出的干扰管理建模的范式包含两部分的内容。

①构建初始方案的数学模型，表示的是模型的目标函数，式(7-2)表示的是模型的约束函数。

$$\min f(x) \tag{7-1}$$

$$\text{s.t.}\ x \in X \tag{7-2}$$

其中，x 是决策变量；X 是可行解集。

②构建干扰管理模型，干扰事件对初始方案产生扰动后，在初始方案的基础上，通过最小化新旧方案之间的偏离度来选择新方案。式(7-3)是用于衡量新旧方案之间偏离度的目标函数。

$$\min g(a^+, a^-) \tag{7-3}$$

$$\text{s.t.}\begin{cases} x \in \hat{X} \\ x + a^+ - a^- = x^0 \\ a^+, a^- \geqslant 0 \end{cases} \tag{7-4}$$

其中，a^+ 和 a^- 用于衡量初始方案 x^0 和新方案 x 之间的偏离；$\hat{X}$ 为所有可行方案的集合。

7.1.3　海上突发事件应急方案临机优化面临的问题

海上突发事件随机性大、破坏力强，在应急管理中，很难预先编制切实可行、又积极有效的预案加以应对，这就给应急决策者提出了很高的要求。这一过程中，决策者需要综合利用以往的经验，应对不断发生的新情况。因为突发事件往往表现出复杂性高的特点，例如，“8·12 天津滨海新区爆炸事故”发生后，还引发复杂的次生灾害，面对诸如此类巨灾时，即使是经验丰富的决策者，也不可能全部掌握应对灾难所需要的各种知识，而传统辅助决策支持系统不能很好地解决突发事件知识不确定、环境连续变化等问题。

面对海上突发事件的应急方案决策可分为常规决策和临机决策(即非常规决策)。常规决策是遵循已有预案规则和要求进行决策，其处置过程具有固定的程序，一般来说，常规决策包括三个步骤：确定决策问题，综合决策信息，生成决策方案。常规决策过程中提供支持的信息需要有预先的定义。但是，海上突发事件一般具有偶然性大、随机性强的特点，很难预先设定完备的处置流程以应对所有特殊的情况，例如，突发事件处置过程中常常会遇到预案中规定的应急资源不具备或不充足、应急力量临时变动、信息不确定等情况。对于预想不到的意外灾害事件或意外情况，仅仅局限于常规预案的响应处理是不够的，需要临机决策对此类事件做出及时处理。“临机决策”ImproDM[111](improvisation decision-making in response to unexpected emergency event)是指面对当前知识不足以解决问题或不熟悉的情境，需要更多地根据决策主体的认知、偏好、知识、经验、判断力和创造力，在资源和时间有限、情境不断变化的条件下，所进行的决策活动。临机决策往往具有很高的风险性。临机决策与常规决策不同的地方表现在以下几点。

(1)临机决策具有处理不确定情景的能力。突发事件不确定性体现在相关信息不确定、支撑知识不确定、情景变化不确定，导致常规决策不能有效处置突发事件。临机决策必须具备处理上述不确定性环境的能力，这也是临机决策最根本的特点。

(2)临机决策信息包含大量异构信息。临机决策是一个跨管理域的决策活动，由于突发事件的复杂性，为临机决策提供信息支撑的包括多个领域的部门和单位，这些信息来源广泛，结构异构，而且信息间存在不一致性。

(3)临机决策是一个循环的过程。临机决策是决策者对于环境的变化观察而不断调整决定的过程，在这一过程中，最有效的辅助手段是为决策者提供决策需要的、及时有效的信息[104]。

本章针对海上突发事件应急方案临机优化决策面临的问题，重点解决应急临机决策中不确定干扰因素的识别和度量以及如何临机优化决策等关键问题，以提高应急处置的效率。

7.2　海上突发事件应急方案临机优化模型构建

为了更加形象地描述海上突发事件应急方案临机优化方法应用的真实场景，本节以海上搜救这类事件为例进行描述。首先基于问题假设，构建海上搜救应急方案临机决策的基础模型；然后针对海上搜救过程中可能产生的干扰事件，构建临机决策优化模型，并对求解方法进行阐述，形成一个完整的海上突发事件应急方案临机优化流程。

7.2.1　问题假设

假设某海域发生了船舶失事或者人员落水等搜救事故，通过对搜寻目标漂移轨迹的预测，划出待搜寻海域并且假设待搜寻海域一定包含搜寻目标，而且实际搜救作业过程中，考虑到船舶的搜救作业特点，待搜寻海域一般是规则的矩阵或者圆形。待搜寻海域周边有若干搜救船舶基地以及航空基地，分别停靠了多艘可用专业搜救船舶以及多架可用专业搜救飞机，此外在待搜寻海域的周边可能存在多艘过路的商船、渔船等民用船舶，其中专业搜救船舶、过路民用船舶以及专业搜救飞机距离待搜寻海域的距离、最大航速、扫海宽度以及最大允许搜救作业的海况等信息已知。如何选择搜救资源并使其协同工作可以高效地完成对待搜寻海域的搜寻覆盖，是本章的第一个主要研究问题。

为了便于研究，本章根据海上搜救作业的实际操作流程以及海上搜寻规划理论，做出如下假设。

(1)待搜寻海域的形状是规则的矩形或者圆形且待搜寻海域的面积已知，并且划分给各搜寻资源的待搜寻海域是不重叠的，完成搜救任务的标志是对待搜寻海域实施了完全的搜寻覆盖。

(2) 本章考虑的搜救资源只包括搜救船舶和搜救飞机，其中搜救船舶包括专业搜救飞机和过路的商用、渔船等民用船舶，搜救飞机包括专业的搜救直升机以及固定翼飞机。

(3) 假设搜救目标在待搜寻海域每个位置的存在概率是相等的，即搜救目标在待搜寻海域是均匀分布的。

(4) 不考虑所有搜救飞机在参与搜救行动时返回航空基地的维修、加油时间。

(5) 假设关于专业搜救船舶、过路民用船舶、专业搜救飞机以及固定翼飞机的最大航行速度、航线间距、扫海宽度以及最大允许作业海况等级等基本属性信息已知，并且可以通过宝船网获取搜救船舶的实时位置等信息。

但是在初始海上搜救资源方案执行的过程中，往往由于环境、事故以及搜救资源的变化出现初始搜救资源方案不可继续执行，因此，需要引入临机优化机制在干扰事件发生后通过对原方案的调整继续完成相关搜救任务。

7.2.2 海上搜救应急方案临机决策基础模型构建

经过对海上搜救资源方案生成问题的描述和分析，已经对所需要解决的问题和求解思路有了比较清晰的认识，本节主要内容是深入理解海上搜救资源方案生成问题，结合搜寻理论以及搜寻规划理论，构建海上搜救资源方案生成的多目标模型，明确模型中涉及的输入变量、决策变量、目标函数以及约束条件等。

1. 模型输入与决策变量分析

海上搜救应急处置过程十分复杂，影响因素众多，在生成搜救资源方案时需要考虑的模型输入、中间变量以及决策变量也十分复杂，为了后面章节能够更好地建模，表 7-1 对模型中涉及变量的类型、符号以及符号所代表的含义进行了详细的介绍，本节主要对模型输入以及决策变量进行介绍。事故发生后，搜寻规划人员接到搜救任务时，能够获取的基本信息如下。

(1) 此次搜救事故的等级以及参与此次行动的组织信息，包括各参与组织的隶属关系、责任分工等信息。

(2) 待搜寻目标失事时的位置、属性信息等，包括失事目标的类型、失事的总人数以及失事人员的生存状况等信息。

(3) 事故地点周边事故发生时以及之后一定时间内的环境状况（包括风力等级、风向、海浪等级、海温等）。

(4) 通过漂移轨迹预测模型生成的待搜寻目标的漂移轨迹并就此划定的待搜寻海域面积。

(5) 周边海域以及搜救中心可以调用的搜救船舶以及搜救飞机的详细信息，包括这些搜救资源距离事故点的位置、航行速度、扫海宽度以及航线间距等信息。

表 7-1　模型变量符号及含义

类型	符号	符号含义
输入变量	S	待搜寻区域的面积（n mile^2）
	B	目前的海况等级（1～9 级）
	M	在待搜寻海域有 M 艘可用搜救船舶
	N	在待搜寻海域有 N 架可用搜救飞机
	D_i^v	第 i 艘搜救船舶与事故点距离 $D_i^v(t)$（n mile）
	D_j^a	第 j 架搜救飞机与事故点距离 $D_j^a(t)$（n mile）
	V_i^v	第 $i(i=1,2,\cdots,M)$ 艘搜救船舶的最大航速（kn）
	V_j^a	第 j 架搜救飞机的最大航速（kn）
	T_j^L	第 j 架搜救飞机的续航时间（h）
	W_i^v	第 $i(i=1,2,\cdots,M)$ 艘搜救船舶修正后的扫海宽度（n mile）
	W_j^a	第 j 架搜救飞机修正后的扫海宽度（kn）
	A_i^v	第 i 艘搜救船舶的航线间距（n mile）
	A_j^a	第 j 架搜救飞机的航线间距（n mile）
	b_i^v	第 i 艘搜救船舶最大可以参与搜救行动的海况等级
	b_j^a	第 j 架搜救飞机最大可以参与搜救行动的海况等级
	Q^v	待搜寻海域所能容纳的最大搜救船舶的数量（艘）
	Q^a	待搜寻海域所能容纳的最大搜救飞机的数量（架）
决策变量	x_i	第 $i(i=1,2,\cdots,M)$ 艘搜救船舶的资源选择位
	y_j	第 j 架搜救飞机的资源选择位
中间变量	L_j	第 j 架搜救飞机可以参与搜救的次数（次）
	$\hat{T}_i^v$	第 i 艘搜救船舶赶往搜寻区域所用的时间（h）
	$\bar{T}_i^v$	第 i 艘搜救船舶开展搜寻作业所用的时间（h）
	$\hat{T}_j^a$	第 j 架搜救飞机往返搜寻区域所用的时间（h）
	$\bar{T}_j^a$	第 j 架搜救飞机每个航次内开展搜寻作业所用的时间（h）
	T_j^a	第 j 架搜救飞机开展搜寻作业所用的总时间（h）
	S_i^v	第 i 艘搜救船舶在整个搜救行动过程中所覆盖的海域面积（n mile^2）
	S_j^a	第 j 架搜救飞机在整个搜救行动过程中所覆盖的海域面积（n mile^2）
	POD_i^v	第 i 艘搜救船舶的发现概率
	POD_j^a	第 j 架搜救飞机的发现概率

通过对这些输入信息的梳理，抽取出本章海上搜救资源方案生成建模过程所需要的要素信息，具体的模型输入信息如下所示。

1) 模型输入

模型输入如下。

(1) 待搜寻海域的面积为 S (n mile^2)。

(2) 目前的海况等级 B(1～9 级)。

(3) 根据经验知识，在待搜寻海域面积为 S 时，海域内最多能容纳的搜救船舶的数量为 Q^v 艘，最多能容纳的搜救飞机的数量为 Q^a 架。

(4) 事故发生时，周边可供调用的搜救设备有 M 艘搜救船舶以及 N 架搜救飞机，其中第 i ($i=1,2,\cdots,M$) 艘搜救船舶距离事故点的距离为 D_i^v，最大航行速度为 V_i^v，修正后的扫海宽度为 W_i^v，航线间距为 A_i^v，最大可以参与救援的海况等级为 b_i^v；第 j ($j=1,2,\cdots,N$) 架搜救飞机距离事故点的距离为 D_j^a，最大航行速度为 V_j^a，修正后的扫海宽度为 W_j^a，航线间距为 A_j^a，最大可以参与救援的海况等级为 b_j^a，最大续航时间为 T_j^L，因此可以用一个六元组来表示搜救资源，形式如下：

$$E_q=(D,V,W,A,b,T^L) \tag{7-5}$$

其中，D,V,W,A,b,T^L 分别代表资源距离事故点的距离、资源的最大航行速度、修正的扫海宽度、航线间距、所允许的最大海况等级以及最大续航时间。

2) 决策变量

方案生成问题的分析，可以确定本模型的决策变量为搜救船舶选择位 x_i ($i=1,2,\cdots,M$) 和搜救飞机选择位 y_j ($j=1,2,\cdots,N$) 形成的最终搜救资源方案为

$$P=(x_1,x_2,\cdots,x_M,y_1,y_2,\cdots,y_N) \tag{7-6}$$

其中

$$x_i=\begin{cases}1, & \text{如果船舶 } i \text{ 参与搜救行动} \\ 0, & \text{如果船舶 } i \text{ 不参与搜救行动}\end{cases}, \quad i=1,2,\cdots,M \tag{7-7}$$

$$y_j=\begin{cases}1, & \text{如果飞机 } j \text{ 参与搜救行动} \\ 0, & \text{如果飞机 } j \text{ 不参与搜救行动}\end{cases}, \quad j=1,2,\cdots,N \tag{7-8}$$

3) 中间变量

根据现在已知掌握的相关信息，可以对一些后面内容将涉及的中间变量进行推算，可以计算出第 i 艘搜救船舶赶往待搜寻区域的时间 $\hat{T}_i^v$：

$$\hat{T}_i^v=\frac{D_i^v}{V_i^v} \tag{7-9}$$

第 j 架搜救飞机从航空基地全速往返待搜寻区域的时间：

$$\hat{T}_j^a=\frac{2D_j^a}{V_j^a} \tag{7-10}$$

第 i 艘搜救船舶在整个搜寻行动期间真正的搜寻作业时间(在设总搜寻时间为 T 的情况下)：

$$\overline{T}_i^v = T - \hat{T}_i^v \tag{7-11}$$

第 j 架搜救飞机每个航次内在待搜寻区域开展搜寻作业的时间：

$$\overline{T}_j^a = T_j^L - \hat{T}_j^a \tag{7-12}$$

第 j 架搜救飞机在整个搜寻行动中总共可以出动的航次(在设总搜寻时间为 T 的情况下)：

$$L_j = T / T_j^L \tag{7-13}$$

第 j 架搜救飞机在整个搜寻行动中真正开展搜寻作业的总时间：

$$T_j^a = L_j \times \overline{T}_j^a \tag{7-14}$$

第 i 艘搜救船舶在整个搜寻行动中所完成的搜寻面积的大小：

$$S_i^v = \overline{T}_i^v \times A_i^v \tag{7-15}$$

第 j 架搜救飞机在整个搜寻行动中所完成的搜寻面积的大小：

$$S_j^a = T_j^a \times A_j^a \tag{7-16}$$

其中，D_i^v、V_i^v 以及 A_i^v 分别表示第 i 艘搜救船舶距离待搜域的距离、最大航行速度以及航线间距；D_j^a、V_j^a 以及 A_j^a 分别表示第 j 架搜救飞机距离待搜寻海域的距离、最大航行速度以及航线间距；T_j^L 表示第 j 架搜救飞机的续航时间，后面内容关于海上搜救资源方案生成的建模过程中将会使用到本节中计算的中间变量。

2. 目标函数分析

对搜救资源方案的目标进行分析后，确定了最大化搜寻成功率以及最大化搜救资源方案的鲁棒性这两个目标，其中最大化搜寻成功率是衡量搜救资源方案完成指定搜寻任务的效率与可行性，最大化搜救资源方案的鲁棒性是衡量搜救资源方案在面临天气及海况条件不确定情况下的可靠性的。本节主要内容基于搜寻理论以及搜寻规划理论对搜寻成功率以及搜救资源方案的鲁棒性进行建模表征，对海上搜救应急处置业务过程中考虑的条件和因素进行确定化建模。

1)最大化搜寻成功率

在海上搜救应急处置过程中，制定搜救资源方案的最终目的就是成功并且高效地完成搜救任务，而衡量一次搜救任务是否成功并且高效的主要标志是搜救成功率，即成功搜寻到失事目标并且对失事目标进行成功救助的概率。海上搜救分为“搜寻”和“救助”两个过程，由于“救助”的过程涉及的是更加复杂具体的业务处置过程，本章在建模过程中对“救助”过程不予考虑，假定成功对失事目标进行定位即标志完成此次搜救任务。因此，本章将最大化搜寻成功率(POS)作为衡量海上搜救资源方案优劣的目标之一。而根据 Koopman 教授在搜寻理论的奠基性论文 *The theory of search*[112,66,67]中对搜寻成功率的解释，搜寻成功率表征搜寻单位最终发现待搜寻目标的可能性，可以对搜救行动的有效性进行度量。海上搜寻行动能否取得成功主要受两个方面因素的影响：第一就是待搜寻区域必须要包含搜寻目标；第二就是当搜寻目标位于待搜寻区域内时，搜寻设备有能力探测到搜寻目标。因此，搜寻成功率主要受两个概率的影响，首先是包含概率(POC)，包含概率主要表征待搜寻区域包含搜寻目标的概率；其次是发现概率(POD)，发现概率主要表征当搜寻目标 100%位于待搜寻区域内时，参与搜寻行动的搜寻设备能够探测到目标的概率。即搜寻成功率(POS)的计算公式为

$$\mathrm{POS} = \mathrm{POC} \times \mathrm{POD} \tag{7-17}$$

在实际的搜救应急处置过程中，待搜寻区域的包含概率在 0～1，但是本章假定待搜寻区域 100%包含失事目标，因此整个待搜寻区域的包含概率为 1。本章最终生成的搜救资源方案是将待搜寻区域划分成多个不重叠的子区域，由不同的搜救设备来对这些子区域进行搜寻，因此每个子搜寻区域的包含概率为 S'/S，S' 是子区域的面积，S 是待搜寻区域的总面积。因此，有

$$\mathrm{Max\ POS} = \sum_{i=1}^{M} \frac{S_i^v}{S} \mathrm{POD}_i^v x_i + \sum_{j=1}^{N} \frac{S_j^a}{S} \mathrm{POD}_j^a y_j \tag{7-18}$$

其中，S_i^v 是第 i 艘搜救船舶在整个搜救行动过程中所覆盖的海域面积；POD_i^v 是第 i 艘搜救船舶的发现概率；S_j^a 是第 j 架搜救飞机在整个搜救行动过程中所覆盖的海域面积；POD_j^a 是第 j 架搜救飞机的发现概率。

(1) 搜救资源完成的搜寻面积。

计算搜寻资源在整个搜救行动中所完成的搜寻面积，需要对不同搜寻资源参与搜寻行动的时间以及方式特点进行分析，由于在本章所设定的场景中，搜寻资源分为搜救飞机和搜救船舶且二者参与搜寻行动的方式以及时间均不同，需要对二者分别进行分析。

首先对搜救飞机参与搜寻行动的搜寻时间进行分析，图 7-2 为搜救飞机参与搜救行动的时间示意图。从图中可以看出，不是所有的搜救飞机都可以参与此次搜寻行动，飞机 a_2 从航空基地全速赶往事故地点的时间为 $\hat{T}_2^a$，此时间大于整个搜寻行动的时间 T，即在搜寻行动结束前，飞机 a_2 都不能抵达事故点，故不能参与此次搜寻行动，而飞机 a_1 可以参与此次搜寻行动。对于每一架可以参与搜寻行动的飞机而言，由于搜救飞机的续航时间有限，在一次搜寻行动中需要多次往返，即需要多个航次才能完成搜寻任务，而每个航次的时间等于搜救飞机的最大续航时间 T_j^L，每个航次

的时间由三个部分组成，分别是搜救飞机从航空基地全速赶往事故点的时间、搜救飞机在待搜寻海域开展搜寻作业的时间以及搜救飞机从事故点返回航空基地的时间。为了便于建模，现假设搜救飞机往返航空基地和事故点的时间相同，并且不考虑搜救飞机在航空基地维修、加油等工作耗费的时间，可以求得第 j 架搜救飞机在整个搜寻行动中开展搜寻作业的总时间为

$$T_j^a = \overline{T}_j^a L_j = \frac{T}{T_j^L}(T_j^L - \hat{T}_j^a) \tag{7-19}$$

其中，T_j^L 表示第 j 架搜救飞机的续航时间。

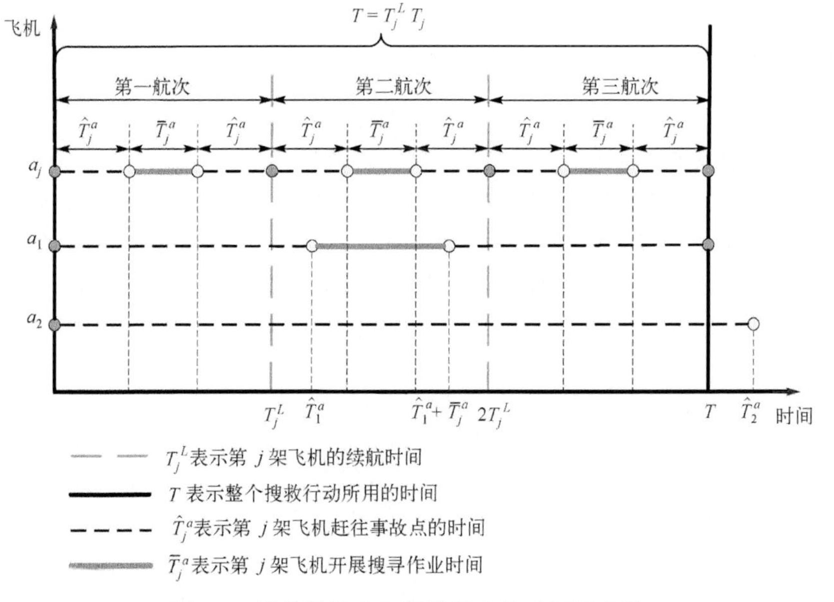

图 7-2　搜救飞机参与搜救行动的时间示意图

然后对搜救船舶参与搜救行动的搜寻时间进行分析，图 7-3 是搜救船舶参与搜救行动的时间示意图，与搜救飞机参与搜救行动的情况类似，由于搜救船舶的最大航速、距离事故点的初始距离均不相同，搜救船舶赶往事故点的时间也各不相同。搜救船舶 b_5 赶往事故点的时间为 $\hat{T}_5^v$，该时间大于整个搜救行动的总时间 T，即在搜救行动结束前，船舶 b_5 都无法到达事故点以致其无法参与此次搜救行动，船舶 b_1、b_2、b_3 和 b_4 都可以在搜救行动结束前到达事故点，由此可见，并不是所有的船舶都可以参与此次搜救行动。对于可以参与此次搜救行动的搜救船舶而言，搜救船舶参与此次搜救行动的时间与整个搜救行动的总时间 T 相等，而搜救船舶参与搜救行动的时间由两部分组成，分别是搜救船舶全速赶往事故点的时间 $\hat{T}_i^v$ 以及在待搜寻海域开展搜寻作业的时间 $\overline{T}_i^v$，即 $T = \hat{T}_i^v + \overline{T}_i^v$，其中，$\hat{T}_i^v = D_i^v / V_i^v$。另外有一些船舶如 b_3

一开始就在待搜寻海域的周边，因此其赶往事故点不需要额外消耗时间，即 $\hat{T}_3^v = 0$，其开展搜救作业的时间即为整个搜救行动的总时间，于是有 $T = \overline{T}_3^v$。

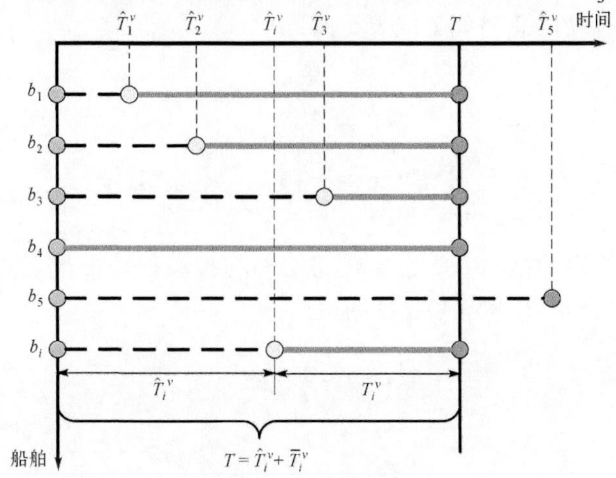

图 7-3　搜救船舶参与搜寻行动时间示意图

为完成搜救任务，参与搜救行动的搜救飞机和搜救船舶需要实现对待搜寻区域的完全覆盖，因此有以下等式：

$$\sum_{i=1}^{M} \overline{T}_i^v A_i^v V_i^v x_i + \sum_{j=1}^{N} T_j^a A_j^a V_j^a y_j = S \tag{7-20}$$

其中，$\sum_{i=1}^{M} \overline{T}_i^v A_i^v V_i^v x_i$ 是所有参与此次搜救行动的搜救船舶在整个搜救行动期间所完成的搜寻面积总和，其中 $\overline{T}_i^v$ 是第 i 艘船舶参与此次搜救行动所开展的搜救作业时间，A_i^v 是第 i 艘船舶的扫海宽度，V_i^v 是第 i 艘船舶的最大航速，x_i 是第 i 艘船舶的资源选择位；$\sum_{j=1}^{N} T_j^a A_j^a V_j^a y_j$ 是所有参与此次搜救行动的搜救飞机在整个搜救行动期间所完成的搜寻面积总和，其中 T_j^a 是第 j 架飞机在整个搜寻行动期间所开展的搜寻作业的总时间，A_j^a 是第 j 架飞机的扫海宽度，V_j^a 是第 j 架飞机的最大飞行速度，y_j 是第 j 架飞机的资源选择位。进一步结合前面关于搜救飞机以及搜救船舶参与搜救行动的搜寻时间的分析结果，可以将式(7-20)转变为以下等式：

$$\sum_{i=1}^{M} \left(T - \frac{D_i^v}{V_i^v} \right) A_i^v V_i^v x_i + \sum_{j=1}^{N} \frac{T}{T_j^L} \left(T_j^L - \frac{2D_j^a}{V_j^a} \right) A_j^a V_j^a y_j = S \tag{7-21}$$

其中，D_j^a 表示第 j 架搜救飞机与事故点的距离；V_j^a 表示第 j 架搜救飞机的最大航速。

在式(7-21)中，如果给定一个海上搜救资源方案，可以进一步反解式(7-21)得到关于整个搜寻行动的总时间 T 的表达式：

$$T = \frac{S + \sum_{i=1}^{M} D_i^v A_i^v x_i}{\sum_{i=1}^{M} A_i^v V_i^v x_i + \sum_{j=1}^{N} \left(1 - \frac{2D_j^a}{T_j^L V_j^a}\right) A_j^a V_j^a y_j} \tag{7-22}$$

因此，对于给定的搜救资源方案，每个参与搜救行动搜救资源所完成的待搜寻区域的面积可由式(7-23)和式(7-24)确定：

$$S_i^v = \left(T - \frac{D_i^v}{V_i^v}\right) A_i^v V_i^v x_i \tag{7-23}$$

$$S_j^a = \frac{T}{T_j^L}\left(T_j^L - \frac{2D_j^a}{V_j^a}\right) A_j^a V_j^a y_j \tag{7-24}$$

(2)搜救资源的发现概率。

发现概率(POD)就是在已经确定待搜寻物体百分之百存在某待搜寻区域内时，参与搜救行动的搜救设备能够找到待搜寻物体的概率[113]。由于海上搜救应急处置过程中存在各种不确定性，搜救设备本身的性能、待搜寻物体的状态、搜寻人员的专业性以及待搜寻海域的气象海洋环境等因素都会对海上搜救的结果产生巨大影响，这些影响因素是如何对发现概率产生影响以及影响的程度都需要具体的量化指标进行评价，近些年来，关于海上搜救应急处置过程中发现概率的研究的文章也有很多[114]。发现概率是用于评价海上搜救设备在待搜寻海域搜寻结果的优劣，一般用百分比来表示，衡量发现目标可能性的大小。一般情况下，待搜寻物体的体积越大且颜色饱和度越大、搜救设备距离待搜寻物体的距离越近以及搜救设备本身的性能比较高，发现目标的概率就比较大，反之发现概率比较低。经过对文献的查阅总结，发现概率主要与搜救设备的扫海宽度以及搜寻海域覆盖率(即覆盖因子)两个因素密切相关。

①扫海宽度。

扫海宽度是搜寻设备的固有属性之一，但是不可以直接通过测量得出。扫海宽度与搜寻人员的专业性、待搜寻物体的特征以及搜寻设备本身的性能有关，即同样的设备在不同的海况下、不同的搜寻区域以及不同的待搜寻物体都会存在不同的扫海宽度，因此对于扫海宽度的确定过程十分复杂，下面对扫海宽度的定义、确定过程以及修正过程进行描述分析。

定义 7-1(扫海宽度)　海面上均匀随机分布了若干待搜寻物体，搜寻人员在海面上按预定路线行进，由于受环境和设备性能等因素的影响，搜寻人员无法完全找到处于其最大探测范围内的所有物体，如果在某一小于最大探测距离的横向距离内未被发现的物体数值与这一横向距离外被发现的物体数值相等，则这个特定的距离就是搜寻人员在当时环境和条件下的扫海宽度。如图 7-4 所示，在某一横向距离内，没有被发现的物体(白点)的数量与位于该距离外以及最大探测距离之间的被发现的物体(黑点)的数量相等，都是 8 个，则这个横向距离就是所谓的扫海宽度[113]。

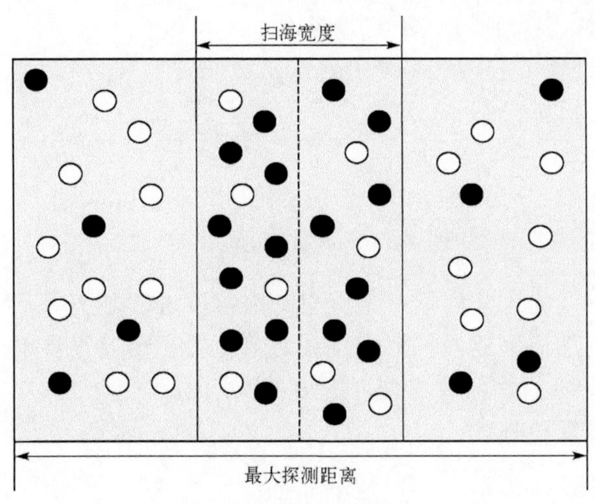

图 7-4　扫海宽度的定义

前面关于扫海宽度的理解都是根据扫海宽度的定义，也可以从几何意义上对扫海宽度进行解释，如图 7-5 所示，引入侧向距离曲线的概念，侧向距离就是待搜寻目标距离搜寻设备航线的垂直距离，图 7-5 中横轴代表搜寻设备的横向探测距离，其中，正数表示右侧的探测距离，负数表示左侧的探测距离，纵轴表示搜寻设备发现搜救目标的概率，区间为[0,1]。理想状态下，当横向探测距离为 0 时，发现目标的概率应该是 1，而随着距离搜寻设备航线的距离越来越远，即横向探测距离越大，发现目标的概率越来越小，当侧向距离大于搜寻设备的最大探测距离时，发现目标的概率应降为 0。关于侧向距离曲线的形状需要进行大量的实验数据生成，但是目前根据物理几何学以及数学推导等知识可以得到侧向距离曲线的经验公式如下：

$$P(x)=1-\exp\left(-\frac{Kh}{v(x^2+h^2)}\right) \tag{7-25}$$

其中，参数 K 的取值与待搜寻目标的大小、颜色以及能见度有关，需要经过大量的实验去总结分析得出；h 表示的是搜寻设备与待搜寻目标的相对垂直高度；v 表示的是与搜寻目标的相对速度(关于公式的得出在后续章节中会有具体的推导过程)。根据上述公式可以得到图 7-5 中的钟形的侧向距离曲线，在侧向距离曲线中，当侧向距离为某一定值时，该距离内曲线上方的面积大小(物理意义即为该距离内未被发现物体的概率和)与该距离外的曲线下方的面积(物理意义上即为该距离外发现物体的概率和)大小相等时，该距离即为扫海宽度。

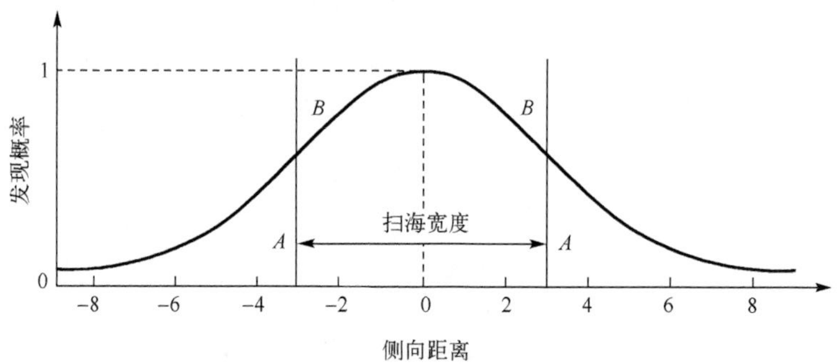

图 7-5　扫海宽度的几何定义

前面从定义以及物理几何学意义上对扫海宽度进行了解释，关于扫海宽度的含义还可以从数学上加以阐述，扫海宽度在数值上等于搜寻设备单位时间内发现物体的数量与单位面积内的物体数与搜寻速度的乘积的比值(关于公式的得出在后续的章节中有具体的推导过程)：

$$W = \frac{n_{pt}}{\rho \times v} \tag{7-26}$$

其中，W 表示扫海宽度；n_{pt} 表示单位时间内发现物体的数量；ρ 表示单位搜寻面积内的物体数；v 表示搜寻设备的速度。

上述关于扫海宽度的定义都是理想状态且在特定条件下得出的,实际关于商船、专业救助船以及救助飞机的扫海宽度，都需要经过大量的实验以及专家经验加以总结得出。随着搜寻理论以及搜寻规划理论的发展，各国海上搜救人员逐渐意识到海上搜寻救助中扫海宽度的内涵，于是在 20 世纪 80 年代以来，各国海上搜救部门经过大量的海上搜救实验，搜集了大量的数据，分析总结出了一些典型搜寻设备在特定场景下的扫海宽度的数值，附录 B 分别列了船舶、直升机以及固定翼航空器的扫海宽度，可以通过查表获取搜寻设备的扫海宽度。

扫海宽度是经过大量的搜救实验以及通过对历史搜救案例的总结得出的，一般情况下，可以通过对附录 B 的查表得出，但是需要根据当时的天气以及海况等因素对扫海宽度的数值进行修正，附录 C 中表 C-1 为待搜寻目标大小等属性信息以及不同的天气和不同的海况下对扫海宽度的修正系数。

假设某次海上搜救行动中，搜救人员搭乘专业救助船进行视力搜寻，待搜寻目标是一可以容纳 25 人的救生筏，并且当时的能见度为 19km(10n mile)，风速为 30km/h，浪高为 1.2m，经过查附录 B 中表 B-1 以及附录 C 中表 C-1 可以得出未经修正的扫海宽度：

$$W = 9.6\text{km}\,(5.2\text{n mile})$$

修正系数：

$$f = 0.9$$

经过修正的扫海宽度：

$$W_u = 9.6\text{km} \times 0.9 = 8.64\text{km}$$

或者

$$W_u = 5.2\text{n mile} \times 0.9 = 4.68\text{n mile}$$

搜寻设备的扫海宽度是通过大量实验以及对历史案例的总结得出的标准状况下的扫海宽度大小，但是扫海宽度的大小与搜救目标的大小、颜色、天气和海况以及搜寻设备本身的属性信息相关，因此对于标准扫海宽度的修正是十分必要的，利用直升机进行搜寻时，直升机的飞行速度也是影响因素之一，附录 C 也列出了直升机的能见度对于扫海宽度的修正系数，因为本章关于搜救资源方案的生成有直升机和固定翼飞机的参与，所以可以通过查询附录 C 得到能见度对于扫海宽度的修正系数。

②覆盖因子。

覆盖因子用于衡量待搜寻区域内的对搜寻目标搜寻彻底性的度量，是一个无量纲的数据，在数值上等于有效搜寻面积与已完成的搜寻区域面积的比值。待搜寻区域为矩形时，平行搜索的方式最为常见，如图 7-6 所示。

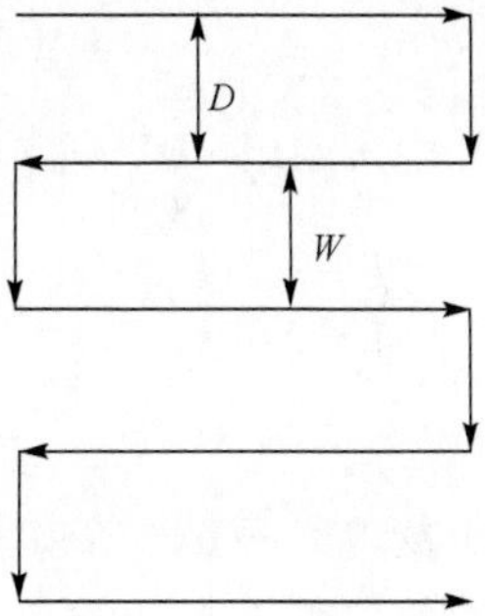

D
W

图 7-6　平行搜索

$$\text{Coverage} = \frac{S_w}{S} = \frac{W \times v \times t}{D \times v \times t} = \frac{W}{D} \tag{7-27}$$

其中，S_w 表示有效搜寻的面积；S 表示已完成的搜寻区域的面积；W 表示扫海宽度；D 表示航线间距；v 表示无人机或搜索设备的速度；t 表示搜索任务的总时间。从式 (7-27) 中可以看出，标准情况下，覆盖因子在数值上等于扫海宽度与航线间距的比值。又因为待搜寻目标是均匀等概率存在于待搜寻区域内的，将式(7-27)中的分子分母上下都乘以分布密度，则可以得到以下等式：

$$\text{Coverage} = \frac{S_w}{S} = \frac{N_W}{N} \tag{7-28}$$

其中，N_W 表示已经发现的目标数量；N 表示待发现的目标总数。由式(7-27)和式 (7-28)可以推导出：

$$W = \text{Coverage} \times D = \frac{N_W}{\dfrac{N}{S} \times \dfrac{S}{D}} = \frac{N_W}{\rho \times L} = \frac{\dfrac{N_W}{t}}{\dfrac{\rho \times L}{t}} = \frac{n_{pt}}{\rho \times v} \tag{7-29}$$

其中，S 表示待搜寻区域总面积；ρ 表示单位搜寻面积内的物体数；L 表示搜寻设备直线搜寻的总距离；n_{pt}表示单位时间内发现物体的数量；v表示搜寻设备的速度。

③发现概率公式推导。

假设有一待搜寻区域面积为S，现根据实际情况将待搜寻区域划分为若干个子搜寻区域，并且待搜寻目标在搜寻区域内均匀等概率存在。设在子搜寻区域j搜寻的时间为t_j，则$b(t_j)$表示待搜寻目标位于子搜寻区域j且投入的时间为t_j时所能够发现目标的概率。先假设搜寻目标位于子搜寻区域j，投入t_j搜寻时间未发现待搜寻目标，则在子搜寻区域增加Δt时间，则$b(\Delta t)=\dfrac{Wv\Delta t}{S}$，其中$S$表示搜寻区域总面积。则在$t_j+\Delta t$时间内，发现待搜寻目标的概率为

$$b(t_j+\Delta t)=b(t_j)+(1-b(t_j))\frac{Wv\Delta t}{S} \tag{7-30}$$

则求导可以得到

$$b'(t_j+\Delta t)=\lim_{\Delta t\to 0}\frac{b(t_j+\Delta t)-b(t_j)}{\Delta t}=(1-b(t_j))\frac{Wv}{S} \tag{7-31}$$

又由于$b(0)=0$，通过反解可以求得

$$b(t)=1-\mathrm{e}^{-\frac{Wv}{S}t}=1-\mathrm{e}^{-\text{Coverage}} \tag{7-32}$$

即

$$\text{POD}=1-\mathrm{e}^{-\text{Coverage}} \tag{7-33}$$

即发现概率是一个指数型的函数，其数学函数图形如图 7-7 所示，图形所示的即为指数探测函数曲线。

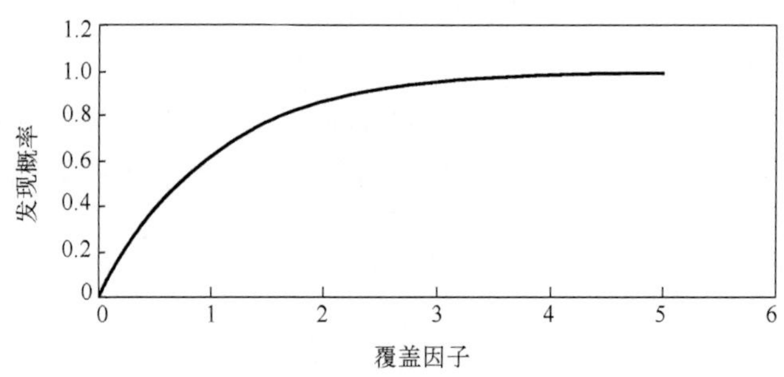

图 7-7　指数探测函数

通过前面内容对扫海宽度、覆盖因子以及发现概率公式的介绍，可以得出发现概率是关于覆盖因子的指数型函数，而覆盖因子又可以通过扫海宽度与航线间距的比值得出。可以得到以下关于发现概率的计算公式：

$$\text{POD}_i^v=1-\mathrm{e}^{-\frac{W_i^v}{A_i^v}} \tag{7-34}$$

$$\mathrm{POD}_j^a = 1 - \mathrm{e}^{-\frac{W_j^a}{A_j^a}} \tag{7-35}$$

式(7-34)是关于搜救船舶的发现概率的计算公式，W_i^v 是第 i 艘搜救船舶的修正后扫海宽度，可以通过查询附录 B 中表 B-1 得到相关搜救船舶的扫海宽度；A_i^v 是第 i 艘搜救船舶的航线间距。式(7-35)是关于搜救飞机的发现概率的计算公式，W_j^a 是第 j 架搜救飞机的修正后扫海宽度，可以通过查询附录 B 中表 B-2 和表 B-3 得到相关搜救飞机的扫海宽度；A_j^a 是第 j 架搜救飞机的航线间距。

2) 最大化搜救资源方案的鲁棒性

海上搜救应急处置过程最大的特点就是不确定性，这种不确定性的主要来源是环境的不确定性以及事故的衍变性，其中环境的不确定性主要是指气象、海况条件会随着时推移产生变化，而环境的变化会对搜救资源方案的可行性产生直接的影响，因为一旦气象、海况条件变差，一些原本可用的搜寻设备将不能参与搜救应急响应行动，导致原先的搜救资源方案在现行条件下无法被顺利执行，以致搜救任务无法完成。另一个不确定性的来源是突发事故的衍变性，海上突发事故的态势会随着时间的推移和环境的变化而产生变化，并且海上突发事故极易发生次生灾害，而突发事故的衍变性会对搜救资源的需求量产生最直接的影响，导致原先的搜救资源方案无法满足当前条件下突发事故对相应搜救资源的需求。因此，为了应对以上两种来源的不确定性，在进行海上搜救资源方案选择时，一个比较可靠的标准就是选择鲁棒性比较好的海上搜救资源方案，使得所生成的搜救资源方案在环境发生变化或者突发事故的态势发生变化后仍可以完成海上搜救任务。关于突发事故应急方案鲁棒性评估研究比较多，本章在海上搜救资源方案鲁棒性的建模过程中，主要思路是利用多属性加权和法对搜救资源的优劣进行评判，计算搜救船舶和搜救飞机的综合得分，最后通过对搜救资源方案中涉及的搜救资源的综合得分的加和得到最终搜救资源方案鲁棒性评分，具体的思路如图 7-8 所示。

(1) 构建搜救资源评估指标集。

搜救资源方案鲁棒性评估主要是为了评估搜救资源方案在气象以及海况等条件不确定情况下的可行性与科学性。为了得到搜救资源方案鲁棒性评分，需要对组成搜救资源方案的搜救资源的专业性以及参与本次搜救行动的可行性进行评估，因此需要构建搜救资源优劣评估指标

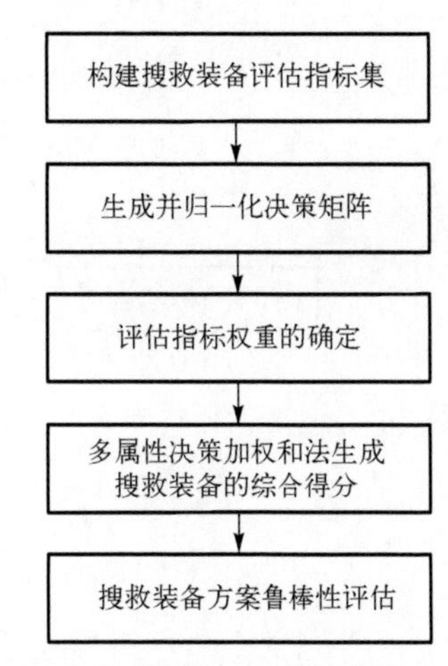

图 7-8　海上搜救资源方案鲁棒性评估流程

体系。结合搜救资源参与搜救行动的特点与评估指标体系的构建原则，本章在众多影响因素中选取了三个能够较好地体现搜救资源优劣的指标作为一级指标即准则层，分别是资源性能(C_1)、资源自主性(C_2)以及资源属性(C_3)。其中，每个准则层下面又包含多个二级准则即指标层。分别描述如下：资源性能主要是指搜救资源本身的综合性能，反映的是搜救资源参与搜救行动的能力大小，搜救资源性能主要包括抗风力(C_{11})、抗浪力(C_{12})以及续航力(C_{13})，其中抗风力是指搜救资源可以工作的最大风力等级，抗浪力是指搜救资源可以工作的最大海浪等级，续航力是指搜救资源可以持续工作的时间，均描述了搜救资源参与搜救行动的能力。搜救资源自主性主要是指搜救资源执行搜救任务的自主性，由于专业的搜救船舶由搜寻救助机构直接调派，其自主性比较低，但是渔船或者商船之类的民用船舶自主性较高。在分配搜救任务时，可能出于自身利益或者其他因素的考量，民用船舶参与搜救行动的积极性相对专业船舶较低。资源的自主性包括搜救资源的类别(C_{21})，主要分为民间救助力量、专业救助力量以及军方救助力量等，其中民间救助力量的自主性最高，军方救助力量的自主性最低。资源属性是指搜救资源的隶属单位等信息，反映操作资源人员的专业性，主要包括资源的隶属机构(C_{31})以及搜救资源的专业等级(C_{32})，其中资源的隶属机构反映操作人员的专业性，专业救助单位如搜救中心的操作人员的专业等级最高，商船渔船等民用船舶的操作人员专业性最低；资源的专业等级是指搜救资源能够胜任某种性质的救助工作的程度，海事局巡逻艇的胜任程度比较高，专业拖轮次之，一般船舶最弱。综上所述，搜救资源优劣评估指标体系是由目标层、准则层以及指标层构成的层次化的体系结构，具体的评估指标体系如图 7-9 所示。

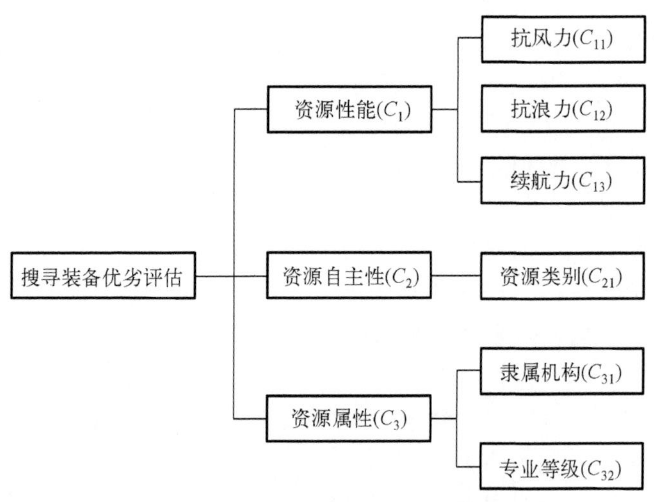

图 7-9　搜救资源优劣评估指标体系

(2) 生成并归一化决策矩阵。

在步骤(1)中综合考虑了搜救资源优选标准以及评估指标体系设置的原则，构建了搜救资源优劣评估指标体系，形成了抗风力、抗浪力、续航力、资源类别、隶属机构以及专业等级等 6 项指标的指标集。设可选择的搜救资源集合为 $E=\{E_1,E_2,E_3,\cdots,E_{M+N}\}$，用 $G_i=(g_{i1},g_{i2},g_{i3},\cdots,g_{i6})$ 表示资源 E_i 的 6 个属性，其中 g_{ij} 是第 i 个搜救资源的第 j 个属性值，各搜救资源的属性值可以构成决策矩阵(如附录 D 所示)。原始的决策矩阵为 $G=\{g_{ij}\}$，经过标准化变换后的决策矩阵为 $Z=\{z_{ij}\}$，设 $g_j^{\max}$ 是决策矩阵第 j 列中的最大值，$g_j^{\min}$ 是决策矩阵第 j 列中的最小值，则成本型属性(资源类别)用式(7-36)进行变换：

$$z_{ij}=\frac{g_j^{\max}-g_{ij}}{g_j^{\max}-g_j^{\min}} \tag{7-36}$$

效益型属性(抗风力、抗浪力、续航力、隶属机构以及专业等级)使用式(7-37)进行变换：

$$z_{ij}=\frac{g_{ij}-g_j^{\min}}{g_j^{\max}-g_j^{\min}} \tag{7-37}$$

在对原始决策矩阵标准化后可以获取标准化的决策矩阵，可以对其进一步操作以获取最终搜救资源优劣评估的结果。

(3) 评估指标权重的确定。

针对已构建的搜救设备优劣评估指标体系，在对搜救设备的优劣进行综合评估之前，首先需要确定评估指标的权重。本章使用的方法是表列方法，在向有关专家咨询以及查询相关资料后，设定属性重要度矩阵如下：

$$B=\begin{bmatrix} 1 & 1 & 3 & 1/3 & 5 & 5 \\ 1 & 1 & 3 & 1/3 & 5 & 5 \\ 1/3 & 1/3 & 1 & 1/7 & 2 & 1 \\ 3 & 3 & 7 & 1 & 9 & 9 \\ 1/5 & 1/5 & 1/2 & 1/9 & 1 & 2 \\ 1/5 & 1/5 & 1 & 1/9 & 1/2 & 1 \end{bmatrix}$$

然后通过求特征向量法求得上述属性重要度矩阵 B 的特征向量并且归一化，可得权重向量为

$$W'=[0.191,0.191,0.064,0.465,0.047,0.041]$$

(4) 多属性决策加权和法生成搜救资源的综合得分。

通过上述步骤，已经获取到各个搜救资源在各评估指标上的评分并且对评分矩阵进行了标准化，结合已计算出的评估指标权重，通过式(7-38)得到各搜救资源的

综合得分。

$$\text{Score}_i = \sum_{j=1}^{6} w'_j z_{ij} \tag{7-38}$$

其中，Score_i 是第 i 个搜救资源的综合得分；w'_j 是第 j 个指标的权重；z_{ij} 是标准化之后第 i 个搜救资源在第 j 个指标上的得分。

(5) 搜救资源方案鲁棒性评估。

在步骤(4)中获取到各搜救资源的综合得分后，可以进一步计算搜救资源方案的鲁棒性得分。上述过程得到的搜救资源综合得分在一定程度上反映了搜救资源参与搜救行动的可能性，因此搜救资源方案的鲁棒性可以用获取到的搜救资源综合评分进行表征，如式(7-39)所示，第二个目标即最大化搜救资源方案的鲁棒性得分。

$$\text{Max Rb} = \prod_{i \in I} \text{Score}_i \prod_{j \in J} \text{Score}_j, \quad I = \{x_i = 1 \mid i = 1,2,\cdots,M\}; J = \{y_j = 1 \mid j = 1,2,\cdots,N\} \tag{7-39}$$

其中，Rb 是搜救资源方案的鲁棒性得分；x_i 以及 y_j 是搜救资源方案中搜救船舶与搜救飞机的资源选择位。

3. 约束条件分析

在海上搜救资源方案生成过程中，由于现实条件以及资源自身属性的一些限制，存在一些约束条件，结合实际业务处置过程中的实际情况以及搜寻规划理论中对搜救业务处置流程的要求，本节总结出以下几点约束条件。

1) 待搜寻海域内所能容纳的搜救资源的最大数量约束

根据搜寻规划理论，待搜寻海域的面积一定时，该海域内所能容纳的搜救船舶和搜救飞机有数量上的限制，即最多只能允许一定数量的搜救船舶和搜救飞机同时参与搜救行动。主要有以下几个原因：第一是因为如果有过量的搜救船舶和搜救飞机同时参与搜寻行动，搜寻指挥人员在调配船舶和飞机使之协同工作的难度加大；第二是如果一定面积的待搜寻海域内搜救船舶和搜救飞机的数量过多，会导致不同搜救船舶之间的航线有交叉，容易导致搜救船舶之间发生相互碰撞，产生事故，搜救飞机亦然。因此生成的搜救资源方案必须要满足待搜寻海域所能容纳的搜救资源的最大数量约束：

$$\sum_{i=1}^{M} x_i \leqslant Q_i^v \tag{7-40}$$

$$\sum_{j=1}^{N} y_j \leqslant Q_j^a \tag{7-41}$$

2) 搜救资源参与搜救行动所允许的最大海况条件约束

搜救船舶或搜救飞机在出海开展搜救作业时需要考虑当时的海况条件，当海况条件很差，即海况等级比较高时，会造成海面出现较大幅度的上下颠簸，易造成搜救船舶的倾覆，风力较大时也会造成搜救飞机无法正常开展搜救作业。海况等级一般通过浪高来定义，而浪高通常用波级来表示，波级是海面因风力强弱引起的波动程度的大小，波浪越高则代表海况等级越大，附录 E 展示了海况等级划分情况。由于不同搜救资源的物理结构以及性能条件均不同，其所承受的海况条件也不同，即搜救资源所能承受的最大海况等级也是资源的固有属性之一。在进行资源选择时，需要考虑到搜救资源所能承受的海况等级，最终生成的搜救资源方案中所选定的各搜救资源所允许的最大海况等级需要大于当前待搜寻海域的海况等级。

$$b_i^v \geqslant B \tag{7-42}$$

$$b_j^a \geqslant B \tag{7-43}$$

3) 搜救资源到达待搜寻区域的时间不超过整个搜救行动的总时间

搜救资源只有在整个搜救行动完成之前赶到待搜寻海域，才有机会参与搜救行动，如果待搜寻海域周边海域有较多可供选择的搜救资源，一些较远处的搜救资源赶到待搜寻海域时，搜寻行动可能已经结束了，则这些搜救资源的调动就会失去价值与意义。因此在进行搜救资源选择时，需要考虑到搜救资源到达待搜寻海域的时间，对于搜救船舶，只需要保证其在整个搜寻行动结束之前赶到待搜寻海域即可。但是对于搜救飞机，不仅需要保证搜救飞机在整个搜寻行动结束之前赶到待搜寻海域，还需要保证搜救飞机有时间参与搜救行动，因为搜救飞机的续航时间有限，如果搜救飞机往返航空基地与待搜寻区域的时间大于其续航时间，则该飞机是无法参与此次搜救行动的。

$$\hat{T}_i^v \leqslant T \tag{7-44}$$

$$\hat{T}_j^a / 2 \leqslant T \tag{7-45}$$

$$\hat{T}_j^a \leqslant T_j^L \tag{7-46}$$

4) 取值约束

本模型中决策变量的物理含义为搜救船舶和搜救飞机是否参与此次搜救行动，因此其取值只能为 1 或者 0，如果该搜救资源参与搜救行动，则对应的资源选择位应为 1，反之为 0。

$$x_i = 1\text{或}0, \quad i = 1, 2, \cdots, M \tag{7-47}$$

$$y_j = 1\text{或}0, \quad j = 1, 2, \cdots, N \tag{7-48}$$

7.2.3 海上搜救应急方案临机决策优化模型构建

本节主要是对抗干扰的海上搜救资源方案生成方法进行研究，所以可以将“干扰”理解为在海上搜救事故发生后，海上搜救应急中心立即做出响应，生成初始海上搜救资源方案，向搜救事故区域调度搜救资源开展搜救行动，但在初始搜救资源方案执行的过程中，可能会出现影响初始方案实施并且需要对原方案进行调整才能完成预先设定的搜救行动目标的扰动情况，所出现的扰动情况即为“干扰”。“干扰管理”就是在初始搜救资源方案实施的过程中且发生了干扰事件后，研究如何在初始搜救资源方案的基础上进行局部调整得到符合当前情况的新的海上搜救资源方案，同时减少由干扰事件产生的损失。

由此可将海上搜救资源方案生成干扰管理分为三步：首先构建初始海上搜救资源方案生成模型，通过智能优化算法求解模型生成并且执行最优的海上搜救资源方案；其次识别海上搜救资源方案执行过程中可能出现的干扰事件并且对其进行量化；最后基于干扰管理思想构建抗干扰海上搜救资源方案生成模型，并对模型进行求解，生成对初始海上搜救资源方案扰动最小的新的搜救资源方案，尽可能减少扰动事件所造成的损失。

1. 干扰事件分类

在实际的海上搜救应急处置过程中，海上搜救指挥中心会根据海上搜救事故本身的情况、海洋气象环境以及各搜寻救助机构所拥有的搜救资源等初始信息制定初始的海上搜救资源方案并加以执行，用以指挥海上搜救行动。但是在海上搜救应急处置的过程中，次生灾害、海洋气象环境的变化以及可用搜救资源的变化会对初始海上搜救资源方案的可靠性提出考验。以海洋气象环境的变化为例，假设在制定初始的海上搜救资源方案时，当时的海况等级为 4 级海况，但是在初始搜救方案执行的过程中出现海洋气象环境恶化的情况，海况等级由 4 级海况恶化成 6 级海况，在此情况下，初始海上搜救资源方案中的一些海上搜救资源因为最大可作业海况等级低于 6 级海况而无法参与搜救行动，进而出现初始搜救资源方案无法顺利完成指定的搜救任务的情况，因此在这种情况出现后需要对初始搜救资源方案进行调整，即将不能参与搜救行动的搜救资源替换成可以参与搜救行动的搜救资源，并且使新方案对初始搜救资源方案造成的扰动最小。

通过分析海上搜救应急处置行动的性质以及干扰事件对海上搜救资源方案可能造成的影响，可以将干扰事件划分为两大类：造成搜救资源需求变动的干扰事件以及造成搜救资源供给变动的干扰事件。

(1)造成搜救资源需求变动的干扰事件。

在海上搜救应急处置过程中，海洋气象环境的变化或者搜救事故的衍变，导致搜救资源的需求产生动态变化，将此类干扰事件归类为搜救资源需求变动的干扰事件。此类干扰事件的产生一般是由事故的衍变性导致的，如果在初始搜救资源方案执行的过程中，搜救应急指挥中心根据收集到的最新信息对搜寻目标的漂移轨迹进行重规划，发现重新划定待搜寻区域面积要大于初始面积，则初始搜救资源方案无法在指定时间之内完成对待搜寻区域的全覆盖，因此对搜救资源的需求量增大，需要对初始搜救资源方案进行调整以适应待搜寻区域面积的变化。

(2) 造成搜救资源供给变动的干扰事件。

在海上搜救应急处置过程中，海洋气象环境的变化或者可用搜救资源集合的变化，导致搜救资源的供给产生动态变化，将此类干扰事件归类为搜救资源供给变动的干扰事件。此类干扰事件产生的原因主要有两个：一方面是由于海洋气象环境的变化以及海上搜救资源本身物理结构属性的限制，各搜救资源都存在最大允许作业海况。如果海洋气象环境变差，会使得一些原本可以参与搜救行动的搜救资源无法参与到搜救行动中，从而使得搜救资源的供给产生动态变化。另一方面是由于搜救资源本身的自主性以及搜救资源的可作业状态等影响因素的变化。搜救资源的自主性是指搜救资源选择参与此次搜救行动的积极性和自愿程度。由于商船、渔船等民用船舶不受海上搜救中心辖制，可能出于自身的利益考虑，民用船舶参与搜救行动的积极性和自愿程度相较于专业救助船都比较低，因此在搜救应急处置过程中，民用船舶可能无法真正发挥作用。搜救资源的可作业状态是指搜救资源本身是否功能完善，能够参与此次搜救行动。如果搜救资源在搜救行动过程中发生损害以致无法参与搜救行动，会对搜救资源的供给产生影响。

2. 扰动识别

仅当干扰事件影响了初始的海上搜救资源方案的实施时，才说明干扰事件对整个海上搜救应急处置行动造成了扰动。因此，在进行海上搜救资源调度应急管理前必须要对扰动进行识别。

1) 搜救资源需求的变动

本节中关于搜救资源需求的变化主要来源于待搜寻区域的大小的变化，即搜救资源需求变化有两种：一种是对搜救资源的需求量变小，产生的原因可能是待搜寻区域的面积变小了；另一种是对搜救资源的需求量变大了，产生的原因可能是待搜寻区域的面积变大了。其中第二种搜救资源需求的变动会对整个搜救行动产生扰动，属于干扰事件。已知在制定初始的搜救资源方案时，待搜寻海域的面积为 S，干扰发生后待搜寻海域的面积为 S'。显然，如果待搜寻海域的面积变小，即 $S'<S$，则不会对原有的搜救资源方案生成影响，因此只需要讨论待搜寻海域面积变大的情况。如果待搜寻海域的面积变大，即 $S'>S$，则初始的搜救资源方案在预先计划的时间内无法实现对待搜寻海域的全覆盖，因此，初始的搜救资源方案受到了干扰，需要对其进行干扰管理。

2) 搜救资源供给的变动

前面章节已经介绍了造成搜救资源供给变动的原因主要有两方面，首先是海洋气象环境的变化，其次是搜救资源本身的自主性以及搜救资源的可作业状态的变化。

(1) 海洋气象环境的变化。

海洋气象环境的变化主要有好转和恶化两种，对应的是海况等级的降低和增高，显然在初始的搜救资源方案执行的过程中，海洋气象环境好转是不会对初始的搜救资源方案产生扰动的，只有当海洋气象环境恶化时才可能对初始的搜救资源方案产生扰动，现对海洋气象环境恶化的情况加以分析。假设在制定初始的海上搜救资源方案时的海况等级为 B，初始的搜救资源方案为 $P=(x_1,x_2,\cdots,x_M,y_1,y_2,\cdots,y_N)$，其中 $x_i=1$ 表示第 i 艘搜救船舶参与搜救行动，$y_j=1$ 表示第 j 艘搜救飞机参与搜救行动，所有参与搜救行动的搜救资源中最小的最大允许作业海况为 $B_{\min}$，在初始搜救资源方案执行的过程中，海洋气象环境发生变化，海况等级变为 B'，如果海洋气象环境好转，则有 $B'<B$，此时是不会对初始的海上搜救资源方案产生扰动的；如果海洋气象条件恶化，即 $B'>B$，此时需要分以下情况进行讨论。

①如果 $B'<B_{\min}$，即初始的海上搜救资源方案中最小的最大允许作业海况大于当前海况，在这种情况下，初始的海上搜救资源方案中所有的搜救资源仍然可以正常参与搜救作业，因此在这种情况下，海洋气象条件恶化是不会对初始的搜救资源方案产生扰动的，即不属于干扰事件。

②如果 $B'>B_{\min}$，此时初始的海上搜救资源方案中最小的最大允许作业海况小于当前海况，在这种情况下，初始的海上搜救资源方案中必然存在因最大允许作业海况小于当前海况而无法参与此次搜救行动的搜救资源，此时海洋气象条件恶化会对初始的海上搜救资源方案产生扰动，属于干扰事件。

(2) 搜救资源本身的自主性以及搜救资源的可作业状态的变化。

在初始的海上搜救资源方案执行的过程中，由于搜救资源参与搜救行动的意愿以及可作业状态的变化，可能会对初始的海上搜救资源方案产生扰动，显然，如果可用的搜救资源变多是不会对初始方案产生扰动的，只有在之前可用的搜救资源拒绝参与搜救行动或者发生损害以致其无法参与搜救行动的时候，才有可能对初始搜救资源方案产生影响，现对可用搜救资源变少的情况加以分析。假设初始的海上搜救资源方案中搜救资源集合为 R，搜救资源 r 因为参与搜救行动意愿的转变或者发生损害等原因无法进行此次搜救行动，如果 $r\notin R$，则初始的搜救资源方案中不包含搜救资源 r，此时搜救资源 r 无法参与搜救行动是不会对初始的海上搜救资源方案产生扰动的，因此不属于干扰事件。如果 $r\in R$，则初始的搜救资源方案中包含搜救资源 r，此时搜救资源 r 无法参与搜救行动，以致初始的海上搜救资源方案无法完成预期目标，因此属于干扰事件。

3. 多角度扰动度量模型构建

干扰事件的发生影响了初始的海上搜救资源方案的实施，因此需要合理地对初始的海上搜救资源方案进行调整以适应扰动的发生，此时需要对干扰事件所造成的影响程度加以量化分析，对不同干扰事件所造成的扰动影响程度进行度量，即扰动度量，其中扰动度量是构建海上搜救资源方案干扰管理模型的重要步骤，直接影响到新生成的海上搜救资源方案的优劣。扰动度量的标准是综合考虑各方面的因素，衡量新的海上搜救资源方案与初始搜救资源方案之间的偏差，尽量使两个搜救资源方案之间的偏差最小。关于扰动度量的标准可以是一个或多个的，具体需要根据实际情况进行设定，在海上搜救应急处置过程中，当发生干扰事件并对系统产生扰动后，主要会对系统中的三个主体产生影响，分别是等待救援的失事人员、执行搜救任务的搜救人员以及搜救应急指挥部。扰动度量就是将干扰事件对这三个主体的影响程度进行量化，以衡量干扰事件的危害性，构建海上搜救资源方案生成干扰管理模型，并针对性地制定扰动复位策略。

1) 失事人员角度的扰动度量

从失事人员的角度对干扰事件产生的扰动程度进行度量时，考虑最多的因素应是搜救时间，失事人员最迫切的愿望就是在最短的时间内被找到并且成功实施救援，以保证其生命安全，因此在 7.2.2 节中构建初始的海上搜救资源方案生成模型时，也将搜救时间作为关键指标。然而当干扰事件发生时，如果仍然使用初始的海上搜救资源方案，搜救时间必然增加，以致不能在预期时间内完成对待搜寻海域的全覆盖，失事人员的生命安全必然遭受更大的威胁。初始的海上搜救资源方案确定后，在没有干扰事件发生的情况下，各搜救资源对待搜寻区域完成搜寻覆盖的时间为 T_s，并假设经过干扰管理后的新方案完成搜寻覆盖的时间为 T_e，失事人员对于搜救时间的不满意度如图 7-10 所示。失事人员的不满意度区间为[0,1]，1 表示极不满意，$T_{\max}$ 是失事人员在当前海况下的最大存活时间，如果完成搜救时间大于失事人员的

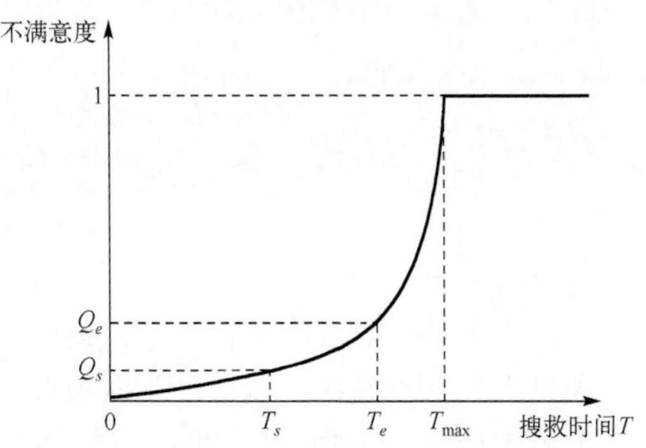

图 7-10　失事人员对搜救时间的不满意度

存活时间，即失事人员是没有被成功救援的，其不满意度应为 1，在此之前，失事人员的不满意度随着搜救时间的增长呈现递增的趋势。于是失事人员对搜救时间的不满意度的表达式如下：

$$Q(t)=\begin{cases}f(t), & t<T_{\max}\\ 1, & t\geqslant T_{\max}\end{cases} \tag{7-49}$$

其中，$f(t)$ 一般表示指数函数，即 $f(t)=\mathrm{e}^{t-T_{\max}}$。则从失事人员角度的扰动度量公式为

$$\Delta Q=Q(T_e)-Q(T_s) \tag{7-50}$$

2) 搜救人员角度的扰动度量

从搜救人员角度对干扰事件产生的扰动进行度量时，首要考虑的因素应是搜救指令的持续性。一旦系统扰动打破了初始的海上搜救资源方案，则参与此次搜救行动的搜救资源集合也会随之改变，搜救应急指挥中心需要通过通信设备向各搜救人员发动新的指令，导致通信成本的增加。并且如果干扰事件发生得十分频繁，则搜救人员在短时间内可能接收到多个搜救指令，导致其无法真正理解应急指挥中心的决策意图。此外，如果搜救人员接收到的新的搜救指令与之前的搜救指令不同，则造成了极大的沉没成本和时间成本。为了降低扰动造成的通信成本、沉没成本以及时间成本的增加，应当减少新生成的海上搜救资源方案与初始的海上搜救资源方案之间的偏离度。因此，搜救人员角度的扰动度量就是对搜救资源方案偏离度的度量。图 7-11 是一个由事故点以及 8 个搜集资源组成的海上搜救系统，其中，图 7-11(a) 是初始的海上搜救资源方案，可以表示为 $P_0=(1,0,1,0,0,1,1,1)$，图 7-11(b) 是扰动产生后搜救应急指挥中心根据干扰管理做出调整后的海上搜救资源方案，可以表示为 $P_1=(1,0,1,1,1,1,1,0)$，在新生成的海上搜救资源方案中新增的搜救资源集合为 $L^+=\{4,5\}$，减少的搜救资源集合为 $L^-=\{8\}$，假设在新生成的海上搜救资源方案中新增一个资源的惩罚成本为 ch^+，减少一个资源的惩罚成本为 ch^-，则新生成的海上搜救资源方案与初始搜救资源方案的系统偏离度为

$$\mathrm{DE}=\mathrm{ch}^+\left|L^+\right|+\mathrm{ch}^-\left|L^-\right| \tag{7-51}$$

其中，$\left|L^+\right|$ 是新增的资源集合 L^+ 中元素的个数；$\left|L^-\right|$ 是减少的资源集合 L^- 中元素的个数。

3) 搜救应急指挥部角度的扰动度量

从搜救应急指挥部的角度来看，当发生了搜救事故后，一方面要快速制定海上搜救应急响应方案，对失事人员实施救援，以救助生命为第一准则开展海上搜救行动；另一方面，由于用于海上搜救应急响应行动的资金、人员与资源力量有限，必须合理分配和管理各方面的救援资金需求，要努力将开展海上搜救行动的成本控制

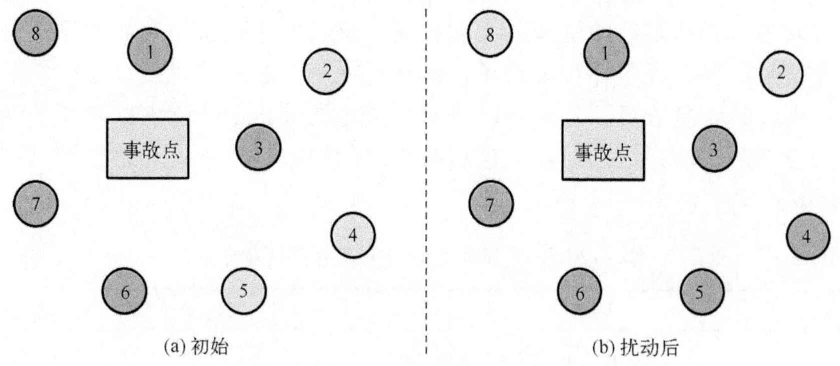

图 7-11　初始与调整后的海上搜救资源方案

在相应的财政预算之内。现有的一些海上搜救应急处置资源调度模型中都忽略了搜救成本这一要素，但是并非付出了大量的搜救成本就可以提高搜救成功率与效率，有必要考虑如何在搜救成本最小的前提下使得搜救成功率最大，而且在现实的海上搜救行动中，也不可能全然不考虑资金问题，需要在对失事人员实施救援的同时节约搜救支出，将搜救成本控制在一定的范围内。本章在制定初始的海上搜救资源方案时，已经考虑到了海上搜救成本这一要素，然而一旦发生干扰事件，经过干扰管理后新生成的海上搜救资源方案就可能产生新的搜救成本。因此，从搜救应急指挥中心的角度进行扰动度量就是对由新生成的海上搜救资源方案产生的搜救成本的增加值的大小进行度量。因此，搜救应急指挥中心角度的扰动度量公式为

$$\Delta C = C_e - C_s = \sum_{i=1}^{M} c_i x_i^e + \sum_{j=1}^{N} c_j y_j^e - \left(\sum_{i=1}^{M} c_i x_i^s + \sum_{j=1}^{N} c_j y_j^s \right) \tag{7-52}$$

其中，C_e 是新生成的海上搜救资源方案的搜救成本；C_s 是初始的海上搜救资源方案的搜救成本。

4. 临机优化多目标模型构建

前面从失事人员、搜救人员以及海上搜救应急指挥部三个角度对干扰事件产生的扰动进行了度量，本小节基于前面的研究内容，结合初始海上搜救资源方案生成模型，构建海上搜救资源方案生成干扰管理模型，明确模型中的输入与决策变量、目标函数与约束条件等。

1) 模型输入与决策变量分析

构建干扰管理模型需要考虑的因素十分复杂，影响要素很多，为了后面内容建模求解更加清晰，将模型涉及的输入变量、中间变量以及决策变量的符号和含义进行了总结。在进行搜救资源方案干扰管理的过程中，需要考虑的输入变量包括：① 可用搜救资源的性能信息，包括搜救资源距离事故点的位置、航线间距、扫海宽度以

及续航时间等；②初始搜救资源方案的相关信息，如初始搜救资源方案的构成和搜救时间等信息；③干扰事件相关信息，包括干扰事件的类型以及发生时间等信息；④事故点周边的环境信息，包括海况等级以及海温等。干扰管理模型相关变量符号及含义如表 7-2 所示。通过对输入信息的梳理，抽取构建干扰管理模型所需的输入要素如下。

表 7-2　干扰管理模型相关变量符号及含义

类型	符号	符号含义
输入变量	P_0	初始资源方案构成，$P_0=\{x_1^s,x_2^s,\cdots,x_M^s,y_1^s,y_2^s,\cdots,y_N^s\}$
	x_i^s	初始搜救资源方案中第 i 艘搜救船舶是否参与搜救行动
	x_j^s	初始搜救资源方案中第 j 架搜救飞机是否参与搜救行动
	T	初始搜救资源方案的搜救时间(h)
	T_d	干扰事件发生的时间(h)
	S_L	剩余待搜寻海域的面积(n mile^2)
	B^e	目前的海况等级(1～9 级)
	D_i^{ve}	目前第 i 艘搜救船舶与事故点距离 $D_i^v(t)$ (n mile)
	D_j^{ae}	目前第 j 架搜救飞机与事故点距离 $D_j^a(t)$ (n mile)
	Q^{ve}	待搜寻海域所能容纳的最大搜救船舶的数量(艘)
	Q^{ae}	待搜寻海域所能容纳的最大搜救飞机的数量(架)
	ch^+	新增一个搜救资源的惩罚成本
	ch^-	减少一个搜救资源的惩罚成本
	c_i	第 i 艘搜救船舶参与此次搜救行动所需成本
	c_j	第 j 架搜救飞机参与此次搜救行动所需成本
决策变量	x_i^e	第 i 艘搜救船舶的资源选择位
	y_j^e	第 j 架搜救飞机的资源选择位

(1)初始资源方案的相关信息：资源构成 $P_0=\{x_1^s,x_2^s,\cdots,x_M^s,y_1^s,y_2^s,\cdots,y_N^s\}$ 以及搜救时间 T 。

(2)可用搜救资源的性能信息：本节设定可用的搜救资源集合与初始资源方案生成时的一致，包括可用搜救船舶和搜救飞机的数量以及性能，发生改变的是搜救资源与事故点之间的距离，干扰事件发生时第 i 艘搜救船舶与事故点之间的距离为 $D_i^{ve}(t)$，第 j 架搜救飞机与事故点之间的距离为 $D_j^{ae}(t)$，其他信息与之前一致。

(3)环境信息：干扰事故发生时事故点周边的海况等级为 B^e 。

(4)干扰事件相关信息：干扰事故发生的时间 T_d 、剩余待搜寻海域的面积 S_L 、待搜寻海域内所能容纳的搜救船舶和搜救飞机的最大数量 Q^{ve} 、 Q^{ae} 。

本章的主要研究内容是干扰事件发生后，生成一个新的可行资源方案且产生的扰动最小，因此模型的决策变量是搜救船舶选择位 x_i^e 和搜救飞机选择位 y_j^e。

2) 目标函数分析

海上搜救资源方案生成干扰管理模型的重要目标是使干扰事件对海上搜救应急响应行动的三个主体——失事人员、搜救人员以及海上搜救应急指挥部的扰动影响最小，也就是最小化失事人员的不满意度、新生成的海上搜救资源方案与初始方案之间的偏离度以及新增的海上搜救成本。而在海上搜救响应过程中首要的任务是尽快完成对待搜寻区域的搜寻覆盖，在最短时间内找到失事人员，以人命至上为第一搜救原则，因此即使考虑搜救成本，也必须把时间效益放在第一位。各扰动度量的重要程度各不相同，鉴于搜救应急处置过程中的弱经济型原则，可知扰动度量的重要性依次为失事人员的不满意度、新老方案之间的偏离度以及新增的搜救成本。

干扰管理模型必须从多个角度衡量干扰事件产生的扰动以实现海上搜救资源方案扰动最小，海上搜救资源方案生成干扰管理模型的目标主要有以下几点。

(1) 失事人员的不满意度控制在最小范围内。待搜寻面积的增大或者搜救资源供给的减少影响了初始的海上搜救资源方案的实施，极有可能在预期的时间内无法完成搜救任务，失事人员无法及时获救，其不满意程度剧增，调整后的海上搜救资源方案必须对失事人员的不满意程度进行控制，得到失事人员角度扰动最小的新的海上搜救资源方案。

(2) 新老海上搜救资源方案之间的偏离度控制在一定范围内。新的海上搜救资源方案需要额外的通信成本与时间成本，并且如果偏离度过大，容易造成搜救指令混乱，降低搜救行动的效率。因此，需要对新生成的海上搜救资源方案与初始方案之间的偏离度加以控制，保证方案的持续性。

(3) 控制新的海上搜救成本。在海上搜救应急响应过程中，虽然以人命至上为第一原则，搜救资源方案要体现弱经济型，但是也不能全然不考虑搜救成本，需要在对失事人员进行救助的同时节约搜救支出，将搜救成本控制在合理范围内。因此，动态场景下海上搜救资源方案生成干扰管理模型目标函数如下：

$$\text{Minimize Lex } P_1 : \Delta Q; P_2 : \text{DE}; P_3 : \Delta C \tag{7-53}$$

得到目标函数的完整表达式如下：

$$\text{Minimize Lex } P_1 : \Delta Q = Q(T_e) - Q(T); P_2 : \text{DE} = \text{ch}^+ \left| L^+ \right| + \text{ch}^- \left| L^- \right|;$$
$$P_3 : \Delta C = C_e - C_s = \sum_{i=1}^{M} c_i x_i^e + \sum_{j=1}^{N} c_j y_j^e - \left(\sum_{i=1}^{M} c_i x_i^s + \sum_{j=1}^{N} c_j y_j^s \right) \tag{7-54}$$

3) 约束条件分析

干扰管理模型的约束条件需要根据干扰事件产生扰动的类型来设置，因此本部分的约束条件分为两大部分，一是通用的约束条件，即使得干扰管理模型符合实际的基本约束条件，二是针对不同类型的扰动设置相应的约束条件。

(1)通用约束。

通用约束如式(7-55)～式(7-59)所示，其中新的搜救资源方案所需要的搜救时间(即干扰事件发生的时间加上完成剩余待搜寻海域搜寻工作的所需时间)：

$$T_e = T_d + \frac{S_L + \sum_{i=1}^{M} \frac{D_i^{ve}}{V_i^v} A_i^v V_i^v x_i^e}{\sum_{i=1}^{M} A_i^v V_i^v x_i^e + \sum_{j=1}^{N} \left(1 - \frac{2D_j^{ae}}{T_j^L V_j^a}\right) A_j^a V_j^a y_j^e} \tag{7-55}$$

其中，S_L表示干扰事件发生时剩余的待搜寻海域面积，计算公式为

$$S_L = S - \sum_{i=1}^{M} S_i^v - \sum_{j=1}^{N} S_j^a \tag{7-56}$$

其中，S_i^v表示第i艘搜救船舶完成的搜寻面积；S_j^a表示第j架搜救飞机完成的搜寻面积，计算公式分别为

$$S_i^v = \max(T_d - D_i^v / V_i^v, 0) A_i^v V_i^v x_i^s \tag{7-57}$$

$$S_j^a = \begin{cases} \left\lceil T_d / T_j^L \right\rceil (T_j^L - 2D_j^a / V_j^a) A_i^a V_i^a y_i^s, & T_d - \left\lceil T_d / T_j^L \right\rceil T_j^L \leqslant D_j^a / V_j^a \\ (T_d - (2\left\lceil T_d / T_j^L \right\rceil + 1) \times D_j^a / V_j^a) A_i^a V_i^a y_i^s, & T_d - \left\lceil T_d / T_j^L \right\rceil T_j^L > D_j^a / V_j^a \end{cases} \tag{7-58}$$

失事人员对总搜救时间的不满意度表达式为

$$Q(t) = \begin{cases} \mathrm{e}^{t - T_{\max}}, & t < T_{\max} \\ 1, & t \geqslant T_{\max} \end{cases} \tag{7-59}$$

初始搜救资源方案与新生成的海上搜救资源方案之间关系：

$$P_0 + L^+ - L^- = P_1 \tag{7-60}$$

干扰事件发生之后待搜寻海域内搜救船舶和搜救飞机的最大容纳量约束分别为

$$\sum_{i=1}^{M} x_i^e \leqslant Q^{ve} \tag{7-61}$$

$$\sum_{j=1}^{N} y_j^e \leqslant Q^{ae} \tag{7-62}$$

对参与搜救行动的搜救船舶和搜救飞机的时间约束分别为

$$D_i^{ve} / V_i^v \leqslant T_e \tag{7-63}$$

$$D_j^{ae} / V_j^a \leqslant T_e \tag{7-64}$$

$$2D_j^{ae} / V \leqslant T_j^L \tag{7-65}$$

对参与搜救行动的搜救资源的最大可作业海况约束分别为

$$b_i^v \geqslant B^e, \quad x_i^e = 1 \tag{7-66}$$

$$b_j^a \geqslant B^e, \quad y_j^e = 1 \tag{7-67}$$

变量取值约束分别为

$$x_i^e = 1\text{或}0, \quad i = 1,2,\cdots,M \tag{7-68}$$

$$y_j^e = 1\text{或}0, \quad j = 1,2,\cdots,N \tag{7-69}$$

(2)干扰事件产生的约束。

干扰事件能对初始搜救资源方案产生扰动的情况有三种，一是待搜寻海域的面积增大了，二是海况条件恶化，三是初始资源方案中部分搜救资源无法正常作业。针对上述三种扰动，构建如式(7-70)和式(7-71)的约束条件。

当干扰事件引起待搜寻海域面积增大时，剩余待搜寻海域面积的计算公式为

$$S_L = S - \sum_{i=1}^{M} S_i^v - \sum_{j=1}^{N} S_j^a + \Delta S \tag{7-70}$$

其中，ΔS 为干扰事件前后待搜寻面积的变化值。式(7-70)与式(7-56)是不同情况下的剩余待搜寻海域面积的计算公式，因此二者是不能同时成立的，需要根据干扰事件信息进行选择。

当干扰事件引起初始资源方案中部分资源无法正常作业时的约束条件：

$$\begin{aligned} x_k &= 0, \quad k \in R_v \\ y_l &= 0, \quad l \in R_a \end{aligned} \tag{7-71}$$

其中，x_k 表示无法正常作业的搜救船舶；y_l 表示无法正常作业的搜救飞机；R_v 表示无法正常作业的搜救船舶的集合；R_a 表示无法正常作业的搜救飞机的集合。

7.2.4　模型求解

由于本章构建的海上搜救资源方案生成干扰管理模型是多目标约束优化模型，可以使用多目标问题求解算法——NSGA-Ⅱ算法作为求解算法，本节主要对海上搜救资源方案生成干扰管理模型构建以及求解流程给出详细解释。海上搜救资源方案生成干扰管理模型是基于初始的海上搜救资源方案构建的，在初始方案执行的过程中，由于发生了干扰事件，初始海上搜救资源方案不再适用当前的事故状况，需要在初始方案的基础上进行调整，得到满足当前事故状态的新的搜救资源方案。

海上搜救资源方案生成干扰管理模型的构建以及求解步骤如下所述(图 7-12)。

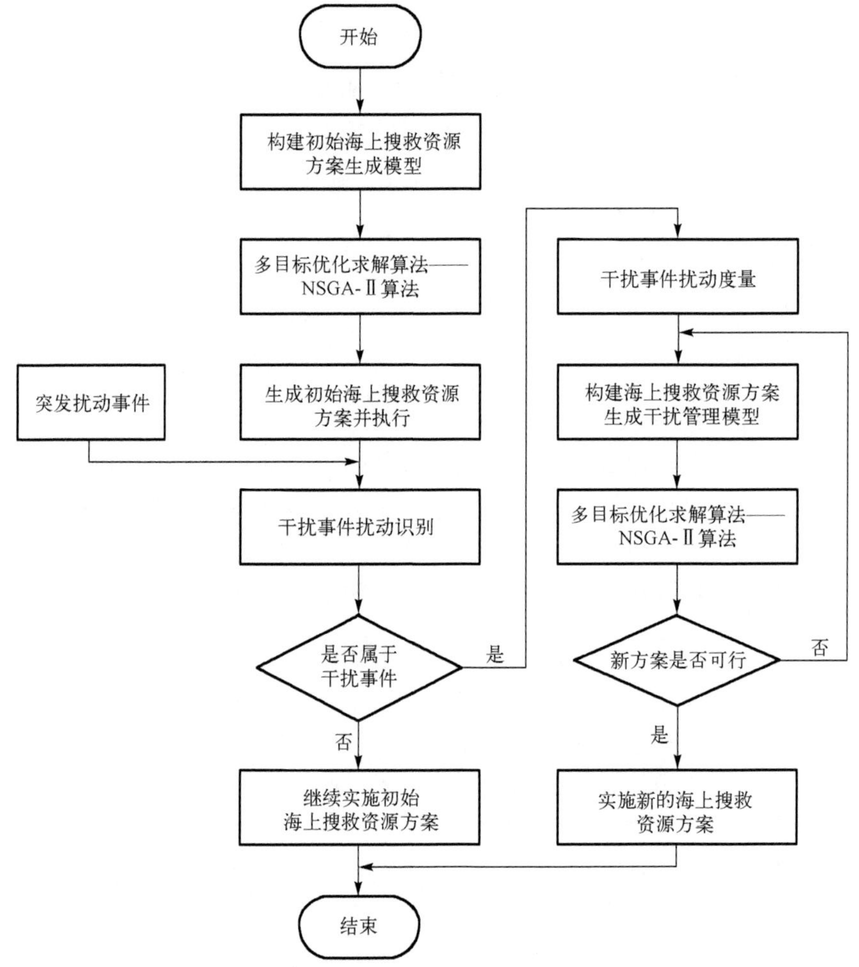

图 7-12　干扰管理模型求解流程图

(1)构建初始海上搜救资源方案生成模型。梳理搜救事故信息、环境信息以及搜救资源信息等输入信息，基于搜寻规划理论以及海上搜救应急处置流程构建海上搜救资源方案多目标约束优化模型。

(2)采用 NSGA-Ⅱ算法以及 TOPSIS 法对模型进行求解，得到初始的海上搜救资源方案并执行初始方案。

(3)当发生干扰事件后，需要对干扰事件进行分类与识别，判断所发生的干扰事件是否会对初始的搜救资源方案产生扰动，如果不产生扰动，则继续执行初始的海上搜救资源方案；如果产生扰动，则继续执行步骤(4)。

(4)对干扰事件进行扰动度量。从失事人员的角度、搜救人员的角度以及搜救应急指挥部的角度对干扰事件产生的扰动大小进行度量。

(5)构建海上搜救资源方案干扰管理模型。基于初始的海上搜救资源方案以及所发生的干扰事件构建如 7.2.3 节中描述的干扰管理模型。

(6)使用 NSGA-Ⅱ算法以及 TOPSIS 法求解干扰管理模型，得到新的海上搜救资源方案，并且判断新方案是否可行，如果可行，则执行新方案；如果不可行，则返回步骤(4)。

7.3　海上突发事件应急方案临机优化应用示例

本节首先以一个海上搜救事故案例为研究对象，对海上搜救资源方案生成问题进行分析并构建静态和动态场景下的海上搜救资源方案生成模型；然后通过智能优化算法对模型进行求解；最后对求解结果进行分析，验证本章所提模型和算法的可行性和有效性。

7.3.1　海上搜救应急场景描述

青岛市海上搜救中心接到遇险报警，渤海某一海域发生一起意外事故，一艘渔船意外倾覆，船上有 5 名船员弃船逃生。海上搜救中心的值班人员在接到遇险报警信息后，对失事船员的漂移轨迹进行了预测，并且划定了最大可能包含搜救目标的待搜寻海域，划定的待搜寻海域面积为 3000 n $mile^2$，海洋气象环境预报显示待搜寻海域的海况等级为 4 级，经过对历史数据统计分析以及专家经验可得在 4 级海况下失事人员存活的时间为 5h。值班人员通过宝船网调取了该海域周边的过路船舶信息并且梳理了可用的专业搜救船舶和搜救飞机的信息，发现可供调用的过路以及专业搜救船舶一共有 13 艘，专业搜救飞机一共有 6 架，其中各搜救船舶的性能信息如表 7-3 所示，各搜救飞机的性能信息如表 7-4 所示。此外，考虑到航行安全与搜寻效率因素，面积为 3000n $mile^2$ 的海域内最多可以同时容纳 8 艘搜救船舶以及 4 架搜救飞机。现综合上述信息，选择合适的搜救船舶和搜救飞机组成最优的搜救资源方案，尽可能高效地完成搜救任务。

表 7-3　搜救船舶性能信息

船舶名称	初始距离 D_i^v / n mile	最大航速 V_i^v /kn	航线间距 A_i^v / n mile	扫海宽度 W_i^v / n mile	最大海况 b_i^v
867 舰	89	20	4.8	4.1	3
864 舰	31	25	6.4	4.9	6
海巡 131	30	13	10.4	17.4	5
海巡 300	33	14	9.6	14.1	3

续表

船舶名称	初始距离 D_i^v / n mile	最大航速 V_i^v /kn	航线间距 A_i^v / n mile	扫海宽度 W_i^v / n mile	最大海况 b_i^v
海巡 0511	41	23	7.2	5.9	2
东港拖 702	9	18	12.4	20	6
北海救 108	24	15	12	19.8	6
北海救 111	41	17	10.8	17.6	6
北海救 112	45	17	8	8.4	5
海警 37023	19	11	6	5.2	3
北海救 198	21	13	10	15.1	4
北海救 115	16	15	11.2	18.1	6
滨海 286 轮	18	17	14.8	21.5	7

表 7-4　搜救飞机性能信息

搜救飞机型号	初始距离 D_j^a /n mile	最大航速 V_j^a /kn	航线间距 A_j^a /n mile	扫海宽度 W_j^a /n mile	最大海况 b_j^a	续航时间 T_j^L /h
S-76 C+海上救援专用直升机	21	155	12	11.9	5	4.26
EC225 中型搜索救援直升机	35	175	13.2	12.1	4	5.25
S-76 A 直升机	225	135	19.2	18.5	3	3.44
“海豚”直升机	300	155	15.6	18.4	5	4.36
达索猎鹰 2000LX 固定翼飞机	200	175	20.4	16.7	6	5.02
湾流 G550 固定翼飞机	210	120	12.6	10.4	6	4.12

7.3.2　基础模型构建与结果分析

由于需要根据静态场景下的海上搜救资源方案生成问题进行建模和求解，因此本节的主要内容就是结合上述具体的搜救示例背景构建搜救资源方案生成模型并对模型的求解结果进行分析展示。

1. 模型构建

利用 7.2.2 节对海上搜救资源方案生成问题的分析描述，结合本章的具体示例背景，开展对该问题的建模和求解。首先需要明确模型输入与决策变量、目标函数与约束条件。

1)模型输入与决策变量

(1)模型输入。

结合本章中具体的示例背景，现将该模型的输入要素整理如下。

①待搜寻海域的面积为 $S = 3000\,\text{n mile}^2$。

②目前的海况等级 $B = 4$。

③根据经验知识，该海域内最多能容纳的搜救船舶的数量为 $Q^v=8$ 艘，最多能容纳的搜救飞机的数量为 $Q^a=4$ 架。

④事故发生时，周边可供调用的搜救设备有 M=13 艘搜救船舶以及 N=6 架搜救飞机，其中第 i（$i=1,2,\cdots,13$）艘搜救船舶距离事故点 D_i^v、最大航行速度 V_i^v、修正后的扫海宽度 W_i^v、航线间距 A_i^v 以及可以参与救援的最大海况等级 b_i^v 等船舶性能信息见表 7-3；第 j（$j=1,2,\cdots,6$）架搜救飞机距离事故点 D_j^a、最大航行速度 V_j^a、修正后的扫海宽度 W_j^a、航线间距 A_j^a、可以参与救援的最大海况等级 b_j^a 以及最大续航时间 T_j^L 见表 7-4。

⑤计算得到搜救船舶全速赶往事故点的时间 $\hat{T}_i^v$ 和搜救飞机往返飞行基地与事故点的时间 $\hat{T}_j^a$，计算结果如表 7-5 所示。

表 7-5　搜救资源赶往事故点耗费的时间

船舶序号 x_i	路上耗费的时间 $\hat{T}_i^v$ /h	飞机序号 y_j	路上耗费的时间 $\hat{T}_j^a$ /h
1	4.45	1	0.28
2	1.24	2	0.40
3	2.31	3	3.34
4	2.36	4	3.86
5	1.78	5	2.28
6	0.5	6	3.50
7	1.6		
8	2.41		
9	2.64		
10	1.72		
11	1.61		
12	1.07		
13	1.06		

(2) 决策变量。

本节涉及 13 艘搜救船舶和 6 架搜救飞机的组合选择问题，需要考虑的决策变量是选择哪些搜救船舶和搜救飞机参与此次搜救行动，因此决策变量包括搜救船舶的选择位（$x_1,x_2,\cdots,x_{13}$）和搜救飞机的选择位（$y_1,y_2,\cdots,y_6$）。

2) 目标函数

海上搜救资源方案生成过程需要关注两个目标，即最大化搜救成功率和最大化搜救资源方案的鲁棒性。

(1) 最大化搜救成功率。

计算搜救资源方案搜救成功率的前提是计算方案中各搜救资源所完成的搜寻面

积和各搜救资源的发现概率。

(2) 最大化搜救资源方案的鲁棒性。

通过查询相关资源和咨询相关专家意见，可以得到附录 D 中的决策矩阵；然后通过一系列计算过程得到各搜救资源的综合得分 Score（详见附录 D）；最后计算得到搜救资源方案的鲁棒性得分。

3) 约束条件

结合本章的搜救示例背景，可以得到以下约束条件。

(1) 待搜寻海域内所能容纳搜救资源的数量约束。

根据经验得知，在面积为 3000n mile^2 的海域内安全开展搜救行动时，最多能容纳 8 艘搜救船舶和 4 架搜救飞机，因此搜救资源方案中参与搜救行动的搜救船舶的数量不能大于 8 艘，搜救飞机的总数量不能大于 4 架。

$$\sum_{i=1}^{M} x_i \leqslant 8 \tag{7-72}$$

$$\sum_{j=1}^{N} y_j \leqslant 4 \tag{7-73}$$

(2) 搜救资源所允许的最大海况条件约束。

由前面内容分析得知，搜救资源由于自身物理属性的限制，存在一个安全作业的海况条件约束，本示例中的海况等级是 4 级，因此搜救资源方案中的各搜救资源所允许的最大海况等级需要大于 4 级。

$$b_i^v \geqslant 4 \tag{7-74}$$

$$b_j^a \geqslant 4 \tag{7-75}$$

(3) 搜救资源参与搜救行动的时间约束。

根据前面内容的分析可得知，此处的时间约束主要包含两个方面，一是参与搜救行动的搜救船舶和搜救飞机需要在搜救行动结束之前到达事故点，二是搜救飞机往返飞行基地与事故点的时间不得超过搜救飞机的续航时间。

$$\hat{T}_i^v \leqslant T \tag{7-76}$$

$$\hat{T}_j^a / 2 \leqslant T \tag{7-77}$$

$$\hat{T}_j^a \leqslant T_j^L \tag{7-78}$$

(4) 取值约束。

本模型中决策变量的物理含义为搜救船舶和搜救飞机是否参与此次搜救行动，因此其取值只能为 1 或者 0。如果该搜救资源参与搜救行动，则对应的资源选择位应为 1，反之为 0。

$$x_i = 1\text{或}0, \quad i = 1,2,\cdots,M \tag{7-79}$$

$$y_j = 1\text{或}0, \quad j = 1,2,\cdots,N \tag{7-80}$$

2. 结果分析

本节的主要内容是利用 NSGA-Ⅱ算法对上述模型进行求解并对结果进行对比分析。

1) 模型求解结果

在实验过程中，使用到的软件平台是 MATLAB 2016a，关于 NSGA-Ⅱ算法的相关设置是初始种群的大小是 100，交叉概率是 0.99，变异概率是 0.01，迭代次数是 200，通过 NSGA-Ⅱ算法计算得到海上搜救资源方案 Pareto 解集如图 7-13 所示。最终得到的非劣解集中有 12 个 Pareto 解，这 12 个海上搜救资源方案的决策变量取值、搜救成功率、资源方案的鲁棒性以及搜救时间如表 7-6 所示，各资源方案的资源构成如表 7-7 所示。

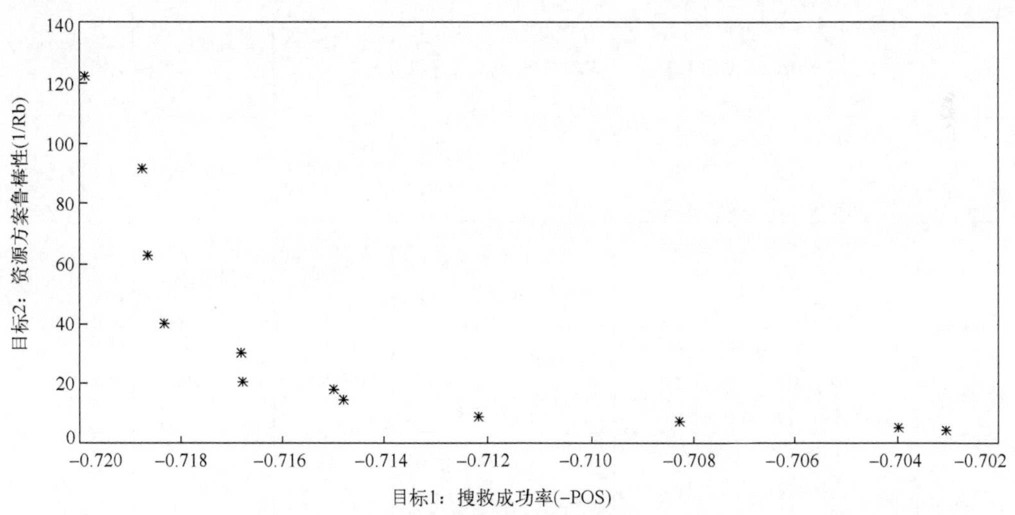

图 7-13　模型求解得到的 Pareto 解集

表 7-6　搜救资源方案求解结果

项目		目标 1：搜救成功率	目标 2：资源方案鲁棒性	搜救时间/h
资源方案	[0,0,1,0,0,1,1,1,0,0,1,1,1,0,0,0,1,0,1]	0.71991	0.0081	2.717
	[0,0,1,0,0,1,1,0,0,0,1,1,1,0,0,0,1,0,1]	0.71876	0.0110	2.752
	[0,0,0,0,0,1,1,1,0,0,1,1,1,0,0,0,1,0,1]	0.71864	0.0160	2.751
	[0,0,1,0,0,1,1,1,0,0,0,1,1,0,0,0,1,0,1]	0.71836	0.0247	2.804
	[0,0,1,0,0,1,1,0,0,0,0,1,1,0,0,0,1,0,1]	0.71680	0.0334	2.854

续表

项目		目标 1：搜救成功率	目标 2：资源方案鲁棒性	搜救时间/h
资源方案	[0,0,0,0,0,1,1,1,0,0,0,1,1,0,0,0,1,0,1]	0.71675	0.0485	2.849
	[0,0,1,0,0,1,1,1,0,0,0,1,0,0,0,0,1,0,1]	0.71499	0.0549	3.121
	[0,0,0,0,0,1,1,0,0,0,0,1,1,0,0,0,1,0,1]	0.71482	0.0654	2.910
	[0,0,0,0,0,1,1,1,0,0,0,1,0,0,0,0,1,0,1]	0.71217	0.1076	3.208
	[0,0,0,0,0,1,1,0,0,0,0,1,0,0,0,0,1,0,1]	0.70827	0.1455	3.345
	[0,0,0,0,0,1,0,1,0,0,0,1,0,0,0,0,1,0,1]	0.70402	0.1825	3.478
	[0,0,0,0,0,1,1,1,0,0,0,0,0,0,0,0,1,0,1]	0.70307	0.2071	3.540
折中方案	[0,0,0,0,0,1,1,1,0,0,0,0,0,0,0,0,1,0,1]	0.70307	0.2071	3.540

表 7-7　可行搜救资源方案展示

方案序号	搜救资源组成		搜救成功率	资源方案鲁棒性	搜救时间/h
	搜救船舶	搜救飞机			
A	海巡 131、东港拖 702 北海救 108、北海救 111 北海救 198、北海救 115 滨海 286 轮	“海豚”直升机 湾流 G550 固定翼飞机	0.71991	0.0081	2.717
B	海巡 131、东港拖 702 北海救 108、北海救 198 北海救 115、滨海 286 轮	“海豚”直升机 湾流 G550 固定翼飞机	0.71876	0.0110	2.752
C	东港拖 702、北海救 108 北海救 111、北海救 198 北海救 115、滨海 286 轮	“海豚”直升机 湾流 G550 固定翼飞机	0.71864	0.0160	2.751
D	海巡 131、东港拖 702 北海救 108、北海救 111 北海救 115、滨海 286 轮	“海豚”直升机 湾流 G550 固定翼飞机	0.71836	0.0247	2.804
E	海巡 131、东港拖 702 北海救 108、北海救 115 滨海 286 轮	“海豚”直升机 湾流 G550 固定翼飞机	0.71680	0.0334	2.854
F	东港拖 702、北海救 108 北海救 111、北海救 115 滨海 286 轮	“海豚”直升机 湾流 G550 固定翼飞机	0.71675	0.0485	2.849
G	海巡 131、东港拖 702 北海救 108、北海救 111 北海救 115	“海豚”直升机 湾流 G550 固定翼飞机	0.71499	0.0549	3.121
H	东港拖 702、北海救 108 北海救 115、滨海 286 轮	“海豚”直升机 湾流 G550 固定翼飞机	0.71482	0.0654	2.910

续表

方案序号	搜救资源组成		搜救成功率	资源方案鲁棒性	搜救时间/h
	搜救船舶	搜救飞机			
I	东港拖 702、北海救 108 北海救 111、北海救 115	“海豚”直升机 湾流 G550 固定翼飞机	0.71217	0.1076	3.208
J	东港拖 702、北海救 108 北海救 115	“海豚”直升机 湾流 G550 固定翼飞机	0.70827	0.1455	3.345
K	东港拖 702、北海救 111 北海救 115	“海豚”直升机 湾流 G550 固定翼飞机	0.70402	0.1825	3.478
L	东港拖 702、北海救 108 北海救 111	“海豚”直升机 湾流 G550 固定翼飞机	0.70307	0.2071	3.540
折中方案					
L	东港拖 702、北海救 108 北海救 111	“海豚”直升机 湾流 G550 固定翼飞机	0.70307	0.2071	3.540

2) 搜救资源方案对比分析

通过智能优化算法求解，一共得到 12 个可行的搜救资源方案，在本节中，将对搜救示例的求解结果进行分析，从而更好地为决策者提供决策支持。本节的分析主要分为两个部分，首先是从不同维度对 12 个可行方案进行对比分析；然后是以折中方案为例，分析方案的资源组成以及资源完成的搜寻面积等。

(1) 不同搜救资源方案之间的对比分析。

①搜救资源方案组成分析。

通过对 12 个搜救资源方案的对比，发现所有的资源方案中均有东港拖 702、“海豚”直升机以及湾流 G550 固定翼飞机，可以得出这三种搜救资源的效率较高。东港拖 702 赶往事故点的时间只需 0.5h，其参与搜救行动的时间最长，航线间距也最大，相同搜救时间完成的搜寻面积最大，此外其综合得分也最高，因此会优先选择东港拖 702；“海豚”直升机的优势在于其覆盖率最大，因此其发现概率也会最大，搜索到目标的概率也会随之增大；湾流 G550 固定翼飞机的优势在于其综合得分在所有的搜救飞机中是最高的，因此会增加方案的鲁棒性。因此建议在调度搜救资源开展搜救行动时优先选择东港拖 702、“海豚”直升机以及湾流 G550 固定翼飞机。所有的搜救资源方案中均没有选用的可用资源有 9 种，其中有 5 种是由于海况条件约束，分别是 867 舰、海巡 300、海巡 0511、海警 27023 以及 S-76 A 直升机；其他 4 种没有被选用的资源分别是 864 舰、北海救 112、S-76 C+海上救援专用直升机以及 EC225 中型搜索救援直升机，其中 864 舰没有被选用的原因在于其覆盖率和综合得分都比较小，北海救 112 没有被选用的原因是其赶往事故点所需的时间最长且航线间距比较短，S-76 C+海上救援专用直升机和 EC225 中型搜索救援直升机没有被选用的原因在于其覆盖率较小。

②搜救资源方案目标值分析。

如图 7-14 所示为不同方案搜救成功率与资源方案鲁棒性对比，展示了 12 个可行方案的搜救成功率和方案的鲁棒性评分，可以看出搜救资源方案的鲁棒性越高，其搜救成功率会越低，两个目标之间是相互矛盾的。方案 A 的搜救成功率最高但其鲁棒性评分最低，方案 L 的搜救成功率最低但其鲁棒性评分最高，从方案 L 到方案 A 搜救成功率是逐渐增大的，而且前期增长较快，但后期增长幅度越来越小。可以看出从方案 L 到方案 A，参与搜救行动的搜救资源数量是逐渐增大的，呈现边际收益递减的现象，出现这种情况是因为在参与搜救行动的资源数量较少的情况下，增加一个搜救资源时可以比较显著地缩短搜救时间，提高搜救成功率，但是在后期搜救资源足够的情况下，再增加搜救资源的数量缩短搜救时间不明显，搜救成功率也就不会大幅度提高。从方案 L 到方案 A 的方案鲁棒性评分越来越小，原因在于随着搜救资源数量的增加，搜救资源方案所涉及的不确定性也会越来越大。因此建议决策者根据事故应急处置的需求合理设置目标的优先权重，在追求搜救成功率和方案鲁棒性评分要高的同时，可以兼顾资源的使用效率。

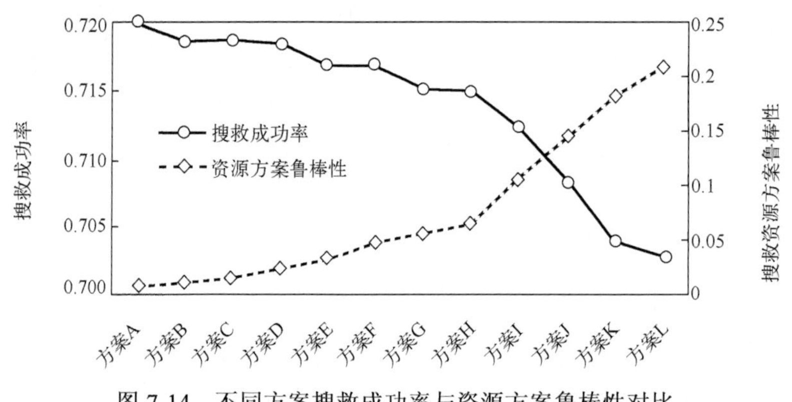

图 7-14　不同方案搜救成功率与资源方案鲁棒性对比

③搜救船舶的数量与搜救成功率和方案鲁棒性评分之间的关系分析。

对 12 个可行的搜救资源方案整理发现，所有可行方案中搜救飞机均为“海豚”直升机以及湾流 G550 固定翼飞机，方案之间的区别主要在于选用的搜救船舶的不同，参与搜救行动的船舶有 3 艘、4 艘、5 艘、6 艘以及 7 艘等五种情况，图 7-15 展示了不同数量搜救船舶与搜救成功率和方案鲁棒性之间的关系，可以看出随着船舶数量的增大，搜救成功率是逐渐增大的，且增大的幅度越来越小，这与前面内容分析是一致的，方案鲁棒性评分是逐渐减小的，且减小的幅度也是越来越小的。从图 7-15 中可以看出，搜救成功率曲线的拐点出现在船舶数量为 4 艘时，在这之前，搜救成功率上升较快，这之后上升速度减缓；方案鲁棒性评分曲线的拐点是在船舶数量为 5 时，在这之前，方案的鲁棒性评分下降较快，之后下降速度减缓。

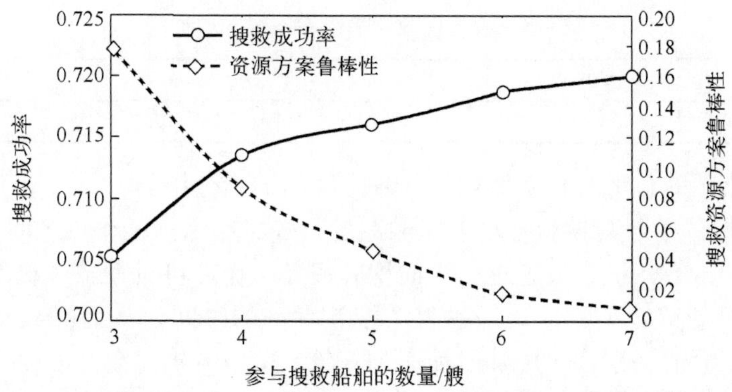

图 7-15　搜救成功率及方案鲁棒性与参与搜救行动船舶数量关系

④搜救船舶的数量与搜救时间之间的关系分析。

图 7-16 展示了搜救总时间与参与搜救行动的船舶数量之间的关系曲线，可以看出参与搜救的船舶数量越多，搜救行动的总时间是逐渐减小的，而且减小的幅度越来越小。表 7-8 整理了搜救船舶数量变化所引起的搜救行动时间的变化量，可以看出 3 艘船舶参与搜救比 4 艘船舶参与搜救多用了 23.4min 的时间，比 5 艘船舶参与搜救多用了 30.6min 的时间，比 6 艘船舶参与搜救多用了 40.8min 的时间，比 7 艘船舶参与搜救多用了 43.8min 的时间，其中选用 7 艘船舶比选用 6 艘船舶参与搜救行动仅少了 3min。考虑到搜救事故发生时的气象海况条件往往是比较恶劣的，搜救船舶参与搜救行动是面临比较大的风险的，而且民用船舶大都是在运营中的船舶，参与搜救行动会造成比较大的经济损失，因此适当延长搜救行动的时间以减少搜救船舶的数量是合理的，本案例中选用 6 艘船舶参与搜救行动仅比选用 7 艘船舶多用 3min，因此在对搜救时间要求不是很紧迫的情况下更加倾向于选用 6 艘船舶的情况。

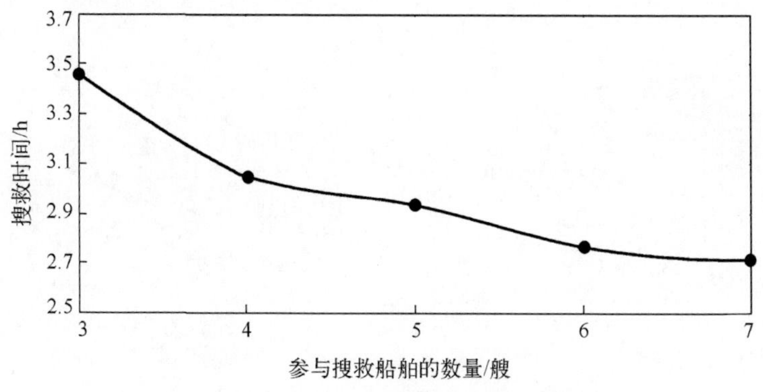

图 7-16　搜救时间与参与搜救行动船舶数量的关系

表 7-8　参与搜救船舶数量不同的时间差

船舶数量	3～4	4～5	5～6	6～7
完成时间差/min	23.4	7.2	10.2	3

⑤搜救船舶的数量与搜救船舶工作量之间的关系分析。

图 7-17 展示了参与搜救行动的船舶数量与各船舶承担工作量之间的关系。从图中可以看出，搜救飞机完成了近一半面积的搜寻工作，可见搜救飞机的效率较高，使用搜救飞机能够较大程度地缩短整个搜救行动的时间，从而提高搜救成功率。图 7-17(a)与(b)的区别在于增加了滨海 286 轮，可以看出滨海 286 轮承担了较大的搜寻任务，因此该船舶的加入对搜救成功率的影响比较明显，可以较大程度地缩短搜救时间，从而增大搜救成功率。图(c)和图(d)与图(b)的区别是分别增加了北海救 111 和海巡 131，可以看出增加的北海救 111 只承担了 3%的搜寻任务，海巡 131 只承担了 2%的搜寻任务。海巡 131 赶往事故点需要 2.31h，北海救 111 赶往事故点需要 2.42h，而整个搜救行动之间不超过 3.7h，这两艘船舶赶往事故点所需时间要远大于实际开展搜救作业的时间，因此这两艘船舶的加入对搜救行动效果的提升不是很明显，出于安全性和经济性的考量，不建议选用这两艘船舶参与搜救行动。

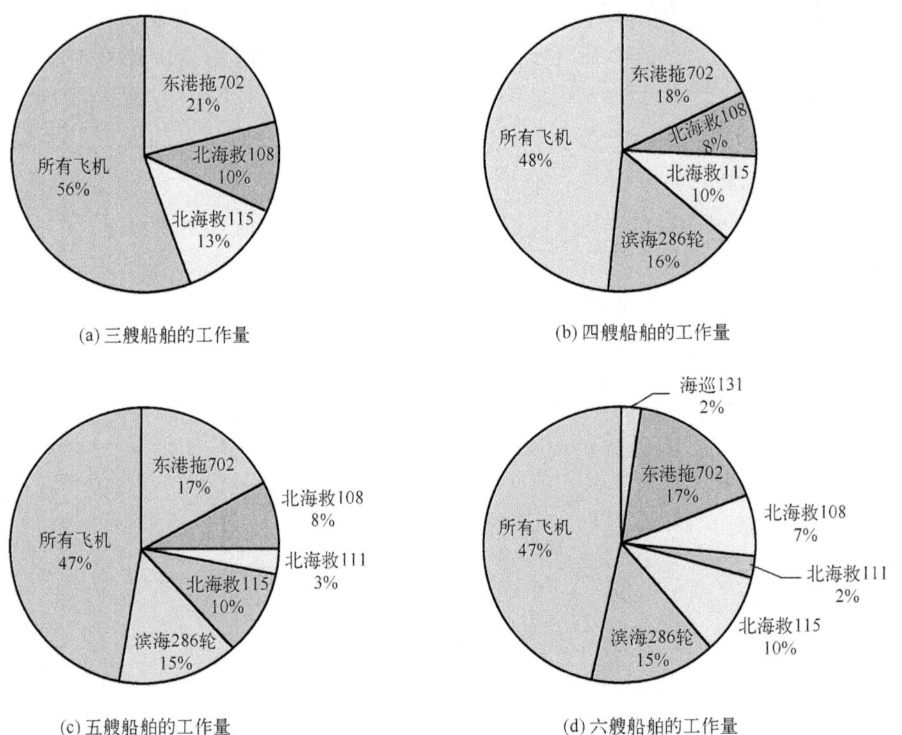

图 7-17　不同数量的搜救船舶的工作量(见彩图)

(2)折中方案的分析。

本章根据决策者的偏好，设置搜救成功率与资源方案鲁棒性评分的权重为[0.6,0.4]，使用 TOPSIS 法计算可得方案 L 为折中方案，表 7-9 展示了折中方案的搜救资源构成、搜救成功率、方案的鲁棒性评分以及整个搜救行动的时间。可以看出，折中方案中共选用了 5 种搜救资源参与搜救行动，其中有 3 艘搜救船舶，分别是东港拖 702、北海救 108 以及北海救 111；有 2 架搜救飞机，分别是“海豚”直升机以及湾流 G550 固定翼飞机。折中方案的搜救成功率为 0.704，资源方案的鲁棒性评分为 0.211，整个搜救行动的总时间为 3.540h。

表 7-9　折中方案

方案组成	搜救船舶	东港拖 702、北海救 108、北海救 111
	搜救飞机	“海豚”直升机、湾流 G550 固定翼飞机
搜救成功率		0.704
方案的鲁棒性评分		0.211
搜救行动的总时间/h		3.540

图 7-18 展示了折中方案中各搜救资源赶往事故点的时间与开展搜救作业时间的对比情况，可以看出东港拖 702 最先到达事故点开展搜寻作业，耗在路上的时间是 0.5h，真正开展搜寻作业的时间为 3.04h；北海救 111 到达事故点的时间最晚，耗在路上的时间为 2.42h，真正开展作业的时间仅有 1.12h。湾流 G550 固定翼飞机和“海豚”直升机赶到事故点的时间分别是 1.75h 和 1.94h，由于湾流 G550 固定翼飞机的续航时间为 4.12h，而整个搜救行动的时间是 3.54h，因此湾流 G550 固定翼飞机只能出动一个航次，其真正开展搜救作业的时间为 4.12−1.75×2 = 0.62h。同理，“海豚”直升机的续航时间为 4.36h，因此也只能出动一个航次，其真正开展搜救

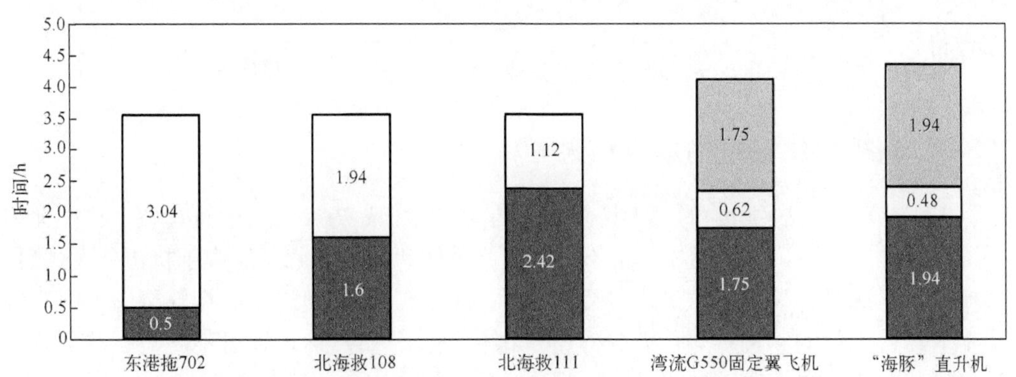

图 7-18　搜救资源赶往事故点的时间与开展搜救作业的时间对比

作业的时间为 4.36–1.94×2=0.48h。可以看出搜救飞机开展搜救作业的时间远小于耗在路上的时间，原因在于飞行基地与事故点之间的距离很大，考虑到搜救飞机的续航能力有限，需要在一定的时间内返回飞行基地补充燃油。另外，搜救飞机开展搜救作业的时间也远小于搜救船舶，但是由于搜救飞机的搜寻能力远胜于搜救船舶，因此搜救飞机的加入可以很大程度地缩短搜救时间以提高搜救成功率，在制定搜救资源方案时往往会优先考虑搜救飞机。

表 7-10 列举了折中方案中各搜救资源完成的搜救面积，展示了各资源完成工作量的比例。搜救船舶和搜救飞机所覆盖的待搜寻区域面积分别占 41%和 59%(图 7-19)，搜救船舶中东港拖 702 最早到达事故点，其开展搜救作业的时间最长，因此其完成的搜寻面积也最大，北海救 111 最晚到达事故点，其开展搜救作业的时间最短，因此完成的搜寻面积最小，只占待搜寻海域面积的 7%。虽然搜救飞机开展搜寻作业的时间较短，但是由于其搜寻能力较强，完成了一半多搜寻任务。

表 7-10　折中方案中各资源完成的搜寻面积

资源名称	东港拖 702	北海救 108	北海救 111	“海豚”直升机	湾流 G550 固定翼飞机
搜救面积/n mile^2	678.4	349.1	207.1	960.0	805.4

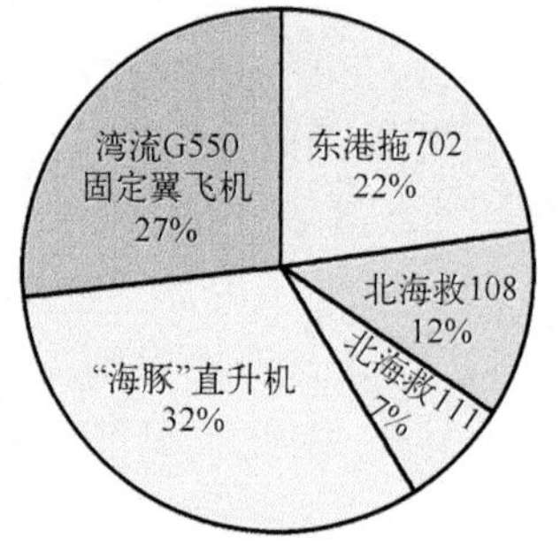

图 7-19　折中方案中各搜救资源的工作量(见彩图)

7.3.3　临机优化模型构建与结果分析

7.3.2 节中生成了初始的海上搜救资源方案，在初始方案执行的过程中，往往会由于干扰事件的发生，导致初始方案不可行。本节的研究内容就是研究干扰事件发生后，如何构建干扰管理模型并求解，得到可行且与初始方案偏差最小的搜救资源方案。因此本节结合具体的示例背景，首先对干扰事件进行分析，然后针对不同类型的干扰事件构建相应的干扰管理模型，最后对模型进行求解并对结果进行分析。

1. 干扰事件分析

本节将结合具体的示例背景对干扰事件进行分析并对扰动进行识别。根据干扰事件产生扰动的类别，本节将分以下 7 种情况对干扰事件进行分析。

情况 1：在初始方案执行 1.2h 后，卫星侦察到失事船舶的大致海域，结合漂移轨迹预测模型的预测结果，将失事船舶的位置限定在一定海域内，而该海域的面积为 2200n $mile^2$。分析：当待搜寻海域的面积变小时，不影响初始搜救资源方案的执行，因此该干扰事件不会对初始方案产生扰动，无须进行干扰管理。

情况 2：在初始方案执行 1.4h 后，根据最新的漂移轨迹预测结果，重新划定了待搜寻海域，海域面积为 3500 n $mile^2$，并且根据经验知识得知，在 3500 n $mile^2$ 的海域内，最多只能同时容纳 9 艘船舶和 4 架飞机。分析：当待搜寻海域的面积变大时，初始的搜救资源方案无法在预定时间内对待搜寻海域实施完全覆盖，因此该干扰事件对初始方案产生了扰动，需要进行干扰管理。

情况 3：在初始方案执行 1.5h 后，根据海洋天气监测的反馈，事故点周边的海况条件好转，当前海况等级为 3 级。分析：根据前面的研究内容，海况条件好转是不会对初始搜救资源方案产生扰动的，因此无须进行干扰管理。

情况 4：在初始方案执行 1.8h 后，事故点周边的海况条件恶化，当前的海况等级为 5 级。分析：初始的海上搜救资源方案中，最小的最大允许作业海况为 5 级，即 $B_{5\min}$，因此当海况等级恶化到 5 级时，初始的海上搜救资源方案仍然是可行的，该干扰事件不会对初始的海上搜救资源方案产生扰动，无须进行干扰管理。

情况 5：在初始方案执行 2h 后，事故点周边海况条件进一步恶化，当前的海况等级为 6 级。分析：由前面内容可知，初始的海上搜救资源方案最小的最大允许作业海况为 5 级，即 $B_{5\min}$，当前海况等级为 6 级，会导致“海豚”直升机无法正常开展搜救作业，因此该干扰事件对初始方案造成了扰动，需要进行干扰管理。

情况 6：在初始方案执行 2.1h 后，867 舰以及滨海 286 轮发生损坏无法开展搜救作业。分析：初始的海上搜救资源方案中没有包含 867 舰以及滨海 286 轮，因此这两艘船舶的损坏不会对初始的海上搜救资源方案造成扰动，无须进行干扰管理。

情况 7：在初始方案执行 2.2h 后，北海救 111 发动机发生损坏需要返回港口维修，无法正常开展搜救作业。分析：初始的海上搜救资源方案中包含北海救 111，当该船舶发生损坏无法开展搜救作业时，会导致初始的海上搜救资源方案无法在预定的时间内完成对待搜寻海域的覆盖，因此该事件对初始的海上搜救资源方案造成了扰动，需要进行干扰管理。

综合上述情况，需要进行干扰管理的情况有 2、5 和 7，本章的设定是这些情况是独立发生的，相互之间不会产生影响，因此后面内容在进行干扰管理时是针对不同情况进行独立建模和求解的。

2. 干扰管理模型构建

本节的主要内容是针对上述需要进行干扰管理的各种情况，结合 7.3.2 节生成的初始搜救资源方案，构建相应的干扰管理模型。结合具体的示例背景，明确模型的输入、目标函数与约束条件等。

1) 模型输入

初始资源方案构成为东港拖 702、北海救 108、北海救 111、“海豚”直升机以及湾流 G550 固定翼飞机，整个搜救行动的时间将持续 $T = 3.54\text{h}$，表 7-11 是各搜救资源参与搜救行动的成本，根据搜救人员的经验估计，新方案中新增一个搜救资源的惩罚成本为 $\text{ch}^+ = 18$，减少一个搜救资源的惩罚成本为 $\text{ch}^- = 11$。

表 7-11　搜救资源参与搜救行动的成本

船舶序号 x_i	参与搜救行动的成本 c_i /万元	飞机序号 y_j	参与搜救行动的成本 c_j /万元
1	2.54	1	13.80
2	3.65	2	12.50
3	1.26	3	13.50
4	3.21	4	10.85
5	1.78	5	11.69
6	1.34	6	12.50
7	2.12		
8	1.28		
9	2.64		
10	1.82		
11	1.71		
12	2.97		
13	5.66		

当发生情况 2、5 以及 7 时，需要进行干扰管理，因此需要针对不同情况整理模型输入，表 7-12 是不同情况发生时构建干扰管理模型所需的输入要素及其取值。当情况 2 发生时，可知干扰事件发生的时间 $T_d = 1.4\text{h}$，此时初始方案中只有东港拖 702 到达事故点开展搜救作业，且在这段时间内完成搜寻的海域面积为 $S_{\text{完成}} = (1.4 - 0.5) \times 18 \times 12.4 = 201\,\text{n mile}^2$，于是此时剩余待搜寻海域的面积 $S_L = 3500 - 201 = 3299\,\text{n mile}^2$，不同情况下各搜救资源与事故点之间的距离如表 7-13 所示。同理可以计算其他两种情况发生时的剩余待搜寻海域面积。

表 7-12　不同情况下的相关输入

输入	情况 2	情况 5	情况 7
S_L /n mile^2	3299	2070	1208
T_d /h	1.4	2	2.2
B^e	4	6	4
Q^{ve}	9	8	8
Q^{ae}	4	4	4

表 7-13　不同情况下各搜救资源与事故点之间的距离

资源名称	搜救资源与事故点之间的距离/n mile		
	情况 2	情况 5	情况 7
867 舰	100	112	118
864 舰	12	8	6
海巡 131	15	12	10
海巡 300	40	45	50
海巡 0511	13	16	9
东港拖 702	0	0	0
北海救 108	3	0	0
北海救 111	17.2	7	—
北海救 112	8	6	8
海警 37023	80	82	90
北海救 198	35	37	45
北海救 115	10	6	5
滨海 286 轮	24	7	30
S-76 C+海上救援专用直升机	21	21	21
EC225 中型搜索救援直升机	35	35	35
S-76 A 直升机	225	225	225
“海豚”直升机	300	300	300
达索猎鹰 2000LX 固定翼飞机	200	200	200
湾流 G550 固定翼飞机	210	210	210

2) 目标函数

本章所构建的干扰管理模型的目标函数有三个，分别是最小化失事人员的不满意度偏差、最小化新旧方案之间的资源组成偏差以及最小化新旧方案之间的成本偏差。针对第一个目标，首先计算新的搜救资源方案的搜救行动的总时间，然后可以计算得到失事人员的不满意偏差大小。针对第二个目标，首先计算新增与减少的搜

救资源集合 L^+和 L^-，然后计算新旧方案之间的资源组成偏好大小。针对第三个目标，即可计算新旧方案之间的成本偏差。

3) 约束条件

干扰管理模型的约束条件分为通用约束条件和针对不同扰动设置的约束条件，现对不同情况下干扰事件所产生的约束条件进行分析。当发生情况 2 时，表明待搜寻海域的面积增加了 500n mile²。当发生情况 7 时，表明北海救 111 无法正常开展搜救行动。

$$S_L = S - \sum_{i=1}^{M} S_i^v - \sum_{j=1}^{N} S_j^a + 500 \tag{7-81}$$

$$x_8 = 0 \tag{7-82}$$

3. 结果分析

本章使用了 NSGA-Ⅱ算法对上述干扰管理模型进行了求解，实验使用到的软件平台是 MATLAB 2016a，NSGA-Ⅱ算法的相关设置是初始种群的大小是 150，交叉概率是 0.8，变异概率是 0.07，针对上述三种情况分别进行了计算。

当发生情况 2 时，计算生成的结果如表 7-14 所示，新的搜救资源方案在初始搜救方案的基础上新增了滨海 286 轮参与搜救行动，并且最终的搜救时间为 3.67h，失事人员的不满意度偏差、搜救资源组成偏差以及搜救资源方案成本偏差分别是 0.03 万元、18 万元和 5.66 万元。可以看见，初始方案中所有的搜救资源仍继续参与搜救行动，因此可以较好地维持搜救指令的持续性。与初始方案相比，新方案的搜救时间有所延长，但是控制在合理范围内，即可以在最长存活时间内完成搜寻任务。本章在求解干扰管理模型时，设定三个目标之间的优先权重为[0.6,0.2,0.2]，因此可以看出失事人员的不满意度偏差较小且搜救资源成本的偏差控制在合理范围内，新搜救资源方案中没有选择性能更高的搜救飞机是因为在失事人员的不满意度与搜救成本之间进行了权衡，搜救飞机的成本太高却不能很大程度地缩短搜救时间，滨海 286 轮的成本较低却可以取得较好的效果。图 7-20 反映了新搜救资源方案中各搜救资源完成的搜寻面积占比，可以看出搜救飞机完成了超过一半面积的搜寻任务，新增的滨海 286 轮的占比与北海救 111 的占比相同，均为 5%，但是北海救 111 参加搜救行动的时间比滨海 286 轮要长 1.4h，因此滨海 286 轮的搜寻效率要远优于北海救 111。

表 7-14　情况 2 发生后新的搜救资源方案

搜救资源	搜救船舶	东港拖 702、北海救 108、北海救 111、滨海 286 轮
	搜救飞机	“海豚”直升机、湾流 G550 固定翼飞机
整个搜救行动的总时间		3.67h

续表

失事人员不满意度偏差	0.03 万元
搜救资源组成偏差	18 万元
资源方案成本偏差	5.66 万元
新增的搜救资源	滨海 286 轮
减少的搜救资源	—

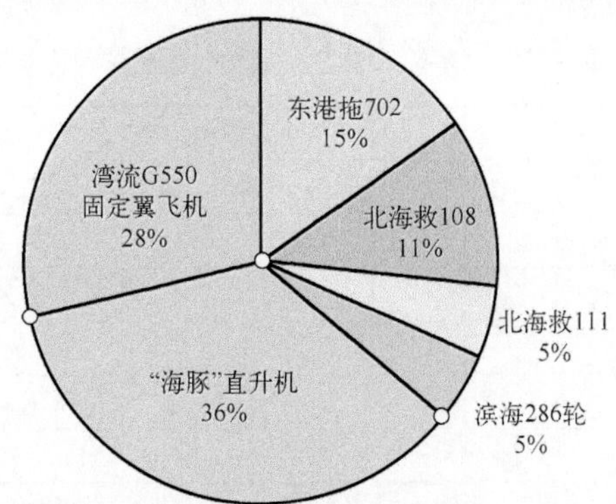

图 7-20　新方案中各搜救资源完成的工作量(见彩图)

当发生情况 5 时，计算生成的结果如表 7-15 所示，新的搜救资源方案在初始搜救方案的基础上新增了滨海 286 轮参与搜救行动，取消了“海豚”直升机，并且最终的搜救时间为 3.91h，失事人员的不满意度偏差、搜救资源组成偏差以及搜救资源方案成本偏差分别是 0.11 万元、29 万元和–5.19 万元。可以看出，新搜救资源方案的搜救时间相对较长，原因在于“海豚”直升机因为海况条件的限制无法参与搜救行动，而搜救飞机的搜寻性能要远优于搜救船舶，因此尽管新增了滨海 286 轮，最终的搜救时间也比较长。由于搜救时间变长，失事人员的不满意度也随之增大，但是由于搜救飞机参与搜救行动的成本较大，取消“海豚”直升机之后，新搜救资源方案的成本反而下降了。

表 7-15　情况 5 发生后新的搜救资源方案

搜救资源	搜救船舶	东港拖 702、北海救 108、北海救 111、滨海 286 轮
	搜救飞机	湾流 G550 固定翼飞机
整个搜救行动的总时间		3.91h
失事人员的不满意度偏差		0.11 万元
搜救资源组成偏差		29 万元
资源方案成本偏差		–5.19 万元
新增的搜救资源		滨海 286 轮
减少的搜救资源		“海豚”直升机

当发生情况 7 时，计算生成的结果如表 7-16 所示，新的搜救资源方案在初始搜救方案的基础上新增了滨海 286 轮参与搜救行动，取消了北海救 111，并且最终的搜救时间为 3.57h，失事人员的不满意度偏差、搜救资源组成偏差以及搜救资源方案成本偏差分别是 0.01 万元、29 万元和 4.38 万元。在干扰事件发生时，滨海 286 轮和北海救 111 与事故点之间的距离相近，且二者的性能相近，因此滨海 286 轮较好地替代了北海救 111 的工作，使得新旧方案之间的偏离较小。

表 7-16　情况 7 发生后新的搜救资源方案

搜救资源	搜救船舶	东港拖 702、北海救 108、滨海 286 轮
	搜救飞机	“海豚”直升机、湾流 G550 固定翼飞机
整个搜救行动的总时间		3.57h
失事人员的不满意度偏差		0.01 万元
搜救资源组成偏差		29 万元
资源方案成本偏差		4.38 万元
新增的搜救资源		滨海 286 轮
减少的搜救资源		北海救 111

第 8 章　海上突发事件应急方案评估

海上突发事件应急方案选择问题通常面临着时间紧迫、环境动态变化、可用资源有限等复杂情形，决策者面对通过优化算法获得的众多海上突发事件应急备选方案时很难判断方案的优劣性，决策出具体执行的方案，获取一致的决策结论。因此确定应急方案评估标准，并对优化求解后的多个备选方案进行比较、分析和评估，得出备选方案的优劣排序，为决策者提供科学的决策支持尤为重要。

本章针对应急方案优劣性的综合评估展开研究，具体包括评估指标体系构建、指标权重确定和应急方案优劣性综合评估方法等。

首先针对海上突发事件应急方案评估进行了界定与深入剖析，识别出应急方案评估中的关键问题；在此基础上抽象出海上突发事件应急方案评估的共性特征及解决思路，并构建了相应的评估流程与评估指标体系。8.2 节和 8.3 节对突发事件进行应急处置的过程中，可能会遇到多种不确定因素，导致应急方案中预定的活动无法如期完成，这是需要应对的一种风险，分别提出应急方案的综合评估模型与鲁棒性评估模型，从而结合两种模型的优劣性评估结果，确定较优的应急方案，辅助于最终的应急决策。并针对海上搜救这一具体场景，在 8.4 节给出了海上搜救应急方案评估示例。

8.1　海上突发事件应急方案评估概述

8.1.1　海上突发事件应急方案评估中的关键问题

海上突发事件的发生具有极大的不确定性和偶然性，相关应急部门在接到应急报警信息以后，需要迅速启动相关应急预案，并针对本次海上突发事件制定具有针对性和可操作性的应急方案。此时，突发事件的有关信息是极其有限的，而且随着时间的延续，突发事件的状况也是不断发展变化的。因此，海上突发事件应急方案的编制人员在制定方案时，仍然面临着极大的不确定性。因此，相关人员会针对此次海上突发事件编制多个备选方案，并且在将应急方案实施之前，需要对所有的备选方案进行优劣性评估，确定较优的应急方案，以此来提高应对海上突发事件的能力。海上突发事件的应急方案评估过程主要面临以下关键问题。

(1) 如何构建具有针对性的海上突发事件应急方案评估指标体系。

传统的应急预案评估问题，一般要从预案本身的目标特性出发，构建评估指标体系，然后运用相关指标值聚合的方法计算应急预案的评估结果，据此对多个预案进行比较分析。针对应急方案，其与应急预案相比，具有更强的针对性，更加具体。因此，如何结合海上突发事件的具体特点，构建具有针对性的海上突发事件应急方案评估指标体系是需要考虑的关键问题之一。

(2)海上突发事件应急方案优劣性综合评估方法。

目前针对基于已构建的评估指标体系，对方案进行综合评估的研究较多，但缺少针对海上突发事件应急方案的优劣性进行评估的方法。评估指标体系中包含有定性指标，如何确定评估指标的权重，如何确定方案相对于评估指标的评估值，以及采用何种方法对海上突发事件应急方案进行优劣性综合评估，是拟解决的关键问题之一。

(3)考虑不确定因素情况下的海上突发事件应急方案评估方法。

本章所研究的海上突发事件应急方案评估主要聚焦在方案实施以前，这就使得应急方案的评估面临一个很直接的问题，那就是海上突发事件未来发展的不确定性。这在之前的文献研究中是没有或者很少考虑到的。应急方案是在突发事件初始发生时，在政府相关部门启动应急计划后，依据事故方上报的信息制定的针对当前海上突发事件的应急行动指南和措施。任何海上突发事件的发生都具有爆发性的特点，而且发生后，都会持续一段时间，在此期间，事态的发展是动态的，具有极大的不确定性。针对海上突发事件应急方案本身，其在实施过程中也面临着无法按时完成规定的应急任务，从而有可能影响到海上应急管理的效果。如何将这种不确定性考虑在内，对海上突发事件应急方案进行评估优选，是需要解决的另一关键问题。

8.1.2　海上突发事件应急方案评估流程

制定海上突发事件应急方案的主要目的是提高应对海上突发事件的效率，并尽可能减少海上突发事件可能带来的经济、财产等各种损失。因此，对海上突发事件应急方案优劣的评估最有效的方式是根据方案最终的实施效果进行直接的评断[115]。然而这种判断方法存在一定的问题和不足，一方面应急方案作为一个规划，或者说是指导性文件，其实施效果的好坏不仅与其本身的优劣有关，还和参与海上突发事件应急管理的各执行者有关，同样的应急方案就有可能产生截然不同的效果。另一方面，如果一个应急方案本身很差，而在实施前并不知道其效果，一旦实施则发现几乎不具有可操作性，那么仅仅通过方案实施效果的好坏进行评估很有可能造成更加严重的损失。因此，仅通过实施效果的好坏来对应急方案进行评估是不合理的。本章的研究主要是在海上突发事件应急方案实施以前，对多个备选的方案进行评估，从中确定出最优的应急方案。在这里需要明确指出的是，在实际的海上应急管理过程中，对方案的评估是贯穿海上应急管理的整个过程的，从海上应急管理开始前的优劣评估直至对方案实施效果的评估，随着实施进程的推进，不断对方案进行评估，并在评估的基础上不断对方案进行调整改进，以期获得最佳的处置效果，将海上突发事件造成的损失降到最小。

海上应急方案是针对海上突发事件的直接应对处置措施，对其评估需要遵循一定的科学、规范的流程。因此，提出如下海上突发事件应急方案评估流程。

(1) 构建评估指标体系。依据评估指标体系构建原则，考虑海上突发事件特点及实际情况，结合对海上突发事件应急效果等有关因素的分析，确定科学合理、具有针对性的评估指标，构建海上突发事件应急方案的评估指标体系。

(2) 确定评估指标权重。针对已构建的评估指标体系，在对海上突发事件应急方案进行综合评估前，需要首先确定评估指标的权重。考虑到评估对象的复杂性、不确定性以及人类思维的模糊性，决策者很难使用一个精确的数值来描述评估指标之间的相对重要性，决策者更喜欢采用语言化的形式给出判断，一种可行的方法是利用模糊数和二元语义等非精确值来定量地表达决策者的判断。针对此，采用模糊集理论与层次分析法相结合的方法确定评估指标权重。

(3) 对备选的海上突发事件应急方案进行优劣性综合评估。结合评估指标体系与已计算出的评估指标权重，采用基于扩展的 VIKOR 方法对备选应急方案进行优劣性综合评估，确定所有备选方案的优劣排序。

(4) 考虑不确定因素下的海上突发事件应急方案鲁棒性评估。针对海上突发事件应急管理过程中面临的多种不确定因素，考虑应急方案本身包含的应急管理活动无法按时完成的情况，给出应急方案鲁棒性的定义，提出应急方案的鲁棒性评估模型，采用基于网络关键路径的方法对应急方案的鲁棒性进行评估，结合步骤(3)中备选应急方案的优劣排序，选出较优的方案，最终辅助于决策者做出应急决策。

本章采取的应急方案具体评估流程如图 8-1 所示。

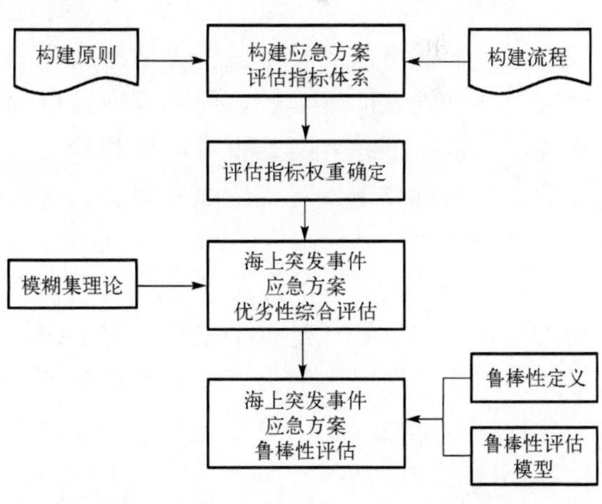

图 8-1　海上突发事件应急方案流程

8.2　海上突发事件应急方案评估指标体系

海上突发事件应急方案评估是一个复杂系统的评价，其涉及的内容较多，需要考虑的影响因素也较为广泛。指标体系的构建是否科学、合理，直接影响到海上突发事件应急方案评估结果的准确性和可信度，进而也会影响到海上突发事件应急决策的有效性。因此构建海上突发事件应急方案的评估指标体系需要遵循一定的原则，按照一定的流程逐层确定各级指标，为下一步海上突发事件应急方案的优劣性综合评估奠定良好的基础，实现对海上突发事件应急方案准确有效的评估。

评估指标的构建是海上突发事件应急方案评估的关键环节，建立一套科学合理的评估指标体系是海上突发事件应急方案评估有效合理的关键。

8.2.1　指标体系构建原则

海上突发事件应急方案的评估指标体系构建要遵从一定的原则，确保指标体系的科学合理性。应急方案的评估指标体系一般要遵从如下原则。

(1)科学性。

海上突发事件应急方案的评估指标体系构建一定要符合科学性的原则，在对评估指标进行选择构建时，需要理论联系实践，构建的评估指标体系要具有针对性的特点，特别是针对海洋这一场景特点。

(2)可行性。

评估指标体系要与海上突发事件应急方案相符合，构建符合应急方案的评估标准，确保评估结果符合应急方案的特点，避免出现较大偏差。

(3)全面性。

海上突发事件应急方案的评估涉及多个方面，构建评估指标体系的时候需要考虑突发事件处置的合理性、应急方案可以处置的事件变化的范围、应急方案调整造成的损失以及应急方案是否可以调整等多个方面，因此，构建海上突发事件应急方案的评估指标体系一定要全面考虑。

(4)系统性。

对海上突发事件的应急能力需要包括应急保障能力、应急预警能力、应急能力和灾后恢复能力等，是一个系统工程。因此在构建海上突发事件应急方案的评估指标体系时要考虑应急能力，以系统论为理论依据，并结合应急管理的全过程，尽可能全面、系统地反映应急方案真实的应急能力[116]。

(5)独立性。

海上突发事件应急方案的评估指标体系中，要全面分析指标间的相互关系，确保各指标的独立性，避免因为出现相同或相近的评估指标而对评估结果造成影响。

(6)可操作性。

对可操作性的理解需要包含以下两个方面：一是构建海上突发事件应急方案的评估指标体系的目的是对应急方案进行全面系统的评估，发现应急能力较强的应急方案，辅助决策者做出更加科学合理的决策，从而达到尽可能减少突发事件造成的损失的目的，因此构建的评估指标要实用，易于理解；二是构建的海上突发事件评估指标体系要能够定量化计算，或者容易定量化表示，从而使得最终的评估结果更加科学合理[117]。综上两点，选取构建应急方案的评估指标体系时要确保指标的简单易用，具有可操作性。

(7) 可调整性。

在海上突发事件应急方案评估指标选取构建时，海上突发事件发展变化的不确定性，往往造成初始制定的应急方案无法全面覆盖所有可能的突发状况。因此，在选取应急方案的评估指标时，要充分考虑到应急方案的可调整性，从而可以更好地应对因为海上突发事件的动态变化而造成的损失，进而可以更加有效地对应急方案进行评估。

8.2.2　指标体系构建流程

海上突发事件应急方案评估指标体系的构建需要遵循一定的流程，应将其整个构建过程当作一项系统化的工程，保证其所考虑的因素全面、系统，确保指标体系的构建具有科学性、适应性，以此才能对各评估指标做出更加合理的评估和计算，使得对应急方案最终的优劣性评估科学合理[118]。海上突发事件应急方案评估指标体系构建的具体流程如下所述。

(1) 确定理论依据。针对不同种类海上突发事件的应急方案，其评估与实施都需要遵循一定的法规、标准，因此在构建应急方案的评估指标体系时需要立足于本行业的特点，依据有关国际公约、法规、标准，并充分考虑海上突发事件应急管理的要求，根据应急管理的相关理论，形成海上突发事件应急方案应急能力评估的理论体系，保证构建的评估指标体系有理有据、真实可信。

(2) 初步构建评估指标体系。按照系统工程的思想，参考类似海上突发事件相关已有的评估指标体系，结合该领域专家的建议，初步确定指标体系的整体结构框架，在此基础上，对高一层级的指标体系进行细分，确定海上突发事件应急方案相关的影响因素，构建初步的评估指标体系，确保指标体系构建的系统性、完整性。

(3) 评估指标体系进一步完善。初步构建的评估指标体系虽已力求系统性和全面性，但在逻辑连贯性和指标间的独立方面难免存在一些不足。因此，有必要对这一指标体系进行更深入的细化与深化，以确保其更加完善。

8.2.3　海上突发事件应急方案评估指标体系构建

应急方案评估最重要的目的是最大限度地确保应急管理行动快速、有效、有序地执行，尽最大的可能减少人民群众生命和财产损失[119]。基于此，海上突发事件应急方案评估指标体系应当符合海上突发事件应急管理行动的特点，应尽可能全面地反映海上突发事件应急管理的实际需求，进而为海上突发事件应急决策和应急方案实施提供依据。

结合评估指标体系构建原则，本章在海上突发事件应急方案的众多影响因素中选取了 4 个能够更好地体现应急方案应急能力的指标作为一级评估指标即准则层，分别是海上突发事件应急方案的完整性(C_1)、海上突发事件应急方案的灵活性(C_2)、海上突发事件应急方案的可操作性(C_3)和海上突发事件应急方案的经济性(C_4)。其中，每个准则层下面又包括多个二级准则，即方案层，分述如下。

1. 海上突发事件应急方案的完整性

应急方案的完整性是指在制定应急方案的过程中需要尽量考虑海上突发事件可能出现的各种情况，并且需要在处置方案中明确规定参与应急管理行动的相关部门以及相关人员的职责。如果应急方案缺乏必要的完整性，在对海上突发事件进行应急管理的过程中就有可能出现部门及人员分工不明确、操作不协调、应急管理措施无效等问题，最终造成不必要的财产损失，甚至导致整个应急管理行动的失败[120]。应急方案的完整性具体包括应急行动方案的完备性(C_{11})、应急部门及人员分工的明确性(C_{12})、应急人员调配的合理性(C_{13})、应急部门间的协作性(C_{14})。

(1)应急行动方案的完备性。

面对海上突发事件多样性、突发性和不确定性的特点，在编制针对某类海上突发事件的应急方案时应当尽量多地考虑到海上突发事件可能发生的各种情况，使得应急行动尽可能地详尽和全面[121]。

(2)应急部门及人员分工的明确性。

海上突发事件的应急管理工作往往需要多个部门及其相关人员参与，且分工复杂，因此在编制应急方案的过程中，应尽可能明确、清晰地确定参与应急行动的部门和人员的分工，从而保证应急行动及时、有序、高效地进行[122]。

(3)应急人员调配的合理性。

在编制海上突发事件应急方案时，应将参与应急行动人员的相关信息和组织方式编制其中，从而可以在短时间内实现召集足够数量人员参与应急行动。

(4)应急部门间的协作性。

应急行动必然涉及多个不同的部门参与其中，且不同部门及其人员在海上应急管理过程中存在任务上的交叉，因此在编制应急方案时需要考虑不同参与部门之间的协调配合，以保证有序地开展应急行动，并减少不必要的资源浪费。

2. 海上突发事件应急方案的灵活性

应急方案的灵活性是指在海上突发事件的情况发生变化导致当前应急方案无法有效应对时，应急部门可以在目前的应急方案的基础上稍加修改，从而提出有效的应急方案，而无须重新从头开始编制全新的应急方案，进而可以提高应急部门对突发事件的应急管理效率[121]。具体包括相似处置流程的合并性(C_{21})和次生灾害的处置能力(C_{22})两个二级指标。

(1)相似处置流程的合并性。

当遇到多个海上突发事件同时发生的情况时，这些海上突发事件的应急管理流程中可能存在某些相同或相近的应急行动，因此，一个好的应急方案应能够在某类应急方案的基础上采用其他的应急方案，进而提高海上突发事件的处置效率。

(2) 次生灾害的处置能力。

海上突发事件的发生可能会引起次生灾害的发生，这些次生灾害一般与该海上突发事件之间存在着某种联系，因此，应对某一海上突发事件的应急方案也应能够有效地处置该海上突发事件引起的次生灾害。

3. 海上突发事件应急方案的可操作性

应急方案的可操作性将直接影响到对海上突发事件的处置速度和效率[123]。如果应急方案中编制的某些环节不符合实际，就会阻碍整个应急行动的顺利进行，从而影响到整个应急行动的速度和效率。具体包括海上突发事件的预警能力(C_{31})、海上突发事件的响应速度(C_{32})、处置海上突发事件的有效性(C_{33})和灾后恢复的全面性(C_{34})等 4 个二级指标。

(1) 海上突发事件的预警能力。

通过对海上突发事件前期状况的监测和诊断，准确及时地预测海上突发事件发生的可能性和类型，并及时编制相应的应急方案，从而减少海上突发事件造成的损失，并避免次生灾害的发生。

(2) 海上突发事件的响应速度。

对海上突发事件的应急管理应当在尽可能短的时间内完成，从而最大限度地减少突发事件造成的损失[121]。

(3) 处置海上突发事件的有效性。

处置海上突发事件的有效性是指通过执行应急方案，实现应急管理信息的快速传递，以及应急管理资源统一、动态、协调管理。从而在有限的时间和资源约束下实现对海上突发事件的最佳处置效果。

(4) 灾后恢复的全面性。

应急管理行动结束以后，利用现有的应急管理资源对原有的状态进行恢复，并根据突发事件的调查和损失评估做出总结报告，以改善应急方案库，从而为动用社会资源进行善后处理提供参考。

4. 海上突发事件应急方案的经济性

应急方案的经济性是指在保证对海上突发事件应有的处置效果的前提下，应当尽可能地减少应急管理过程中的资源消耗，合理使用应急资金。对海上突发事件的理想处置效果不是在不计成本投入的情况下换来的，而是在时间、费用等约束条件下实现的。因此，在对应急方案评估的指标体系中应当加入经济型这一评估指标。其具体包括应急管理资源的消耗(C_{41})和费用使用的合理性(C_{42})两个二级指标。

(1) 应急管理资源的消耗。

在海上突发事件的应急管理过程中，需要投入大量的人力、物力和财力等应急资源，因此优良的应急方案应当在保证海上突发事件的应急管理效果的前提下，尽可能地减少应急资源的消耗。

(2) 费用使用的合理性。

在满足应急管理效果的前提下，应急方案的实施还应当合理分配和使用应急费用，尽可能做到费用最省。

综上所述，应急方案的评估指标体系是由目标层、一级指标层和二级指标层构成的层次化的结构体系。

值得注意的是，上述评估指标体系是针对一般突发事件应急方案的通用性评估指标体系。应急方案对当前已经发生的海上突发事件具有很强的针对性和可操作性，因此，在构建不同海上突发事件的应急方案的评估指标体系时需要结合当前海上突发事件的特点，充分考虑对当前海上应急方案进行评估最为关心的方面和要素，依据上述通用性评估指标体系，构建特定的适合于当前情况的评估指标体系，具体的评估指标体系如图 8-2 所示。

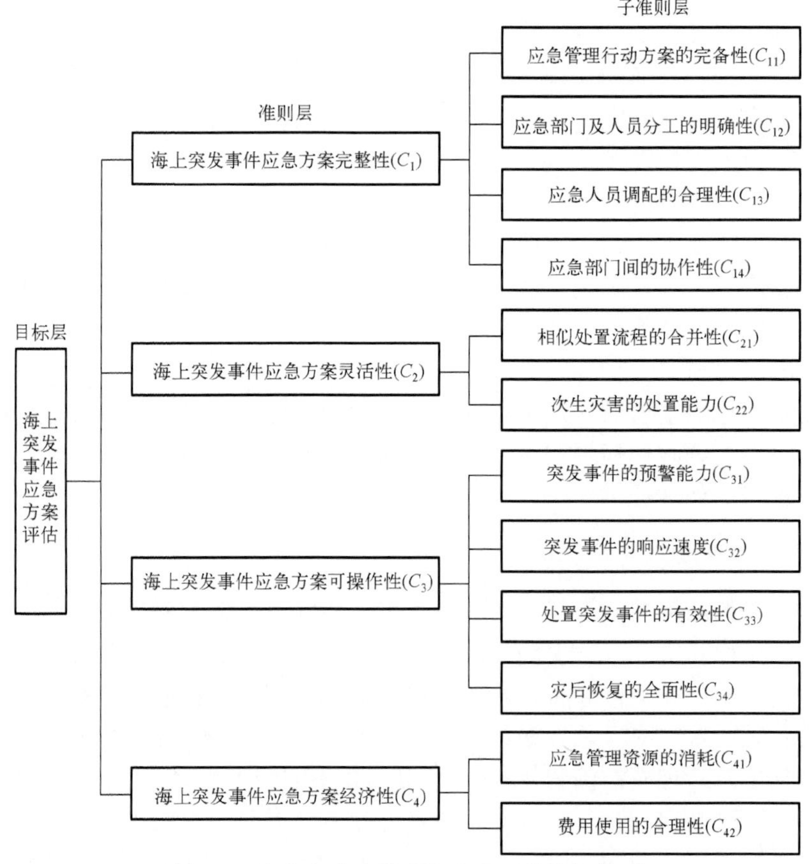

图 8-2　海上突发事件应急方案评估指标体系

8.2.4 确定指标权重

在海上突发事件应急方案评估问题中，应急方案的综合评估及选择是由多个评估指标综合确定的，而不是由一个或个别几个指标可以确定的，应急方案的优劣性评估是与评估指标体系直接关联的，最终应急方案的优劣性评估值是在计算各指标值的基础上，再利用相关多准则决策或其他指标值聚合的方法计算得到的。

在由底层指标聚合计算海上突发事件应急方案的评估值过程中，需要用到各指标的权重，评估指标权重的客观准确性直接影响到应急方案综合评估结果的可靠性和准确性[124]。因此，指标体系构建完成后，在进行指标值计算、聚合前，需要首先确定各指标的权重。针对确定评估指标权重的方法，目前主要分为主观赋值法和客观赋值法。主观赋值法，其计算权重的原始数据主要由评估人员根据经验或者个人主观判断给出。而对于客观赋值法，其计算权重的原始数据是由指标在被计算评测过程中的实际数据得到的。两种计算指标权重的方法各有利弊：主观赋值法缺乏客观性，人为主观判断对其计算结果影响较大，但是解释性强；客观赋值法计算的权重结果是基于实际数据的，因此计算精度高，但其易与实际情况相悖，而且其解释性较差，很难对计算的结果做出明确的解释。

针对海上突发事件应急方案的评估指标体系，其中指标权重的确定既需要专家经验的判定，以此来增加评估结果的解释性，又需要严谨的定量计算过程，保证评估结果的科学准确性。在对应急方案进行评估的过程中，考虑到评估对象的复杂性、不确定性以及人类思维的模糊性，决策者很难使用一个精确的数值来描述评估指标之间的相对重要性，决策者更喜欢采用语言化的形式给出判断，一种可行的方法是利用模糊数和二元语义等非精确值来定量地表达决策者的判断。针对二元语义的研究已经非常成熟[125]。基于此，本章采用三角模糊数来描述不同评估指标间的两两比较判断矩阵，运用模糊层次分析法(fuzzy analytic hierarchy process，FAHP)确定指标的权重。

1. *FAHP 方法介绍*

层次分析法(AHP)是美国运筹学家 Saaty 在 20 世纪 70 年代中期提出的。AHP 方法将与决策有关的元素分解为包含有目标、准则、方案的层次网络，在此基础上采取定性与定量相结合的决策方法[126]。该方法具有系统化、层次化、灵活、简便的优点[127]。经过多年的应用与发展，层次分析法已经成为一种经典的、成熟的求解评估指标权重的决策方法。然而在实际应用当中，由于评估对象的复杂性、不确定性以及人类思维的模糊性，决策者很难使用一个精确的数值来描述评估指标之间的相对重要性。因此许多学者将 AHP 与模糊集理论进行结合，提出了 FAHP 方法[128]。

2. FAHP 方法计算评估指标权重的步骤

在已构建的具有层次结构的指标体系以后，采用 FAHP 方法计算各评估指标权重的具体步骤如下所述。

(1) 构造应急方案评估指标模糊判断矩阵。

根据决策者判断信息，构造同层次元素关于上一层次某元素的重要性的两两比较判断矩阵，同时考虑到决策者判断信息的模糊性，采用三角模糊数来表征不同元素间的重要性比率。假设上一层次的元素 $B_k(k=1,2,\cdots,m)$ 对下一层次的 n 个元素 $C_1,C_2,\cdots,C_n$ 具有支配关系，那么在元素 B_k 的约束下，元素 $C_1,C_2,\cdots,C_n$ 的两两比较模糊判断矩阵表示如下：

$$\tilde{R}^k=(\tilde{r}_{ij}^k)_{n\times n}=\begin{bmatrix}\tilde{r}_{11}^k & \tilde{r}_{12}^k & \cdots & \tilde{r}_{1n}^k \\ \tilde{r}_{21}^k & \tilde{r}_{22}^k & \cdots & \tilde{r}_{2n}^k \\ \vdots & \vdots & & \vdots \\ \tilde{r}_{n1}^k & \tilde{r}_{n2}^k & \cdots & \tilde{r}_{nn}^k\end{bmatrix},\quad k=1,2,\cdots,m \tag{8-1}$$

其中，$\tilde{r}_{ij}^k=(l_{ij}^k,m_{ij}^k,u_{ij}^k)$ 是三角模糊数，表示元素 C_i 和 C_j 关于上一层元素 B_k 的重要性比率，且有元素 C_i 和 C_j 关于上一层元素 B_k 的重要性比率为

$$\tilde{r}_{ji}^k=(\tilde{r}_{ij}^k)^{-1}=((u_{ij}^k)^{-1},(m_{ij}^k)^{-1},(l_{ij}^k)^{-1}) \tag{8-2}$$

这里为了能够定量地描述任意两元素之间的相对重要性比率，通常采用如表 8-1 所示的标度法进行数量标度，其对应的隶属度函数 $\mu(x)$ 曲线如图 8-3 所示。

表 8-1　标度及其对应的模糊数

标度	三角模糊标度	三角模糊互反标度
完全相同(JE)	(1, 1, 1)	(1, 1, 1)
同等重要(EI)	(1/2, 1, 3/2)	(2/3, 1, 2)
稍微重要(WMI)	(1, 3/2, 2)	(1/2, 2/3, 1)
明显重要(SMI)	(3/2, 2, 5/2)	(2/5, 1/2, 2/3)
非常重要(VSMI)	(2, 5/2, 3)	(1/3, 2/5, 1/2)
极端重要(AMI)	(5/2, 3, 7/2)	(2/7, 1/3, 2/5)

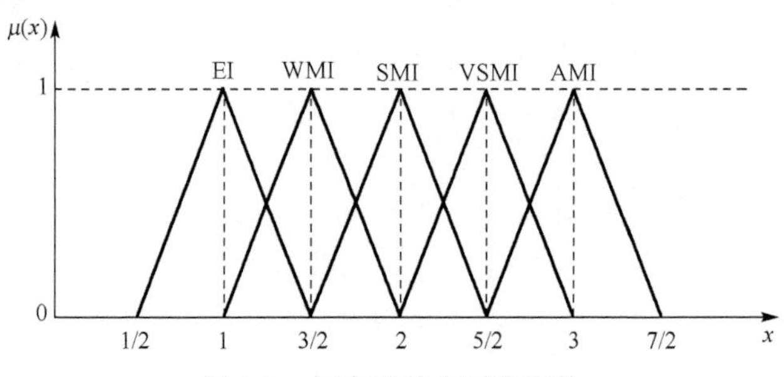

图 8-3　标度及其隶属度函数

(2)计算单一准则下元素的相对权重。

单一准则下元素的相对权重指的是同一层次的元素相对于上一层次某一元素来说的相对重要性排序。首先利用式(8-3)计算在上层元素 B_k 下，该层的每一个元素 $C_i(i=1,2,\cdots,n)$ 与同层次其他元素相比较的模糊重要性总和：

$$\tilde{r}_i^k=(l_i^k,m_i^k,u_i^k)=\sum_{j=1}^{n}\tilde{r}_{ij}^k=\left(\sum_{j=1}^{n}l_{ij}^k,\sum_{j=1}^{n}m_{ij}^k,\sum_{j=1}^{n}u_{ij}^k\right) \tag{8-3}$$

$$k=1,2,\cdots,m,\quad i=1,2,\cdots,n,\quad j=1,2,\cdots,n$$

接着，利用式(8-4)计算该层次每一个元素 C_i 的模糊重要性。与同层次所有元素的模糊重要性总和相比较的模糊综合程度值 $S_i(i=1,2,\cdots,n)$ 为

$$S_i=\left(\sum_{k=1}^{m}\tilde{r}_i^k\right)\otimes\left(\sum_{i=1}^{n}\sum_{k=1}^{m}\tilde{r}_i^k\right)^{-1},\quad i=1,2,\cdots,n \tag{8-4}$$

则各准则的权重向量为

$$w_i=[d'(C_1),d'(C_2),\cdots,d'(C_n)]^{\mathrm{T}} \tag{8-5}$$

其中，$d'(C_i)$ 为元素 C_i 优于其他元素的纯量测度，计算公式为

$$d'(C_i)=\min_{k=1,2,\cdots,m;k\neq i}V(S_i\geqslant S_k),\quad i=1,2,\cdots,n \tag{8-6}$$

经过归一化处理后，在单一规则 B_k 下，该层次 n 个元素的相对权重向量为

$$w=[w_1,w_2,\cdots,w_n]^{\mathrm{T}}=[d'(C_1),d'(C_2),\cdots,d'(C_n)]^{\mathrm{T}} \tag{8-7}$$

这里的 w 是一个非模糊值。

(3)计算各层元素相对目标层的合成权重。

层次分析法的最终目的是求得方案层各元素相对于目标层的权重，需要从上至下逐层计算各层元素对目标层的合成权重。假设第 $l-1$ 层 n_{l-1} 个元素相对于目标层的合成权重为 $w^{(l-1)}=[w_1^{(l-1)},w_2^{(l-1)},\cdots,w_{n_{l-1}}^{(l-1)}]^{\mathrm{T}}$。第 l 层有 n_l 个元素，其关于第 $l-1$ 层第 j 个元素的单一准则权重向量为 $u_j^{(l)}=[u_{1j}^{(l)},u_{2j}^{(l)},\cdots,u_{n_lj}^{(l)}]^{\mathrm{T}}(j=1,2,\cdots,n_{l-1})$，如果第 l 层的某些元素不受 $l-1$ 层第 j 个元素的支配，相应的位置用零补充，则第 l 层所有元素关于第 $l-1$ 层各元素的权重可用如下矩阵表示：

$$U^{(l)}=(u_{ij}^{(l)})_{n_l\times n_{l-1}}=\begin{bmatrix}u_{11}^{(l)} & u_{12}^{(l)} & \cdots & u_{1n_{l-1}}^{(l)}\\ u_{21}^{(l)} & u_{22}^{(l)} & \cdots & u_{2n_{l-1}}^{(l)}\\ \vdots & \vdots & & \vdots\\ u_{n_l1}^{(l)} & u_{n_l2}^{(l)} & \cdots & u_{n_ln_{l-1}}^{(l)}\end{bmatrix} \tag{8-8}$$

则第 l 层的 n_l 个元素对于目标层的合成权重为

$$w^{(l)} = U^{(l)} w^{(l-1)} \tag{8-9}$$

将式(8-9)写成如下分量形式：

$$w_i^{(l)} = \sum_{j=1}^{n_{l-1}} u_{ij}^{(l)} w_j^{(l-1)}, \quad i = 1, 2, \cdots, n_l \tag{8-10}$$

则子准则相对于总目标的全局权重：

$$u_k = \sum_{i=1}^{n} w_i w_k^i, \quad k = 1, 2, \cdots, n_i \tag{8-11}$$

其中，$w = [w_1, w_2, \cdots, w_n]^{\mathrm{T}}$ 是准则层各准则 B_i 的权重，$w_k^i (i = 1, 2, \cdots, n; k = 1, 2, \cdots, n_i)$ 为准则 B_i 下子准则 C_k 的局部权重。

8.3 海上突发事件应急方案综合评估与鲁棒性评估

本节首先进行海上突发事件应急方案的综合评估，按照指标体系构建原则和构建流程构建了应急方案评估指标体系；然后利用 FAHP 方法确定了评估指标的权重，在此基础上将三角模糊数和传统 VIKOR 方法相结合，提出扩展 VIKOR 方法对备选应急方案进行综合评估；最终确定出所有备选应急方案的优劣排序，从而选出较优的应急方案，为后面考虑不确定情况下的应急方案优选奠定基础。

在此基础上进行鲁棒性评估。首先对应急方案面临的海上突发事件的不确定因素进行了分析，随后给出了海上突发事件应急方案的鲁棒性的定义，并构建了评估模型，提出了基于网络关键路径的应急方案鲁棒性的求解算法。

8.3.1 基于 VIKOR 方法的海上突发事件应急方案评估流程

在对海上突发事件应急方案进行评估的过程中，考虑到评估对象的复杂性、不确定性以及人类思维的模糊性，决策者很难使用一个精确的数值来描述评估指标之间的相对重要性，决策者更喜欢采用语言化的形式给出判断，一种可行的方法是利用模糊数和二元语义等非精确值来定量地表达决策者的判断。基于此，本章将三角模糊数应用到传统的 VIKOR 方法中，提出基于扩展的 VIKOR 方法对海上突发事件应急方案进行综合评估。

决策者在对应急方案的评估指标做出评估时，相比于精确的数值，更倾向于使用类似于优、良、中、差这样的语言评估短语。本章采取评估语言集{非常差(VP)，差(P)，稍微差(MP)，一般(F)，稍微好(MG)，好(G)，非常好(VG)}来表征决策者对应急方案关于评估指标的评估结果。评估语言集与三角模糊数间的对应关系如表 8-2 所示。

表 8-2　评估语言集与三角模糊数间的对应关系

序号	评估语言短语	三角模糊数
1	非常差(VP)	(0, 1, 2)
2	差(P)	(1, 2, 3)
3	稍微差(MP)	(2, 3.5, 5)
4	一般(F)	(4, 5, 6)
5	稍微好(MG)	(5, 6.5, 8)
6	好(G)	(7, 8, 9)
7	非常好(VG)	(8, 9, 10)

需要注意的是，与评估语言短语相对应的三角模糊数的值是相对的，而不是绝对的。

假设有 m 个待评估的海上突发事件应急方案 $\{P_1,P_2,\cdots,P_m\}$，n 个评估指标 $\{C_1,C_2,\cdots,C_n\}$，k 个决策者 $\{\mathrm{DM}_1,\mathrm{DM}_2,\cdots,\mathrm{DM}_k\}$。在已知评估指标权重 $w_j(j=1,2,\cdots,n)$ 的前提下，基于扩展 VIKOR 方法对应急方案进行评估的具体流程如下所述。

(1)海上突发事件备选应急方案评估矩阵确定。

设第 $p(p=1,2,\cdots,k)$ 位决策者对第 $i(i=1,2,\cdots,m)$ 项备选方案相对于第 $j(j=1,2,\cdots,n)$ 个评估指标的评估值用 $\tilde{x}_{ij}^p$ 表示。则备选应急方案评估矩阵可以按照如下方式表示：

$$\tilde{X}=(\tilde{x}_{ij})_{m\times n}=\begin{bmatrix}\tilde{x}_{11} & \tilde{x}_{12} & \cdots & \tilde{x}_{1n}\\ \tilde{x}_{21} & \tilde{x}_{22} & \cdots & \tilde{x}_{2n}\\ \vdots & \vdots & & \vdots\\ \tilde{x}_{m1} & \tilde{x}_{m2} & \cdots & \tilde{x}_{mn}\end{bmatrix} \tag{8-12}$$

其中，$\tilde{x}_{ij}$ 是所有决策者的评估结果的平均值，其计算方法如下：

$$\tilde{x}_{ij}=\frac{1}{k}(\tilde{x}_{ij}^1\oplus\tilde{x}_{ij}^2\oplus\cdots\oplus\tilde{x}_{ij}^k),\quad i=1,2,\cdots,m;j=1,2,\cdots,n \tag{8-13}$$

(2)确定模糊最好解 $\tilde{f}_j^*=(l_j^*,m_j^*,u_j^*)$ 和模糊最差解 $\tilde{f}_j^o=(l_j^o,m_j^o,u_j^o)$ [129]。

$$\tilde{f}_j^*=\max_i\tilde{x}_{ij},\quad \tilde{f}_j^o=\min_i\tilde{x}_{ij},\quad i=1,2,\cdots,m;j=1,2,\cdots,n \tag{8-14}$$

(3)计算海上突发事件备选应急方案的群体效益值 $\tilde{S}_i$ 和个体遗憾值 $\tilde{R}_i$。

$$\begin{cases}\tilde{S}_i=(S_i^l,S_i^m,S_i^u)=\displaystyle\sum_{j=1}^{n}(w_j\otimes\tilde{d}_{ij})\\ \tilde{R}_i=(R_i^l,R_i^m,R_i^u)=\max\limits_j(w_j\otimes\tilde{d}_{ij})\end{cases} \tag{8-15}$$

其中，$\tilde{d}_{ij}$表示评估结果的平均值$\tilde{x}_{ij}$与最好解$\tilde{f}_j^*$或最差解$\tilde{f}_j^o$之间的模糊差异，其计算方式如下：

$$\tilde{d}_{ij} = (\tilde{f}_j^* - \tilde{x}_{ij}) / (u_j^* - l_j^o) \tag{8-16}$$

(4)计算海上突发事件备选应急方案的利益比率$\tilde{Q}_i$。

$$\tilde{Q}_i = v\left(\frac{(\tilde{S}_i - \tilde{S}^*)}{(S^{ou} - S^{*l})}\right) \oplus (1-v)\left(\frac{\tilde{R}_i - \tilde{R}^*}{R^{ou} - R^{*l}}\right) \tag{8-17}$$

其中，$\tilde{S}^* = \min\limits_i \tilde{S}_i$，$S^{ou} = \max\limits_i S_i^u$，$\tilde{R}^* = \min\limits_i \tilde{R}_i$，$R^{ou} = \max\limits_i R_i^u$；$v$表示决策机制的系数，用来体现决策者的偏好。$v > 0.5$表示依据群体效益优先的原则制定决策；$v \approx 0.5$表示依据均衡折中的原则制定决策；$v < 0.5$表示依据个体遗憾优先的原则制定决策。一般$v$取值0.5。借助于式(8-18)将$\tilde{S}_i$、$\tilde{R}_i$和$\tilde{Q}_i$进行去模糊化处理，分别得到$S_i$、$R_i$和$Q_i$，然后按照传统VIKOR方法的步骤(4)对应急方案进行优选。

$$\text{Crisp}(\tilde{a}) = \frac{a^l + 2a^m + a^u}{4} \tag{8-18}$$

设$\tilde{M}_1 = (l_1, m_1, u_1)$，$\tilde{M}_2 = (l_2, m_2, u_2)$是两个三角模糊数，则可能度可以通过式(8-19)计算：

$$V(\tilde{M}_2 \geqslant \tilde{M}_1) = \begin{cases} 1, & m_2 \geqslant m_1 \\ 0, & l_1 \geqslant u_2 \\ \dfrac{l_1 - u_2}{(m_2 - u_2) - (m_1 - l_1)}, & \text{其他} \end{cases} \tag{8-19}$$

8.3.2　海上突发事件不确定因素分析

海上突发事件因为其实际发生的时间、位置信息具有很强的不可预见性，而且在严控事态进一步恶化、立即采取应急行动的要求下，能够留给预警的可用时间很短，导致海上突发事件发生后制定应急方案的时间极其短暂[130]。此外，应急方案是在海上突发事件发生后，在事故方将事件初始情况上报后由政府相关部门依据事件初始信息和历史经验制定的，海上突发事件的动态性造成的信息不充分，进一步加剧了对海上突发事件应急需求获取的难度，从而使得应急方案制定的难度显著增加。其原因主要在于海上突发事件面临着极大的不确定性，这种不确定性主要包括环境因素的不确定性和海上突发事件本身的不确定性。

任何海上突发事件的发生，都或多或少是在自然环境、政治环境或人为环境下孕育而生的。海上突发事件的发生受环境因素的影响，在海上突发事件发生后，会继续受到环境的影响，从而造成事件发展态势难以预测，这就进一步给事件的应急行动造成了极大的困难。因为不确定性的存在，很难确保按照应急方案的实施效果。

不同种类的海上突发事件，在对其应急方案进行评估时所面临的不确定环境因素是不一样的，需要针对不同类的事件进行针对性的分析。

海上突发事件本身的不确定性主要集中表现在：事件发生的时间具有极大的不确定性，事件发生的地点具有极大的不确定性，事件进一步发展变化的不确定性，造成的海上突发事件应急需求的不确定性。

在海上突发事件应急行动中，具有不确定性的因素很多，总结起来可以归纳为如下三个方面。

(1) 环境的不确定性方面。环境的不确定性因素主要是指造成海上突发事件发生以及后续发展变化的自然环境因素，包括天气变化、风、浪、流等环境因素。

(2) 海上突发事件本身的不确定方面。海上突发事件的发生和发展是难以预料的，其本身的不确定性对应急管理行动造成极大的干扰，随着时间的推移，海上突发事件对应急管理的需求可能会发生变化，从而可能会导致已确定的应急方案不再适用当前海上突发事件，进而将直接影响到应急管理效果的成败与优劣。

(3) 海上突发事件应急行动的不确定性方面。应急行动的不确定性因素主要是指在应急行动中，可能出现部门、人员、设备等关键资源自身发生故障而无法正常发挥作用的情况。应急行动的不确定因素将直接影响到应急方案执行的效果，某些资源出现故障可能将会直接导致原定应急方案失效，进而需要重新调配资源，甚至重新制定应急方案，这将直接影响到对海上突发事件的处置效率和效果。

海上突发事件本身的不确定性很难以人类的意志为转移，减少其不确定性最有效的措施是加强各方面的防范措施，从根本上减少或者杜绝突发事件的发生。而海上突发事件面临的环境不确定性，很大程度上直接影响到应急方案实施效果的好坏。因此，减少不确定环境因素给海上突发事件应急管理带来的困难，最直接的方法是提高应急方案的质量，使其能够有效应对尽可能多的不确定环境因素。因此，在实际的海上突发事件应急管理过程中，需要重点解决的问题之一就是如何减少不确定环境因素对制定应急方案造成的困难。

不确定环境因素造成海上突发事件的应急管理面临着巨大的未知性。应急方案制定完成后，直至整个应急行动结束，海上突发事件都是在发展变化的，这些发展变化很大一部分是环境因素造成的。这种发展变化对应急方案和整个应急行动造成的影响和困难主要来源于以下三个方面。

(1) 不确定的环境因素对应急方案的应对能力提出了极大的挑战，动态环境下，应急方案能否应对各种可能未知的情况是对应急方案评估的一个主要因素。

(2) 一种应急方案在应对海上突发事件时，其有效性的弹性如何，即该方案能覆盖和适应多少种不同的海上紧急情况及其可能的变化幅度。如果应急方案可处置的突发情况范围过小，势必会影响整个海上突发事件应急效果。

(3)不确定环境因素造成的影响可大可小，无法准确预测，当环境因素造成海上突发事件的发展变化超出了应急方案的处置能力时，势必也会影响对海上突发事件的处置能力，海上突发事件造成的损失就会增加。

综上，可以看出，不确定的环境因素导致的海上突发事件发展变化的不确定最终会影响到应急方案的整体处置能力和处置效果。那么，如何更好地应对海上突发事件所面临的不确定性环境因素呢，一种切实有效的方法就是对备选应急方案进行评估，考量应急方案的各方面能力，从备选方案中挑选出最优的应急方案，并对其进行进一步的调整改善，以此来提高应对海上突发事件的能力。如何对应急方案进行有效的评估，辅助决策者制定出最佳的应急方案，使得海上突发事件造成的危害和损失降到最小，即是本章的主要研究目的。

8.3.3　海上突发事件应急方案鲁棒性评估模型构建

1. 应急方案鲁棒性定义

鲁棒性(robustness)是系统的一个基本属性，是在不确定环境中普遍存在的一种特性。一般说来，系统的鲁棒性是指当输入或者外部环境发生变化时，系统的输出保持不发生质的变化或者维持在合理的可接受范围内的一种特性。

海上突发事件应急方案的鲁棒性定义为在应急方案执行过程中，应急方案中包含的资源要素，如设备、人员等出现失效，即无法按时完成事先规定的任务时，应急方案依然能够保持较好的稳定性，即保持对突发事件较好的处置能力。

应急方案中包含的各种资源，包括人力、物力、财力，都有可能在应急管理的过程中失效。这势必会影响事先制定好的应急方案的执行效率，但是个别或部分资源的失效对应急方案应对当前应急行动目标的完成与否是存疑的。部分资源的失效可能导致行动失败，也有可能使应急方案继续保持顺利完成应急行动的能力。因此提出应急方案鲁棒性评估的概念，旨在通过鲁棒性评估，分析应急方案在不确定条件下应对海上突发事件的能力。

在海上突发事件应急过程中，如何在有限的资源约束条件下，以最小的成本和最有效的时间完成应急任务是决策者所关心的决策目标。这是在应急方案制定过程中最为急切需要解决的问题。应急方案制定完成后，考虑不确定性条件下，应急方案中包含的资源要素可能存在失效的情况，此时需要重新调配相关资源，从而弥补原始方案的不足，在这个过程中，应急方案的成本和时间有可能发生变化，直接影响到应急方案能力，这种影响的大小可以通过应急方案的鲁棒性进行衡量。

2. 构建应急方案鲁棒性评估模型

针对不同种类的海上突发事件，在应急响应过程中，都具有比较明确的处置任务，如尽量减少人员伤亡、防止溢油继续漂移扩散等。这些任务都是通过一系列的活动来完成的，不同的活动之间存在着先后或者并列的关系。基于此，本章采取基于活动(activity-based)的方法来对不同种类的海上突发事件进行描述，从而将应急过程通过活动关系网络图的方式进行展现。假设某一海上突发事件的应急过程包括 n 项活动，分别表示为 $A_1,\cdots,A_n$。考虑到活动网络图表述的需要，添加两项虚活动 A_0 和 A_{n+1}，分别表示应急行动的开始和结束。图 8-4 即为一个活动关系网络，图中编号表示活动，箭头表示活动间的执行关系。

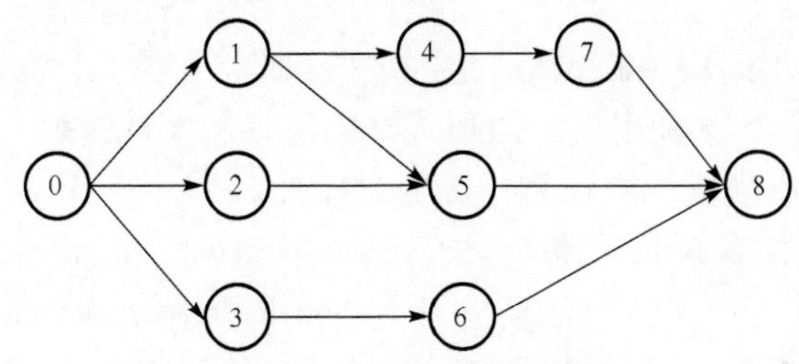

图 8-4　活动关系网络图

应急任务的顺利完成依赖于其中每项活动的圆满完成。每项应急活动的完成都需要相应的资源来支撑，这里的资源包括设备、人力等，不同的资源又可以细分为不同的种类，例如，对设备而言，具体包括侦察类设备、救援类设备等。各项应急活动的完成所需要的资源可能是不一样的。本章定义的海上突发事件应急活动足够具体，其中只涉及单个装备或其他资源来执行单项活动。需要注意的是，两项虚活动 A_0 和 A_{n+1} 不需要消耗任何资源，不占用任何时间。

每项海上突发事件应急活动的完成都需要一定的时间，并且每项活动完成需要的时间是确定的。一般而言，各项应急活动之间存在着先后或者并列关系，一项应急活动的圆满完成与否不但受其他活动的影响，也会影响到其他活动的完成。应急活动间的关系可以概括为如下三类。

(1) 前序关系。称活动 A_i 是活动 A_j 的前序活动，说明活动 A_j 必须在活动 A_i 完成以后才能开始。前序活动又可以分为紧前活动和非紧前活动。

(2) 后序关系。称活动 A_i 是活动 A_j 的后序活动，说明必须在活动 A_j 完成以后才能开始活动 A_i。后序活动又可以分为紧后活动和非紧后活动。

(3) 并列关系。两项活动 A_i、A_j，如果活动 A_i 的开始不依赖于活动 A_j 的完成，同样，活动 A_j 的开始不依赖于活动 A_i 的完成，则称活动 A_i 和 A_j 之间是并列关系。

假定整个应急活动完成所需要的时间是一定的，各项活动完成所需要的时间不同，加上不同活动间存在的不同先后关系，导致个别活动在不影响后续活动开始时间的情况下其开始执行时间是不确定的。某项活动的完成时间将直接影响到其紧后活动的开始执行时间。当某项活动因为其所需资源出现失效而无法按时完成时，就有可能影响其后序活动无法按照计划时间开始执行，依次叠加，最后就有可能造成整个海上突发事件应急行动的实际完成时间超过计划时间，从而影响针对海上突发事件的应急效果，甚至有可能造成整个应急行动的失败，即没有完成应急任务，使得海上突发事件造成更加严重的损失。

在对海上突发事件应急的过程中，任何一项活动都有可能因为其相关装备的失效而导致无法按照方案中规定的时间完成。因为装备失效而导致该项应急活动执行延迟，这里的延迟时间主要来自于装备维修或更换装备等可能的原因。参与应急活动的装备在执行活动过程中都存在一定的失效风险，这就是造成应急活动无法按时完成的不确定因素。本章采用概率的形式来描述这种不确定性，即每项应急活动 A_i 都有一定的概率 P_i 出现无法按计划完成的可能性。

本章假设海上突发事件应急方案中已经事先确定好了各项活动的计划开始执行时间，第 $i\,(i=0,1,2,\cdots,n)$ 项活动的计划开始时间用 t_i 表示，第 i 项活动的持续时间用 C_i 表示，C_i' 表示第 i 项活动存在延迟时的持续时间。应急活动计划开始执行的时间用 t_0 表示，计划完成的时间是 t_{n+1}。则对于应急活动 $i\,(i=0,1,2,\cdots,n)$ 而言，在不影响其紧后应急活动计划开始时间的前提下，其实际开始执行的时间可以延迟的范围为

$$\Delta t_i = \min_{m\in L_i}\{t_m - C_i\} - t_i \tag{8-20}$$

其中，L_i 表示应急活动 A_i 的所有紧后应急活动的集合；t_m 表示 L_i 中应急活动 A_m 的计划开始时间。对于虚活动 A_{n+1} 而言，其可以延迟的范围为 $\Delta t_{n+1} = T_0 - t_{n+1}$，其中 T_0 表示整个应急行动的计划完成时间。

定义 8-1（关键路径） 关键路径是指按照应急方案规定的应急活动网络图中的一条路径，该路径上的活动都不存在可延迟的时间，且该路径上所有活动执行时间之和，即该路径的总持续时间最长。

在应急活动网络图中，当个别或某些活动因为其资源失效而无法按计划完成时，该网络图中的关键路径可能会发生变化。依据上述应急活动网络图中关键路径的定义，考虑各项应急活动可能由于失效无法按时完成的情况下，确定活动网络图中所有可能的关键路径，计算所有可能关键路径的总持续时间，进而结合相应的失效概率，求取该网络图中所有可能的关键路径的总持续时间的期望，该期望值越小，表明按照该应急方案规定的活动网络图受到不确定因素造成的影响越小，即该处置方案所能承受的不确定因素范围较广，该方案的稳定性较好，从而说明该应急方案的鲁棒性较好。基于此，构建如下应急方案的

鲁棒性评估模型：

$$\mathrm{Robu} = T_0 - T_1 \tag{8-21}$$

$$T_1 = \sum_{j=1}^{m}\sum_{k=1}^{2^{r_j}} P_{jk} T_{jk} \tag{8-22}$$

其中，m 表示活动网络图中存在的所有路径的数目，第 $j\,(j=1,2,\cdots,m)$ 条路径用 R_j 表示；r_j 表示路径 R_j 上包含的应急活动的数量；2^{r_j} 表示路径 R_j 上的应急活动存在的所有是否失效的组合数目；T_{jk} 表示第 j 条路径上的所有活动在第 k 种组合情况下的路径持续时间；P_{jk} 表示第 j 条路径上的所有活动在第 k 种组合情况下是网络图中关键路径的概率；T_1 表示该网络图中所有可能的关键路径的总持续时间的期望。式(8-21)等号右边表示考虑所有可能组合的情况下，执行完所有应急活动所需要的时间与计划完成时间之间的差值，表明了不确定因素对应急方案造成的影响，定义为应急方案的鲁棒性，该值越大，表明应急方案的鲁棒性越大，说明应急方案所能承受的不确定因素范围越广。

8.3.4　海上突发事件应急方案鲁棒性评估

按照式(8-18)构建的应急方案鲁棒性评估模型，处置方案鲁棒性评估的基本思路是首先根据海上突发事件应急方案绘制应急活动网络计划图，并确定各个活动的计划开始时间 t_i、持续时间 C_i、发生延迟的概率 P_i、发生延迟时的持续时间 C_t' 以及应急行动的计划完成时间 T_0 等基本信息；其次，确定网络图中存在的所有路径 $R_j\,(j=1,2,\cdots,m)$，考虑路径上包含的活动的所有可能的发生延迟的组合，计算每种组合成为网络图中关键路径的概率以及此时对应的路径中所有活动的持续时间之和；最后，综合计算该网络图中所有可能的关键路径的总持续时间的期望，进而计算出该应急方案的鲁棒性指标。接下来，对基于网络关键路径的应急方案鲁棒性评估的流程进行详细分析，具体如下所述。

(1)生成海上突发事件应急活动网络计划图。

本章所描述的海上突发事件应急方案，涉及应急行动流程，规定了应急过程中的每项活动，以及每项活动的计划开始时间、持续时间、不同活动间的先后关系等内容。基于应急方案可以快速构建出海上突发事件应急活动网络计划图。假设根据某一应急方案生成了如下应急活动网络计划图(图 8-5)。

每项活动涉及的资源在应急过程中发生失效的概率由专家结合相关经验确定，本章将其作为已知数给出。应急活动由于其资源失效而发生延迟的主要原因包括设备维修、更换或重新调用相关资源等，某项活动发生延迟时的持续时间作为已知数给出。结合应急方案中规定的应急活动相关的事件参数，制定出如下海上突发事件应急活动基本信息表(表 8-3)。

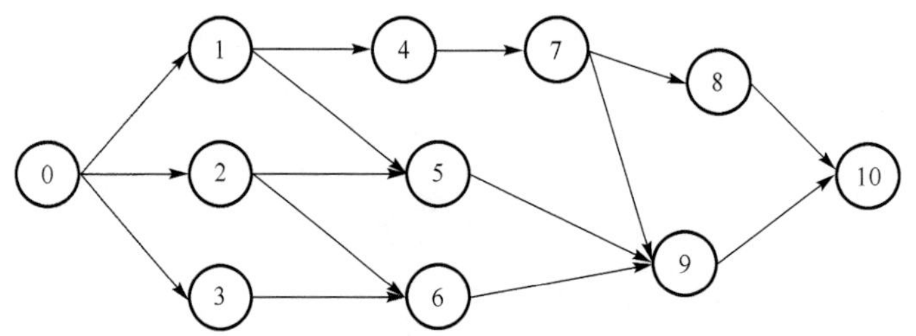

图 8-5　海上突发事件应急活动网络计划图

表 8-3　海上突发事件应急活动基本信息表

应急 活动编号	应急活动 计划开始时间 t_i	应急活动 持续时间 C_i	应急活动 发生延迟概率 P_i	活动发生延迟时 持续时间 C_i'
…	…	…	…	…

(2)计算所有可能的关键路径的总时长及发生概率。

首先需要根据应急活动网络计划图确定图中所有的路径，如图 8-5 所示的网络计划图共有如下 6 条路径：

$$0 \to 1 \to 4 \to 7 \to 8 \to 10$$

$$0 \to 1 \to 4 \to 7 \to 9 \to 10$$

$$0 \to 1 \to 5 \to 9 \to 10$$

$$0 \to 2 \to 5 \to 9 \to 10$$

$$0 \to 2 \to 6 \to 9 \to 10$$

$$0 \to 3 \to 6 \to 9 \to 10$$

接下来计算每条路径在所有活动可能发生延迟的情况下错位网络图的关键路径的概率和总时长。

在确定当前路径 R_j 是关键路径时，需要与其他路径进行对比，当前路径为关键路径的充要条件是

$$T_{jk} = \max_{1 \leqslant j \leqslant m} \{T_{jk}\} \tag{8-23}$$

式(8-23)表明，当前路径作为网络计划图的前提是该路径的总时长在所有路径中是最大的。在计算过程中，需要找到所有满足上述条件其他路径的可能的活动延迟组合形式。在此基础上方可计算出当前路径作为网络计划图的关键路径的概率。

$$P_{jk} = P_{jk}^0 \cdot \prod P_{jk}' \tag{8-24}$$

其中，P_{jk}^0 是指当前路径在当前延迟组合情况下发生的概率；P_{jk}' 是指除当前路径以

外其他任一路径在满足当前路径为关键路径的情况下所有的可能的延迟组合发生的概率；$\prod P'_{jk}$ 计算的则是除当前路径以外其他所有路径在满足当前路径为关键路径的情况下所有可能的延迟组合发生的概率；P_{jk} 是当前路径 R_j 在其上所有活动的第 k 种延迟组合下作为网络计划图的关键路径的概率，且有

$$\begin{cases} P_{jk}^0 = \prod\prod P_{jl_1} \cdot (1 - P_{jl_2}) \\ P'_{jk} = \sum\limits_k \left(\prod\prod P_{j'l'_1} \cdot (1 - P_{j'l'_2})\right) \end{cases} \tag{8-25}$$

其中，P_{jl_1} 是指当前路径在当前延迟组合中发生延迟的应急活动发生延迟的概率；P_{jl_2} 是指当前路径在当前延迟组合中未发生延迟的应急活动发生延迟的概率；$1 - P_{jl_2}$ 则表示应急活动未发生延迟的概率；$P_{j'l'_1}$ 是指除当前路径以外其他任一路径在当前延迟组合中发生延迟的应急活动发生延迟的概率；$P_{j'l'_2}$ 是指除当前路径以外其他任一路径在当前延迟组合中未发生延迟的应急活动发生延迟的概率。

当前路径作为关键路径时的总时长的计算公式如下：

$$T_{jk} = \sum_{l_1} C'_{jl_1} + \sum_{l_2} C_{jl_2} \tag{8-26}$$

其中，$\sum\limits_{l_1} C'_{jl_1}$ 计算的是当前路径中发生延迟的活动的持续时间之和；$\sum\limits_{l_2} C_{jl_2}$ 计算的是当前路径中未发生延迟的活动的持续时间之和。

(3) 综合计算应急方案的鲁棒性指标。

针对每条路径的每种延迟组合，重复步骤(2)，计算出所有可能关键路径发生的概率和其总时长，然后按照式(8-21)计算应急方案的鲁棒性。

8.4　海上搜救应急方案评估示例

本节以某海上渔船失事及船员落水应急事件为示例，在对该海上突发事件进行分析的基础上，制定了针对此事件的应急方案，在将应急方案应用于实际应急行动之前，按照本章提出的评估方法对其进行综合评估。首先，结合评估指标体系的构建原则和流程，构建了针对应急方案的评估指标体系；其次，基于 FAHP 方法求得底层评估指标的全局权重，将三角模糊数与 VIKOR 法相结合，运用扩展 VIKOR 法对备选的应急方案进行综合评估，确定了备选搜救方案的优劣排序；最后，考虑应急过程中可能面临的不确定因素，构建搜救活动的网络计划图，结合鲁棒性评估模型，基于本章提出的基于网络关键路径的方法对应急方案的鲁棒性进行评估，最终

对所有备选应急方案的优劣性进行分析，给出评估意见，辅助决策者做出更加科学合理的应急决策。

8.4.1 海上搜救突发事件想定描述

1. 海上突发事件描述

某日 13 时 30 分，受当地台风影响，有 6 艘渔船共计 120 人在某岛海域避风期间，由于台风风力太大，其中有两艘渔船沉没，共计 40 人落水。14 时 30 分，落水的渔民被同行的渔船和附近的守岛部队救起 12 人，28 人失去联系。此外，其中一渔船上的 25 人情况不明，另外三艘渔船上共计 55 人仍然受到台风影响，情况危急。本次海上突发事件发生时台风风力较大，附近海岛驻守部队的资源有限，无法全面应对本次渔船及人员落水事件，而事故发生海域距离救援基地较远，救援船舶及救援飞机赶到现场需要一定的时间。

2. 海上搜救应急行动不确定因素分析

针对本次渔船及人员落水事件，从事故地点海洋环境、失事渔船及落水人员以及应急行动实施三个方面进行不确定因素分析。

(1) 事故地点海洋环境的不确定性。

本次事件遭遇的台风风力极大，事故地点附近海域的风力达到了 14 级，风速最高达到 46.1m/s，浪高可达 13m，造成极其恶劣的海洋环境。台风本身从孕育阶段到发展增强阶段，再到成熟阶段这一过程中，风力是不断变化的，对其周围海域造成的影响是不确定的。海洋环境方面，海风、海浪、海流等在台风的作用影响下，各自的大小和方向是不断变化的，难以预测，因而其对失事渔船及落水人员造成的直接影响是不确定的。而且，随着时间的推移，在持续的风力作用下，会对失事渔船及落水人员造成持续的影响，会进一步增加海上应急行动的难度。

(2) 失事渔船及落水人员面临的不确定性。

失事渔船及落水人员在海浪、风流的作用下，其漂移轨迹难以确定。此外，落水人员在恶劣环境下，自身的身体机能难以抵抗环境对其产生的巨大作用力，在海域内极有可能短时间内发生昏厥甚至死亡的现象，因而其本身释放求救信号的可能性很小，加上事件发生在晚上，这些对应急行动造成了极大的不便。

(3) 应急行动实施过程中的不确定性。

针对本次渔船失事及船员落水突发事件，在应急行动过程中，涉及指挥人员的协调安排，如救援船舶、救援直升机以及通信的卫星系统等资源的调配，这些资源都存在着失效的风险，即无法按时完成对其安排的应急任务。这其中又牵扯到多个部门之间的协作配合，中间有一个环节出现差错，都有可能致使应急行动延滞，进而影响到应急行动的效果。相比于事故地点海洋环境的不确定性和失事渔船及落水人员面临的不确定性，应急行动实施过程中的不确定性可以通过制定更加鲁棒的应急方案来应对，从整体上提高应急方案的应急管理能力，确保应急任务的顺利完成，减少生命财产的损失。

3. 海上搜救应急方案描述

事故发生后，海岛上的驻守部队迅速将事故的详细信息上报给了距离事故海域最近的海上突发事件处理中心，目前中国主要由遇险救生通信岸基系统作为海上险情的统一监控中心。上报的信息具体包括事故发生时间、当前位置、失事渔船信息、船员信息、事故附近海域的海洋环境状况等内容。

值班员于当日 15 点在接到遇险报警和报告后，应先按照相关规定对事故信息进行规范记录，然后立即通知本辖区的省级搜救中心和海事局[131]。省级搜救中心和海事局在收到海上遇险事故信息后，立即对事故信息进行核实与分析，承担起应急指挥机构的职责并启动预案反应。按照事故的级别通知相关人员进入指挥位置，并根据目前掌握的信息确定搜救区域、搜寻方式和搜救方案。

本次事故涉及人员数量大，相关主管部门在接到上述事故信息的报道后，迅速成立针对本次应急行动的专家指挥小组，根据目前所掌握的事故信息，依照应急预案中事先拟定的相关处置流程，以及相关资源的分布等信息，结合历史类似事件的处置经验，制定具体的应急方案。

针对本次应急行动，专家指挥小组在综合各方面信息的基础上制定出具体的应急行动方案。本章所研究的应急行动方案是指具体的针对本次事故的搜和救的过程。基本搜救流程如下：首先由相关卫星在事故发生地点附近海域发射探寻，接收失事渔船和人员的位置信息，与此同时，具备搜救飞机的航空团进行搜救飞机的准备工作，在确定出搜寻范围以后，搜救飞机、搜救船舶奔赴事故海域进行现场搜救。随后，急救飞机和相关船舶奔赴人员失事地点，进行救援工作。相关搜救飞机和船舶到达事故地点以后，要对邻近海域实施海上交通管制。在搜救飞机和船舶搜寻到失事渔船和人员以后，急救飞机优先对受伤或受重伤的人员进行救援，紧急运往就近治疗地点，随后救援船舶对其他人员进行安全转移。落水人员救助完成以后，对沉没船舶进行打捞，最后搜救行动结束，进行事后评估。

结合上述海上搜救的主要流程，按照本章所提出的应急方案的描述形式，考虑到多种可能的紧急情况，经过应急决策指挥小组专家的商讨，制定出三种应急方案。表 8-4 是应急方案一，表 8-5 是应急方案二，表 8-6 是应急方案三。

表 8-4　应急方案一

应急活动编号	应急活动名称	紧前活动编号	计划开始执行时间	活动持续时间/h	涉及的主要资源	资源来源	备注
A_1	卫星搜寻定位	无	当日 17:00	2.5	北斗某轨道卫星	北斗导航系统	
A_2	搜救飞机及船舶准备	无	当日 17:00	1	a 型号搜救飞机 5 架	某海上救助飞行队	
					a 型号救助船舶 2 艘，b 型号救助船舶 4 艘	某海上救助局及某海警支队	
A_3	搜救飞机奔赴现场	A_2	当日 18:00	0.5	a 型号搜救飞机 5 架	某海上救助飞行队	
A_4	搜救船舶奔赴现场	A_2	当日 18:00	2	a 型号救助船舶 2 艘，b 型号救助船舶 4 艘	某海上救助局及某海警支队	
A_5	救助受(重)伤人员	A_1 A_3 A_4	当日 20:00	2	a 型号搜救飞机 5 架	某海上救助飞行队	
					a 型号救助船舶 2 艘，b 型号救助船舶 4 艘	某海上救助局及某海警支队	
A_6	海上交通管制	A_3 A_4	当日 20:00	3.5	海警执法人员 10 人	某海警支队	
A_7	其他人员安全转移	A_5	当日 22:00	1	a 型号救助船舶 2 艘，b 型号救助船舶 4 艘	某海上救助局及某海警支队	

表 8-5　应急方案二

应急活动编号	应急活动名称	紧前活动编号	计划开始执行时间	活动持续时间/h	涉及的主要资源	资源来源	备注
A_1	卫星搜寻定位	无	当日 17:00	2.5	北斗某轨道卫星	北斗导航系统	
A_2	搜救飞机及船舶准备	无	当日 17:00	1.5	b 型号搜救飞机 6 架	某海上救助飞行队	
					a 型号救助船舶 5 艘	某海上救助局	
A_3	搜救飞机奔赴现场	A_2	当日 18:30	0.8	b 型号搜救飞机 6 架	某海上救助飞行队	
A_4	搜救船舶奔赴现场	A_2	当日 18:30	1.5	a 型号救助船舶 5 艘	某海上救助局	
A_5	救助受(重)伤人员	A_1 A_3 A_4	当日 20:00	2.5	b 型号搜救飞机 6 架	某海上救助飞行队	
					a 型号救助船舶 5 艘	某海上救助局	
A_6	海上交通管制	A_3 A_4	当日 20:00	4	海警执法人员 10 人	某海警支队	
A_7	其他人员安全转移	A_5	当日 22:30	1.5	a 型号救助船舶 5 艘	某海上救助局	

表 8-6　应急方案三

应急活动编号	应急活动名称	紧前活动编号	计划开始执行时间	活动持续时间/h	涉及的主要资源	资源来源	备注
A_1	卫星搜寻定位	无	当日 17:00	2.5	北斗某轨道卫星	北斗导航系统	
A_2	搜救飞机及船舶准备	无	当日 17:00	2	b 型号搜救飞机 3 架，c 型号搜救飞机 4 架	某海上救助飞行队	
					a 型号救助船舶 3 艘，c 型号救助船舶 4 艘	某海上救助局及某海警支队	
A_3	搜救飞机奔赴现场	A_2	当日 19:00	1	b 型号搜救飞机 3 架，c 型号搜救飞机 4 架	某海上救助飞行队	
A_4	搜救船舶奔赴现场	A_2	当日 19:00	2.5	a 型号救助船舶 3 艘，c 型号救助船舶 4 艘	某海上救助局及某海警支队	
A_5	救助受(重)伤人员	A_1 A_3 A_4	当日 21:30	3	b 型号搜救飞机 3 架，c 型号搜救飞机 4 架	某海上救助飞行队	
					a 型号救助船舶 3 艘，c 型号救助船舶 4 艘	某海上救助局及某海警支队	
A_6	海上交通管制	A_3 A_4	当日 21:30	4	海警执法人员 10 人	某海警支队	
A_7	其他人员安全转移	A_5	次日 00:30	1	a 型号救助船舶 3 艘，c 型号救助船舶 4 艘	某海上救助局及某海警支队	

不同应急方案的区别主要在于搜救行动中用到的资源的类型、数量以及来源不同，这会影响到应急方案整体消耗的成本，还直接关系到相应活动持续时间。

8.4.2　海上搜救应急方案评估指标体系构建及权重确定

1. 海上搜救应急方案评估指标体系构建

结合评估指标体系构建的原则和流程，对照前面内容构建的通用性应急方案评估指标体系，针对本次海上搜救应急方案，应急方案的完整性(C_1)：准则层下选取应急方案的完备性(C_{11})和应急部门间的协作性(C_{12})两个三级指标；应急方案的灵活性(C_2)：准则层下选取相似搜救流程的合并性(C_{21})和次生事件的处置能力(C_{22})两个三级指标；应急方案的可操作性(C_3)：准则层下选取事故的响应速度(C_{31})、处置事故的有效性(C_{32})和保障措施的有效性(C_{33})三个三级指标；应急方案的经济性(C_4)：准则层下选取搜救资源的消耗(C_{41})和费用使用的合理性(C_{42})两个三级指标。构建如图 8-6 所示的海上应急方案评估指标体系。

2. 基于 FAHP 方法确定评估指标权重

本章所构建的应急方案的层次化评估指标体系从上到下依次为目标层、准则层和子准则层。在后面内容采用基于扩展 VIKOR 方法对应急方案进行综合评估时需

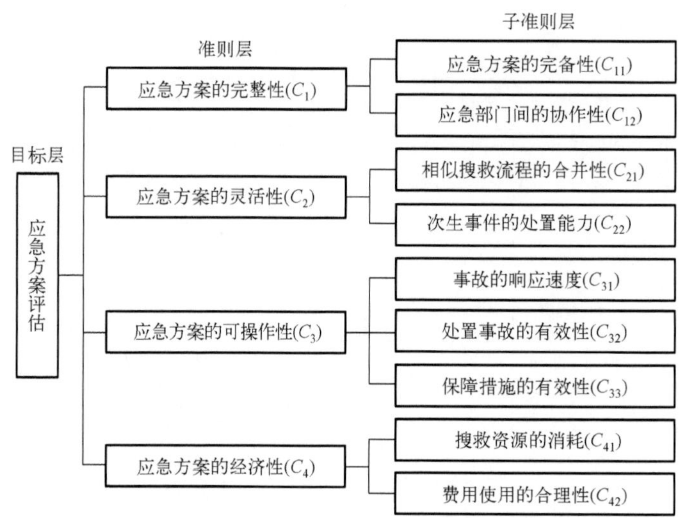

图 8-6　海上应急方案的评估指标体系

要用到方案层各指标相对于目标层的权重，本章采取 FAHP 方法确定指标权重。步骤如下所述。

(1) 构造两两比较模糊判断矩阵，计算局部权重。

决策者给出的准则层的指标关于目标层的重要性的语言标度如表 8-7 所示。

表 8-7　准则层的指标关于目标层的重要性的语言标度

准则	C_1	C_2	C_3	C_4
应急方案的完整性(C_1)	JE	SMI		WMI
应急方案的灵活性(C_2)		JE		
应急方案的可操作性(C_3)	WMI	VSMI	JE	SMI
应急方案的经济性(C_4)		EI		JE

表中每一个标度的含义是对应行的准则相对于对应列准则的重要性，空白地方的标度与其对称位置相反。按照标度与三角模糊数的对应准则，可以得到准则层的指标关于目标层的重要性模糊判断矩阵，按照 FAHP 局部权重计算流程可得准则层四个指标的全局权重，如表 8-8 所示。

表 8-8　准则层的指标两两比较模糊判断矩阵及其权重

准则	C_1	C_2	C_3	C_4	权重
应急方案的完整性(C_1)	(1, 1, 1)	(3/2, 2, 5/2)	(1/2, 2/3, 1)	(1, 3/2, 2)	0.29
应急方案的灵活性(C_2)	(2/5, 1/2, 2/3)	(1, 1, 1)	(1/3, 2/5, 1/2)	(2/3, 1, 2)	0.09
应急方案的可操作性(C_3)	(1, 3/2, 2)	(2, 5/2, 3)	(1, 1, 1)	(3/2, 2, 5/2)	0.41
应急方案的经济性(C_4)	(1/2, 2/3, 1)	(1/2, 1, 3/2)	(2/5, 1/2, 2/3)	(1, 1, 1)	0.21

同理，可以得到子准则层各指标的模糊判断矩阵，如表 8-9～表 8-12 所示。

表 8-9 C_1 子准则层关于海上搜救应急方案的完整性的模糊判断矩阵及局部权重

子准则层	C_{11}	C_{12}	局部权重
应急方案的完备性(C_{11})	(1, 1, 1)	(1, 3/2, 2)	0.33
应急部门间的协作性(C_{12})	(1/2, 2/3, 1)	(1, 1, 1)	0.67

表 8-10 C_2 子准则层关于海上搜救应急方案的灵活性的模糊判断矩阵及局部权重

子准则层	C_{21}	C_{22}	局部权重
相似搜救流程的合并性(C_{21})	(1, 1, 1)	(1/2, 2/3, 1)	0.32
次生事件的处置能力(C_{22})	(1, 3/2, 2)	(1, 1, 1)	0.68

表 8-11 C_3 子准则层关于海上搜救应急方案的可操作性的模糊判断矩阵及局部权重

子准则层	C_{31}	C_{32}	C_{33}	局部权重
事故的响应速度(C_{31})	(1, 1, 1)	(2/5, 1/2, 2/3)	(2/3, 1, 2)	0.19
处置事故的有效性(C_{32})	(3/2, 2, 5/2)	(1, 1, 1)	(2, 5/2, 3)	0.77
保障措施的有效性(C_{33})	(1/2, 1, 3/2)	(1/3, 2/5, 1/2)	(1, 1, 1)	0.04

表 8-12 C_4 子准则层关于海上搜救应急方案的灵活性的模糊判断矩阵及局部权重

子准则层	C_{41}	C_{42}	局部权重
搜救资源的消耗(C_{41})	(1, 1, 1)	(1, 3/2, 2)	0.68
费用使用的合理性(C_{42})	(1/2, 2/3, 1)	(1, 1, 1)	0.32

(2)计算准则的权重向量和受单一准则支配的子准则的权重向量。

首先利用式(8-3)和式(8-4)，分别计算出准则层每个准则与同层次所有元素的模糊重要性总和相比较的模糊综合程度值，如下所示：

$$S_{C_1}=(4,5.17,6.5)\otimes(0.0405,0.052,0.0671)\approx(0.16,0.27,0.44)$$

$$S_{C_2}=(2.4,2.9,4.17)\otimes(0.0405,0.052,0.0671)\approx(0.1,0.15,0.28)$$

$$S_{C_3}=(5.5,7,8.5)\otimes(0.0405,0.052,0.0671)\approx(0.22,0.36,0.57)$$

$$S_{C_4}=(3,4.17,5.5)\otimes(0.0405,0.052,0.0671)\approx(0.12,0.22,0.37)$$

然后，利用式(8-19)计算各准则模糊综合程度值的两两比较可能性程度，如下所示：

$$V(S_{C_1} \geqslant S_{C_2}) = 1.00,\quad V(S_{C_1} \geqslant S_{C_3}) = 0.69,\quad V(S_{C_1} \geqslant S_{C_4}) = 1.00$$

$$V(S_{C_2} \geqslant S_{C_1}) = 0.50,\quad V(S_{C_2} \geqslant S_{C_3}) = 0.21,\quad V(S_{C_2} \geqslant S_{C_4}) = 0.71$$

$$V(S_{C_3} \geqslant S_{C_1}) = 1.00,\quad V(S_{C_3} \geqslant S_{C_2}) = 1.00,\quad V(S_{C_3} \geqslant S_{C_4}) = 1.00$$

$$V(S_{C_4} \geqslant S_{C_1}) = 0.80,\quad V(S_{C_4} \geqslant S_{C_2}) = 1.00,\quad V(S_{C_4} \geqslant S_{C_3}) = 0.50$$

最后，按照式(8-7)，计算各准则优于其他准则的纯量测度，并进行归一化处理，求得各准则相对于目标层的权重向量：

$$w = [0.29, 0.09, 0.41, 0.21]^{\mathrm{T}}$$

同理，可计算在各准则下其子准则的权重向量，如表 8-9～表 8-12 所示。

(3)利用式(8-11)计算各子准则关于总目标的全局权重。例如，子准则“应急方案的完备性”的全局权重为

$$w_{11} = 0.29 \times 0.33 = 0.096$$

同理，求得各子准则的全局权重，如表 8-13 所示。

表 8-13　子准则的全局权重

准则及权重	子准则	局部权重	全局权重
应急方案的完整性(C_1) (0.29)	应急方案的完备性(C_{11})	0.33	0.096
	应急部门间的协作性(C_{12})	0.67	0.192
应急方案的灵活性(C_2) (0.09)	相似流程的合并性(C_{21})	0.32	0.0278
	次生事件的处置能力(C_{22})	0.68	0.06
应急方案的可操作性(C_3) (0.41)	事故的响应速度(C_{31})	0.19	0.0797
	处置事故的有效性(C_{32})	0.77	0.3211
	保障措施的有效性(C_{33})	0.04	0.0158
应急方案的经济性(C_4) (0.21)	搜救资源的消耗(C_{41})	0.68	0.1419
	费用使用的合理性(C_{42})	0.32	0.0657

8.4.3　海上搜救应急方案综合评估

针对此次海上搜救应急方案综合评估，有三个待评估的备选应急方案$\{P_1,P_2,P_3\}$，9 个评估指标$\{C_{11},C_{12},C_{21},C_{22},C_{31},C_{32},C_{33},C_{41},C_{42}\}$，假设有 3 位决策者$\{\mathrm{DM}_1,\mathrm{DM}_2,\mathrm{DM}_3\}$参与此次评估。通过 8.4.2 节的计算，如今已经得到各个评估指标的权重 $w_j(j=1,2,\cdots,9)$。则基于本章所提出的扩展 VIKOR 方法对应急方案进行综合评估的流程如下所述。

(1) 确定备选海上搜救应急方案的评估矩阵。

3 位决策者针对每一个应急方案相对于评估指标的评估语言集如表 8-14 所示。

表 8-14　决策者对应急方案做出的评估语言集

决策者	应急方案	C_{11}	C_{12}	C_{21}	C_{22}	C_{31}	C_{32}	C_{33}	C_{41}	C_{42}
DM_1	P_1	MG	F	G	MG	VG	MG	F	MP	F
	P_2	MP	MG	VG	F	MG	F	MP	MG	MG
	P_3	F	MP	MG	F	P	G	MP	G	F
DM_2	P_1	MG	MG	MG	G	G	MG	MP	F	F
	P_2	F	G	VG	F	MG	MP	F	MG	F
	P_3	G	F	F	G	MP	F	P	G	MP
DM_3	P_1	G	F	MG	G	MG	MG	G	F	MP
	P_2	F	G	F	F	F	F	G	MG	F
	P_3	VG	MP	G	MG	VP	G	F	MP	P

依据评估语言集与三角模糊数间的对应关系表和式 (8-12) 计算得到备选应急方案的评估矩阵，通过表 8-15 进行展示。

表 8-15　备选应急方案的评估矩阵

应急方案	C_{11}	C_{12}	C_{21}	C_{22}	C_{31}	C_{32}	C_{33}	C_{41}	C_{42}
P_1	(5.67,7, 8.33)	(4.33,5.5, 6.67)	(5.67,7, 8.33)	(6.33, 7.5,8.67)	(6.67, 7.83, 9)	(5,6.5,8)	(4.33,5.5, 6.67)	(3.33,4.5, 5.67)	(3.33,4.5, 5.67)
P_2	(3.33,4.5, 5.67)	(6.33,7.5, 8.67)	(6.67,7.67, 8.67)	(4,5,6)	(4.67,6, 7.33)	(3.33,4.5, 5.67)	(4.33,5.5, 6.67)	(5,6.5,8)	(4.33,5.5, 6.67)
P_3	(6.33,7.33, 8.33)	(2.67,4, 5.33)	(5.33,6.5, 7.67)	(5.33, 6.5,7.67)	(1,2.17, 3.33)	(6,7,8)	(2.33,3.5, 4.67)	(5.33,6.5, 7.67)	(2.33,3.5, 4.67)

(2) 确定模糊最好解和模糊最差解。

根据式 (8-14) 计算得到模糊最好解为

$$\tilde{f}^* = [(6.33,7.33,8.33)(6.33,7.5,8.67)(6.67,7.67,8.67)(6.33,7.5,8.67)(6.67,7.83,9)\\(6,7,8)(4.33,5.5,6.67)(5.33,6.5,8)(4.33,5.5,6.67)]$$

模糊最差解为

$$\tilde{f}^o = [(3.33,4.5,5.67)(2.67,4,5.33)(5.33,6.5,7.67)(4,5,6)(1,2.17,3.33)\\(3.33,4.5,5.67)(2.33,3.5,4.67)(3.33,4.5,5.67)(2.33,3.5,4.67)]$$

(3) 计算备选应急方案的群体效益值和个体遗憾值。

根据式 (8-15) 和式 (8-18) 计算得到各个应急方案的群体效益值和个体遗憾值分别为

$$\tilde{S}_i = [(-0.29, 0.17, 0.68)(-0.18, 0.28, 0.75)(-0.21, 0.23, 0.68)]$$

$$\tilde{R}_i = [(0, 0.06, 0.21)(0.02, 0.17, 0.32)(0.03, 0.11, 0.19)]$$

(4) 计算备选应急方案的利益比率。

根据式(8-17)计算得到各个应急方案的利益比率如下：

$$\tilde{Q}_i = [(-0.76, 0, 0.79)(-0.68, 0.21, 1)(-0.67, 0.1, 0.78)]$$

按照式(8-18)将 $\tilde{S}_i$ 、$\tilde{R}_i$ 和 $\tilde{Q}_i$ 进行去模糊化处理得到基于扩展 VIKOR 方法的备选应急方案的评估数据如表 8-16 所示。

表 8-16　备选应急方案综合评估结果数据

备选应急方案	S_i	R_i	Q_i
P_1	0.1889	0.0836	0.0056
P_2	0.2794	0.1720	0.1868
P_3	0.2312	0.1123	0.0707

结果分析如下：按照 S_i、R_i、Q_i 的大小对海上搜救应急方案进行优劣排序，由表 8-16 可以看出，方案一(P_1)的三个值都最小，方案三(P_3)次之，方案二(P_2)值最大，相比较而言，应急方案一优于方案三，方案三优于方案二。

8.4.4　海上搜救应急方案优选

针对本次渔船失事和船员落水事故制定的海上搜救应急方案，在实施过程中，参与各项应急活动的救援飞机、船舶以及相关人员可能因为某种原因导致其参与的应急活动面临着无法按时完成的风险。决策者在制定应急方案时事先给出每个应急方案的应急活动的基本信息表。方案一的应急活动基本信息表如表 8-17 所示，方案二的应急活动基本信息表如表 8-18 所示，方案三的应急活动基本信息表如表 8-19 所示。

表 8-17　应急方案一的基本信息表

应急活动编号	应急活动计划开始时间 t_i	应急活动持续时间 C_i/h	应急活动发生延迟概率 P_i	活动发生延迟时持续时间 C_i' / h
A_1	当日 17:00	2.5	0.05	3
A_2	当日 17:00	1	0.2	2
A_3	当日 18:00	0.5	0.26	2.5
A_4	当日 18:00	2	0.22	3
A_5	当日 20:00	2	0.4	4
A_6	当日 20:00	3.5	0.1	4
A_7	当日 22:00	1	0.1	2

表 8-18　应急方案二的基本信息表

应急活动编号	应急活动计划开始时间 t_i	应急活动持续时间 C_i/h	应急活动发生延迟概率 P_i	活动发生延迟时持续时间 C_i'/h
A_1	当日 17:00	2.5	0.05	3
A_2	当日 17:00	1.5	0.18	2
A_3	当日 18:30	0.8	0.3	4
A_4	当日 18:30	1.5	0.25	2.5
A_5	当日 20:00	2.5	0.45	4.5
A_6	当日 20:00	4	0.12	5
A_7	当日 22:30	1.5	0.15	2.5

表 8-19　应急方案三的基本信息表

应急活动编号	应急活动计划开始时间 t_i	应急活动持续时间 C_i/h	应急活动发生延迟概率 P_i	活动发生延迟时持续时间 C_i'/h
A_1	当日 17:00	2.5	0.05	3
A_2	当日 17:00	2	0.3	3
A_3	当日 19:00	1	0.35	5
A_4	当日 19:00	2.5	0.3	3.5
A_5	当日 21:30	3	0.5	5
A_6	当日 21:30	4	0.15	5
A_7	次日 00:30	1	0.08	2

下面，按照本章提出的鲁棒性评估模型以及基于网络关键路径的应急方案鲁棒性评估方法，以应急方案一为例，对应急方案的鲁棒性进行评估。

(1)生成应急活动网络计划图。

根据应急方案一中规定的活动顺序，构建应急方案一的应急活动网络计划图，如图 8-7 所示。

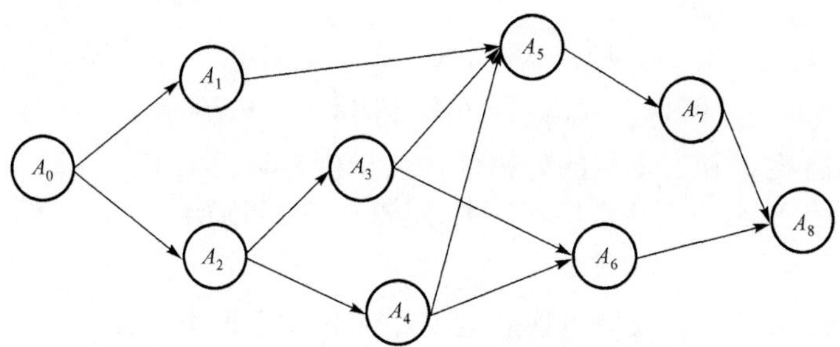

图 8-7　方案一的应急活动网络计划图

(2)计算所有可能的关键路径的总时长及发生概率。

根据应急方案一的应急活动网络计划图，图中共有如下 5 条路径，其中 A_0 和 A_8 是虚活动：

$$R_1\text{：}\ A_0 \to A_1 \to A_5 \to A_7 \to A_8$$
$$R_2\text{：}\ A_0 \to A_2 \to A_3 \to A_5 \to A_7 \to A_8$$
$$R_3\text{：}\ A_0 \to A_2 \to A_3 \to A_6 \to A_8$$
$$R_4\text{：}\ A_0 \to A_2 \to A_4 \to A_5 \to A_7 \to A_8$$
$$R_5\text{：}\ A_0 \to A_2 \to A_4 \to A_6 \to A_8$$

按照式(8-22)和式(8-23)计算每条路径在所有可能的情况下作为关键路径的概率，以及对应的总时长。以路径 R_1 为例，其可能发生的组合共有 2^3=8 种，每种情况作为网络中关键路径的概率及对应的总时长信息如表 8-20 所示。

表 8-20　路径 R_1 在所有可能情况下作为关键路径时的概率及总时长

序号	发生延迟的应急活动编号	概率	总时长/h
1	无	0	5.5
2	A_1	0	6
3	A_5	0.1469	7.5
4	A_7	0.0061	6.5
5	A_1、A_5	0.0125	8
6	A_1、A_7	0.0007	7
7	A_5、A_7	0.0302	8.5
8	A_1、A_5、A_7	0.0019	9

注：表中“无”表示路径上的所有应急活动都按计划完成，没有发生延迟。

(3)计算应急方案一的鲁棒性指标。

按照应急方案一生成的网络图，可以计算得到该网络图中所有可能的关键路径的总时长的期望 $T_1 = \sum_{j=1}^{5}\sum_{k=1}^{2^{r_j}} P_{jk}T_{jk} = 9.2609\text{h}$ 。可以得知应急方案一的计划持续时间 $T_0 = 6.5\text{h}$ 。则按照式(8-21)计算应急方案一的鲁棒性指标，结果如下：

$$\text{Robu}_1 = T_0 - T_1 = 6.5 - 9.2609 = -2.7609(\text{h})$$

同理可得应急方案二和方案三的鲁棒性评估指标，结果如下：

$$\text{Robu}_2 = 7 - 10.5553 = -3.5553(\text{h})$$
$$\text{Robu}_3 = 8.5 - 12.491 = -3.991(\text{h})$$

根据计算结果，可以发现，应急方案一的鲁棒性最大，即方案一在实施过程中能够承受更多的不确定性，在考虑各种不确定情况下，表现最优。

结合三个备选应急方案的优劣性评估结果可以看出，应急方案一相对其他两个方案而言，综合评估结果较优，且其能够承受更多的不确定性。综合考虑这两方面因素，针对此次搜救工作，应向决策者推荐应急方案一，以此来提高应急能力。

参 考 文 献

[1] 深圳海事局. 深圳海上搜救中心关于印发《深圳市海上突发事件应急处置预案》的通知. https://max.book118.com/html/2020/1024/8076120050003010.shtm[2023-03-03].

[2] 国家海洋局. 中国海洋统计年鉴 2012. 北京: 海洋出版社, 2013.

[3] 中华人民共和国海事局. 事故调查报告. https://www.msa.gov.cn/page/outter/shiguyufang.jsp [2023-03-03].

[4] 交通运输部.交通运输部关于修改《水上交通事故统计办法》的决定. http://www.gov.cn/zhengce/zhengceku/2021-09/13/content_5637003.htm[2023-02-03].

[5] 中华人民共和国中央人民政府. 国家海上搜救应急预案. http://www.gov.cn/yjgl/2006-01/23/content_168935.htm [2023-03-03].

[6] 黄敏东.论海上遇险黄金救援时间. 中国海事, 2014(12): 40-42.

[7] 黄宁宁.论不确定型决策模式. 南昌职业技术师范学院学报, 1996(3): 76-82.

[8] 陈丽华.决策风险的若干要素分析. 花炮科技与市场, 2002(3): 20-21.

[9] 张柯.海上突发事件应急指挥与决策探讨. 中国应急管理科学, 2021(7): 34-42.

[10] 南志文. 一种城市应急智能决策系统的研究与实践. 上海: 东华大学, 2012.

[11] 封超, 杨乃定, 郭晓.面向智慧城市的应急智能决策支持系统构建与发展研究. 未来与发展, 2018, 42(4): 46-50, 67.

[12] 莫欣岳.基于人工智能的空气质量决策支持系统建模研究. 兰州: 兰州大学, 2021.

[13] 张晓海, 操新文. 基于深度学习的军事智能决策支持系统. 指挥控制与仿真, 2018, 40(2): 1-7.

[14] 郑远攀, 李广阳, 李晔.深度学习在图像识别中的应用研究综述. 计算机工程与应用, 2019, 55(12): 20-36.

[15] 孟琭, 杨旭. 目标跟踪算法综述. 自动化学报, 2019, 45(7): 1244-1260.

[16] 田萱, 王亮, 丁琪. 基于深度学习的图像语义分割方法综述. 软件学报, 2019, 30(2): 440-468.

[17] 李茹杨, 彭慧民, 李仁刚, 等. 强化学习算法与应用综述①. 计算机系统应用, 2020, 29(12): 13-25.

[18] 杨清清, 杨克巍, 郭玙, 等. 海上搜救决策支持系统方法及应用. 北京: 科学出版社, 2022.

[19] 夏洪胜, 盛昭瀚, 徐南荣. 多层多目标决策方法的综述. 系统工程与电子技术, 1992(7): 27-32, 80.

[20] Holland J H. Concerning efficient adaptive systems. Self-Organizing Systems, 1962: 215-230.

[21] Holland J H. Adaptation in Natural and Artificial Systems: An Introductory Analysis with Applications to Biology, Control, and Artificial Intelligence. 2nd ed. Cambridge: MIT Press, 1992.

[22] Colorni A, Dorigo M, Maniezzo V, et al. Distributed optimization by ant colonies. Proceedings of European Conference on Artificial Life, Paris, 1991: 134-142.

[23] Kennedy J, Eberhart R. Particle swarm optimization. Proceedings of International Conference on Neural Networks, Perth, 1995: 1942-1948.

[24] Eberhart R, Kennedy J. A new optimizer using particle swarm theory. Proceedings of the 6th International Symposium on Micro Machine and Human Science, Nagoya, 1995:39-43.

[25] Sung C S, Jin H W. A tabu-search-based heuristic for clustering. Pattern Recognition, 2000, 33:849-858.

[26] Murthy C A , Chowdhury N. In search of optimal clusters using genetic algorithms. Pattern Recognition Letters, 1996(17): 825-832.

[27] Saaty T L. How to make a decision: The analytic hierarchy process. European Journal of Operational Research, 1990, 48(1): 9-26.

[28] 胡宝清.模糊理论基础. 武汉：武汉大学出版社, 2004.

[29] 齐宝库, 刘霞, 王欢.AHP-FUZZY 综合评判方法在绿色供应链评价中的应用.沈阳建筑大学学报(自然科学版), 2012, 28 (5): 954-960.

[30] Hwang C L, Yoon K. Multiple Attribute Decision Making Methods And Applications. New York: Springer-Verlag, 1981.

[31] Opricovic S. Multi criteria optimization of civil engineering systems. Belgrade: Faculty of Civil Engineering, 1998.

[32] Aamodt A, Plaza E. Case-based reasoning: Foundational issues, methodological variations, and system approaches. AI Communications, 1994, 7(1): 39-59.

[33] Schmeidler G D. Case-based decision theory. The Quarterly Journal of Economics, 1995, 110(3): 605-639.

[34] 余凯, 贾磊, 陈雨强, 等. 深度学习的昨天、今天和明天. 计算机研究与发展, 2013, 50(9): 1799-1804.

[35] 王磊. 基于遗传算法的前馈神经网络结构优化. 大庆: 东北石油大学, 2013.

[36] 杨丽, 吴雨茜, 王俊丽, 等. 循环神经网络研究综述计算机应用, 2018, 38(S2): 1-6, 26.

[37] 周飞燕, 金林鹏, 董军. 卷积神经网络研究综述. 计算机学报, 2017, 40(6): 1229-1251.

[38] 刘全, 翟建伟, 章宗长, 等. 深度强化学习综述. 计算机学报, 2018, 41(1): 1-27.

[39] 翟建伟. 基于深度 Q 网络算法与模型的研究. 苏州: 苏州大学, 2017.

[40] 刘建伟, 高峰, 罗雄麟. 基于值函数和策略梯度的深度强化学习综述. 计算机学报, 2019, 42(6): 1406-1438.

[41] Department of Defense Architecture Framework Working Group. DoD architecture framework version 1.0. The Pentagon: Department of Defense, 2004.

[42] Ministry of Defence MODAF Partners. MOD architectural framework. https://www.gov.uk/guidance/mod-architecture-framework[2023-01-01].

[43] 赵青松, 杨克巍, 陈英武, 等. 体系工程与体系结构建模方法与技术. 北京: 国防工业出版社, 2015.

[44] 范维澄, 刘奕. 城市公共安全体系架构分析. 城市管理与科技, 2009(5): 38-41.

[45] 姜卉, 应急实时决策中的情景表达及情景间关系研究. 电子科技大学学报(社会科学版), 2012, 14(1):5.

[46] IMO, IACO. International Aeronautical and Maritime Search and Rescue Manual. London: Ashford Press, 1999: 115-116.

[47] Liaropoulos A, Sapountzaki K, Nivolianitou Z. Risk governance gap analysis in search and rescue at offshore platforms in the Greek territory. Safety Science, 2016, 86: 132-141.

[48] Lindbom H, Tehler H, Eriksson K, et al. The capability concept: On how to define and describe capability in relation to risk, vulnerability and resilience. Reliability Engineering and System Safety, 2015, 135(3):45-54.

[49] 周华伟, 肖海松, 何秦, 等. 水面舰船在风浪作用下的航行性能综合评价方法研究. 船舶, 2018, 29(5): 98-104.

[50] 任律珍, 段兴锋. 大风条件下船舶靠离泊的拖轮配置. 山东交通学院学报, 2019, 27(1): 80-86.

[51] Ermina B, Simone M. Stability and seakeeping of marine vessels. Journal of Marine Science and Engineering, 2021, 9(2): 1-3.

[52] 张慧. 基于 BP 神经网络的船舶航行倾覆风险评估. 大连: 大连海事大学, 2018.

[53] 韩笑. 基于恢复力的安全管理绩效指标体系改进研究. 北京: 中国地质大学, 2017.

[54] Deacon T, Amyotte P R, Khan F I. Human error risk analysis in offshore emergencies. Safety Science, 2010, 48(6): 803-818.

[55] 李若晢. 综合安全评估方法在船舶碰撞事故中的应用. 上海: 上海交通大学, 2018.

[56] Asiedu Y, Rempel M. A multiobjective coverage-based model for civilian search and rescue. Naval Research Logistics, 2011, 58(3): 167-179.

[57] Kim H, Lee T H, Kwon T. Normalized neighborhood component feature selection and feasible-improved weight allocation for input variable selection[J].Knowledge-Based Systems, 2021, 218(1):106855.

[58] Ba Z, Fu J, Liang J, et al. Risk assessment method of drainage network operation based on fuzzy comprehensive evaluation combined with analytic network process. Journal of Pipeline Systems Engineering and Practice, 2021(2):12.

[59] 杨宇航. 基于神经网络的状态和参数估计算法研究. 哈尔滨: 黑龙江大学, 2020.

[60] 姚思敏, 钟少波, 黄全义. 基于承灾载体单体脆弱性的区域脆弱性研究. 灾害学, 2016, 31(2): 213-218.

[61] 许丰, 贺日政, 张贵宾. 格林样条插值算法及其应用. 地球物理学进展, 2013, 28(4): 1721-1728.

[62] Deng X, Tang Z A. Moving surface spline interpolation based on Green's function. Mathematical Geosciences, 2011, 43(6): 663-680.

[63] 杨立波, 王旺. 海上交通安全监管救助飞机配置规模. 中国航海, 2013, 36(2): 86-89.

[64] 郝瑞. 新型快艇实施海上多目标搜救的优化模型. 火力与指挥控制, 2013, 38(11): 81-83.

[65] 邱平. 海上最佳搜寻区域与搜寻方法的研究. 大连: 大连海事大学, 2006.

[66] Koopman B O. The theory of search Ⅱ. Target detection. Operations Research, 1956, 4(5): 503-531.

[67] Koopman B O. The theory of search Ⅲ. The optimum distribution of searching effort. Operations Research, 1957, 5(5): 613-626.

[68] 周涛. 海上搜寻中目标发现概率的研究. 大连: 大连海事大学, 2011.

[69] 郭为民. 台湾海峡海上专业搜救能力评价. 大连: 大连海事大学, 2008.

[70] 黄跃峰. 海上人命救助困难度评价. 大连: 大连海事大学, 2010.

[71] Deb K, Pratap A, Agarwal S, et al. A fast and elitist multiobjective genetic algorithm: NSGA-II. IEEE Transactions on Evolutionary Computation, 2002, 6(2):182-197.

[72] Cheng R, Jin Y, Olhofer M, et al. A reference vector guided evolutionary algorithm for many-objective optimization. IEEE Transactions on Evolutionary Computation, 2016, 20(5): 773-791.

[73] Lin Y K, Yeh C T. Multi-objective optimization for stochastic computer networks using NSGA-II and TOPSIS. European Journal of Operational Research, 2012, 218(7): 35-46.

[74] 吴中鼎, 钱成春, 孙芳. 海洋环境信息在海上搜救中的应用. 海洋测绘, 2008, 28(5): 23-27.

[75] Zhang L, Lu J, Yang Z. Optimal scheduling of emergency resources for major maritime oil spills considering time-varying demand and transportation networks. European Journal of Operational Research, 2021, 293(2): 529-546.

[76] Zhang L, Lu J, Yang Z. Dynamic optimization of emergency resource scheduling in a large-scale maritime oil spill accident. Computers & Industrial Engineering, 2021, 152: 107028.

[77] Zhang C, An W, Xiong D, et al. Research on the risk-based model for regional emergency resource allocation for ship-source oil spill. Acta Oceanologica Sinica, 2018, 37(11): 133-138.

[78] Sarhadi H, Naoum-Sawaya J, Verma M. A robust optimization approach to locating and stockpiling marine oil-spill response facilities. Transportation Research Part E: Logistics and Transportation Review, 2020, 141: 102005.

[79] 杨朋金, 吕则和, 周青, 等. 基于 GIS 和层次分析法的海洋溢油敏感区综合等级评价体系研究. 海洋环境科学, 2015, 34(5): 749-753.

[80] 王会蒙, 季民, 孙勇. 基于 GIS 的海洋敏感区溢油敏感度分析研究. 海洋信息, 2015(2): 13-17.

[81] 陈可, 黄燕霞, 徐选华. 基于突发事件相似度和区间一致性的复杂偏好大群体应急决策方法. 控制与决策, 2020, 35(9): 2215-2224.

[82] 交通运输部发布《国家重大海上溢油应急处置预案》. 中国应急管理, 2018(3): 35-39.

[83] 范娟. 新的形势考验环境应急能力《国家突发环境事件应急预案》亟需修订. 环境保护, 2008(21): 57-58.

[84] 汪艳涛, 高强, 金炜博. 我国海洋生态灾害应急管理体系优化研究. 灾害学, 2014, 29(4): 150-154.

[85] 刘娜, 陈伟斌, 杨永俊, 等. 海洋污损灾害应急监测调度指挥辅助系统研究. 中国环境监测, 2018, 34(1): 145-150.

[86] 中国海上搜救中心. 海上险情预防、避险、自救、互救知识手册. 北京: 人民交通出版社, 2008.

[87] 汪潘义. 改进的伏格尔法及其应用. 统计与决策, 2014(15): 83-85.

[88] Liu W S. The popularization of Vogel method of optimizing the initial solution for traveling salesman problem. Journal of Convergence Information Technology, 2011, 6(6): 400-406.

[89] Pratihar J, Kumar R, Edalatpanah S A, et al. Modified Vogel's approximation method for transportation problem under uncertain environment. Complex & Intelligent Systems, 2021(1): 5.

[90] 宋良平. 多 Agent 协作环境下的海上搜救任务分配方法研究. 哈尔滨: 哈尔滨工程大学, 2012.

[91] 李岩, 邢胜伟, 张英俊. 多智能体海上搜寻任务分配方法. 中国航海, 2018, 41(3): 91-94, 100.

[92] Chen X, Zhang P, Du G, et al. A distributed method for dynamic multi-robot task allocation problems with critical time constraints. Robotics and Autonomous Systems, 2019, 118: 31-46.

[93] 国际海事组织, 国际民用航空组织. 国际航空和海上搜寻救助手册 中英文本 第 3 卷 移动设施. 北京: 人民交通出版社, 2003.

[94] 刘成丽. 应急任务动态分配和协作研究. 武汉: 华中科技大学, 2012.

[95] Luan T, Yang C Y, Chen K M, et al. Path planning method of multi-UAV cooperative area coverage search and rescue mission. World Transport Convention, Beijing, 2017.

[96] Du Y C, Zhang M X, Ling H F, et al. Evolutionary planning of multi-UAV search for missing tourists. IEEE Access, 2019, 7: 73480-73492.

[97] Huang L, Qu H, Ji P, et al. A novel coordinated path planning method using *k*-degree smoothing for multi-UAVs. Applied Soft Computing Journal, 2016, 48: 182-192.

[98] 温永禄. 不同信息条件下的多无人机协同区域搜索航迹规划研究. 北京: 北京理工大学, 2016.

[99] 黄其旺. 基于改进概率图的多无人机协同搜索策略研究. 长沙: 国防科技大学, 2012.

[100] Yue W, Guan X, Wang L. A novel searching method using reinforcement learning scheme for multi-UAVs in unknown environments. Applied Sciences, 2019, 9(22): 4964.

[101] Tampuu A, Matiisen T, Kodelja D, et al. Multiagent cooperation and competition with deep reinforcement learning. PLoS ONE, 2017, 12(4): 1-15.

[102] Leibo J Z, Zambaldi V, Lanctot M, et al. Multi-agent reinforcement learning in sequential social dilemmas. arXiv preprint arXiv: 1702. 03037, 2017.

[103] Wang Y, Liu H, Zheng W, et al. Multi-objective workflow scheduling with deep-Q-network-based multi-agent reinforcement learning. IEEE Access, 2019, 7: 39974-39982.

[104] 杨鹏. 面向事件感知的应急临机决策引擎研究. 天津: 天津大学, 2010.

[105] Leone L. A critical review of improvisation in organization: Open issues and future research directions. Proceedings of Opening up Innovation: Strategy, Organization and Technology at Imperial College London Business School, London, 2007.

[106] Hatch M, Weick K. Introductory essay: Improvisation as a mindset for organizational analysis. Organization Science, 1998, 9 (5): 543-555.

[107] 那孜古力 • 斯拉木. 面向非常规突发事件应急管理的临机决策计算模型研究. 天津: 天津大学, 2016.

[108] Stein E. Improvisation as model for real-time decision making. Annals of Information Systems, 2010, 13: 13-32.

[109] 高珊. 基于强相关逻辑的应急临机决策计算模型. 天津: 天津大学, 2012.

[110] Yu G, Qi X T. Disruption Management: Framework, Models and Applications. Singapore: World Scientific Publishing, 2004:1-87.

[111] 王文俊. 应急临机决策关键技术研究. 北京: 北京大学, 2006.

[112] Koopman B O. The theory of search. I. Kinematic bases. Operations Research, 1956, 4(3): 324-346.

[113] 吴翔, 周江华. 海上搜救中发现概率的研究. 中国安全生产科学技术, 2005(1): 28-33.

[114] 谭乐祖, 谭鹏, 王宝. 海上航空搜索中扫海宽度的确定方法. 舰船电子工程, 2019(6): 101-104.

[115] 于瑛英. 应急预案制定中的评估问题研究. 合肥: 中国科学技术大学, 2008.

[116] 田依林, 杨青. 突发事件应急能力评价指标体系建模研究. 应用基础与工程科学学报, 2008, 16(2): 200-208.

[117] 鞠彦兵. 模糊环境下应急管理评价方法及应用. 北京: 北京理工大学出版社, 2013.

[118] 曹巍. 船载危化品污染事故应急能力评价体系研究. 大连: 大连海事大学, 2010.

[119] 曹静, 宫建, 杨孝宽. 奥运应急交通疏散预案评价指标体系研究. 武汉理工大学学报(交通科学与工程版), 2008, 32(3): 431-434.

[120] 高微. 构建中国突发事件应急预案的评价指标体系. 商业经济, 2008(11): 39-30.

[121] 张勇, 贾传亮, 王建军. 基于模糊综合评估方法的突发灾害应急预案评估. 中国管理科学, 2004, 12: 153-156.

[122] 曾明荣, 魏利军, 高建明, 等. 化学工业园区重大事故场外应急预案编制技术研究. 中国安全科学学报, 2008, 18(12): 161-166.

[123] 于瑛英, 池宏. 基于网络计划的应急预案的可操作性研究. 公共管理学报, 2007, 4(2): 100-109.

[124] 崔杰, 党耀国, 刘思峰. 基于灰色关联度求解指标权重的改进方法. 中国管理科学, 2008, 16(5): 5.

[125] Wei G W. Grey relational analysis method for 2-tuple linguistic multiple attribute group decision making with incomplete weight information. Expert Systems with Applications, 2011, 38(5): 4824-4828.

[126] 邓雪, 李家铭, 曾浩健, 等. 层次分析法权重计算方法分析及其应用研究. 数学的实践与认识, 2012, 42(7): 93-100.

[127] 汪应洛. 系统工程. 北京: 机械工业出版社, 2003: 130-140.

[128] Kahraman C, Ertay T, Buyukozkan G. A fuzzy optimization model for QFD planning process using analytic network approach. European Journal of Operational Research, 2006, 171(2): 390-411.

[129] Opricovic S. Fuzzy VIKOR with an application to water resources planning. Expert Systems with Applications, 2011, 38(10): 12983-12990.

[130] 刘畅. 不确定条件下应急资源选址与配置优化研究. 武汉: 华中科技大学, 2011.

[131] 赵娜, 李伟, 刘文远. 基于 Agent 的海上搜救合作流程优化. 中国水运, 2012, 12(9): 28-30, 32.

附录A　环境污染监测站(点)位布设方法

监测点布设方法如下所示。

(1)功能区布设法。

一个城市或一个区域可以按其功能分为工业区、居民区、交通稠密区、商业繁华区、文化区、清洁区、对照区等。各功能区的监测点数目的设置不要求平均，通常在污染集中的工业区、人口密集的居民区、交通稠密区应多设监测点。同时应在对照区或清洁区设置1～2个对照点。

(2)几何图形布设法。

目前常用以下几种布设方法。

①网格布设法：是将监测区域地面划分成若干均匀网状方格，监测点设在两条直线的交点处或方格中心。每个方格为正方形，可从地图上均匀描绘，方格实地面积视所测区域大小、污染源强度、人口分布、监测目的和监测力量而定，一般是1～9km^{2}布一个点。若主导风向明确，下风向设点应多一些，一般约占监测点总数的60%。这种布设方法适用于有多个污染源且污染源分布比较均匀的情况(图A-1)。

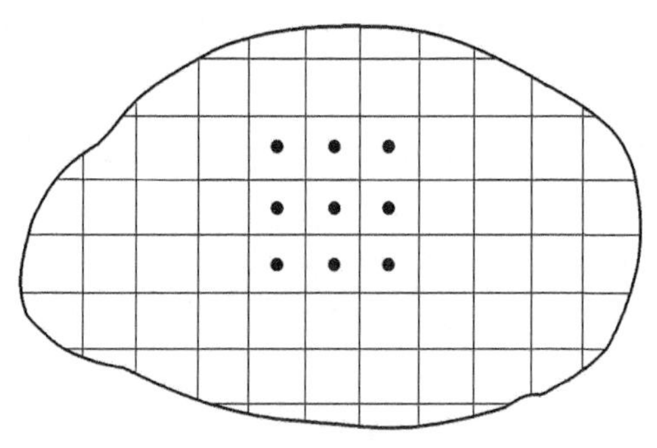

图A-1　网格布设法

②同心圆布设法：用于多个污染源构成的污染群，或污染集中的地区。布设是以污染源为中心画出同心圆，半径视具体情况而定，再从同心圆画45°夹角的射线若干，放射线与同心圆圆周的交点即是监测点(图A-2)。

③扇形布设法：此种方法适用于主导风向明显的地区，或孤立的高架点源。以点源为顶点，主导风向为轴线，在下风向地面上划出一个扇形区域作为布设范围。扇形角度一般为45°～90°。监测点设在距点源不同距离的若干弧线上，相邻两点与顶点连线的夹角一般取10°～20°(图A-3)。

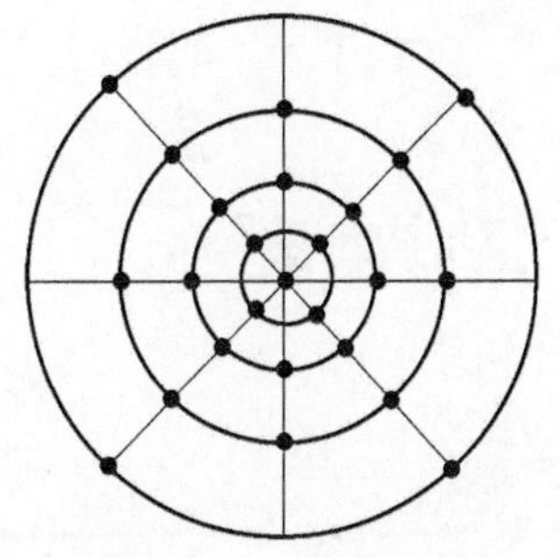
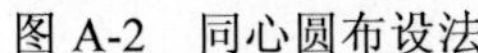

图 A-2　同心圆布设法

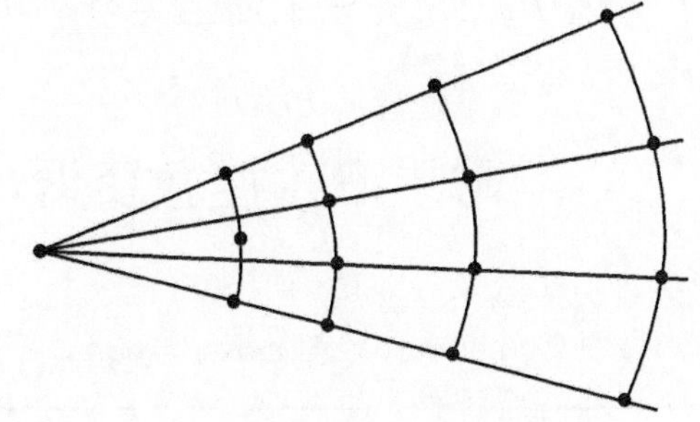

图 A-3　扇形布设法

以上几种布设方法，可以单独使用，也可以综合使用，目的就是要求有代表性地反映污染物浓度，为大气监测提供可靠的样品。

附录B　搜救资源的扫海宽度表

表 B-1　船舶的扫海宽度表

搜救目标	能见度				
	6(3)	9(5)	19(10)	28(15)	37(20)
落水人员	0.7(0.4)	0.9(0.5)	1.1(0.6)	1.7(0.7)	1.3(0.7)
4 人救生筏	4.2(2.3)	5.9(3.2)	7.8(4.2)	9.1(4.9)	10.2(5.5)
6 人救生筏	4.8(2.6)	6.7(3.6)	9.8(5.0)	11.5(6.2)	12.8(6.9)
15 人救生筏	4.8(2.6)	7.4(4.0)	9.4(5.1)	11.9(6.4)	13.5(7.3)
25 人救生筏	5.0(2.7)	7.8(4.2)	9.6(5.2)	12.0(6.5)	13.9(7.5)
<5m(17ft)船	2.0(1.1)	2.6(1.4)	3.5(1.9)	3.9(2.1)	4.3(2.3)
7m(23ft)船	3.7(2.0)	5.4(2.9)	8.0(4.3)	9.6(5.2)	10.7(5.8)
12m(40ft)船	5.2(2.8)	8.3(4.5)	14.1(7.6)	17.4(9.4)	21.5(11.6)
24m(79ft)船	5.9(3.2)	10.4(5.6)	19.8(10.7)	27.2(14.7)	33.5(18.1)

注：表中单位为 km 或 n mile，6(3)表示 6km 或者 3n mile，表示等同；1ft≈30.48cm。

表 B-2　直升机的扫海宽度表

搜救目标	高度		
	150m(500ft)	300m(1000ft)	600m(2000ft)
落水人员	0.2(0.1)	0.2(0.1)	0.2(0.1)
4 人救生筏	5.2(2.8)	5.4(2.9)	5.6(3.0)
6 人救生筏	6.5(3.5)	6.5(3.5)	6.7(3.6)
15 人救生筏	8.1(4.4)	8.3(4.5)	8.7(4.7)
25 人救生筏	10.4(5.6)	10.6(5.7)	10.9(5.9)
<5m(17ft)船	4.3(2.3)	4.6(2.5)	5.0(2.7)
7m(23ft)船	10.7(5.8)	10.9(5.9)	11.3(6.1)
12m(40ft)船	21.9(11.8)	22.0(11.9)	22.4(12.1)
24m(79ft)船	34.1(18.4)	34.3(18.5)	34.3(18.5)

注：表中单位为 km 或 n mile。

表 B-3　固定翼航空器扫海宽度表

搜救目标	高度		
	150m (500ft)	300m (1000ft)	600m (2000ft)
落水人员	0.2 (0.1)	0.2 (0.1)	0.2 (0.1)
4 人救生筏	4.1 (2.2)	4.3 (2.3)	4.3 (2.3)
6 人救生筏	5.2 (2.8)	5.2 (2.8)	5.4 (2.9)
15 人救生筏	6.7 (3.6)	6.9 (3.7)	7.2 (3.9)
25 人救生筏	8.5 (4.6)	8.7 (4.7)	9.2 (4.9)
<5m (17ft) 船	3.3 (1.8)	3.7 (2.0)	4.1 (2.2)
7m (23ft) 船	8.9 (4.8)	9.3 (5.0)	9.4 (5.1)
12m (40ft) 船	19.3 (10.4)	19.3 (10.4)	21.5 (11.6)
24m (79ft) 船	30.9 (16.7)	30.9 (16.7)	31.1 (16.8)

注：表中单位为 km 或 n mile。

附录C 扫海宽度的修正系数

表 C-1 不同风力条件下对扫海宽度的修正系数

气象条件(风速/(km/h)或浪高/m)	修正系数 f 值	
	人员落水或者长度<10m 的船筏	其他物体
风速 0～28km/h 或浪高 0～1m	1.0	1.0
风速 28～46km/h 或浪高 1～1.5m	0.5	0.9
风速>46km/h 或浪高>1.5m	0.25	0.9

表 C-2 能见度对直升机和固定翼航空器的扫海宽度的修正系数

能见度	能见度修正系数
6(3)	0.4
9(5)	0.6
19(10)	0.8
28(15)	0.9
>37(>20)	1.0

注：表中能见度单位为 km 或 n mile。

附录 D　搜寻资源决策矩阵与归一化矩阵

确定初始决策矩阵：通过查询资料和咨询专家，得到如表 D-1 的决策矩阵。需要考虑的主要因素包括抗风力、抗浪力、续航力、资源类别、隶属机构以及专业等级，其中抗风力是搜救资源安全作业所允许的最大风力等级(0～15)；抗浪力是搜救资源安全作业所允许的最大海浪等级(0～9)；续航力是搜救资源可以持续工作的时间；资源类别主要用于表征资源的自主性，包括军方资源(1)、专业救助机构资源(3)和民用搜救资源(5)；隶属机构主要用于表征搜救资源操作人员的专业性，包括专业救助机构(6)、海警海事局等机构(4)以及其他(2)；专业等级主要用于表征搜救资源的专业性，专业等级的范围是[2,5]。

表 D-1　决策矩阵

搜救资源	抗风力	抗浪力	续航力/h	资源类别	隶属机构	专业等级
867 舰	7	5	6.4	5	2	2
864 舰	10	7	7.8	5	2	3
海巡 131	9	6	5.6	3	4	4
海巡 300	7	5	6.9	3	4	4
海巡 0511	6	5	6.3	3	4	3
东港拖 702	11	7	8.3	1	2	4
北海救 108	10	6	7.2	3	6	5
北海救 111	11	7	8.9	3	6	5
北海救 112	9	5	5.7	3	6	5
海警 37023	6	5	4.6	1	4	4
北海救 198	6	5	4.3	3	6	5
北海救 115	8	6	6.7	3	6	5
滨海 286 轮	11	7	9.2	5	2	2
S-76 C+海上救援专用直升机	8	6	6.9	1	6	4
EC225 中型搜索救援直升机	6	5	5.9	1	6	5
S-76 A 直升机	5	5	4.5	1	6	4
“海豚”直升机	6	6	6.3	1	6	5
达索猎鹰 2000LX 固定翼飞机	7	6	5.3	1	6	5
湾流 G550 固定翼飞机	8	6	7.2	1	6	4

对上述决策矩阵进行归一化，得到如表 D-2 所示的归一化矩阵。

表 D-2 归一化的决策矩阵

搜救资源	抗风力	抗浪力	续航力	资源类别	隶属机构	专业等级
867 舰	0.33	0	0.43	0	0	0
864 舰	0.83	1	0.71	0	0	0.33
海巡 131	0.67	0.5	0.27	0.5	0.5	0.67
海巡 300	0.33	0	0.53	0.5	0.5	0.67
海巡 0511	0.17	0	0.41	0.5	0.5	0.33
东港拖 702	1	1	0.81	1	0	0.67
北海救 108	0.83	0.5	0.59	0.5	1	1
北海救 111	1	1	0.94	0.5	1	1
北海救 112	0.67	0	0.29	0.5	1	1
海警 37023	0.17	0	0.06	1	0.5	0.67
北海救 198	0.17	0	0	0.5	1	1
北海救 115	0.5	0.5	0.49	0.5	1	1
滨海 286 轮	1	1	1	0	0	0
S-76 C+海上救援专用直升机	0.5	0.5	0.53	1	1	0.67
EC225 中型搜索救援直升机	0.17	0	0.32	1	1	1
S-76 A 直升机	0	0	0.04	1	1	0.67
“海豚”直升机	0.17	0.5	0.41	1	1	1
达索猎鹰 2000LX 固定翼飞机	0.33	0.5	0.20	1	1	1
湾流 G550 固定翼飞机	0.5	0.5	0.59	1	1	0.67

确定评估指标权重：7.2.2 节中已经计算得到了评估指标权重如下：

$$W' = [0.191, 0.191, 0.064, 0.465, 0.047, 0.041]$$

加权求和得到搜救资源的综合评分，各搜救资源的综合得分如下：

$$\text{Score} = [0.09055, 0.4085, 0.52422, 0.38042, 0.32824, 0.92631, 0.61229, 0.76266, 0.46703, 0.55228, 0.35297, 0.54286, 0.446, 0.76439, 0.60595, 0.54203, 0.70721, 0.72433, 0.76823]$$

附录 E　海况等级划分

表 E-1　风力等级表

风力等级	风名	风速		海面状况
		m/s	n mile/h	
0	无风	0～0.2	0～1	海面如镜，无波
1	软风	0.3～1.5	2～3	鱼鳞状涟漪，微波
2	轻风	1.6～3.3	4～6	出现显著小波
3	微风	3.4～5.4	7～10	轻浪，浪峰开始破碎
4	和风	5.5～7.9	11～16	轻浪，浪峰半数成白浪花
5	清风	8.0～10.7	17～21	中浪，几乎全是白浪花
6	强风	10.8～13.8	22～27	大浪，白浪高起
7	疾风	13.9～17.1	28～33	巨浪，飞沫开始沿风向被吹成条纹状
8	大风	17.2～20.7	34～40	巨浪，海面充满飞沫，低空飞溅
9	烈风	20.8～24.4	41～47	狂浪，波峰开始摇动
10	狂风	24.5～28.4	48～55	狂涛，白浪花大片被风削去
11	暴风	28.5～32.6	56～63	异常狂涛，白浪花完全覆盖海面
12	飓风	32.7～36.9	64～71	怒涛，空中出现白色浪花和飞沫
13	一级飓风	37.0～41.4	72～80	
14	二级飓风	41.5～46.1	81～89	
15	三级飓风	46.2～50.9	90～99	

表 E-2　海况等级表

等级	浪名	波高/m
0	无波	0
1	微波	(0,0.1]
2	小波	(0.1,0.5]
3	轻浪	(0.5,1.25]
4	中浪	(1.25,2.5]
5	大浪	(2.5,4]
6	巨浪	(4,6]
7	狂浪	(6,9]
8	狂涛	(9,14]
9	怒涛	>14

彩　图

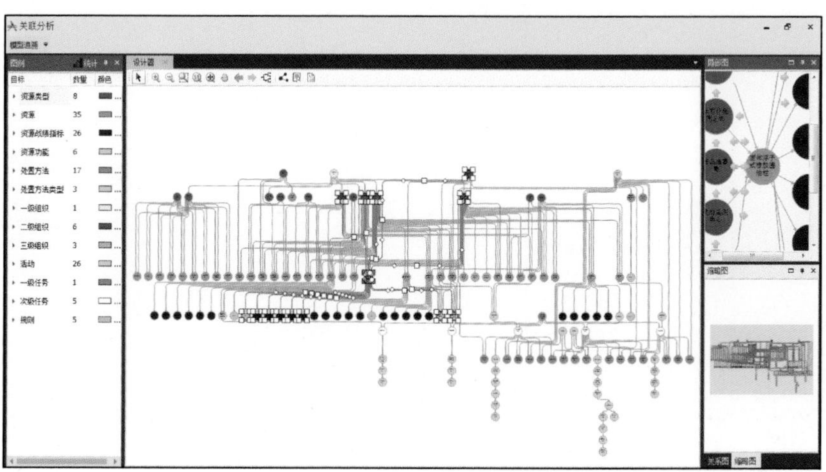

图 3-23　海上溢油应急场景多维网络图

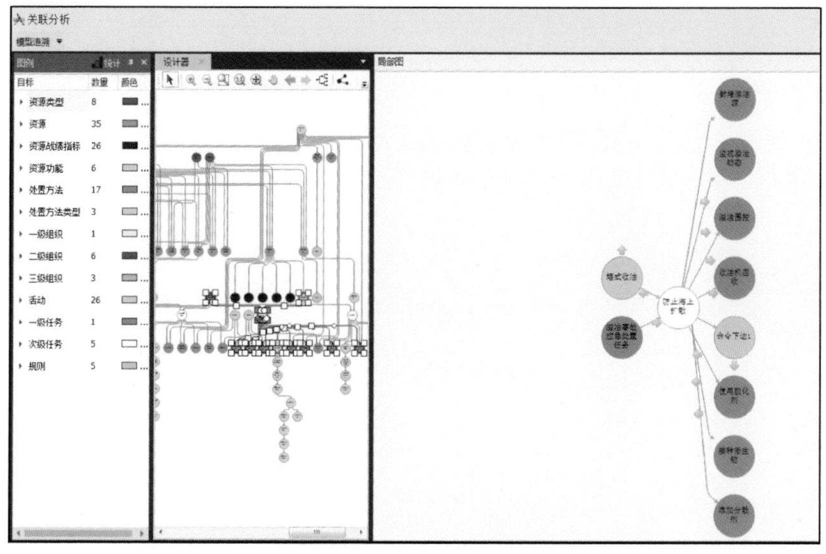

图 3-24　多维网络图局部图

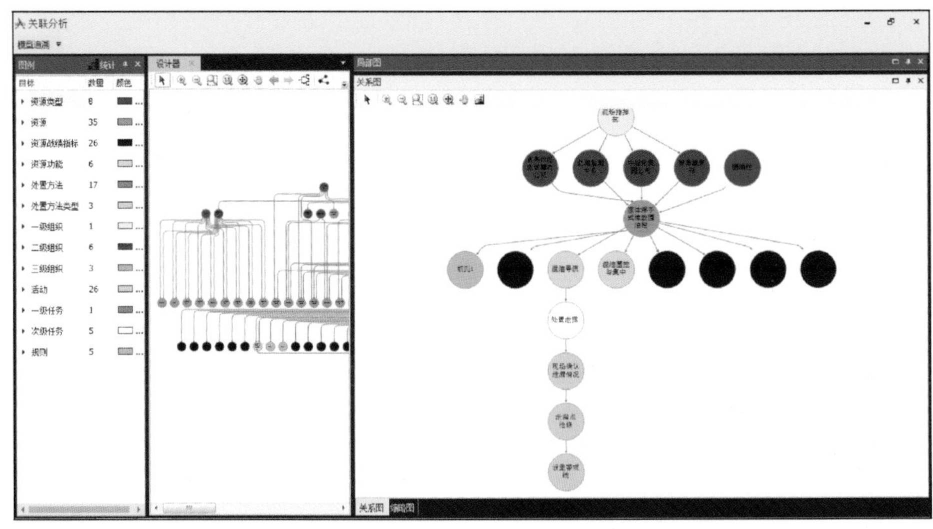

图 3-25 “固体浮子式橡胶围油栏”的模型追溯图

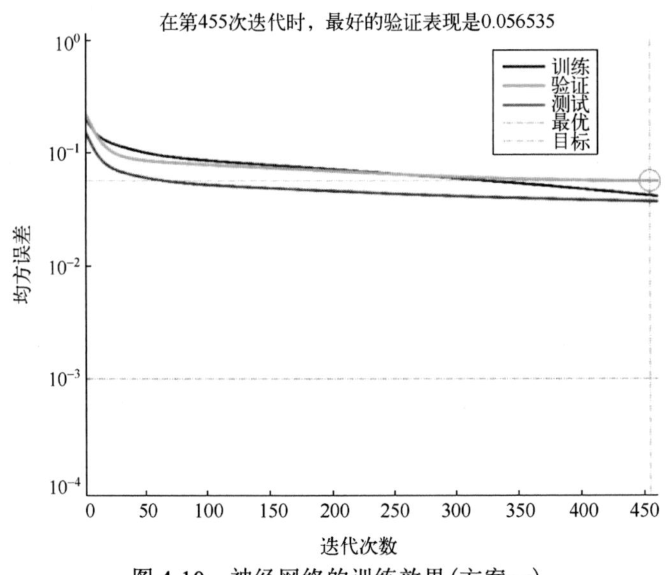

图 4-10 神经网络的训练效果(方案一)

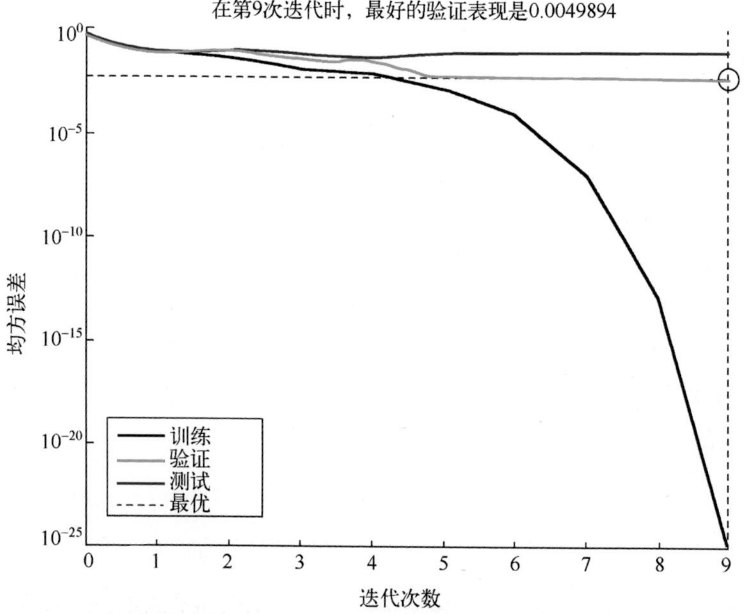

图 4-13　神经网络的训练效果(方案二)

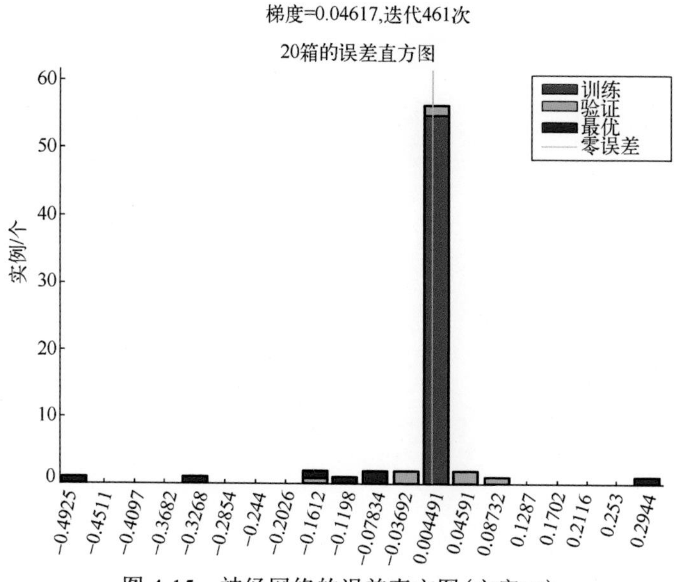

图 4-15　神经网络的误差直方图(方案二)

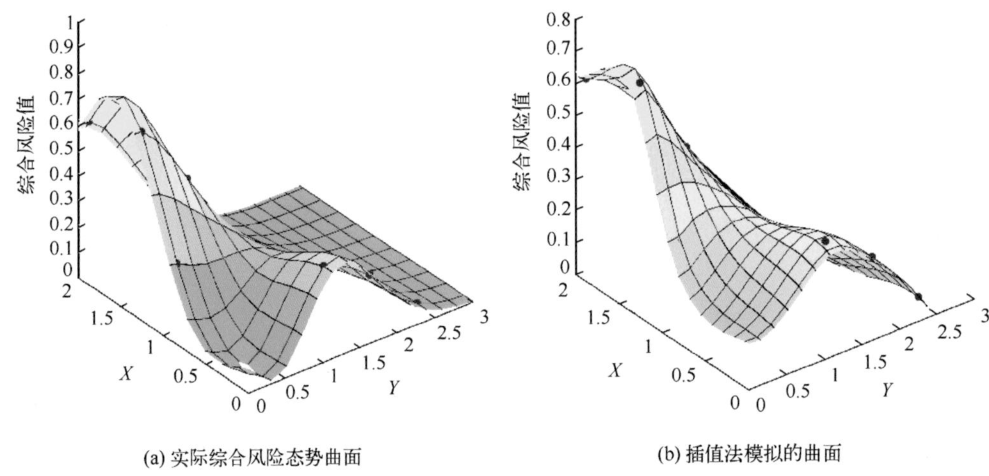

图 4-16　综合风险插值过程示意图

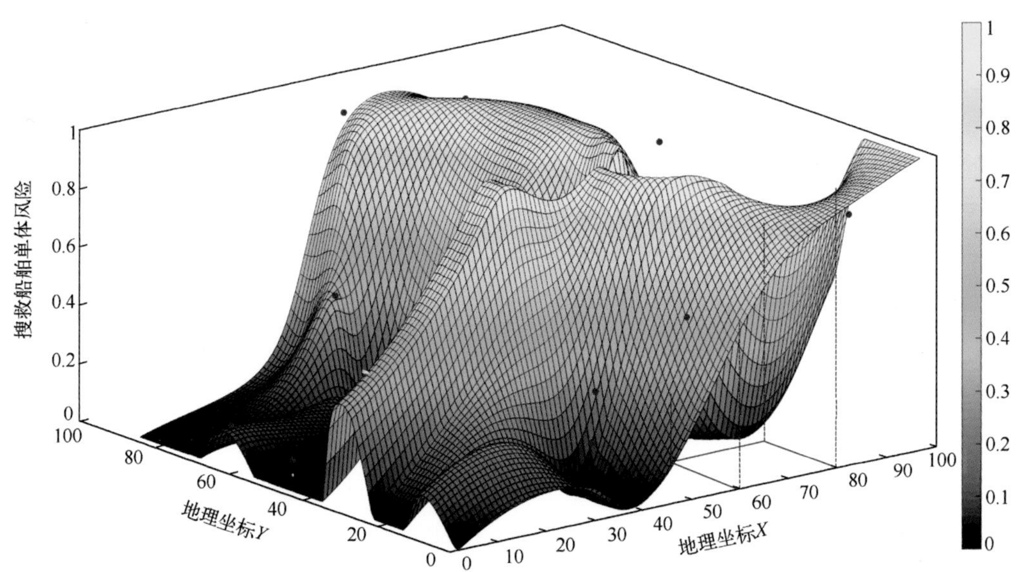

图 4-17　海上搜救风险态势曲面示例

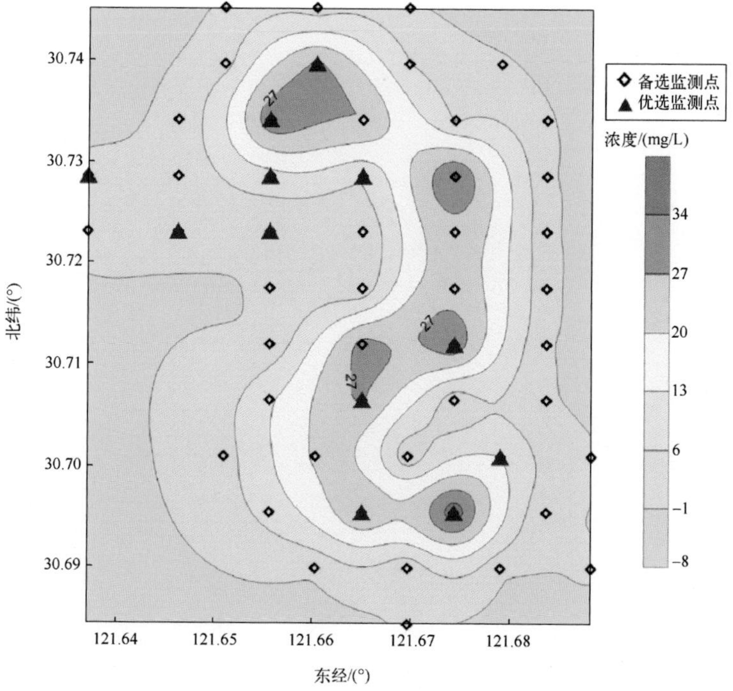

图 5-31　浓度场背景下的监测方案

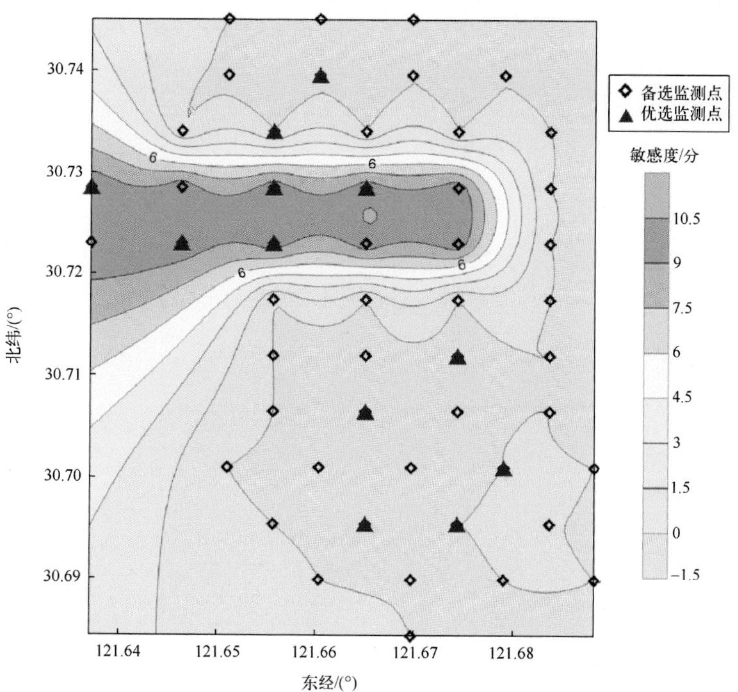

图 5-32　敏感区背景下的监测方案

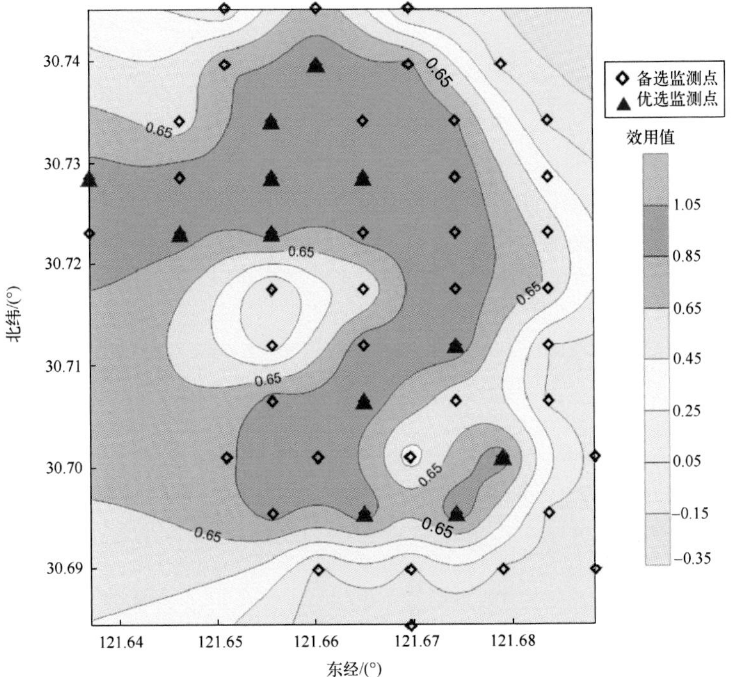

图 5-33　效用场背景下的监测方案

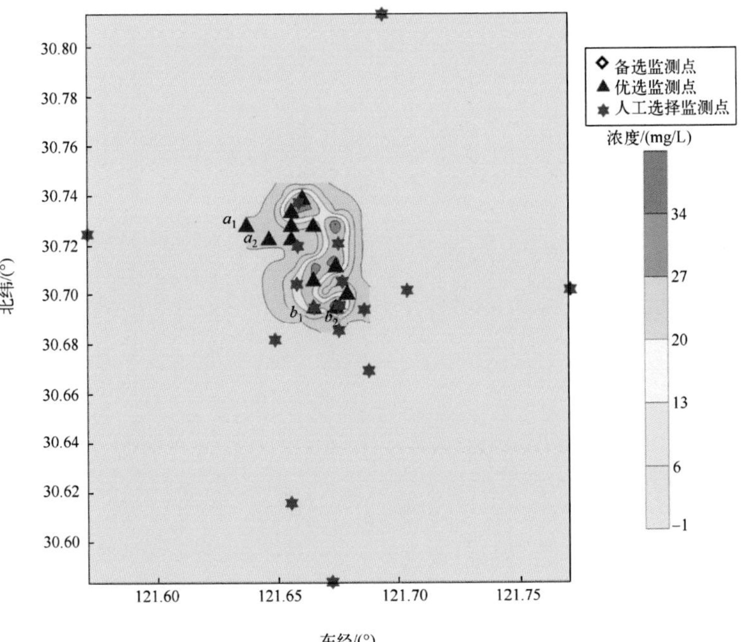

图 5-34　方案对比图

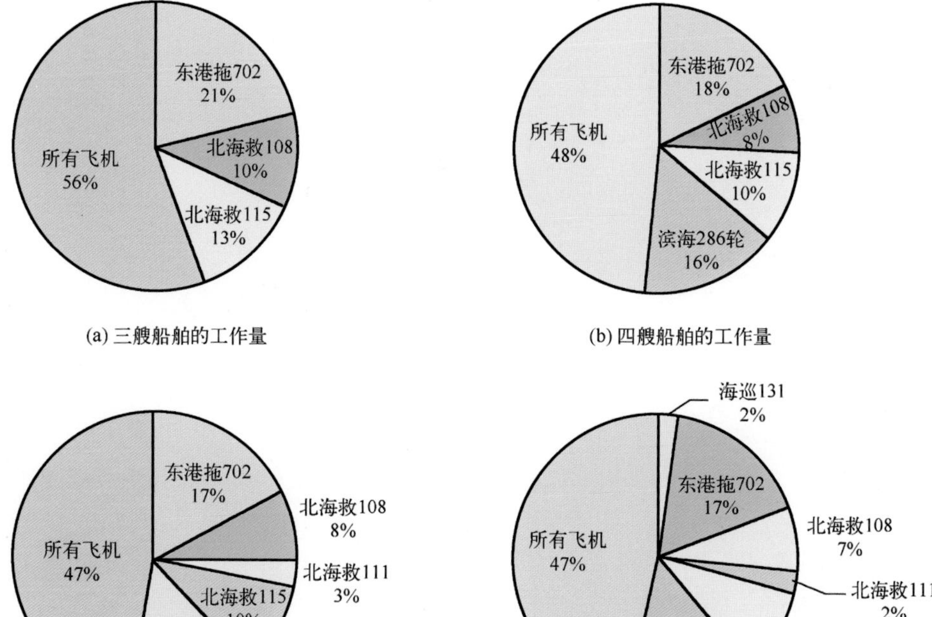

(a) 三艘船舶的工作量

(b) 四艘船舶的工作量

(c) 五艘船舶的工作量

(d) 六艘船舶的工作量

图 7-17 不同数量的搜救船舶的工作量

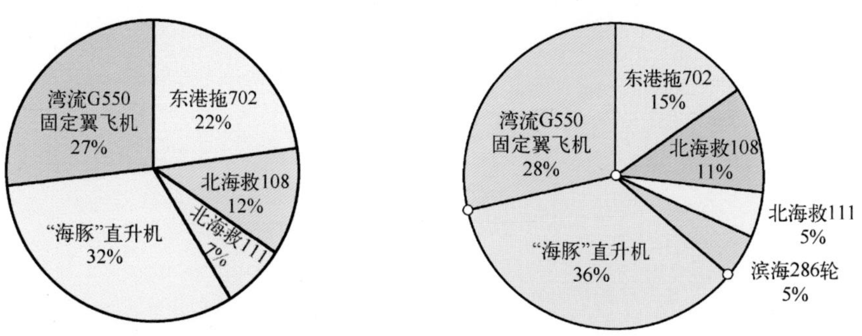

图 7-19 折中方案中各搜救资源的工作量

图 7-20 新方案中各搜救资源完成的工作量